教育部人文社会科学重点研究基地
安徽大学徽学研究中心基金资助

徽学文库　主编◎卞利　副主编◎胡中生

明清以来的绩溪社会

卞利◎主编　黄来生　张小坡　张绪◎副主编

图书在版编目(CIP)数据

明清以来的绩溪社会/卞利主编. —合肥:安徽大学出版社,2017.12
(徽学文库/卞利主编)
ISBN 978-7-5664-1517-2

Ⅰ.①明… Ⅱ.①卞… Ⅲ.①社会史－绩溪县－明清时代 Ⅳ.①K295.44

中国版本图书馆 CIP 数据核字(2017)第 304599 号

明清以来的绩溪社会
Mingqing Yilai De Jixi Shehui

卞 利 主编

出版发行:	北京师范大学出版集团 安 徽 大 学 出 版 社 (安徽省合肥市肥西路 3 号 邮编 230039) www. bnupg. com. cn www. ahupress. com. cn
印　　刷:	合肥远东印务有限责任公司
经　　销:	全国新华书店
开　　本:	170mm×240mm
印　　张:	25
字　　数:	359 千字
版　　次:	2017 年 12 月第 1 版
印　　次:	2017 年 12 月第 1 次印刷
印　　数:	2000 册
定　　价:	72.00 元

ISBN 978-7-5664-1517-2

策划编辑:饶　涛　鲍家全　张　锐　　装帧设计:张　浩　李　军
责任编辑:汪　君　李加凯　　　　　　　美术编辑:李　军
责任印制:陈　如

版权所有　侵权必究
反盗版、侵权举报电话:0551－65106311
外埠邮购电话:0551－65107716
本书如有印装质量问题,请与印制管理部联系调换。
印制管理部电话:0551－65106311

总　序

尽管"徽学"一词出现的时间较早,但是,作为一门新兴的学术和学科研究领域,"徽学"则仅有不到百年的历史。1932年,徽州乡贤、近代山水画的一代宗师黄宾虹在致徽州乡土历史文化研究学者许承尧的一封信函中第一次提出了具有学术意义上的"徽学"概念。①

客观地说,黄宾虹所说的"徽学"及其研究对象,实际上还仅仅指的是徽州的地方史研究,与我们今天所称的"徽学",在学术内涵上还有一定的差别。此后,随着富有典型特征的徽州庄仆制、徽商和徽州宗族与族谱研究的不断深入,真正具有现代学术和学科意义上的"徽学"才逐渐进入人们的视野。

正如徽学的开创者和奠基人、中国社会经济史学派创始者傅衣凌先生在总结自己20世纪三四十年代对徽州庄仆制和徽商的研究时所指出的那样,他对徽州的研究并不是立足于对徽州地方史的探讨,而是通过对徽州伴当和世仆的研究,探索中国的奴隶制度史;对徽商的研究,则是基于为中国经济史研究开辟一个新天地。也就是说,徽学研究对中国历史的意义体现为,其在充实和完善中国奴隶制度史、中国经济史以及中国社会史等领域,已经远远突破了徽州地方史的界限,而成为整体中国史研究的一部分。傅衣凌先生敏

---

① 卢辅圣、曹锦炎主编:《黄宾虹文集·书信编·与许承尧》,上海:上海书画出版社,1999年。

锐地预见到,"徽州研究正形成为一种专门的学问,活跃在我国的史学论坛之上"①。

然而,作为一个严格意义上的学术和学科专门研究领域,徽学的形成、发展与繁荣,主要还是借助于近百万件自宋至民国时期徽州原始契约文书的发现和研究。徽州的契约文书自1946年4月在南京首次被学者发现以来,至今已逾半个世纪。随着徽州20世纪50年代土地改革运动的展开以及1978年以来改革开放政策的实行,深藏于歙县、休宁、婺源、祁门、黟县和绩溪等原徽州(府)六县民间的各类原始契约文书开始被大规模地发现。据不完全统计,迄今为止,徽州原始契约文书包括卖身契、土地买卖与租佃契约、分家阄书、鱼鳞图册、赋役黄册、诉讼案卷、科举教育文书、置产簿、誊契簿、徽商账簿和日记杂钞等类型,且上起南宋,下迄民国,时间跨度近千年之久,总量约有100万件(册)之巨。

同祖国其他地域相继发现的原始契约文书相比,徽州契约文书具有真实性、连续性、具体性、典型性、启发性和民间性等诸多特征,而且内容丰富,类型广泛,蕴含着大量的历史信息,为我们进行宋元明清时期各种制度运行特别是明清时期历史社会实态的研究提供了丰富的资料。我们知道,敦煌文书的时间下限在北宋,徽州契约文书的上限则在南宋,正好与敦煌文书相连。如果我们把敦煌文书和徽州文书中的动产与不动产买卖和租佃文书联系起来进行考察,一部中国古代动产和不动产买卖与租佃制度及其运行史便可以完整地复原和再现出来。

正是由于徽州契约文书蕴含着如此珍贵的历史信息和丰厚的学术内涵,它的发现引起了国内外学术界的高度重视。1978年以后,海内外学者纷纷到北京和安徽,查阅徽州契约文书,深入契约文书的发现地——徽州,进行田野调查。美国著名学者约瑟夫·麦克德谟特在对徽州原始契约文书进行全面调查后,撰文指出,徽州契约文书等原始资料是"研究中华帝国后期社会与

---

① 刘淼辑译:《徽州社会经济史研究译文集·傅衣凌序》,合肥:黄山书社,1988年。

经济史的关键","对中华帝国后期特别是明代社会经济史的远景描述,将在很大程度上依赖于徽州的原始资料"①。日本著名学者鹤见尚弘则认为,徽州契约文书的发现,"其意义可与曾给中国古代史带来飞速发展的殷墟出土文物和发现敦煌文书新资料相媲美,它一定会给今后中国的中世和近代史研究带来一大转折"②。白井佐知子也强调,"包括徽州文书在内的庞大的资料的存在,使得对以往分别研究的各种课题做综合性研究成为可能……延至民国时期的连续性的资料,给我们提供了考察前近代社会和近代社会连续不断的中国社会的特性及其变化的重要线索"③。

有学者认为,徽州文书是继甲骨文、汉简、敦煌文书和明清故宫档案之后20世纪中国历史文化的第五大发现。④ 正如甲骨文、汉简、敦煌文书和明清故宫档案的发现与研究催生了甲骨学、简帛学、敦煌学和明清档案学等学科一样,徽州文书的发现和研究,也直接促成了徽学的诞生。徽学是利用徽州契约文书,并结合其他相关文献资料进行研究的专门的学术研究领域。它以徽州社会经济史,特别是明清徽州社会经济史为研究主体,综合研究整体徽州历史文化以及徽州人的活动(含徽州本土和域外)。在历经半个多世纪的发展之后,徽学终于在20世纪80年代中期最终形成,正逐步走向成熟与繁荣。傅衣凌关于徽商、徽州庄仆制和土地买卖契约的研究,叶显恩的《明清徽州农村社会与佃仆制》,章有义的《明清徽州土地关系研究》和《近代徽州租佃关系案例研究》,张海鹏等主编的《徽商研究》等著作,都是利用契约文书进行研究所取得的成果中的佼佼者。

国学大师王国维曾经说过,"古来新学问起,大都由于新发见。有孔子壁中书出,而后有汉以来古文家之学;有赵宋古器出,而后有宋以来古器物、古文

---

① [美]约瑟夫·麦克德谟特:《徽州原始资料——研究中华帝国后期社会与经济史的关键》,载《徽学通讯》,1990年第1期。
② [日]鹤见尚弘:《中国社会科学院历史研究所收藏整理徽州千年契约文书》,载《中国史研究动态》,1995年第4期。
③ [日]森正夫等编:《明清时代史的基本问题》,北京:商务印书馆,2013年。
④ 周绍泉:《从甲骨文说到雍正朱批》,载《北京日报》,1999年3月24日。

字之学"。他紧接着论及了殷墟甲骨文、敦煌及西域各地之简牍、敦煌千佛洞之六朝及唐人写本卷轴、内阁大库之书籍档案和中国境内之古外族遗文等五项发现,认为:"此等发现物,合世界学者之全力研究之",当会产生新的学科。① 如今,甲骨学、敦煌学、简牍学和明清档案学早已创立了各自的学科研究体系,并为学术界所广泛接受和认可。而徽学作为一门新兴学科则形成较晚,它的创立,首先得力于20世纪40年代后期以来徽州近100万件(册)原始契约文书的大规模发现;包括徽州族谱在内的9000余种徽州典籍文献与文书契约互相参证;现存1万余处徽州地面文化遗存,更是明清以来至民国时期徽州人生产与生活的真实见证。所有这些,都构成了徽学这座大厦坚实的学术支撑。因此,以徽州社会经济史,特别是明清徽州社会经济史研究为中心,整体研究徽州历史文化和徽州人在外地活动的徽学,正是建立在包括徽州契约文书在内的大量新资料发现这一基础之上的。通过对徽州文书、其他相关文献和地面文化遗存等资料的整理和分析,研究者得以综合研究明清社会实态,重新检视中国封建社会后期社会经济与文化的演变历程和发展轨迹,进而从整体上把握中国封建社会发展特征和规律。这正是徽学的学术价值之所在。

进入21世纪以来,随着教育部人文社会科学重点研究基地——安徽大学徽学研究中心的批准设立,徽学研究开始进入一个崭新的发展阶段。作为徽学基础研究、资料整理、人才培养、咨询服务的唯一一所教育部人文社会科学重点研究基地,安徽大学徽学研究中心一向重视徽学前沿领域的探讨和研究,致力于徽州文书和文献的整理与出版,致力于徽学学科的建设和人才队伍培养,致力于海内外徽学研究的交流与合作。徽州契约文书和文献的系统整理、研究与出版的全面展开,徽学理论与学科建设的有序进行,徽学专题研究成果的次第推出,特别是具有宝贵文献价值的20卷本《徽州文化全书》的整体出版,以及徽学研究国际交流与合作的繁荣,都为徽学研究向纵深领域

---

① 王国维:《王国维遗书》第五册《静庵文集续编·最近二三十年中国新发现之学问》,上海:上海古籍出版社,1983年。

拓展奠定了坚实的基础。在《徽学研究资料辑刊》《徽州文书》和《海外徽学研究丛书》等系列成果的基础上,此次隆重推出《徽学文库》,显示出了该研究机构开阔的学术视野和深远的学术见识。

本次推出的《徽学文库》,精选近年来徽学研究的最新成果。本丛书既有国家社会科学基金等国家级项目结项成果,也有教育部人文社会科学重点研究基地重大项目的最终鉴定结项成果,还有中国台湾学者的研究——它为祖国大陆的徽学研究提供了不同的视角和必要的补充。这些成果内容涵盖了徽学理论探讨和学科体系建设的成果、徽学专题研究,以及徽州文化遗存调查、保护与研究。因此,无论是就选题内容的广度和深度、作者队伍的结构与层次,还是就成果的质量及水平而言,本丛书都堪称目前徽学研究前沿领域的精品,集中代表和反映了徽学研究的现状与未来发展趋势。

徽学是20世纪一门新兴的学科和一块专门的研究领域,徽学所研究的徽州整体历史文化既是区域历史文化,又是中国传统文化的杰出代表,是"小徽州"和"大徽州"的有机结合。徽学的学科建设,不仅关系徽学的可持续发展问题,也直接涉及中国地域文化研究理论和范式的创新问题,是徽学融入全球化视野,与国际接轨、开展国际交流合作和构建徽学学科平台的重要基石。

因此,我们有理由相信,随着《徽学文库》的出版,徽学一定会在整体史和区域史研究中发挥积极作用,徽学的学科建设也势必在更加广阔的天地中得到进一步发展和提升。

是为序。

卞 利
2016年3月10日于
安徽大学徽学研究中心

目 录

MULU

前言 ………………………………………………………………… 1

第一章　华阳镇的历史、经济与民俗文化 ……………………… 1
　　一、华阳镇的地理、城池和街区 ………………………………… 1
　　二、华阳镇的宗族、人文、市场和民俗文化 …………………… 30

第二章　宅坦村龙井胡氏宗族与社会变迁 …………………… 50
　　一、宅坦村龙井胡氏宗族的沿革与发展简史 ………………… 52
　　二、"咸同兵燹"与宅坦村龙井胡氏宗族的重建 ……………… 66
　　三、结语 ………………………………………………………… 74

第三章　旺川的宗族、民俗与信仰 …………………………… 77
　　一、旺川的地理、历史和宗族 ………………………………… 77
　　二、旺川的民俗与信仰 ………………………………………… 92

第四章　寺后村的传统经济、宗族与民俗文化 ……………… 109

一、寺后村的自然环境与建制沿革 ………………………………… 109
二、寺后村的传统经济 ……………………………………………… 120
三、寺后村的民风习俗 ……………………………………………… 125

第五章　冯村的传统经济、宗族与民俗文化 …………………… 149

一、冯村的自然环境与宗族结构 …………………………………… 149
二、冯村的传统经济 ………………………………………………… 155
三、冯村的宗教与民俗文化 ………………………………………… 160

第六章　仁里村的宗族、花朝会和民间信仰 …………………… 175

一、仁里村简史 ……………………………………………………… 175
二、仁里村的宗族组织 ……………………………………………… 176
三、八社花朝会 ……………………………………………………… 189
四、仁里村的民间信仰 ……………………………………………… 194

第七章　瀛洲村之传统经济、宗族与民俗文化 ………………… 198

一、瀛洲村之地理、历史与村名来历 ……………………………… 198
二、瀛洲村的传统经济 ……………………………………………… 201
三、瀛洲村的宗族结构 ……………………………………………… 208
四、瀛洲村的民俗文化 ……………………………………………… 222

第八章　竹里村信仰空间的建构与民众祭祀生活 ……………… 233

一、竹里村的地理环境 ……………………………………………… 235
二、竹里周氏宗族的发展与演变脉络 ……………………………… 237
三、竹里信仰空间的建构与会社活动的开展 ……………………… 247

四、结语 ··· 263

第九章　蜀马村的传统经济、宗族与民间佛教信仰 ··········· 265
　　一、蜀马村的陈氏宗族与人文 ································ 265
　　二、蜀马村的自然地理环境与传统经济 ····················· 274
　　三、蜀马村的民间佛教信仰 ··································· 280

第十章　绩溪民俗撷英 ··· 297
　　一、绩溪乡村的水口 ··· 297
　　二、溪水西流村北向：石家村水口 ··························· 305
　　三、登源庙会赛琼碗 ··· 309
　　四、荆州的大年会 ·· 313

附录 ··· 322

附录一：绩溪宅坦村龙井胡氏宗族文献和文书叙录 ············ 322
　　一、谱牒类 ··· 323
　　二、收支平粜簿籍类 ··· 336

附录二：绩溪宅坦村龙井胡氏宗族亲逊堂会议录 ················ 342
　　一、亲逊堂第四班民国二十二年七月立《会议录》 ········ 342
　　二、民国二十三年夏冬月十一日接录 ························ 345
　　三、亲逊祠会议录，民国三十三年十月廿日制，附三十四、三十五年 ······ 356

参考文献 ·· 367

后记 ·· 373

前言

地处安徽南部山区的绩溪县,四周群山环绕,境内溪流纵横,向有"七山一水一分田,一分道路和庄园"之誉。东有大鄣山之固,西有大会山之雄,扬之水襟其南,崧山障其北,"厥山峭厉,厥水清澈"。[①] 经过新中国的几次行政区划调整,绩溪全县总面积现为1126平方公里。

绩溪历史悠久,文化底蕴丰厚。早在新石器时代,绩溪这块土地上就有人类活动的足迹。进入文明社会特别是春秋战国以后,绩溪先后隶属吴、越和楚国管辖。秦朝统一中国后,在原皖南徽州地区设立黟、歙二县,绩溪隶属于鄣郡歙县统辖。汉代为华阳镇境域,先后由丹阳郡、新都郡歙县管辖。南朝梁大同元年(535年),一度析歙县华阳镇置良安县(亦称"梁安"),属新安郡辖县。唐武德七年(624年),废良安县,绩溪仍归歙州歙县管辖。永徽年间,一度设置北野县。唐大历元年(766年),析歙县地,"以界内乳溪与徽溪汴曲并流而复合有如绩"[②],设绩溪县,直属歙州管辖,历经南唐、北宋而未有变更。宋徽宗宣和三年(1121年),歙县东乡方腊起义失败后,改歙州为徽州,绩溪隶属徽州统辖。元初,绩溪属徽州路辖县。明清时期,绩溪一直隶属徽州府管辖。1912年,中华民国成立,废除徽州府,绩溪直属安徽省管辖。

---

① 万历《绩溪县志》卷二《舆地志·形胜》,明万历九年(1581年)刻本。
② 万历《绩溪县志》卷二《舆地志·建制沿革表》,明万历九年(1581年)刻本。

秦汉时期,绩溪境内的土著居民是山越人。东汉末年以后,中原地区世家大族为躲避战乱,纷纷向南迁徙,山环水绕、地理环境相对较为封闭的绩溪成为世家大族南迁的重要地区之一。孙吴政权先后派遣贺齐、诸葛恪平定了歙县金奇、毛甘和黟县陈仆、祖山等发动的叛乱,山越人被迫走出大山,逐渐与迁徙至此的中原世家大族融合。延至西晋永嘉之乱、唐末五代十国和北宋、南宋政权更易之际,又相继有多批中原大族迁徙至绩溪。此外,尚有仕宦因慕绩溪山清水秀而定居于此者。清代乾隆中叶以后,来自安庆等地区的棚民进入绩溪山区垦山种田或烧炭,最终大部分在此定居下来。这样,历史上绩溪的人口基本上由上述居民构成,其中尤以中原地区的世家大族为主。

绩溪物华天宝。中原世家大族的南迁,客观上促进了绩溪经济的开发,唐宋时期,先后出现了享誉遐迩的霞间窑陶瓷和澄心堂纸。霞间窑烧制的陶瓷质量堪称上乘,澄心堂纸还作为贡品进贡南唐后主李煜。两宋时期,澄心堂纸曾成为"新安四宝"之一。绩溪生产的龙须纸"因水清澈见底,利以沤楮,故纸如玉雪"①而声名远播。为改善农业生产条件,发展农业经济,北宋元丰八年(1085年),苏辙在任绩溪知县期间,兴修了著名的水利工程——苏公堤。为打通前往南宋首都杭州的道路,绩溪大石门人胡润在南宋宝祐五年(1257年)六月"捐金用工开辟"②,开凿了徽杭古道中的绩溪支道,使绩溪与杭州的经济文化交流与联系更加紧密。在农耕社会中,农耕是绩溪人赖以为生的主要经济来源。但山多田少的现实,又迫使绩溪人不得不把经营副业作为弥补粮食生产不足的重要手段。据淳熙《新安志》记载,早在宋代,除上述陶瓷和纸张生产以外,绩溪人还从事林业、茶业种植和桑蚕缫丝业生产,"木则松、梓、槻、栢、梼、榆、槐、赤白之樾,岁联为桴,以下溯河,大抵松、杉为尤多,而其外则纸、漆、茗,以为货桑之类"③。

进入明代中叶以后,随着社会安定局面的持续维系和人口的不断繁衍激

---

① 万历《绩溪县志》卷二《食货志·土产》,明万历九年(1581年)刻本。
② 原石刻现位于安徽省绩溪县伏岭逍遥岩古道江南第一关门以东约150米处。
③ 淳熙《新安志》卷二《物产·木果》,清光绪十年(1884年)刻本。

增,绩溪同徽州其他五县一样,出现了人多地少、生计难以维系的危机。为摆脱生存困境,寻求生存之道,绩溪人开始外出经商,一时间形成了"读书力田,间事商贾"①的局面。华阳镇西关章氏、城西周氏和积庆坊葛氏宗族成为明代绩溪最早一批外出经商的商人家族群体。明末至清代,绩溪外出经商者风气大开。与明代中叶以前相比,无论是经商群体的规模还是人数都有显著增加,并形成了一批以经商为主要谋生手段的著名商人宗族,上海和杭州的余川汪氏"汪裕泰"茶庄、川沙县上庄胡氏茶商、江苏泰州地区龙川胡氏茶商、江苏南通的仁里程氏典当商,以及遍及徽州本土和域外的上庄胡开文墨商、汪近圣鉴古斋墨业和伏岭邵氏徽厨等,成为徽州商帮群体中的佼佼者。清末湖里"红顶商人"胡雪岩更是在杭州创造了号称"江南财神爷"的财富神话。绩溪人亦因在商业经营领域善于开拓、勤劳朴实、任劳任怨而被誉为"绩溪牛"。就此而言,明清时代的绩溪经济结构呈现出农、工、商相结合而又彼此互补的鲜明特征。包括绩溪在内的徽州人,用自己的聪明才智和实践经验,为当地探索出了一条适合山区经济发展的独特道路。清末至民国初年,面对外国资本主义的不断侵入,绩溪一些名门望族与时俱进,怀着深刻的忧患意识,开始从世界的视角,认真分析欧美等西方列强的发展经验,深入思考进一步发展绩溪经济的方法和路径。经过认真的思考与分析,鱼川耿氏宗族鲜明地提出了"励学""劝业""垦荒"和"储蓄"的主张:

> 励学:环球交通,文明日启,非复闭关时代之可以安常习故也。一国之强弱,一家之盛衰,无非视其人物之知识、能力为进退,是教育普及为保国、保家惟一之要素。特是新旧相嬗,为之父兄者,不免审慎迟回,是延误其子弟也。顾教育不责在师长,而子弟失学责在父兄。自今以往,族学、乡学各从其便,普通、专门各因其材。才美者,培成之;力绌者,资助之;无才力者,则于义务教育毕业后,即令进以职业教育,于农工商各就一业,务使一族之人各俱有公同道德、

---

① 弘治《徽州府志》卷一《地理一·风俗》,明弘治十五年(1502年)刻本。

独立能力而后已。女学亦宜并重,惟不必陈义过高,但教之明礼教以正性情,习书数以理家事,以及手工、缝纫、饲蚕、缫丝、绩麻之学,已堪为贤妇、贤母之资。其俊秀而有力者,欲求精到之学术,则听其自为之。禁缠足,减刺绣,庶男子各得内助之贤,省无限食用,多无限生息矣……

劝业:生货出口少,熟货出口多者,其国强,此西人之言也。吾国生产事业群趋于商之一途,而于工则墨守师承,不知增高审美思想。即其所谓商者,亦不过作外货之分销与原料之转运而已。此漏卮所以日甚,财力所以日绌也。嗣后,宜趋重工业,天然品则讲求种植之法,人工品则研究精进之术,使聪明才智之士破除官吏思想,从事实业,倡导兴族强国,皆基于此……

垦荒:宜谷上地,大率已垦作农田,争相耕作。其荒山荒地,遗利正多,中地宜麦、棉、茶、麻、桑、竹、桐、木、瓜、果、芋、蕷、蔬菜之属;下地宜榆、柳、杂树、芦苇之属。审度土性,分别垦植,以广生计。其麦、棉、茶、麻销路尤广,亟宜广求种植良法,倍收出品遗利。且官荒开放,造林有奖,但须禀报备案,即予保护,有利无害,曷亟图之。惟种烟有禁,犯者严惩,是宜永远禁绝……

储蓄:奖励其国人从事储蓄,此某国人近十年来之计划也。其言曰:"利在眼前,不可不储蓄。"盖谓储蓄资力,一为侵略计,一为防护计也。我国民顾惜懵然,日以有用之财为无益之事,一身一家之缓急且不可恃,是可慨矣。嗣后,无论何业团体,亟须组合公同储蓄会,务令月有所积,岁有所赢。储之既久,资本自厚,即用以扩充其本业,研求其进步,而公司之结合,此为其基础,社会之发育亦于此而促进。和众丰财,数善备焉。①

绩溪人就是这样与时俱进,紧扣时代发展的脉搏,因地制宜,因时制宜,

---

① 民国《鱼川耿氏宗谱》卷五《家族规则》,民国八年(1919年)刻本。

不断开拓,锐意进取,以一种"绩溪牛"的韧劲和精神,在经济发展的道路上披荆斩棘,不断创造令人瞩目的辉煌业绩。

绩溪人杰地灵。随着东汉末年至南宋之初中原世家大族等外来移民徙入的基本完成,聚族而居成为绩溪的一种社会常态。大姓宗族聚居的村庄,除建有宗祠之外,还有小姓设立的所谓"香火堂"。正如乾隆《绩溪县志》云:"邑多聚族而居,有宗祠、支祠、香火堂,岁时伏腊、生忌荐新,皆在香火堂。宗祠礼较严肃,春分、冬至,鸠宗合祭,盖报族功、洽宗盟,有萃涣之义焉。宗祠立有宗法,旌别淑慝,凡乱宗、渎伦、奸恶,事迹显著者,皆摈斥不许入祠。至小族,则有香火堂无宗祠。故邑俗宗祠最重。"①祠堂或香火堂已成为绩溪宗族祭祀祖先、议决宗族事务和奖惩宗族成员的重要场所,是族长或宗子行使宗族权力的核心之地。

唐宋以降,与徽州其他地区一样,绩溪社会风尚开始从传统的"尚武之风"向"右文之习"转变。"十户之村,不废诵读"。②重视教育,重视门第,通过读书科举途径以跻身于上层行列,已成为聚族而居绩溪名门望族的主要职业选择和光宗耀祖的追求目标。绩溪教育发达,科第昌盛,龙川胡氏宗族的胡富、胡宗宪祖孙二人相继进士中第,创造了"奕世尚书"的科举佳话。北宋景德四年(1007年),上庄宅坦村明经胡氏宗族创建了安徽省最早的书院——桂枝书院。截至明朝万历时期,绩溪全县共建立了包括龙峰书屋在内的七十座书屋,"养子不读书,不如养肥猪"成为绩溪远近传诵的民谣。南宋以后,绩溪人文荟萃,科第联袂,"大江之东,以郡名者十,而士之慕学,新安为最。新安之属,以县名者六,而邑小士多,绩溪为最",绩溪亦因此享有"邑小士多"③的美誉。"自朱子而后,为士者多明义理之学,称为'东南邹鲁'"。④宋代以来,绩溪先后涌现出一批著名的政治家、军事家、思想家、文学家和富

---

① 乾隆《绩溪县志》卷一《方舆志·风俗》,清乾隆二十一年(1756年)刻本。
② 嘉靖《婺源县志》卷四《风俗》,明嘉靖十九年(1540年)刻本
③ 万历《绩溪县志》卷二《舆地志·风俗》,明万历九年(1581年)刻本。
④ 万历《绩溪县志》卷二《舆地志·风俗》,明万历九年(1581年)刻本。

甲一方的商人群体,举凡汪华、胡仔、胡富、胡宗宪、胡天注、胡雪岩、胡晋接和胡适等。他们不仅在绩溪、在徽州,甚至在全国,都在某个领域作出了杰出贡献。

绩溪宗族拥有良好的家族教育传统,重视家庭教育,重视家风家训的制定与传承,是绩溪宗族发展中的一个重要特色。绩溪章氏宗族的《仔钧公家训》在历史上曾经产生了重要影响,其内容如下:

> 传家两字,曰耕与读;兴家两字,曰俭与勤;安家两字,曰让与忍;防家两字,曰盗与奸;亡家两字,曰嫖与赌;败家两字,曰暴与凶。休存猜忌之心;休听离间之语;休作生愤之事;休专公共之利。吃紧在尽本求实,切要在潜消未形。
>
> 子孙不患少而患不才,产业不患贫而患铺张,门户不患衰而患无志,交游不患寡而患从邪。
>
> 不肖子孙,眼底无几句诗书,胸中无一段道理。神昏如醉,体懒如瘫,意纵如狂,行卑如丐。败祖宗之成业,辱父母之家声;乡党为之羞,妻妾为之泣。岂可入吾祠而葬吾茔乎!

绩溪宗族倡导修身、齐家、治国、平天下的儒家伦理道德思想,严格规范宗族子弟的思想和行为。尽管因清末太平军和清军之间发生惨烈的"咸同兵燹",绩溪许多宗族遭到重创,但在"咸同兵燹"结束之后,绩溪各地的名门望族很快就恢复了宗族的记忆系统,致力于宗族和家园的重建。他们通过纂修家谱、修缮祠堂、进升神主和祭扫祖墓,重新将宗族的优良传统传承并发展了起来。

绩溪民俗文化丰富多彩,会社组织、人生仪礼、民间信仰、岁时节日和民歌民谣等民俗文化内涵丰富、形式多样。清明会、花朝会、太子会等祭祀性会社在组织祭祀宗族祖先和地方神灵方面发挥了重要的作用。特别是仁里村祭祀越国公汪华的花朝会和赛琼碗等活动,场面壮观,规模宏大,驰名遐迩。而农事性会社组织,如安苗会组织与开展的安苗节活动,则庄严而隆重。据文献记载:相传农历六月初六日是田公、田母寿辰。是日,绩溪各地农民在田头地角鸣锣、烧纸,并插上小红旗,进行祭祀和游神活动。伏岭、北村一带,还于芒种后第一个龙、虎日,请僧侣做斋,然后撑旗擂鼓,肩抬太尉老爷像巡游田畈,祈求风调雨顺。中午,农家还纷纷做包馃当餐,以示农事大忙时节已过,民间有"种田种得哭,享个安苗福"之谣。①

信仰是一种精神理念,是指对某人或某种主张、主义、思想、宗教极度相信和崇拜,并以此作为自己榜样和指南的一种精神文化现象,它包括宗教信仰和民间信仰两种类型。绩溪的民间信仰是在长期的历史发展进程中,于民众中自发形成的神灵崇拜观念、行为习惯和相应仪式与制度的总和。不仅山、川、风、雨、雷、电等自然神灵的信仰内涵丰富,而且在宗教信仰上,绩溪也极具有代表性和典型性。五代十国后梁时期的蜀马村创建的觉乘寺香火缭绕,信众众多,并一直延续到民国年间。而对乡土神灵汪华、程灵洗、张巡、许远以及各宗族祖先神灵的信仰与祭祀,绩溪更是持续不断。不过,随着时代的变迁,绩溪的民间信仰和宗教信仰也在不断地发生着变化,近代天主教的传入,绩溪信仰人数众多。但绩溪和徽州其他地区一样,宗教信仰和民间信仰也呈现出诸教杂糅、混合多样的特征。诚如宣统元年(1909 年)徽州知府刘汝骥在《绩溪风俗之习惯》中所言,"佛教、道教、回教、天主教以及耶稣教,皆扩张其权力。所谓宗圣教者,徒奉其名而已。阳儒阴释,所行非其所言,此一派人尤不可胜数。绩之习惯佛教盛于道教,天主教盛于耶稣教"。②

绩溪的民间谚语和歌谣具有鲜明的地域特色,从农谚、警世、练世、童谣到卜兆、行路等,一应俱全,且特色鲜明,堪称民间文学的一座宝库。"生要生到苏州,长要长到扬州,葬要葬到徽州",③这一民谣不仅反映了包括绩溪在内的徽州"事死如事生"之丧葬仪式的糜费和隆重,而且折射出绩溪暨徽州人外出经商活动的事实。

包括绩溪在内的徽州传统宗族社会、经济与民俗文化,是徽学研究不可

---

① 绩溪县地方志编纂委员会编:《绩溪县志》,合肥:黄山书社,1998 年,第 1049 页。
② (清)刘汝骥:《陶甓公牍》卷十二《法制科》,合肥:黄山书社,1997 年。
③ 民国《庙子山王氏谱》卷十一《宅里略四·谚语》。

或缺的重要内容之一。尽管徽学研究的地域范围有"小徽州"和"大徽州"之别,但在强调"大徽州"的同时,我们更应当关注"小徽州"。毕竟徽州很多事件的发生和缘起主要是在"小徽州"的区域空间内展开的。而且在"小徽州"的界域内,地区之间的差异和不平衡也是客观存在的。这种差异随着时间的推移和社会的变迁,也不断地发生着转移和变化。罗愿在《新安志》中,记录了宋代徽州六县社会、经济与民俗文化的地域性差异,指出:"歙为负郭县,其民之弊,好为人事……休宁俗多学者……绩溪俗有二:由徽岭以南,壤瘠赋重而民贫;其北,壤沃赋平,人有余,则柔循……婺源阻五岭,其趋鄱阳径易,则民俗近之……祁门水入于鄱,民以茗、漆、纸、木行江西,仰其米自给。"①至清代康熙时,赵吉士在《徽州府志》中同样对徽州六县社会、经济与民俗文化之间的细微差异作了真实记录,云:"郡有三俗,附郭为歙,歙之西接休之东,其俗富厚,备于礼,身安逸乐而心矜势能之荣,操奇赢以相夸咤,然其人貌良而衣缝整齐,缘饰文雅,为独胜焉。白岳山而上,此休之西乡也,其西为祁,其西南为婺,俗好儒而矜议论,柔弱纤音归本,比者稍稍增饰矣,然操什一之术,东南以习俭约,致其蓄积。休之北为黟,地少人寡,纤俭大类祁、婺,戋戋益甚焉,颇有稼穑之业,质木少文,有古之遗风。乌聊山之北为歙之东、南二乡及绩邑也,其俗埒于黟,而缙绅之士过之。"②即使是在绩溪一县境域之内,其传统宗族社会、经济与民俗文化亦存在着显著的差异,尤其是在翚岭之南、之北和之中不同区域之间,其差异和不平衡是客观存在的。以清末民俗物品制造业为例,绩溪四乡呈现出显著的不平衡与差异。对此,刘汝骥在所录《陶甓公牍》之《绩溪民情之习惯》中云:"绩邑芙蓉布、铁锁久有名于邻省,今则业此者鲜。唯近年所产之丝,缫工称绩庄者,于湖州能占优势。爆竹俗名'双响烟火',绩人为制造专家。西北各乡贩马革以抽鞋梁,挟赤土以陶器皿。坦头村之土麻布行销江北,石□村之铁冶锅畅运浙江。他如双仁蜜枣、棕皮细线,十五都之青皮豆味胜广东,附城之小麦粉白逾机面,皆称精美。唯非大宗之输

---

① 淳熙《新安志》卷一《州郡·风俗》,清光绪十年(1884年)刻本。
② 康熙《徽州府志》卷二《舆地志下·风俗》,清康熙十八年(1699年)万青阁刻本。

出品。"①

  为进一步深入开展对明清以来绩溪传统经济、社会与民俗文化的调查和研究,从2008年5月开始,我们精心组织了绩溪一批徽学爱好者和安徽大学徽学研究中心的部分研究者,对新中国成立以前绩溪岭南、岭北、岭中不同宗族和乡镇、村庄的传统经济、社会与民俗文化进行了田野调查,并撰写完成了一系列调查研究报告。本书收录的这些调查报告,分别从时间和空间两个维度,叙述和阐释了明、清、民国至新中国成立以前绩溪传统宗族社会、经济和民俗文化演进与变迁的轨迹。我们坚持文献史料和田野调查相结合的原则,倡导当地人写当地史,并严格遵守严谨的学术规范。

  在本书即将出版之际,特作以上叙述和说明。

  是为序。

卞 利

2017年5月22日于

南开大学历史学院

---

① (清)刘汝骥:《陶甓公牍》卷十二《法制科》,合肥:黄山书社,1997年。

第一章　华阳镇的历史、经济与民俗文化

绩溪是徽州山区的小县，县治所在地为华阳镇。该镇在绩溪建县之前的秦汉时期隶属歙县管辖。南朝梁大同元年（535年），曾一度设置良安（梁安）县，后废，复归歙县统辖。唐大历元年（766年），析歙县华阳镇，置绩溪县。绩溪以发源于徽山之阳的徽溪和乳溪二水"离而复合有如绩"①而得名。最初，县治设在扬之河东岸，即今后外村一带，宋时迁扬之河西建城。

作为绩溪县治所在地，华阳镇北枕五龙岭，西跨冠山、马山，东临扬之河，南俯隆干，极为壮观。

一、华阳镇的地理、城池和街区

（一）华阳镇的地理简况

据传，华阳镇是按照堪舆风水学说建设的。黄山余脉徽山主峰仙人岩出一支脉莽莽南伸，经乳坑村外岱上凹后，分成五条山麓，从西至东为翠眉墩、将军山（传与隋末汪华起义有关）、马山、冠山和五龙岭，如五条苍龙飞腾而来，成为县城的来龙。城郭北依马山、冠山、五龙岭，西有将军山、翠眉墩护

---

① 万历《绩溪县志》卷二《舆地志·建置沿革表》，明万历九年（1581年）刻本。

卫,东隔扬之河,河畔耸立着大屏山、梓潼山,南望船山、灵山,中间是开阔的隆圩田、何家田圩,围成一个平旷的华阳盆地,县城处于盆地中心,乃钟灵毓秀之地。峰峦叠嶂,徽岭袤长,"其龙脉起伏,实为县城营基障护""风水攸关,志禁采伐,勿断山根,由来已久",风水家说:"凡是人口聚会之处,来龙要长且旺盛,于曲水环抱、众水汇合之地应建衙门、官署、宗庙、宫殿。"古人选择在五龙岭下建县治,自当有风水学上的考量。古人认为,县衙署的风水地理与民生息息相关,稍有不慎会带来天灾人祸,即使是微小之事,也不得马虎从事。

华阳镇三面环水,扬之河自北向南于上三里纳乳溪水绕过城东;徽溪水萦回于城西,至城南下三里附近注入扬之河向南流去。古人依据地形水势在河流出口处,分层次构建县城四道水口园林。

为了封闭地户,在下水口建桥、台、楼、塔等建筑,大量种植树木,增加锁钥气势,扼住关口,形成一道道"水口园林"。

南门外至徽溪、扬之河两水合津处是一片平坦的旷野,无天然山势可依,只能构建人工建筑作为水口,在扬之河与徽溪河上建绿杨桥和徽溪桥。徽溪桥位于下三里,是县内最早的桥梁之一,宋淳熙《新安志》中已有记载,元延祐二年(1315年)改建为石架桥,经历代维修,清康熙年间又重建石拱桥,五孔,长60米,面宽6米,高5米,青石块构造,桥面曾建有砖木结构的廊亭,亭内置条石为凳。大桥上下游的两岸,树木葱郁,遮蔽溪面,是老百姓闲暇小憩之场所。

城东南绿杨山下杨柳村有石拱桥架于扬之河上,村边杨柳依依,微风徐来,柳条拂水,波光粼粼,因景而命名绿杨桥,俗称杨柳村桥。明洪武年间建,五孔,全长60米,是扬之河城乡大道上重要的桥梁。桥北岸有亭。

绿杨桥、徽溪桥如两条长虹架于东西河上,遥相辉映,它和近处的牌坊群、庙宇群组成水口的第一道景观。

顺扬之河往南一里许,西岸一长形小山临河而立,形同泊岸之舟,故名船山(今串山),与东岸的灵山相对峙。船山又称"鱼岱山",右与快活林相连,系徽山余脉延伸至此。昔日船山上有文峰塔,额曰"柱天文栋",塔边有"文昌祠",塔与祠均为明万历年间知县陈嘉策倡建。由陈知县、邑内士大夫及热心人士群力捐输而建。嘉策,字葵心,福建晋江人,进士出身,任职期间,政绩卓著,热心公益。离任后,邑人感其德,在船山上建"仰葵公所"以示纪念。文峰塔、文昌阁和仰葵公所均毁于兵燹。船山和快活林都长满参天大树。相传明太祖朱元璋领兵征战婺州经过绩溪时,曾在林中小憩,见此处清幽洁净,不见蚊蝇,如入清凉世界,乃赞为"快活林",因此得名。

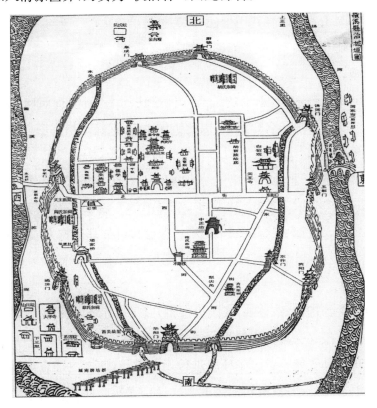

图1-1 二十世纪五十年代绩溪县县治华阳镇城垣图

船山临扬之河有石台耸出,可登临垂钓,题为"钓鳌"。隔岸为灵山山麓,"灵山高二百仞,山顶平衍,上有庵,登山可眺远。石洞在庵之西。冬月时,出云气。山之麓有芭蕉园。园之中有灵沧,其泉甘洌"。[①] 灵山上绿树成荫,与

---

① 万历《绩溪县志》卷二《舆地志·建置沿革表》,明万历九年(1581)刻本。

船山隔水形成一道绿色的屏障,是绩溪县城又一道天然水口景观。

扬之河流经灵川,向西绕成大湾,受西出的株树岭所阻,水流长期冲击,潴为深潭。潭中有方形巨石,露出水面,巨石像官印,上有纹痕,河水至此绕石回旋,激起波澜,雅称"石印回澜",为"华阳十景"之一。古谚云:"云纹露,邑宰显。"借此告诫官吏,寄托民意。石印潭东岸突起一山墩,名石印墩,广十余亩,上有村落名曰油村;隔田畈为灵山南麓,与河西的株树岭遥遥相望,石印墩和石印潭中的石印在两山中间,成为县城的南大门。至今,油村村南,扬之河对岸的那片水口林,依然郁郁葱葱,点缀着"石印回澜",成为县城的第三道水口景观。

扬之河南流约六里,东来的玉兀山横堵住河水,河流折而向西,低山横亘,故建造三孔石拱桥,名曹渡桥,以此锁住水口,又造七层宝塔以抬高山势,平衡自然景观,满足人们视觉的平和感。月明之夜,塔影叠于桥面,形成了"身影相依"的景象,也由此引出了一段"媳妇建桥公造塔"的传说。惜塔后毁于雷击,只剩下半截(三级)。1958年,绩溪中学开展勤工俭学活动,在曹渡桥边建砖瓦窑,又拆除了剩下的半截塔。曹渡桥近处那造物天成如同一堵墙的玉兀山,壁立于绩溪南大门之外,山上的塔和河上的桥也就成了县城最后一道水口景观。

水口的关锁,需障空补缺,或筑堤造桥,或竖坊建塔,或截流浚塘,实与绾风气、萃灵秀,振兴一县科第相关。

风水理念其实就是对居住环境进行规划设计,使之更加合理,古人以为衙门官署所在之处,关系所辖地区的人文经济尤重。而为官此地者,响应民心,使人文经济得以欣欣向荣,或上奏朝廷,拨以官费;或申报上司,募集资金,修建桥坝亭台,呼应风水,成为景观。

华阳古城郭呈东西狭、南北长的椭圆形,人称"鱼形"。按照"鱼得水而活"的风水理念,元朝始建隆堨,在城北和尚岱引乳溪水,贯穿北门外村庄,至北门,沿城墙脚流至清河门,经水窦导水入城,流经东城区,俗名东街水圳。明万历年间,知县胡民仰捐俸禄大力修缮堨坝和水渠,使其更臻完善。百姓缅怀其德政,遂以胡知县籍四川大宁县名改称"大宁渠"。

城西引马山、观山之间的溪涧,从城西北水关引涧入城,称"西关水圳",贯穿西半城,流至南门外,经地下涵洞汇入大宁渠。后流向隆圩田,利用此水浇灌城南数百亩农田,最后在杨柳村注入扬之河。此两渠是绩溪县古代最早的水利工程。早年都订有管理规约,有专人监管,保护水源,禁止倾倒垃圾、洗刷污物,圳水长年保持洁净清澈,可供人们汲水、洗涤和应急消防,还有调节空气温度、防暑降温的作用。现虽保存完好,但只能起到排污水、洗刷污物的作用,且大多圳段已被覆盖,成了暗圳排污道。

古城周围山列如屏,溪回如织,桑林凝翠,风光旖旎。是一块地处黄山、天目山结合部的山间盆地,亦是皖浙"山水恋"的掌上明珠。

北宋时,苏辙曾谪任绩溪县令。一次他出游城东梓潼山,观梓潼庙和汪神庙时,一览县城全貌,曾作诗曰:"行年五十治丘民,初学催科愧庙神。无限青山不容隐,却看黄卷自怜贫。雨余岭上云披絮,石浅溪头水蹙鳞。指点县城如手大,门前五柳正摇春。"①县城虽小,却是一个山清水秀、人杰地灵、人才辈出的历史文化名城。

旧时,历代名儒显臣、豪门富贾都把置馆舍以广招宾客、扩祠庙以敬宗睦族、立牌坊以传世显荣作为追求目标,建设家园,把小城装点得典雅而又秀美,赋予了小城历史的厚重和人文底蕴。1996年1月,绩溪被省政府命名为"省级历史文化名城",2007年3月被国务院命名为"中国历史文化名城"。

昔日古城,华阳十景瑰丽多姿,一座座雄伟壮观的宗祠、庙宇、牌坊、亭阁随处可见,一栋栋古朴典雅、凸显三雕建筑风格的古民居星罗棋布,还有城墙、老街坊、古圳、古桥梁……真可谓举目有丹青,处处皆入画。

(二)古城的地标——中正坊

关于绩溪城垣,明万历《绩溪县志》云"建于宋,城周五里";乾隆《绩溪县

---

① 绩溪县地方志编纂委员会编:《绩溪县志》,合肥:黄山书社,1998年,第985~986页。

志》之《沿革表》则云"建于南唐后主六年",宋开宝元年(968年),是土城。元至元十四年(1277年),治安不靖,在宋土城基础上修城,并建三门:南曰新安,北曰拱极,西曰眉山。明初城废,因民居周垣为治,后在原有三门基础上,又在东面建东作门。明嘉靖三年(1524年),知县李邦直重建三门,明嘉靖十一年(1532年)知县李旦又建东门。明嘉靖四十五年(1566年),婺源不靖,因无城守,房屋被烧,粮食被劫一空,邻县大惊。当道闻于朝,"而檄城婺、城祁、城黟、城绩",知府何东序、绩溪知县郁兰"爰集大夫士庶群议于庭,渐次图之""始以相基,继以经费",发动民众,群策群力,由是年六月动工,"阅四月而事竣"。新筑城上砖下石结构,北枕五龙岭,西跨冠山、马山,东临扬之河,南俯隆圩;周围计八百四十一丈,高二丈;厚一丈三尺,立四门,各门建城楼,东曰玉障,西曰望翠,南曰华阳,北曰屏镇;又立三小门,东宾旸,西通济,北阜城,"以便耕牧樵汲者出入"。另建二水门,一在东,一在西北(今尚遗存,俗称"水关"),以利灌田。时值秋冬水涸,当事者未能远虑,次年春水发,众河奔注,二水门因狭窄不能及时泄水,致河水倒流为居民患,河道淤塞,河水浑浊不能饮。明万历二年(1574年),陈嘉策知绩溪县,历事八年。在此期间,又重建水门,歙许国有《重建水门碑记》专记其事。清康熙、雍正年间,城依旧,清乾隆十二年(1747年)在原明城的基础上进行修葺,清乾隆五十七年(1792年),知县李凤丹合民士捐资又修整过一次。民国年间,县城新增房屋,仍限于古城墙之内。民国二十三年(1934年),绩溪县长陈必觊修南门城楼,并书"众志成城"匾额。民国二十五年(1936年),修筑望翠门城楼。由于年久失修,抗战以来,城墙渐圮,到新中国成立初期城墙已残缺不全,四城门中只有华阳门保存尚好,可惜于五十年代拆除了。1956年建丝厂时,大量的城墙砖被挖去建厂房。1958年后随着城区的建设发展,超出了老城区范围,残存的部分逐渐拆除,至今只有水关门遗存一段旧遗迹。

华阳古城的标志性建筑为中正坊,俗称"四门川"。据嘉庆《绩溪县志》载:宋代营建城池,测此为中,四方延伸建城,故名。以中正坊为中心的东、西、北街,呈"田"字形格局。中正坊至今仍保存完好,为亭式建筑、牌坊式门楼,在平面布局、街道主干分布等方面均能体现出古朴端庄的氛围。在绩溪人心目中,这里是名城历史文化符号的象征,蕴含着丰富的人文奥妙,是古城建设的一大特色。

中正坊地处由东、西、北三条主街构成的三角形区域的中心,因它有东南西北四个拱券门,又叫"四门川"。由各门伸延的8尺宽巷道,分别相接于东、北、西三条主街,唯南向巷道与一条连接东西街的巷道相接。该坊的位置在宋代建城邑时就已经确定,由此向四方延伸并建城、布街、设巷。今存砖砌拱券门洞为明代所建。坊通高7米,每边宽约4米,

图1-2 绩溪县华阳镇中正坊

占地约16平方米,坊下部由砖砌4个拱券门组成,高约4米,宽3米,墙体露胎勾缝。墙体四面中部均阴刻有横写楷书"中正坊",坊的上部则是梁架木结构阁楼,南北两向为人字形歇山式屋脊,东西两向单披檐向下倾斜,四面均设窗门隔扇。中正坊上部的木结构亭阁历朝屡废屡建,1992年经修葺后又呈古朴风貌。四条巷道中间铺条石,两边沟沿竖铺条石压边,期间排铺鹅卵石。东、西、北三条巷道直通三向主街,其中条石皆横铺;而南巷道不能直通南街,只到连接东、西两街的巷道木牌楼巷。因此,其巷中间条石采取直铺方式,表示不为横道所阻,能通南街。这样,在理念上,城池中心的中正坊分别通过四条方向巷,继而由四条方位街与整个城池连成一体。

这片街区民居的马头墙,高低起伏,谱成一曲曲具有优美旋律的黑白交响乐,衬以青山绿水。这是徽州民居特有的艺术风格。

古城四条街道即东、西、南、北街,为石板步行街,宽约一丈(旧制),供步行、骑马、坐轿、骑自行车之用等。路面路心大多采用粗凿的花岗岩石板和青

石板横铺,两侧取扁鹅卵石竖排整齐挤紧。沿街两边几乎是清一色的明、清、民国建筑遗风,木质结构或砖木结构、黑瓦粉墙阁楼式低矮店面房。楼下为店堂,临街设宽大的木质活动栅板门,楼上一般为居室或商品仓库,当街的一面用木板装壁,配置木雕窗棂,有的还镂刻花鸟图案;街两边木门相对,门窗相望,个别富商除窗棂设计精巧外,还在窗外设"美人靠"(亦称飞来椅),以供观赏街景,夏夜纳凉之用。

华阳古城的巷道,宋代有崇贤、崇仁、规德、连城、敦礼、清宁、临河七坊;元代有崇儒、美俗、宣政、锦绣、传桂、慈仁、中和、居贤、丽泽、成德、积庆、中正、文明、孝文、仁寿、崇仁、义和、德安、乐安、义水二十坊;明代有遵义、遵和、仁慈、集贤、淳安、崇贤、福泉、庆丰、太平、宣泽、美俗、敦睦、清和、中正、崇德、处仁、登云、里仁、西关十九坊。清代增设颍川、惠川、惠仁、导泉、聚贤五坊。其坊市布局如下:

东隅:东街口、司谏坊、东关亭、仁慈坊、大理坊、义井坊、小东门、东作门、白石鼓。

南隅:南街口、总督府、觉今园、水圳塝、大司城、程家巷、南门头、晏公庙、孔家庙、染巷桥。

西隅:西街口、周家巷、葛家巷、积庆坊、西关、木牌坊、西察院、集贤坊、新西街、项家桥、登云坊、崇德坊、世科坊、昼锦里、西城里、麻山园、官社坛、堡坞岭、进贤门、中巷、眉昆阁。

北隅:官巷口、美俗巷、乐安坊、翰林巷、清河巷、白鹤观、北门头、舒家巷、任家巷、张家巷、崇贤坊、太和坊、颍川坊、导泉坊。

中隅:太平坊、中正坊、中和坊、遵义坊、台宪坊、福泉坊、尊亲堂、处仁坊、中心堂、尚书府、仁寿坊。

古城现仍有五十多条以中正坊(四门川)为中心的纵横交错的大小巷道,大巷宽 8 尺,小巷宽 5 尺。主要古巷有张家巷、舒家巷口(颍川坊)、城隍街(美俗坊)、项家桥(登云坊)、曹家井(集贤坊)、西关巷、章家路、学背后、四门川(遵义坊、处仁坊、福泉坊)、白石鼓、郑家巷、大东门、小东门、东作门、水圳塝下（县河坊）、水关巷、汪家巷、朱家巷、八角井等。大巷子铺石板，两边铺鹅卵石；小巷大多是鱼鳞状鹅卵石铺道。其中有的小巷和庭院铺设的鹅卵石图案至今仍保存完好。

抗战期间，古城有大小店铺一百五十余家，经营四十多个行业。主要商号集中于南街，西街次之，东街、北街以小商店、小手工业、小旅馆为主。

百姓多聚族而居。隋唐时期，戴、葛两族乃邑中大姓，素有"葛家一西山，戴家一条街"之说。宋以后，渐为章、周、胡三大姓氏取代。章姓聚族于西山、水关巷、水圳塝下和南门外一带，章氏宗祠位于西山脚下水关巷中段；周氏聚族于木牌楼、登云坊、项家桥、曹家井一带，周祠位于曹家井北端；金紫胡氏则聚族于城东、城北一带，其宗祠在大北门之里端；遵义胡氏和程氏宗族聚在居中正坊四周；另有舒姓之舒家巷、张姓之张家巷、葛姓之葛家巷、郑姓之郑家巷、汪姓之白石鼓巷……徽州聚族而居的现象凸显了中国传统族规管理之严谨，同族人由此更有亲和力和凝聚力，对保持社会和谐、稳定起到了一定的积极作用。聚族而居，则耕读与商贾可以相容，乡土和高雅可以相拥，这就是睦族的力量。

聚族而居这样的社会氛围，孕育了徽州人独特的光宗耀祖、崇文尚礼、内敛自持的精神品质，塑造了共同的审美情态，它以集体无意识的方式在时间长河中不断沉淀、凝结并根植于徽州人的性格中，融入徽州人的血液里。从而，徽州聚落，"望衡对宇，栉比千家，鸡犬桑麻，村烟殷庶，祈年报本，有社有祠，别墅花轩与梵宫佛刹，飞甍于茂林修竹间，一望如绵绡"。这种显露于外的宗族大美，潜藏于内的自治美，流淌于心的静态之美，在气势上给人以定力、魅力、魔力之感。

（三）牌坊和祠庙林立

华阳古城的特点是"三多"，即牌坊多、祠堂多、庙宇多。明清时期，绩溪全县共建有各类牌坊182座，其中明代84座，清代98座。华阳镇总计达66座之多，占总数的三分之一多。清嘉庆十五年（1810年），全县38个姓氏有大小祠堂189座,其中华阳镇有59座,占总数近三分之一。到民国三十六年(1947年),全县祠堂数量增至340余座,华阳镇也有所增加。当时全县人口为81000多人,平均每230人左右就建有一座祠堂。新中国成立初期,全县计有寺庙庵堂209所(不含土地庙),其中华阳镇43所,占总数的五分之一。

华阳古城的文物古迹首推从徽溪桥到南门外的牌坊群,原有20座高大的牌坊整齐排列(其中,仕科坊17座,节孝坊3座),十分壮观。这些牌坊清一色由花岗岩构建,四脚座、八石狮(首座为十石狮)、鳌鱼角、三层石拱飞檐;牌坊下古道中间铺石板路,西侧铺鹅卵石。这在国内是最大的牌坊群,可惜未完整地保存下来。新中国成立初期尚遗存12座。至"文革"前,犹存5座完整的牌坊,但在1967年破"四旧"时被一次性炸毁。

牌坊群的南面为徽溪桥。徽溪源自"翚岭",古称"翚溪"。徽溪桥是古代连接徽宁驿道的古桥梁。桥头建筑为"施水庵"庙屋,设有观音庙和关公庙。现改为公路桥,名"双桥"。牌坊群东南面为绿杨桥。

在牌坊群的北面约20米的古道上,有一对青麻石的大石狮,朝北端坐在一米多高的底座上,石座上雕有祥云方巾图纹,石座下还有莲花图案的基座,上面雄狮脚踏绣球,母狮脚抚幼狮,造型逼真,雕工精细,是"石狮牌坊群"的标志性建筑,也是县城内最大的一对石狮,后不知所终。

牌坊群的东面有多座庙宇和宗祠老屋,其中最有名的是"青云红庙"。庙西有一幢坐西朝东的"太平禅寺",该寺始建于宋代太平兴国年间,原名"华严院",太平兴国五年(980年),改称"太平兴国禅寺",建筑面积近1万平方米,有僧侣近百名。内有荷塘,有二三亩。荷塘中央有一眼泉,泉水自荷花丛中喷涌而出,高1米许,终年不息。池塘因有此奇观得名"荷花出水"。寺门正对梓潼山,寺内设大雄宝殿、三元殿和观音堂,前后三进,两侧还有默经堂、斋堂等。庙内有多尊高大的神佛雕塑,全都是描金彩绘,最大的佛像高5米以上。其附近还有"火神庙""五猖庙""碧霞宫"和"余许宗祠",余许宗祠是合建在同一围墙内的两姓宗祠,仅一墙之隔。抗战时期寺庙和宗祠以及周边建筑悉数被日机炸毁。

牌坊、祠堂、庙宇和民居等徽派建筑矗立于徽山徽水之间,像一座座标志性的徽文化纪念碑;又以文字、数字、图录的形式沉寂于地方文献之中,穿越时空烟雨,刻勒着特有的文化轨迹,氤氲出迷人的人文气息,像一部部厚重的徽文化教科书,成为当今人们阅读昨天、思索今天、憧憬明天的历史文化大餐。因此,古牌坊、古祠堂、古庙宇、古民居在拂去历史的尘埃后,依然闪烁着不朽的光芒。建筑是文化的载体,是无声的音乐,是美妙的诗篇,而丰富的建筑语言又来源于文化的沉淀和蕴藏。

图 1-3　20 世纪初绩溪县华阳镇南门牌坊

(四)繁华的南大街

华阳门是古城的南大门,城墙高二丈有余,门洞上方嵌有"华阳门"楷书大字的青麻石横匾,门洞进深二丈,中间两边有 4 米多高、2 米多宽的楠木大城门靠壁而立。新中国成立初期所见的城楼为民国二十三年(1934 年)重建,砖木结构,四面挑檐,正面开两门阙,各四扇格子门,正面挂"众志成城"隶书大字匾额,整个城楼虽没有明代建的二层城楼那么雄伟,但也很壮观。南门外左边墙角立有"李懋延虐政石"。李懋延是一个不学无术的官僚,民国七年(1918年)来绩溪任县知事。上任后,李懋延横征暴敛,弄得民不聊生。他任满去职后,由民众立此石。此石长五尺,宽一尺,上书"李懋延虐政石"六个大字,是绩溪人民抗击贪官酷吏的见证。新中国成立后修环城路时被毁。

民国前,南门城楼下有三个门洞,城楼是两层砖木结构。城楼四面装有格子门窗,十分壮观,太平军攻城时被毁。南门外广场面积近1000平方米,周围有各类商店,艺人卖艺亦在此。南关桥也在此,其下为水关圳横坝,圳中有一锐石,形如笔锋倒立,乃"倒地文笔"景观。

进南门便是南大街,街头两边的城墙下均有一条两旁铺鹅卵石、中间铺石板的路,东边通何家宗祠、觉今堂(官邸园林)和油榨坦方向,沿途与"水圳塝下"多条巷口相接。"觉今堂"的园名源自陶渊明的"觉今是而昨非"的诗句,传说该园面积很大,内有荷花池、花圃、竹园,还有亭台楼阁,树木成荫,花卉飘香。清末时古园林已圮,新中国成立前觉今园作为地名一直沿用。

西边通往西城里方向,与水关巷口、章家路口交叉,通章氏四德堂、孔家庙、光裕堂、六合堂,并通"进贤门"。水关巷口对面是登城楼的石阶梯。

南街在两侧街房的夹峙下,石板路更显狭窄幽深。临街房全是粉白的墙、黛青的瓦,山墙顶端是高昂的"马头"。精致的黛色砖雕、高低错落黑白分明的墙体,展示着徽派建筑古朴淡雅的群体美。临街的铺面,朱阁重檐,雕花彩绘,匾额旗招高挑,大红灯笼高挂。店铺各类摆饰,沉静清幽,古色古香,货物品种丰富,琳琅满目。

新中国成立前夕,南街较大的商号主要有:胡俊记杂货店、宝成银楼、丹凤银楼、章大兴酱园、周锦森布店、胡德盛糖坊、三益布店、周永兴布店、义泰兴纸店、万春药号、交通客栈等,又以百年老店"周益昌""章鼎泰""胡俊记"三家生意最为红火。较大的建筑主要有葛氏宗祠(现胡仕酒店处)和晏公庙。街道只有1丈多宽,中间铺花岗岩石板,每块石板宽约1.5尺,长4尺余,两边铺鹅卵石。由于年代久远,路面形成一道道起伏不平却又光滑的凹槽,那是因为古人使用铁环独轮车和铁蹄骡马作为运输工具,长年累月驰于街道留下的痕迹,是老街昔日的繁荣和历史久远的见证。石板路不知被多少双脚踩踏了多少年,残缺、凹凸不平;也不知被风霜雨雪洗刷了多少回,光滑、明亮。街道两旁纵横交错的小巷透迤幽深,曲折地向远处延伸。

"犁尖角"(地名)是古城东、西、南三条老街交汇形成的"Y"形中心地段,场地面积不大,因形似犁尖而得名,"文革"期间改称"永红场"。旧时,每逢节日、庙会,这里是舞龙灯、跳巫煞等民间文艺活动的场所,人流涌动,阻道围观,非常热闹,是老城区的商贸中心。这里三面环店,主要有祥泰猪肉糟坊、泰生堂中药店、章协泰文具店和三新布店等,是市场最繁华的地段。典雅素朴的商铺、从容淡定的行人、闹市喧嚣的场景,都透着久远古老的韵味和情调。新中国成立之初,街口县人民银行的所在地原是清末民初的钱庄。据清嘉庆《绩溪县志》载,其建筑为明清两朝的"总督府",始建于明嘉靖年间,是县衙署为举行重大政务活动、召集官员及政界、商界、僚属与重要人士议事的场所。整体建筑坐西朝东,门楼建筑雄伟壮观,后被太平军毁坏。门首有明代为太子太保兵部尚书胡宗宪立的"春宫太保夏官上卿坊"。

犁尖角的背后即北边是中正坊,为古城的中心点,俗谓"地眼"所在。其四周街巷形成一个"田"字。从空中俯瞰,就是一副犁和一块田。

绩溪县境地图轮廓像一头卧牛。牛拉犁,犁耕田,东大街与西大街上的人头攒动,车水马龙,就像犁尖翻起的哗哗泥浪。中心城区建成一幅农耕社会绩溪人的田园生活图。其地名蕴含着丰富的文化内涵。

(五)江南一绝的西街木牌楼

犁尖角的西边是西街,旧时主要有周益昌布业杂货店、泰来布店、周裕顺杂货肉店、宝兴银楼、澡堂等。犁尖角北连东街,东边是方氏宗祠,其内文昌阁至今保存完好。祠堂以北的街道上,为店面和居家,有座跨街而立的科举牌坊(已被拆毁)。牌坊附近为"胡俊记"号制酱作坊,东接"社屋庙"。

西街标志性建筑是木牌楼,位于中段,跨街而立。木牌楼是明成化元年(1465年)明宪宗皇帝为表彰西关章英所赐建的登科牌坊,简称"登科坊"。相传章英进京赴考,虽精通八股,但书法欠佳,字迹潦草,曾被教官淘汰。适宪宗帝为管教皇子寻饱学之师犯难,从上百封试卷中发现章英睿智非凡,遂列"赐同进士",聘为教授。历两年,皇子学识大长,宪宗帝极为满意,于御花园设宴招待。章英思乡心切,宪宗挽留不及,乃赐建木牌楼。章英为儒绅所宗,胡富、胡愈、戴骝、周诚皆出其门。该坊选用贵州楠木建造,颜色乌黑,二柱三层木构瓦顶,饰以砖脊、瓦当整鱼角,两根粗大的楠木圆柱,前后各有一块花岗岩长条抵靠稳固。1956年11月被列为安徽省重点文物保护单位,有"江南一绝"之誉。其四周数丈之内,皆为章英之封地。1970年,因街道拓宽,木牌楼被拆除。

木牌楼前是一个十字街口,附近的小吃颇负盛名,有泰开嫂(黑脸)蒸糕、(甜、咸)乌饭米筒;独眼油条、麻球;宗美豆腐、毛豆底、臭豆腐;广泰锅贴饺、水馅包、发酵包;还有甜、咸烧饼店,大饼店,糍粑、甜酒(冷、热)店、挞馃店等,人气很旺。东面是现在的木牌楼路,古称"仁寿坊",是条向东延伸、连接东街的石板路。路北是章利顺作坊、程氏宗祠,程氏宗祠的东面向北通往中正坊,路南是周家老屋、民居和一条巷弄。

从木牌楼南行百米,临街之左侧,有一街心廊亭,亭内西侧有长木靠椅,为往来的行人遮风挡雨,亦可休闲。当街廊亭于古徽州极为少见。

木牌楼西边现在是项家桥路,古称"崇德坊"。路口原有座楼阁路亭,楼阁装有格子窗门,屋檐下挂有"崇德坊"牌匾。该场是一条通往西门岭的石板路,途经章家老屋、鸣盛坊、忠孝门、登云坊、项家桥、官社坦。

"鸣盛坊"是为明进士程定而立的牌坊。程定,西巷人。明弘治辛酉(1501年)举人,登乙丑(1505年)进士,官都察政。幼颖敏,日记数千言,为文清新典雅,海内多重之。著有《京台遗稿》《后野集》。二十世纪七十年代末,绩溪县印刷厂建厂房时,因要拆除取石作基础,被时任文化局局长制止,但上部已经被毁,仅剩三柱二坊,现被移至"紫园山庄"。

忠孝门是明代为表彰进士程通、举人程容忠孝而建的牌坊宗祠院门。程通(1365—1402年),字彦亨,号贞白,绩溪县城内人。仁里程氏药公第二十五世孙。其先祖十九世念五公于宋代从仁里迁居县城城西(今木牌楼西巷),

称绩邑市世坊世忠程氏,以仁义孝传家,程容为程通之侄。程通的孝行感动了明太祖,太祖叹曰:"孝哉若人!"也为里人称颂,他的至孝也是忠的思想基础。程通天性聪颖,励志圣贤之学,深谙治国之道,文辞超群,是当时京城名士之一。程通学识渊博,诗文作品甚多,集有百余卷,可惜尽在"靖难"中散失。其遗著有《贞白遗稿》十卷,《显忠录》二卷,载明史,收入《四库总目》。历尽沧桑,明建文四年(1402 年),燕王"靖难"夺位后,程通被捕入狱,并死于狱中,家属戍边。明万历十二年(1584 年),为"靖难"中死难者平反,程通得以昭雪,题曰"优诏褒忠",于县城门外建"表忠祠",列入官祀,春秋由有司举行祭祀活动。程通成为绩溪历史上追封"忠节"、列入官祀的第一人。《明史》赞程通曰:"靖难之役,朝臣多捐躯殉国,若王艮以下诸人从容就节,非大义素明者不能也。"①伏岭镇西川村程氏系绩邑市世坊世忠程氏仅存的派裔,程尚远系第四十一世孙,家藏的《绩邑市世坊世忠程氏续修谱》中载有程通事迹。西川村程氏支祠的厅堂上悬有"忠孝世家"和记录程通事迹的两方匾额。城西木牌楼巷程氏宗祠建有"忠孝祠",特祀程通,题"忠孝之门"。

"官社坛"即"社稷坛",是古代官方奉祀神灵的祭祀场所,还有古戏台和庙屋祭堂。

木牌楼北面是老西街北向的上街段,该段有可爱照相馆,曾拍有十里岩关公庙照片,庙内对联"志在春秋功在汉,心通日月义通天",其底片为省博物馆收藏。还有声名远播的"章利顺"酱坊,该坊范围较大,生产的"生面酱"是徽菜中一道名菜的辅料,有"糟鱼"等产品远销上海、杭州等地。还有"同庆楼"旅馆、"泰安"旅馆、葛家巷等。上段东侧还有建筑恢宏的三进"胡松尚书府"(今绩溪宾馆对面)。其"五岳朝天"的马头墙,层次叠加,浓淡相宜,其线条散发着清灵秀美,飞禽走兽渲染出艺术豪情,不禁让人拍案叫绝!至二十世纪三四十年代,官厅虽已为残垣断壁,而大门、天井、厅堂、书房、缮室尚有遗存。新中国成立后拆建成文化馆。

---

① (清)张廷玉等撰:《明史》卷一四三《程通传》,北京:中华书局,1974 年。

胡松(1490—1572年),字茂卿,城内遵义胡氏十八世孙。明代名臣,二十四岁中进士,次年授官赴任,历任八省官职。从推官御史逐升至工部、刑部尚书,赴外省为官二十二载,秉公执法、廉洁为民,终因官场险恶,以病乞归故里三十余载,曾筑东门长堤,以解邑城水患。晚年晋阶营禄大夫,位一品。著有《承苍文集》,《明史》有传。

(六)东街的白石鼓

东街东作门汪姓是汪华第七子爽公后裔,明初从坦川(今临溪镇煤炭山对面)迁来,东作门汪氏六世孙汪仲成在广西一带任知府。汪仲成,字汝生。十五岁为诸生,师戴祥、郑恭,笃志问道。明嘉靖丙戌(1526年)进士,授大理寺评事,守法不阿、廉明公正为南疆第一,转右寺正,建"驾鹤书院"。汪仲成历任三郡,清廉如一,囊无余金,唯图书药物而已。其德政恩泽,民敬之。其告老还乡时,当地士绅百姓纷纷送礼,被他一一拒绝。在送行的席上,他无意间谈起了云南的大理石好,说者无意,听者有心,就在他返乡的第二年,一天有人用马车运来四对大理石石鼓,说是汪知府喜欢云南的大理石,特地做了四对石鼓相送。千里迢迢送来的这四对石鼓,表达了当地老百姓对他的爱戴,他只好收下了。汪仲成就把这四对石鼓中的三对安放在通往汪家祠堂的巷口和祠堂门口,今还有残缺两对,"白石鼓"由此得名;另一对放在祠堂隔壁自家厅屋与庭院之间台阶的两边,以启示后人无论当官为仕,都知清白终生之理,起到以物为戒的作用。另一说是,此白石鼓与明嘉靖八年(1528年)进士郑恭(郑家巷人)任云南大理知府期间廉洁奉公、深受民敬有关。

白石鼓是东街具有象征性质的物件。如今的白石鼓已成为街坊地名,而感人的传说依然流芳百世。

白石鼓巷通往东作门,古称"敦睦坊",有很多古民居。安徽省百名历史文化名人之一、辛亥老人、芜湖科学图书社、上海亚东图书馆的创始人、近代著名出版家汪孟邹就居于此。他与陈独秀、章士钊、胡适、陶行知等建立了深厚的友谊,他"给文化做了二十年的媒婆""赈济了二十年学术的饥荒"。还与在湖南长沙创办书社的毛泽东保持了数年的往来。其侄汪原放（现代著名出版家、翻译家，中国古籍标点第一人，"新中国60年百名优秀出版人物"之一）曾接张太雷任中共中央出版局局长。汪原放在胡适的支持、指导下，率先对中国古典小说采用新式标点和分段进行整理，如《水浒传》《红楼梦》《三国演义》《西游记》《儒林外史》等十部古典名著，出版《诗经今译》第一册。翻译出版了高尔基的《我的旅伴》等二十多部外国文学作品。晚年有百万字的回忆录手稿，1983年11月由学林出版社摘录成《回忆亚东图书馆》出版（2006年再版时改名为《亚东图书馆与陈独秀》）。

白石鼓往东作门相隔二十多米，有两座明代跨路汪氏世科牌坊。一座毁于新中国成立初，一座毁于"文革"中。

从白石鼓至中正坊东路口这段东街街道，是店面屋和民居院宅结合的街道，中间东有"郑家巷"，西有"葛家宅"两巷口。葛家宅又名"五教堂"，是至今保存完好、建筑风格独特的明代古建筑，面积303.18平方米，内有门亭，前后进庭屋，天井间隔，厢房连接。建筑中的梁柱磴的造型结构独特，砖雕、木雕装饰别具一格，甚至连门闩制作也奇特巧妙，是一幢罕见的古民居建筑。

所谓的"五教堂"，取自儒教中的仁、义、礼、智、信。绩溪乃"文物之邦"，受程朱理学。"凡六经传注，非经朱子论定者，父兄不以为教，子弟不以为学"。葛氏是绩溪城里的大宗族，族人文武双全，遵从儒家学说，信奉程朱理学。"五教堂"木质匾额高悬于大师壁，醒目警神，是葛氏子孙严于遵守、勤于践行的信条。现为省级文物保护单位。为研究县城发展史、建筑史、宗族文化史提供了重要的实物资料，珍贵至极。

东作门附近有汪氏宗祠、郑氏宗祠、胡氏支祠、社庙和万年台，往油榨坦西是刘氏宗祠。"东作门"是明代嘉靖年间古城门的旧称，后改建为楼阁式路亭，仍称"东作门"。新中国成立初，只是一瓦顶拱门式路亭。

东街北段除了店面和古民居外，还有建筑考究的黄氏宗祠，其斜对面是"八角井"巷路，原井边有座土地庙，古称遵义坊，为遵义胡氏居住地带。新中国成立前，县"中央银行"设在坊内。

中正坊东路,古称"福泉坊",其中段北侧为明代建的台宪第,为明工部尚书胡松之官邸,是建筑规格较高的大宅院。其马头墙以黑白为主色调,以高大为主形态,以精美为主风格,彰显出宅院的古朴、大方、雅致。

八角井巷口北边除店面外,还有胡氏另一支的宗祠,其建筑的规模、工艺及所用的建筑材料都很讲究,雕饰精美,庄重雅致,也是宗祠建筑中的佳作。胡祠的北面,是条由东向北通往北街的中和坊,抗战期间,从巷口北边到东街口的老店、古居屋、两座牌坊(其中一座是步蟾坊)及一座古代官邸建筑均毁于日机轰炸。

步蟾坊东边是一条通往大东门的东关巷,有座东关亭,附近是冯氏宗祠,还有司柬坊亭、司牧第,是古代州府以上官员的官邸,还有一幢建筑豪华、面积很大的通转楼。

东街口是一个十字街巷口,南北向贯穿东街,向北延至清河门,西向连接北街,东向通往大东门。此处除店屋和居家之外,还有一座贞节牌坊和戴氏宗祠,戴祠和北街上的天王寺仅一墙之隔,宗祠东侧有一座明代为戴姓人而立的牌坊,叫"世荣坊"。

(七)人烟繁茂的大司城

在古城犁尖角的方祠文昌阁之东南塝下,西临南街水圳,东靠油榨坦,东南与觉今园、何氏宗祠毗邻,南为宝仁坊,北为社屋坦,现统称为水圳塝下。此处就是明清(太平天国前)两朝人烟繁茂的大司城。清嘉庆《绩溪县志》中虽有坊名记载,但未作具体说明。而当代编纂出版的《绩溪县志》《华阳镇志》和《绩溪县地名录》等书,也均未见有关文字记录。2006年,绩溪县申报"中国历史文化名城"时,亦未涉及。不少市民已将其遗忘,只有为数不多的老人还存有其历史记忆,但对它的来历已不甚了了。

为揭秘古城的记忆,在章洪威先生(78岁)的指点下,我们考察了一下这片神秘之地。据居住在水圳塝下30号的汪宝池(74岁)介绍,大司城分上、下两片。通过深入住户走访,获得了一些有关大司城的信息。俗称"方家踏坎"的斜对面程家巷及以南,为上大司城故地。现有二条胡同,居住有34户人家。二条胡同中间,有一座名为"县河坊"的土地庙。此处房屋原粉墙矗立,鳞次栉比,宛若城郭。太平天国后期,被焚毁殆尽,成为一片废墟,到处残垣断壁,满目疮痍,大司府也遭此厄运。据《礼记》载:"大司"乃官名,系教导"世子"(贵族子弟)之官。由此推测,此处定有人任过此官职。新中国成立后,县医药公司在此建有几幢两层职工宿舍,一些民房也陆续建成。程家巷北因隔巷火患未罹及,才有幢古建筑幸存。

这幢徽派建筑(水圳塝下64号)是不多见的明代官厅式结构,前后两进,还有前庭和后花园,占地约有500平方米,看来是一官宦世家的居所,其近世先祖为清光绪二十年(1894年)贡生程春甫(康生),曾领衔重建县学署。民国七年(1918年)三月,大总统赐予他一大红横匾,挂于祖宅程本修堂前横梁正中,上书"义行可风"四个金色大字,以示褒奖。春甫公知书达理,博学优雅,仁慈待人,乐善好施,致力于服务乡梓,在民国初期社会中有着很好的口碑。本修堂官厅较大,左右各有一小官厅,左为坐北朝南,右为坐南朝北,木雕精致;前有门庭、花台、鼓手厅、财务室等(现部分建筑已改建)。这三间官厅老屋,凝聚了程氏族人的深厚情感。

大司城中段水圳塝下28号程姓官厅于清末时卖给歙县和坑人叶吉卿,叶于民国初年(1912年)花八千银元拆倒重建。在当时此地建筑中,其装饰最好,建有镂空砖雕门楼,人物花鸟造型十分精致。惜于"文革"时被破坏。二十世纪四五十年代,新安名医王乐匋先生全家居住于此。其上侧原有一过路楼,为进大司城的石门楼(已圮),两级踏坎,石条门框,顶为东西两披水,四檐翘角,鳌鱼装饰,小瓦望砖覆盖,并有"大司城"牌匾悬挂,木梁上有一挂钩,为挂灯笼所用,下有两排木凳,还设木门以夜间关闭防盗。其下侧原有一小门,为封闭性城郭,乃城中之城,但城内各户相通。整个大司城有上、中、下巷口,并分别建了三处土地庙。29号房为两进清代程姓官厅。官厅中各类木雕保存完好,但余屋已部分倒塌,后堂也于2015年倒塌。此屋东现为汪素莉、西为文丽华居住(2016年部分倒塌)。屋门前右侧原有一四柱四角鼓手亭的明代建筑,二十世纪七十年代拆除。屋前有约 300 平方米的大菜园,园内有水井、石榴树等,现建两层住宅楼两幢。30 号亦为两进清代官厅,原为富商周汝辉所有,现为周、汪二姓后代居住。41、42 号为清代建筑,原为程宅,现为他姓居住,面积为 300 余平方米,屋内木雕保存完好。原大司府遗址现为 43、44、45、50 号新居。

下大司城宝仁坊水圳塝下 18 号为德本堂官厅,为葛姓人家于清光绪年间购得,清末装饰,其内保持了传统文化陈设。从宝仁坊开始进巷,依次是原三新布店老板周锦生宅,拐弯后是原太和烟店老板、教育界人士章雪存、章积和兄弟家。下大司城还有周志刚、邵汪助、程观顶等二十多户。

整个大司城据传为县城中正坊程氏宗祠(新中国成立后拆建为县粮食局),是以程姓为主聚族而居之地。程氏宗祠在县城中亦属大宗祠之列。

大司城是镌刻在古城大地上的一个文化符号,记录了多少人世的轮回和历史的变迁。这几幢数百年的老屋,带着苍老的面孔、辛酸的遭遇,一直保留至今,实属不易。历史文化建筑作为民族精神、民族文化、民族历史的载体,修缮和保护工作已迫在眉睫,亟须建立历史建筑保护机制,将中华建筑文明传承下去。

有人说,建筑是凝固的音乐,是固态的文化。在南大街东侧高楼上向东眺望、俯瞰,在青山绿水中,一片黑白相间的老屋子蹲伏其间,就像一幅清新的水墨画。远处梓潼山逶迤,扬之河蜿蜒,岸边树影婆娑;近处粉墙黛瓦的民居,寂静的露天古建筑群。她代表着历史,她饱经沧桑,寂静自得,有着各自的神秘。大司城老城门是可以封闭的,其民居的外墙都是用开线砖砌成的,表面涂抹白石灰,但因年代久远,显得漆黑,呈龟裂斑迹,有的甚至长满青苔,显得很苍老。室内间壁,用木板构成,框架结构,无华丽之感,门楼、砖木石雕、隔扇门、格子窗及花框等都崇尚本色,大气而朴实,剔透、玲珑而素雅。

从整体风格方面看,这里的古民居显得精巧、儒雅,给人以高深莫测之感。这里的小巷,弯弯曲曲,相互连通,把整个大司城编织成曲径通幽的迷宫。

这里的几幢明末清初的官厅厅堂,其屋柱上留有刀砍的痕迹,上无阁楼,直通屋顶望砖,显得庄重而严谨,散发着浓郁的书香气息;简洁的陈设、书卷气十足的布置,营造出宁静而不失庄严的氛围。本修堂和德本堂内家具的陈设、中堂对联字画的内涵,无不表达着主人对文化和美好生活的向往。

大司城地势低洼,又处在右白虎高于左青龙的风水格局中,光照受到影响,虽房屋鳞次栉比,但人烟逐渐稀少,寂静落寞近百年,濒临倒塌,亟需保护,建立"身份证",编织立体式全方位的防护网络。古建挂牌,二维码标注,先列"县保",争取"省保",使徽派建筑中不多见的官厅式结构得以保护传承。

(八)恢宏壮观的天王寺

县城东大街和北大街交汇处今老干部宿舍区是天王寺遗址,嘉庆《绩溪县志》载:天王寺旧名广福寺院,始建于元延祐二年(1315年)。罗愿《新安志》载:"天王广福院,在仁慈广义兴里,旧名天王院,改寿圣及广福。"①以此可以推定广福院始建于元延祐二年(1315年)前的南宋期间或更早。元至正十二年(1352年)三月,徐寿辉攻陷徽州路及绩溪县,毁城郭内外官舍、寺观,天王寺未能幸免。明洪武十年(1377年),邑候周舟重建并于寺前建钟楼,改称天王寺。明洪武十五年(1382年)设僧公司(管理机构),明洪武二十五年(1392年)立为丛林(佛教名词,多数僧人聚居的寺院,意为比丘和合一处,有如众木成林),并将普照寺(城东石镜山)、花师寺(十二都龙川)、义林寺(十都临溪)、慈云寺(一都高视)、正觉寺(七都旺川)、觉乘寺(三都蜀马)、广化寺(二都西坑)、福昌寺(十三都伏岭下)等九寺庙归天王寺管理。另据嘉庆《绩溪县志·寺观》载,天王寺内西有总管祠——景福会所。旧传歙县人胡德胜殁后为神,天师张与材赐号"忠靖灵远大师",胡提点赐七星剑。元至正年间,敕封"镇南王忠靖灵应护国总管"。凡邑有冤仰者,多于此盟神质诉。清乾隆五年(1740年)圮。由此可见,当年天王寺规模之大,寺僧之多,香火之旺。

---

① 淳熙《新安志》卷五《绩溪·僧寺》,清光绪十年(1884年)刻本。

明正德间,钟楼倒塌,僧景祥募捐修建。明嘉靖二年(1523年)广东茂名李汝司知绩溪县,第二年"民用咸安,顾瞻斯楼,喟然太息,乃召市民方正等人,谋理新之,民欢应如响"。是年正月动工,三月落成。新建钟楼高1.4丈,纵2.5丈,横5丈,上有层楼5楹,周以栏槛,下开洞门以通往来,并额曰"翚阳第一楼"。其坚固雄伟超过了原钟楼。考虑到旧钟与新楼不相称,又将旧钟镀金,使之面貌一新。时任工部尚书胡松有《重建钟楼记》记叙此事。后钟楼又圮,清乾隆六年(1741年)邑绅士又重建楼二层。

寺庙建筑规模宏大,占地面积近8000平方米,有庙堂斋房十多间,是皖南一带少有的大寺庙,为当时佛教盛行之佐证。高筑的八字庙门沿街而立,其前一进为三层城楼式结构,城垛底层由大砖石砌成,中间为拱形大门洞,上方两层为木结构,屋脊鳌鱼飞跃,四角悬铃,有些类似北京"前门"。入大门,西侧有泥塑的四大金刚镇守,皆二三丈高,怒目圆睁,龇牙咧嘴,形象狰狞,让人生畏。砖跺上为两层箭楼式砖木结构庙堂,三层供有灵官老爷泥身坐像,又悬挂一消防钟,城区遇火灾,则敲钟报警,钟声紧迫而洪亮,响彻全城,召唤全城黎民百姓赶往扑救。如登三楼,则能远眺小城风景,美不胜收。其后为天王殿,又称"大雄宝殿"。后进为寺庙,其前门有一对大石狮,庙顶以木条搭边收拢,绩溪俗称此种藻顶结构为螺丝结顶,类似故宫太和殿藻顶。天王寺北边和东边有多间堂屋和斋房,后遭日机轰炸,成为一片废墟。二十世纪六七十年代,钟楼和庙屋全部拆除,改建成老干部宿舍楼,从此这座千年古寺消失在人间,成为一种历史记忆。

天王寺后面的是清代建筑"胡氏图书馆"(现县教育局址)、"胡氏私塾",后改成"胡氏小学",即现在的"绩溪县实验小学"。天王寺前一进的东侧有"药神庙",塑有华佗泥身像,皆毁于二十世纪五十至七十年代。此街段原有四座贞节牌坊,现存两座。除店面外均为居家老屋,但有中正坊北路口、城隍街口、中和巷、爆竹巷、翰林巷等重要路口。

(九)庄严肃穆的城隍庙

绩溪县实验小学操场的北边是"城隍庙",是华阳古城最为庄严肃穆的庙宇(原为县剧团,今文化部门职工宿舍区)。始建于宋代,庙门前是高高的照壁墙,牌楼式庙门瓦檐重叠,瓦脊翘首,庙门两边砌有青磨砖屏风墙,饰以清一色的青麻石门框、台阶、石鼓和石雕墙座,显得特别庄重雅致、古色古香,是古城徽派建筑中的杰作。庙有三进,第一进为庙门厅屋,第二进为"万年台"(古戏台),第三进是宽阔高大的大殿。其檐下悬挂"万民康宁"蓝底金字大匾额,殿堂供奉着城隍老爷像和多尊鬼神塑像,祭台、供桌、祭祀道具一应俱全,整座大殿显得森严肃穆,是人们举行庙会仪式、奉供许愿、祈求平安的祭祀场所。其附近为民居和唐氏、任氏宗祠。

入宽敞之大门,大天井两侧十间廊厢是十大阎王殿,列牛头马面塑像,又有下油锅、上刀山、剜心破肺、冤鬼塑像及壁画,阴森恐怖,惨不忍睹。意在告诫民众多行善事,以免在阴间遭此惩戒。自十大阎王殿登阶数级,便是庙堂正厅。城隍老爷端坐在大厅中央的一张红木围椅上,面前一张大案台上居中摆着"五禧"香炉,两旁对称摆着花瓶、烛台、糕点、果蔬等供品。城隍庙内有一口古钟,相传为胡雪岩所捐送。每年七月十五,在城隍庙和大街上举行大型祭祀仪式和民俗活动。从七月十三上午开始,"还枷锁""放鬼神""跳无常"等民俗活动便开展起来了,热闹非凡。"七月半"民俗活动至十五半夜结束。三天的活动,锣鼓喧天,通宵达旦,万民空巷,大街上人头攒动,拥挤异常。其时,县城没有电灯,民俗活动有专门的班子负责持松明(脂)火把,全城彻夜烛火通明。

新中国成立后改为剧场,省多家剧团曾来此演出,县越剧团亦在此。

(十)亭宇整饬的县衙署

华阳镇的西街口原是三条街道的交汇点,东连北街,西连新西街。二十世纪八十年代后,两边统称北街,即现在的"良安路"。新中国成立初期,西街口北边为体育场和绩溪中学,体育场西边是古代的县儒学(学宫)及乡贤祠和"文昌殿",东面为县治(县署)。

北街是县治所在地,古代县治建筑面积很大(相当于现在的绩溪博物馆面积),其中心建筑的前面是谯楼,即鼓楼,前有坦场、照墙,后有庭院。中心建筑有仪门、甬道、夹苑、戒石亭、知县署、景苏堂、典史厅,北面有县廨(官邸)、翠竹亭、清心亭和脉石亭……县治中心建筑东面是东察院,东察院北边是丞廨范围,有永丰仓、承发司(库)、库兴祠、关帝祠、望春楼、大有库……清同治元年(1862年),太平军攻占绩溪城华阳镇,破城墙,烧城楼,毁衙门,县治中心建筑损毁严重。至清末民初,特别是随着科举制度的废除和办学助教的兴起,县治西边和北边的旧建筑全部拆除,成为公共场地,其中有新中国成立后建的"绩溪县人民胜利台",名称为书法家程东屏以魏体手书。

县治东边是"官巷口",是古代县衙官员进出的主要通道,巷口是座楼阁式路亭,北面连接"张家路"和"五龙岭",路西原有张氏宗祠。路东通"舒家巷",古时建有舒氏宗祠(县血防站旧址)。官巷口东过三间老店屋即高氏宗祠,该祠过街对面照墙上有大型麒麟壁画,照墙前面筑有青石护栏花圃,栽有天竺和棕竹,护栏石柱雕有小石狮,护栏板雕有精美的浮雕图案。

(十一)学宫宏伟甲江南

北街西端,古称"崇儒坊",有三座书院。其中之一为"汤公书院"(今绩溪县老干局南),清乾隆三年(1738年),绩溪士民倡建,祀训导汤显忠。书院后的西边是儒学门、文庙,其后东面是文昌殿,北边是化龙亭。此段街道抗战时期曾遭日机轰炸,抗战胜利一周年之际,在儒学门前草坪中间竖起一座青麻石的"七七抗战建国周年纪念碑",石碑造型如同一柄利剑直刺长空,预示着军民抗击敌机的精神,也警示后人牢记这段屈辱的历史,石碑现立于县三雕博物馆(原周祠)院内。二十世纪七十年代初儒学门拆毁,改建为县委办公室用房。

儒学门西边是"文庙",又称"孔庙""夫子庙""学宫"(地名"学背后"即因学宫得名),乃祭祀孔老夫子的殿堂。始建于宋代,民国之前曾经过多次重修,其建筑规模之大,实属江南罕见。清代的重修碑记这样写道:"其庙尊严,亭宇整饬,规模甲于江南",故有"学宫宏敞甲江南"一说。文庙坐北朝南,占地面积 18000 多平方米，周围是红色围墙，庙门沿街而立，中间是一道红色立体高墙，顶沿兽面瓦当鳌鱼角，青石墙座雕有图案。墙体两边分别连接东西两间门厅屋，红色大栅门，门前有长石台阶，在中间红墙两头的墙角边，各嵌着一块长条青麻石，上面分别刻着"文官到此下轿""武官到此下马"六个楷字，充分显示古代人对文庙无比的尊重，所以，正中的红墙为何不开门的原因也就可想而知了。

  文庙内，古柏苍翠，绿草如茵，杨柳垂池，梅桂飘香，不仅环境优美，而且建筑整饬，雄伟壮观；庙门后面，中间是幢连接两边门厅的廊台式厅屋，台阶下是条横向的石板路，东西两边是小石板路，中间是条 2 米宽的大石板路，三路平行向北，通往大成殿。进庙首先经过棂星门，"文曲星"是迷信传说中主持文运科名的星宿，棂星门以此命名，谓天下文学之士集学于此。这是座由六组石柱脚座和石梁组构而成，坐落在一道横向长石板平台上的石坊建筑，平台有 2 米宽，40 余米长，有三级台阶的高度。二十世纪六十年代初被拆毁。棂星门北面是泮宫坊，是座牌坊式的石门楼坊，二十世纪五十年代被拆毁。泮宫坊的北面是泮池，池面呈半圆形，池水清澈，养有鱼虾，池中间是座单孔石拱桥，桥面与石板路连接，桥两侧置长石护栏，池周置长石条、石墩供人闲坐，无刻意的雕饰，自然美观，新中国成立后一直保持原貌。泮池的北面是戟门，是幢挑檐角、柱梁粗大的七间式大庭屋建筑，地面较高，有五级台阶，内北墙有三道门阙通大成殿。戟门北面是大成殿，殿前是二级庭院，两边是廊庑台阶，中间有石护栏围筑的花台，植有两株枝繁叶茂的桂花树，一名"金桂"，一名"银桂"，所幸尚存。大成殿面阔，进深 15 米，斗拱挑檐翘角，檐下走廊木雕格子门窗，屋顶重檐歇山式，屋脊花砖高砌，脊顶葫芦顶鳌鱼角，殿内柱梁粗大，梁架均彩绘图案，殿正梁上首高悬乾隆手书"万世师表"大字横匾，显得格外富丽堂皇而又庄严肃穆。正中立"大成至圣先师孔子之神位"，乃学子启蒙拜师处。殿前花圃植松柏等常青树木。

  绩溪中学依古代绩溪县学——儒学"明伦堂"及周边古建筑旧址而建。明伦堂西边的八字门阙正对"化龙池"和"化龙亭"的是古代儒学"教谕署"建

图1-4 修缮一新的绩溪县学宫大门

筑。新中国成立前,为国民党绩溪县党部所用。其后为考棚等建筑,考棚是旧时科举考试场所,现保存完好。化龙池和化龙亭建于明代嘉靖年间(现存),是儒学内的建筑。其东为民国前绩溪县衙署的围墙,西边是南宋时期建文庙的围墙,南面是儒学门。新中国成立初期,化龙池和化龙亭依然风光秀美,池水清澈,植有莲菱、荷花,亭亭玉立、碧叶滴翠,养有鱼虾。化龙亭方座翘角,十二根石柱盘托梁架,石柱之间上有梁饰,下有围凳"美人靠",坐以休闲赏景。东西两边架有石桥连接池岸,池岸四周有石护栏,鹅卵石路边柏树挂翠,四周杨柳垂池,是一处幽美的风景地。尤以盛夏时节,景色至美,百千柳枝,随风摇曳,蜻蜓嬉水,鱼跃蛙鸣。游人到此,流连忘返。

新中国成立之初,文庙曾为县医院所用,后为县委会用。二十世纪九十年代末,绩溪县政府对幸存的大成殿、两廊庑和泮池进行了重修。

文庙前西边街道原有"毓才坊"和"科第传芳"两座跨街而立的牌坊,新中国成立后被拆除。这段街道的北边,原是古代县治所属的西察院旧址,民国时,在此开办了端英女校。新中国成立后,端英女校改为"城厢一小"和干部宿舍。

西边街头,有座单孔石拱进贤桥和水关圳的城北圳段。该圳为元代开筑,明代引川入城关为民所用,是至今保存完好的古代水利工程。北边圳塝上有座"太子庙",是祭祀"汪华三太子"的古建小庙屋。进贤桥桥头,太子庙北面的大部分地方为颍滨祠和苏公亭遗址,是为了纪念宋时县令苏辙(苏辙号"颍滨老人")而建,明代的"颍滨书院"与清代的公馆即在此。新中国成立后改建为绩溪县县医院门诊部。

图1-5 位于今绩溪中学院内的绩溪县考棚

再往西即西门岭上的"望翬门",城上原有谯楼和哨垛,民国期间西班牙人在岭上南侧建天主教堂,内设"圣岭学堂"和"圣母圣心医院",是城内最早的西式建筑。抗战时期,在教堂的对面建了一座高高的瞭望哨楼,在哨楼的东侧,还建了有独特建筑风格和精湛工艺的吴氏宗祠。此祠与众祠相比,更显完美,其在天井两边筑有长方形水池,四周筑青石雕护栏,中间是拱桥式的石板甬道,与堂屋台阶相连。池水碧清,从不干涸,而且水面有时气雾缥缈。巧妙独特的设计,使得整座祠堂显得优美而壮观,犹如天堂一般。是徽州祠堂建筑中的一颗璀璨的明珠,其岭巅涌泉实为奇观。其遗址在今县医院老住院部范围内。

(十二)华阳十景

扬之河环绕城区,使小城处于"枕山、环水、面屏"的环境中,呈现出"一弯绿水城前抱,百仞苍岚障后屏"的格局。河水曲折蜿蜒、明净灵动而显隽秀婉约、清丽可人。河上五座桥梁如彩虹,可见"小桥流水人家"和四座"水碓水车水磨"的景致。

山有竹木之秀,谷有清静之幽,脉有腾水之势,河有曲折之美。古城建设追求人与自然的依恋、融合。山形和水势是天然的,可在绩溪人的眼里则是有灵性的、秀美的、流动的。春看山花烂漫、碧茶飘香;夏闻鸟语啾啾、泉水叮咚;秋赏红枫点缀、山果垂枝;冬品雪花飘飘、寒梅摇曳。古城的扬之河对岸是梓潼山、大屏山、石镜山,古时有"梓潼庙""文昌祠""文昌阁""魁星阁""汪公庙""石照寺""昆仑十二楼""观音庙""关帝庙"和东山书院。华阳古城有"石印回澜""翠眉春色",还有"文峰雅会""大屏积雪""飞云洞池""石镜清辉""大会晴峰""祥云洞天""鄣山叠翠""苍龙瀑布"景观。

"石印回澜":在绩溪城南五里灵山西麓,扬之河河心有石印潭,潭中巨石方如印,有纹痕。河中水流绕石回澜。古谚云:"印纹露,邑宰显。"借此告诫官吏,寄托民意。清代徽州府教谕周赟在《绩溪十景诗》中写道:"南出华阳水自清,潭心片石印空明。中流砥柱嫌孤峭,只好低低与水平。"①

"翠眉春色":翠眉墩(山)在县城西一华里,宋元丰八年(1085年),由时任绩溪知县苏辙命名并筑亭。立墩可望来苏桥、苏公堤和眉山门(县城西门)。对此,苏辙在《翠梅亭》一诗中云:"谁安双岭曲弯弯,眉势低临户牖间。斜拥千畦铺渌水,稍分八字放遥山。愁霏宿雨峰峦湿,笑卷晴云草木闲。忽忆故乡银色界,举头千里见苍颜。"②

---

① 绩溪县地方志编纂委员会编:《绩溪县志》,合肥:黄山书社,1998年,第994页。
② 万历《绩溪县志》卷十一《艺文志·诗章》,明万历九年(1581年)刻本。

"文峰雅会":文峰位于城东梓潼山腰白石坪,清初建有梓潼庙、文昌阁、魁星楼。士子多传经于此,称"县学文峰"。民国张承鋆在《绩溪十景诗》之《文峰雅会》中云:"文化南来第一峰,苍松翠柏映千重。愧无佳句酬高会,有负山光分外浓。"①

"大屏积雪":"城东有山,方列如屏,名大屏山。顶端平展数亩,冬日积雪,宛如玉屏。山半有观音庙。旁一峰秀拔端丽,名德峰。"张承鋆在《绩溪十景诗》之《大屏积雪》中云:"大屏高耸入云端,已入春初积雪寛。莫是山灵秘瑞玉,故留佳景画中看。"②

"飞云洞池":绩溪城东大屏山北,丘上数洞连通,石如飞云。顶可坐数十人。洞右有亭,洞左有庵。庵前"天池",水不盈斗,四时不涸。洞东半里石榴坞,筑有栖霞精舍。周赟在《绩溪十景诗》之《飞云洞池》中云:"拔地云根忽化云,云还化石势氤氲。若教移至天池上,石影云踪两不分。"③

"石镜清辉":在绩溪城东五里,山中有石镜方广二丈,光可鉴物。旁有石门对峙,又有白泉。镜前建石照亭,亭旁数十步,有普照寺。苏辙在《石照山二首》诗云:"雨开石照正新磨,鸟度猿攀野客过。忽见尘容应笑我,年来底事白须多。"④

"大会晴峰":在县西,广约二十里,众峰环峙。上多云雾,晴日登可望宣、池、太平。原有石房,传为粹白道人修炼处。旁立石碑,上有"大会山"三字,款落"白书"。周赟在《绩溪十景诗》之《大会晴峰》中云:"云开大会雨初晴,无数奇峰透青冥。图画天然新着色,近山嫩绿远山青。"⑤

"祥云洞天":绩溪县西十里祥云镇(今九里坑)水口山上有上下两洞,盘曲相通,上洞宽敞,顶有牖。洞前有石坊、庙宇,坊额题"祥云洞天"。周赟在《绩溪十景诗》之《祥云洞天》中云:"寻得祥云小洞天,云多曾不碍幽眠。烧丹

---

① 绩溪县地方志编纂委员会编:《绩溪县志》,合肥:黄山书社,1998年,1000页。
② 绩溪县地方志编纂委员会编:《绩溪县志》,合肥:黄山书社,1998年,1000页。
③ 绩溪县地方志编纂委员会编:《绩溪县志》,合肥:黄山书社,1998年,第994页。
④ 万历《绩溪县志》卷十一《艺文志·诗章》,明万历九年(1581年)刻本。
⑤ 绩溪县地方志编纂委员会编:《绩溪县志》,合肥:黄山书社,1998年,第994页。

辟谷只多事,出洞书生入洞仙。"①

"郭山叠翠":在绩溪县东五十里,峰峦重叠,螺旋而上。西南口有百丈岩,缘岩而上,环谷叠翠,庐舍田畴,尽收眼底。周赟在《绩溪十景诗》之《郭山叠翠》中云:"有三天子此山都,古迹空寻山海图。一气苍茫东北走,临安建业与姑苏。"②

"苍龙瀑布":绩溪县城华阳镇东北十五里的十里岩,有苍龙洞,洞口多龙须草,又多怪石。洞涌清泉,瀑泻如帘,下注龙湫(1981年建水库)。周赟在《绩溪十景诗》之《苍龙瀑布》中云:"苍龙岩下白龙飞,百尺冰痕裂翠微。欲问真源无路上,半天珠玉湿云衣。"③

绩溪华阳古城,美丽如画,美在自然,美在人文,而自然与人文之美,交相辉映,渗透融合。在厚重中沉淀历史,在灵动中浸润着古韵,在自然中镌刻着质朴,它是一部厚重的帙卷,一曲悠长的古乐,穿行于河流、水圳、小巷、老街、牌坊、祠堂、庙宇、民居之间,穿过岁月的风尘,踏上翚岭、新岭、狗岭,登临古道,寻访文人墨客的足迹,撩开华阳十景及风水宝地龙川的神秘面纱……你会深刻感受到古城绩溪迎着历史的文明、人文的灵光而展示无穷的魅力。

绩溪古城,穿过千年历史的沧桑,迈着坚定的脚步,走到了今天,向世人展示它历经漫漫岁月的风采。

二、华阳镇的宗族、人文、市场和民俗文化

(一)宗族、名人与人文

---

① 绩溪县地方志编纂委员会编:《绩溪县志》,合肥:黄山书社,1998年,第994页。
② 绩溪县地方志编纂委员会编:《绩溪县志》,合肥:黄山书社,1998年,第994页。
③ 绩溪县地方志编纂委员会编:《绩溪县志》,合肥:黄山书社,1998年,第994页。

1. 儒商翘楚西关章氏宗族

西山一带，古代为章氏宗族繁衍生息之地，也是县城内最大的族居地。西关古里（西山）位于城西，东起章家巷，西至城墙（现已拆除），南始城墙脚下，北到大西门（"项家桥路"通头处为界）。自古多为章姓世居（约60户）之地，异姓殊少。居民房屋均系徽派建筑风格，砖木结构，粉墙黛瓦，内置三间两过厢，兼以天井，四水归明堂。

章氏祠堂为三进，为大天井、享堂、寝堂，并有附属房屋"文会"，为西关章姓族人集会议事之处；"族谱亭"为不在西关的章姓世代繁衍档案存放之所，域内还有支祠四处，现不可考。晨钟，百鸟离巢鼓噪，此起彼落；暮鼓，栖息投林，鸣啾婉转，这是"眉昆阁"的写照。该阁立东、西、北三向门阙，阁楼瓦顶竖脊，四角高翘垂吊风铃，微风吹拂，叮当作响。倚窗远眺，西可观眉山风景，东可观昆仑十二楼景色，故取名"眉昆阁"，又称"钟鼓楼"。

西山巷中立有"西关固里"（古里）牌坊一座，建造年代已不可考，以章姓迁居西关历史推测，应始建于元初，清道光丙戌年（1826年），族人章道基重修。经二十世纪"文革"之灾，万幸犹存。

域内章氏小学（今已不存），系章姓人集资兴办，承绩邑"十户之村，不废诵读"之古训，并发扬光大，矢志不渝。曾为绩溪县教育事业立下汗马功劳。

原来还有土地堂三座。北端"昼锦里"，南端"古井坊"，西端"钟鼓楼"。堂内均置土地菩萨牌位，逢元宵佳节，夜晚张灯鸣炮，以示吉庆。

西关西，原有戏台一座，砖木结构，间有戏班公演。

西关"昼锦里"是西关章氏宗族为了纪念章氏始祖荣甫公所建的一座家庙（古时宗族举行祭祖活动的场所），今已不存，大约毁于二十世纪五十年代。"昼锦里"南向通西山，北向通项家桥。堂之西侧立有神龛，供荣甫公牌位。逢年过节及荣甫公生忌日，族人在此祭拜。"昼锦里"其名盖沿福建蒲城之"昼锦堂"，蒲城的"昼锦堂"，是章姓子孙祭拜始祖仔钧公的庙堂。绩溪县瀛洲村章姓祭拜始祖运公的家庙亦名"昼锦堂"。"昼锦里"的"昼锦"乃"衣锦昼行"之省称，所谓"高贵显赫的人荣归故乡，显贵还乡"，"里"是古代居民聚住的地方,先秦以 25 户为里,此即"西关古里"之意。

四世三品:在"昼锦里"庙堂前侧,曾有一栋规模庞大、气势恢宏的古宅(亦毁于二十世纪五十年代末),其大门上方悬挂一块"四世三品"四个大字的朱漆描金的大匾额,大小约有 2 平方米。牌匾所提"四世三品",从字面理解,应该说的是四代官居三品之意,我国历史上有"四世三公"的记载。因年代久远,而且古宅已不复存在;"四世三品"事已不可考,但西关章氏在清代确有官居三品者。据《西关章氏族谱》记载:章凤智、章凤仁、章凤勇三兄弟和章如麟及章金者凡五人,均于清乾隆年间官至三品。

章凤智,字舜哲,西山人。清乾隆九年(1744 年)甲子武科举,官至无锡金匮千总,升补广东惠州守备。

章凤仁,字静山,西山人。清乾隆十五年(1750 年)庚午武科举,官至浙江提标后营千总。

章凤勇,字健亭,西山人。清乾隆二十一年(1756 年)丙子武科举,官至浙江绍协右营千总提署左营守备。

章如麟,字玉书,号素莽,章凤智长子,西山人。清乾隆三十一年(1766 年)乙酉武科举,官至江南福山千总,升授常昭守备,后因成绩突出,嘉升至狼山镇标左营都司刘河游击。

章金,字西园,西山人。清乾隆五十七年(1792 年)壬子武科举,江南刘河千总,署提标右营守备。

依西关章氏旧俗,每逢除夕,悬先祖大幅彩像于宗祠,置供品、香炉、烛台于案。大年初一晓,燃烛焚香,鸣炮奏乐,子孙向先祖拜年,其礼仪庄严隆重。章姓男丁,无论老幼,凡是日上午入祠叩拜者,均赏赐新春礼品壳饼两块,时年届古稀及以上者,则予以加倍,且外甥入拜亦可领之。礼仪结束,画像及烛台集箱而贮,以待来年。

西关古里核心区现遗存有六幢保存较为完整的古民居,为职思堂(现西山 43 号)、儒耕堂(现西山 44 号)、慎思堂(现西山 18 号)、文承堂(现西山 22 号)、特敬堂(现西山 19 号)、积厚堂(现西山 13 号)。透过遗存的"堂名",可见徽州宗族文化和儒商文化的遗风余韵,一些豪门大宅内陈列的古字画、古匾额、古家具、古器皿,无不彰显地域文化的独特魅力。虽然古宅厅堂上的堂号匾额多已不存,堂号也渐成为历史陈迹,但与此相应的"门楣"文化依然保持至今。

图1-6 绩溪县华阳镇西关街门坊

在西关古里核心区仅剩的六幢保持完整的徽派古民居中,其年代最久远者为儒耕堂(现西山44号),建于清康熙年间。其中三幢颇具规模特色的古民居最具保护价值,分别为:慎思堂(现西山18号),建于太平天国前(1830—1840年前后);职思堂(现西山43号),约建于十九世纪早期,传为章道基官厅;文承堂(现西山22号)建于1878年。这些古民居,因为年久失修,加上白蚁侵袭,多数保存状况堪忧。

这一带古民居大多为明清时期的建筑,特点是巷道多,巷中有巷,巷内门阙多,巷中有院,院内有巷,墙体相连,巷道相接。高高的马头墙粉墙黛瓦,整齐的瓦沿上有兽面滴水瓦当,幢幢有精美的砖石雕门楼,栋栋是细木精雕的屋梁门窗,凸显出古朴典雅的徽派建筑风格。现在是历史文化名城重点保护街区。

这段街区,是人的理智、情感和信念的外在表现,在这种环境中的人,因为血缘的关系,共同分享着历史和文化的背景,因而形成心理、价值取向和审美嗜好的统一风格。章姓亲属以宗祠为核心,建造住宅,形成一种明晰的"社会向心空间",体现了完整的权力聚散体系和情态审美诉求及宗族归属感。这里,耕读与商贾相容,乡土与高雅相拥。

西关章氏大多经商,曾享誉大江南北,其中最为突出的代表是章道基、章道源兄弟,他们是一代儒商中的翘楚。

章道基(1756—1830年),以附贡生入国子监天文馆,后援例任两浙盐务司经历,初曾监刻嘉庆《两浙盐法志》三十二卷、首二卷。曾参与嘉庆《绩溪县志》编辑与绘图。历任绍兴、松江、平湖、镇海、杭州、余姚等海盐场大使及批验所松江、绍兴大使,曾修复淙铁等十四处盐灶,勘升沙地4380亩。长期直接掌握多处盐场的行政与产销权,尤其是批验盐引大权,覃恩加二级,晋同知。著有《春秋辑录》四卷、《五经识异》六卷、《十三经文字考异》十三卷等九种。又嘱其子维烈在乡编辑《绩溪西关章氏族谱》。

章道源(1760—1832年),在兄的支持下从商业盐。后命其子必淳、必芳经营盐业。不数年,增资累万,而勤俭不改其初。三子必枌,为太学生,援例授修职郎、候选盐课大使。其子(定)煜得盐提举,祖孙三代,均以治盐策昌其家,成为富甲一方的大贾。又开设酱园、糕点坊、油坊、碾坊、酒坊、豆腐坊、枣栈和南货业,一业为主,多种经营,互为补充。其酱园业延续至新中国成立后,长达一个半世纪,堪称徽商的后起之秀。章道源富而好义,清嘉庆十九年(1814年)大旱,民饥,他买浙米5000担赈济,又修县城南郊大道。清道光六年(1826年),章道源首捐倡修东山书院,并建"西山书屋",成为"绩邑义士"。著有《竹林居士集》十三卷。

西关章姓商人是儒商,他们经商有道,还出资创办章氏小学,培养自己的子女"学而优则仕"。除前面说的名士之外,还有章瑞、章洪钧两位进士和章英"同进士"等。史料记载,西关章氏中著书立说的为数不少。其中近现代文人章洪钟与章希吕,是受到胡适和鲁迅两位大文豪赞赏的人物,在《胡适日记》和《鲁迅日记》中都能找到对两位章姓文人的赞许之辞。章希吕著有《胡适传》和《哀友录》等;章洪钟,笔名洛声,亦有不少著述,他不仅与两位文豪交情颇深,还与陈独秀交往甚密。

从项家桥路亭到曹家井,为曹家井路,路两边均为民居,还有数处古代官邸,为周氏世居地。路边有一段明圳,为居民洗涤之用。

项家桥亭是明代成化年间建于圳桥之上的建筑,亭的南边是章家路,往西为西关巷。

章家路西侧,有一幢较豪华的大宅院,面积近 2000 平方米,是城内民居建筑中的精品之作,其门楼砖雕与柱梁木雕堪称一绝,是著名徽商周协恭(1898—1966 年)的故居。周协恭曾与高迁、吴兴周合办芜湖明远电灯公司,与绩溪人程裕虚合资开办芜湖光明火柴厂等,在抗战期间,曾任"绩溪民众抗日总动员委员会"常委等职。抗战胜利后,与黄梦飞、程士范等接收芜湖明远电厂,任副董事长。新中国成立后,任省政协常委、芜湖市人大代表和工商联副主席等职。周协恭故居附近原有"世科第"路亭。

西关巷北向路口原有座明代的两脚牌坊"登科坊"跨路而立,路西圳塝上是周氏宗祠(现为三雕博物馆),周祠规模仅次于北门胡氏宗祠。其门厅、享堂、寝室、文昌阁、濂溪书院连成一片。八角亭式的文昌阁,玲珑精制,堪称徽派建筑一绝。阁顶飞檐翘角,饰以小铜铃,微风拂过,铃声叮当悦耳,夜深人静时,远近清晰可闻。可惜于二十世纪七十年代被拆除。

2. 来苏古韵系"二苏"

苏辙,四川眉山人,宋元丰二年(1079 年)八月,因苏轼"御史台狱"而坐贬监筠州盐酒税,过了五年"坐看酒垆""窜逐深山无友朋,往还但有两三僧"的生活。宋元丰七年(1084 年)九月,改任歙州绩溪令。宋元丰八年(1085 年)初春到绩溪。三月戊戌,遇神宗崩,哲宗即位大赦天下而获转机。五月,在绩溪因"寒热攻骸骨"而"一病五十日",次子苏适来绩溪探视。八月"壬戌朔十六日",苏辙遣苏适祭灵惠公汪王而有祭文存世;丁卯(二十一日)以辙为秘书省校书郎,"蒙恩召还"。九月至十月间,苏辙"道歙溪过钱塘","十月初八游天竺",留有《寄龙井辩才法师三绝并序》一文。

苏辙自编的《栾城集》卷十三《初到绩溪,视事三日,出城南,谒二祠,游石照,偶成四小诗,呈诸同官》至卷十四《神宗皇帝挽词三首》,凡诗词三十九首,当写于绩溪任上,大多与绩溪的人、事、物、景有关。离筠州前,曾有《将移绩溪令》《将之绩溪梦中赋泊舟野步》两首诗,都与出任绩溪县令有关,合为四十一首(据上海商务印书馆民国间缩印的明活字本《栾城集》)。苏辙在绩溪期间还写有《绩溪谒城隍文》《谒孔子庙文》《祭灵惠汪公文》《代歙州贺登极表》4篇文章。

苏辙初到绩溪时,游赏了"华阳十景"之一的石照山,后又游览了豁然亭和翠眉亭。他所写的《豁然亭》一诗中,有"碧瓦千家新过雨,青松万壑正生烟"两句,生动地描绘出了县城黛瓦千家、雨后炊烟的景象,宛若桃源仙境。《翠眉亭》诗中,"斜拥千畦铺渌水,稍分八字放遥山"一句,则形象地勾勒了眉山环拥碧水、八字成形的特色,可谓澄江如练、青山如画。"愁霏宿雨峰峦湿,笑卷晴云草木闲",一开始作者正为夜雨浸湿山峦发愁,随后当看到草木在晴云下舞动便笑逐颜开,这一愁一喜的情感刻画无不浓缩着对眼前景色的深深爱恋。这处处皆入画、举目有丹青的绩溪景色无不令诗人心旷神怡、醉心其中,无怪乎诗人直说"南看城市北看山,每到令人意豁然"(《豁然亭》),"来时稻叶针锋细,去日黄花黍粒粗"(《辞灵惠庙归过新兴院书其屋壁》)。苏辙春天到达绩溪,秋季调任秘书省校书郎,在即将调任时,苏辙写下了《初闻得校书郎示同官三绝》,抒发了临行前的感受。其中一首说到"百家小邑万重山,惭愧斯民爱长官。粳稻如云梨枣熟,暂留聊复为加餐"。这里,诗人表达了百姓对他的信任、爱戴而自己却长期抱病影响政事的愧疚心情。同时,这些言语字句也深深地流露出诗人对绩溪的不舍依恋之情。

相传,宋元丰八年(1085年)秋,其兄苏轼(字东坡)自南海归,由江西湖口前往金陵拜访王安石,顺道来绩溪探望胞弟苏辙。到绩溪后,苏轼听说翚岭之北有座庐山寺,那里林谷幽深,岩岫回秀,便同苏辙一起前往游览。在返

图 1-7 绩溪县华阳镇来苏桥

回的途中,到西园(今华阳镇高迁村)拜访了隐士汪罩,苏轼自叹宦途坎坷,对汪罩的归隐而不仕产生羡慕之情,挥笔写下了《赠汪罩》这首七律。苏辙在绩溪任职时间虽然不长,但在任时,为政清廉,生活简朴,知民心,顺民意,兴修水利,修筑堤坝,为民排忧解难,惠泽甚广,深得民众敬重,百姓评曰:"此公宰县,邑人之幸也。"遂将刘家门前的一段原由苏辙督建的堤坝改称"苏公堤"。在绩溪城西一公里处,土名叫"潭石头"的徽溪河东岸,古代曾为渡口,苏辙率领士大夫到渡口迎接其兄苏轼。民间为了纪念苏轼来绩溪,将渡口改称为"来苏渡"。宋代市民葛彦敬造石桥纪念苏辙宰绩、苏轼来绩,命名为"来苏桥",后人在桥东立"去思亭"。明代桥圮,知县郁兰命邑人葛岩等募建,又圮。清乾隆间众姓募建,葛应浩助资铺桥面,桥面北沿立有石碑。桥为五孔,长40米,高4米。新中国成立初乡民炸鱼损一孔,架木通行。去思亭在1958年"大跃进"时修翚溪板车路时拆毁。1969年水毁桥东两孔,1972年政府拨款重修,为钢筋混凝土结构,该桥一直在用。今旧桥的中拱北侧所嵌"来苏桥"楷体石刻仍存。"来苏桥"这个翚岭古驿道上的历史名人足迹已成了绩溪一道亮丽的风景线。

西门岭外,岭上到岭下原是一段长长的坡路,居高望远,岭前山丘起伏,田畔地埂纵横交错,田园庄稼层层叠叠,河塘碧波荡漾,一条由鹅卵石和石板铺就的翚岭古驿道蜿蜒于山间田园地头,向偏北翚岭方向延伸。在岭下约一华里的古道西侧,有两座较长的丘陵山坡,呈八字形,一座东高西低,另一座西高东低,远眺西山之隙——观及远山,岭坡视如人的双眉。相传苏辙在政务之暇,游廨后山坡观双岭,弯如眉势,而生怀乡之情,命名"翠眉",并筑亭对之,以寄故乡眉山之思,触景而生怀乡之情,作诗《翠眉亭》"忽忆故乡银色界,举头千里见苍颜。"后任官员、文人墨客随之效应推崇,在南山墩建亭筑路,在山麓建祠筑庙,从而成为绩溪华阳十景之"翠眉春色"景观。

苏辙去世四十多年后,绩溪人民依然怀念他,在进贤桥头、太子庙的北边建了一座规模较大的"颖滨祠"(苏辙号颖滨老人),并建苏公亭、水池和桥,明代又办"颖滨书院"(在今绩溪县医院门诊部范围内)。南宋绍兴年间,绩溪人仍念念不忘这位贤明的县令,为了纪念他,特将县治(署)中心建筑中的"秋风堂"改称为"景苏堂",同时将苏辙留绩的诗篇,由诗人、书法家范成大手书刻碑于堂内,可见苏辙县令在绩溪人民心中的地位之高。

位于杭州西湖的苏堤,南起南屏山麓,北至栖霞岭下,全长3公里,是苏轼任杭州知府时,疏浚西湖,利用挖出的葑泥构筑而成。后人为了纪念苏轼治理西湖的功绩,将之命名为"苏堤"。苏堤与绩溪的苏公堤、来苏桥尽管两地的景致不同,又相隔200余公里,但二者却有着一定的历史渊源,这种渊源除了来苏桥所在的翚(徽)溪河水(流入扬之河,经新安江、钱塘江到杭州)是西湖源头之一的缘故外,更重要的是,苏堤与来苏桥都记载着苏氏两兄弟的深厚情谊。滔滔不绝的徽溪水融入西湖,终日与苏堤相拥,书写着兄弟情缘的千古绝唱。如今,绩溪徽溪河两岸的来苏北路、来苏南路和来苏社区的名称更是体现了绩溪人民对苏氏兄弟的深情厚谊。

南宋嘉泰年间(1201—1204年),苏辙四世孙苏琳又任绩溪县令。

3."礼学三胡"誉中华

华阳镇旧时的清河门街头、城门口有座照壁墙,东街在此通往东门和北门,向西为三和坊(曾名"三胡坊")通往城隍街,附近有幢古称为"白鹤观"的大庙宇,系明代建筑。三和坊巷口向北是张氏宗祠。祠的北面有幢"清泉书屋",为古时的私塾。书屋的北面是五猖庙遗址。再北边为胡氏宗祠,建筑规模为城内三大姓宗祠之首,宗祠建筑雄伟壮观。胡祠建于明隆庆年间,占地面积为850多平方米。其中五凤楼雕龙凿凤,砖、木、石三雕精工细作,麒麟天狗栩栩如生,立于巍峨的马头墙上,举头望月,气度非凡;天井麻石铺垫,厢廊石柱四方端正;正厅富丽堂皇,雕梁画栋,门扇饰以花鸟画屏,形态逼真;享堂则庄严肃穆。又有文昌阁、藏经楼、功名院、水池、花圃,一应俱全。

　　胡氏宗祠又名"金紫祠",为宋代名臣胡舜陟受封金紫光禄大夫而得名。其因两次弹劾秦桧、为岳飞辩诬而青史留名。其子胡仔为南宋著名的文学家、诗词评论家,曾著有《苕溪渔隐》一百卷五十余万字,是历史上一部很有影响的诗话集。金紫胡氏子孙十分注重读书礼仪,二十五代持续研究经学,被誉为"汉学世家"。到了清代,"金紫胡"更是人才济济,其中胡匡衷、胡秉虔、胡培翚被誉为"礼学三胡",受到梁启超、刘师培、蔡元培的推崇。文昌阁是胡氏宗族用来招待文人雅士的场所。建筑为前屋后阁楼,重檐式结构,面宽进深均三间,前屋门阙砌成青麻石门框,饰青磨砖门套、匾框,檐下砌砖叠式门楼,瓦沿饰兽面瓦当,屋内设客厅、主事厅、厨房等。楼阁建筑为四角亭式,瓦顶竖脊,飞檐翘角,沿口瓦当,檐下为木雕梁构,花格槛窗,气势壮观。该楼又称"世泽楼"。建筑是文化的载体,是无声的音乐,是美妙的诗篇,而丰富的建筑语言又来源于文化的积淀和蕴藏。新中国成立后,宗祠为召开党政大会的场所,现改建为县委党校,但文昌阁尚存。

　　绩溪金紫胡氏家学源远流长,自清以来,笃学之风盛极一时。其宗族学者数量之多、学术著作之多在当时极为罕见。其中胡匡衷、胡秉虔、胡培翚尤为知名。继胡培翚之后,胡绍煐、胡绍勋、胡培系、胡肇昕诸人,大多从其请益问业,并传承和延续胡培翚之学。故绩溪胡氏之学术传承,胡培翚起承上启下的作用,居于中心地位。金紫胡氏之家学,实事求是,唯善是从,通达公允,不苟与先儒异同,无门户之见。大多以小学为治经途辙,精于文字声韵训诂。

其著述偏重治经,礼学成就最为突出,其中以胡匡衷《礼仪释官》、胡培翚《礼仪正义》最为卓著。金紫胡氏在清代学术史上之地位,以"皖派中坚,戴氏之后劲"来概括是较为贴切的。"礼学三胡"是继"乾嘉学派"戴震之后,全国独一的经学流派,享誉中华。

"北门外",是北门外的小村,有一片古树林,是古城的一道绿色长城,为防风御寒之用。还有古代道教庙宇"台昼观"和"邑厉坛",是古代人们祈盼风调雨顺、五谷丰登的祭祀场所。此段扬之河上有木板"川上桥"和"清河桥",河对岸的后岸村(现称"后外村")与通往扬溪的驿道相接。后岸村是梁大同元年(535年)析歙县华阳镇置良安县的县治(县衙)所在,亦曾有过繁华的岁月。

(二)华阳镇的市场

明清时期,临溪、埠头上等成为新安江上游之水运码头。徽商经营范围不断扩大,涉足行业多种多样,其中尤以盐、酱、典当、小吃最有名,其次为棉布、丝绸、纸墨、米谷、药材、木材、瓷器等,经营方式既有行商,亦有坐贾,除本地商人外,亦有徽州各地及外埠商人。但绩溪是小山城,人口渐增,致粮食需求日多。外地人还是少数,其中理发剃头者占多。

清末民初至抗战前,县城的商业分为土产(酱园、肉铺、山货、粮食、油、糖坊、酒坊、水果、漆、棕)、杂货(南北货、盐、布、纸、药材、瓷器)、文具(笔、墨、书籍)、洋货(洋油、洋货)、工艺(染坊、缝纫、木器、竹器、铜器、锡器、银楼)、金融(钱庄、当铺)、交通(轿行、客栈)、杂业(牙科、酒馆、小吃、面馆)等。

抗战期间,绩溪为大后方,外地商家也纷纷前来经营,居民来此避难,一时人口稠密,交易频繁。受战争影响,农村经济萧条,捐税加重,一般商家资金已不如战前殷实。但为大众服务的饮食、洗染、戏园、理发、澡堂、钟表、眼镜等行业逐渐增多。日本投降后,外地商家迁出,人口亦减少,市场呈现萧条景象。

新中国成立后,在"发展经济,保障供给"方针指引下,绩溪城区商业迅速发展,不少歇业商店重新开业,商场呈现一片繁荣景象。1949年至1955年县城城区四街计有南北杂货店22户,手工业店(铁器、木器、竹器、铜锡器、裱糊业、裁缝业等)19户,饮食饭店业16户,豆腐猪肉店6户,针织品、鞋店、粮食糕点、旅社各5户,酱园、棉布、中药、理发各4户,当铺、钟表、粮食、银楼、雨伞、文具、烟店、爆竹各2户,还有古董、牙科、照相、澡堂、修车、电厂、邮政、书店、轿行、瓷器、印刷、医院、染坊、鬃毛、油漆、丝厂、影剧、杂品、五金等行业40余种,从业者数百人。从南门头到西及东街共有商店百余户。北街以行政事业单位及住户为主。经营名气较大的仍数章鼎泰号(盐商背景)、周益昌号(士绅背景)、胡俊记号(官宦背景)。

到1956年公私合营之前,四条街道商店分布详见下图:

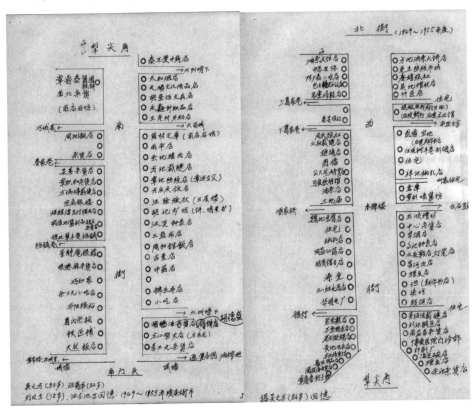

图1-8 绩溪县县治华阳镇四条街道商店分布图之一

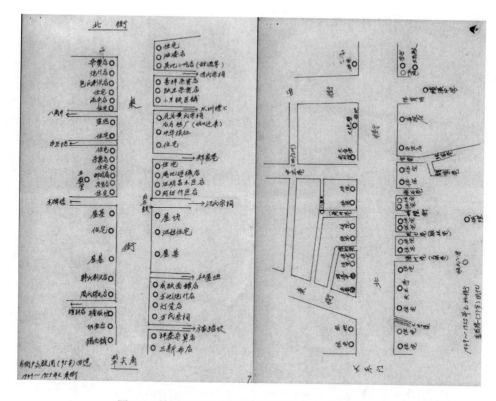

图 1-9 绩溪县县治华阳镇四条街道商店分布图之二

到 1956 年底,城区 100 多户商业、饮食服务业组成 10 多个公私合营商店,小型商店则组成合作商店,手工业组成联社和集体企业。粮食、油盐业等过渡到国有企业。

(三)华阳镇的节日民俗

徽州素有"东南邹鲁""礼仪之邦"之美称。长期受程朱理学的影响,徽州人民情风俗内容十分丰富。绩溪是徽州文化的核心区域,民众之间往来频繁,逢年过节,三亲六戚礼仪甚多,其所形成的民情民俗实为徽州文化的重要组成部分。绩溪县城系山城,四周高山环绕,面积窄小,土质贫瘠。新中国成立前,百姓过着贫苦的日子,但不影响民间的礼仪往来,究其原因,在于绩溪百姓勤劳节俭,省吃俭用,但过年过节却十分隆重,从不怠慢乡里乡亲。

1. 年俗

农历十一月中下旬,华阳镇妇女们便开始忙过年了。

熬清糖。用自家制的麦芽、糯米饭熬清糖,工作量大,技术性强。将麦芽掺入糯米饭,发酵后将水一样的甜汁放在大锅里熬成浓浓的清糖,是自制麻糖、麻花、花生糖不可或缺的食材。一般到农历十一月底,便要请糖饼师傅上门制作。麻糖有谷花的、散饭的、烤谷米的等,麻花有黑芝麻的、黄芝麻的,还有花生糖等,一般家庭要做二至三铁皮箱,储藏得好可以吃到第二年年初。

炒谷花、炒芝麻、炒花生。费工、费时,谷花炒好还要拣剔谷壳,花生籽炒好要去衣。

熬酱油。包括华阳镇在内的绩溪人素有勤俭节约的传统,每年春天一过,便要煮黄豆晒(九九八十一天),到十一月底便熬酱油,将一年食用的酱油熬好后灌瓶储藏。熬酱油用的大锅到腊八可以煮腊八粥,味道鲜美。

做豆腐。一般人家要做两作(十六斤黄豆),稍晒干后,即要切花做油豆腐,除春节时用来烧肉外,还用盐腌制起来,可以当菜吃到第二年夏季。

杀猪、腌肉、吃猪杀伙。一般务农人家都要养猪,过年前宰杀。猪头、猪脚、猪肚货、猪血、猪肠、猪肝等都要烧好,请街坊四邻到家吃猪杀伙,其余腌制成咸肉。第二年竹笋上市烧咸肉笋吃,味道十分鲜美。咸肉可以吃一年。

从十一月开始,家家户户逐渐有了节日的气氛,孩子能吃到麻糖,每天中午一餐几碗菜都有鱼肉,荤油多起来了。

进入农历十二月即腊月,华阳镇的家庭主妇就格外忙碌,第一件事就是在腊月初八日张罗煮腊八粥。头几天就要将材料(赤豆、黑豆、干角豆、菜干等)用温水发泡,还要烧山芋(煮后剥皮)、切火腿丁,以及准备稻米、玉米、花生仁、莲子等干果,到初七半夜后将材料放进熬酱油的大锅,加足水,用硬木柴烧锅灶,三四个小时后,腊八粥就煮好了。初八一早一家人趁热吃腊八粥,吃了一碗又一碗,其乐融融。大人对小孩子说:"吃了腊八粥就大一岁了。"所以这一天也可以说是岁末,新年即将到来。家家户户这一天都煮腊八粥,对有些孤寡老人,邻居们东家送一碗,西家送一钵,要吃好几天。腊八粥越热越好吃,煮得多的人家要吃十几餐。谈起腊八粥,还有一个传说:有个富家男子娶了个年轻的媳妇,这个女人不做人家(即不节俭),经常将好端端的饭菜倒给猪吃。年迈的婆婆一辈子勤俭过日子,当着媳妇的面又不好多说,便悄悄将每日吃剩下的饭菜晒干收藏起来。几年后天大旱,田地颗粒无收,人们遭灾饿肚皮,婆婆便将收藏起来的干饭菜煮了一大锅粥让大家吃。村里人都很纳闷,别人家揭不开锅了,他家倒是天天吃菜粥不挨饿,心里的谜解不开,这时老奶奶开口了:"这是丰年时一年一年攒下来的干货,如今派上用场了。"从此以后,她的媳妇还有村子里的其他妇女都学会了勤俭过日子。

腊月月末做包、做粿。腊月末,家家户户拉开了做包、做粿的大幕,妇女们忙得不可开交,做包有豆腐肉沫馅的、菠菜馅的、萝卜馅的,还有发酵的小圆包。做粿是糯米粉的豆腐粿、芝麻心粿,还有无心的寿桃粿、圆形粿。还打糍粑、年糕,然后用水浸泡在木桶里,每周换一次水,可以吃几个月。

送灶爷。每年腊月二十三日送灶司菩萨上天奏事,家家户户灶台上有一座小小的灶司庙,小庙西侧写上对联"上天奏好事,下界保平安"。做几种祭品,如肉、鱼、蛋等,点香,烧金银纸,一家人祭拜灶司菩萨,希望他保护大家平平安安。

过小年。腊月二十四、二十五、二十六和二十八日,各家各户要选择一天过小年,主妇烧一些好菜,一家人在一起过小年,表示旧年结束。

腊月三十日是除夕,绩溪俗称"过大年"。这一天晚餐菜肴特别丰盛,有清炖鸡、红烧肉、红烧鱼、水湿饼、炒粉丝、八宝饭、汤圆、焖粉……到下午四五点钟将烧好的菜摆放在大八仙桌上,点燃蜡烛,摆好香炉,放上酒杯,摆好祖宗容像,一家大小虔诚地烧香、倒酒敬祖宗,燃放鞭炮,然后一家老小围坐在一起吃分岁饭,长者坐上位头,儿孙辈依次坐在两侧,向长者敬酒,祈祝老人健康长寿,老人把准备的压岁钱给孙子孙女,希望他们成龙成凤。那时没有电视、电影,文娱生活匮乏,一家人只好围在火盆边烤火聊天,小孩子则燃放鞭炮取乐,一家人要坐到午夜后才上床休息。

正月初一进祠堂祭祖。初一一大早,家家开门放爆竹、接天地,大人小孩穿上新衣裳，戴上新帽子，穿着新棉鞋，打扮得干干净净、整整齐齐，吃完糕点、五香蛋，便到祠堂去拜祖宗。县城章、周、胡几大姓祠堂，大开祠堂门，街上、弄堂里人山人海，鱼贯而行，碰到同宗长辈，要拱手作揖表示尊敬。西关章氏宗祠在水关巷中段，年底前当年的主事人家即将祠堂里里外外打扫得干干净净，一幅特大祖容画像挂在享厅正中板壁上，这是明太祖登基不久，章家十几位长老到福建蒲城接谱续谱时临摹的章仔钧、练夫人、杨氏夫人及十五子孙的层次式容像。据老辈人讲，这幅容像是专门请皇宫里的几个画匠(师)复制的，上有宋、元、明几代皇帝的玉玺，下有王安石、苏轼、司马光等大臣的题跋，虽然是赝品，但几可乱真。当然花费了巨资。

在祠堂享厅还挂有始祖仔钧公后裔北宋仁宗时期名臣章得象公容像(绩溪章氏一脉系其后代)，还有楚名将章邯、晋三秦王章樵等人容像及西关始祖章荣甫公的容像；章氏子孙在诸多祖先前四跪八拜，然后按辈分大小领取壳饼和小圆包若干。章姓女儿不能入祠，但章姓外甥可以祭祖并领一份包饼。初一这一天，每家主人都要在家接待上门拜年的三亲六戚。客人进门要吃三道茶，即清茶、甜菜(莲子、蜜枣、白木耳羹和五香蛋)、面条(盖浇面，用笋干、木耳、香菇、肉丝炒好盖在面上，碗底有三至四棵菠菜)，表示祝福客人清清爽爽，四季平安。当然拜年的人也要带上二至三样果子(酥糖等糕点)对主人表示敬意。如果客人携带小孩上门，主人就要包几个小红包给孩子。假如这个小孩是大人抱在怀里的小婴儿且第一次上门，主人家还要给这个小婴孩脖子上挂青线蓝线，意味着孩子长命百岁。出门时还要给几个鸡蛋和一盒糕。初二起床后，大人要带着小孩去拜年。顺序是祖父母、伯公伯娘、叔公叔娘、外公外婆、舅舅舅母几家至亲。然后才是父亲的兄弟姐妹家。这一天不仅吃的东西多，而且给长辈磕头拜揖后还能挣到不少小红包。初三之后，直至正月半，家家户户请春酒，吃了东家吃西家，菜肴十分丰盛，大人们喝酒划拳，场面异常热闹。

2. 元宵节

正月十五元宵节，是过年之后的又一个高潮，从正月十三日夜晚开始，城内所有的土地庙张灯结彩,欢庆元宵大团圆(城内大街小巷设有庙堂五十至六十座),有彩球灯、荷花灯、鲤鱼灯、花瓶灯、红星灯、状元灯、走马灯,这些灯全是各街坊群众自发捐献的,年内有讨媳妇嫁姑娘的户家,更是不惜代价请"纸扎干"和"条脚祥"代扎花灯。从这天夜晚开始,孩子们穿着新衣衫,坐上小白马(纸篾扎的),或手提小白兔、小飞机、小花篮,点上小蜡烛在街上玩耍。城内几座大一点的土地庙,如北街的美俗坊、城中的中正坊、白石鼓的土地庙、西街的仁寿坊和登云坊、水圳塝下的土地庙,都格外热闹,鞭炮啪啪响,锣鼓震天。城里群众拥向庙堂看花灯,个个神采奕奕,喜笑颜开。正月十五日夜十二点过后各街道开始"送花灯",由各庙主事领着一批热心青年将状元灯、彩球灯、花篮灯分别送到有新婚喜事的人家。主人请送灯人吃糕点糖果和鸡蛋面,临走还包个红包送给主事人,以表感谢。

从正月十三至十五白天四乡群众来县城舞龙、舞狮、跳旱船、演蚌壳精,锣鼓喧天,爆竹声不断,万人空巷。家家户户开桌吃饭,招待宾客。

绩溪新中国成立前所举办的灯会是群众自发组织、自愿捐献资助的社会公益文化活动,政府不花一分钱,当然各坊各路都有一批热心人和主事者管理。

3. 二月二

二月二裹粽子祭拜保一方安宁的土地神。绩溪的粽子富有特色,选纯糯米浸泡一夜,将腊肉切成长三至四厘米、宽2厘米的肉块,放在粽子糯米之间,一头放颗板栗,一头放颗蜜枣。用箬皮将粽皮扎牢,放在大锅里煮三至四个小时,即可食用。富裕人家还有豆沙糯米粽、鲜肉丁粽、豆板粽、红豆粽、高粱粽等。粽子煮熟即取一串,送到附近土地庙,烧香作揖,请土地公婆品尝。

4. 清明节

三月春正浓,扫墓踏青祭先灵。清明节家家户户老老少少上坟扫墓,人们手提三荤(肉、鱼、鸡)三素(豆腐、粉丝、清明粿)几样祭品祭拜祖先,先放爆竹,挂上清明吊,点上香,斟满酒逐一向祖先叩首,然后烧纸钱(用纸角装的锡箔),点燃鞭炮,祭拜结束。城内章、周、胡等几大姓互相攀比,章姓孩童跟着近百把人的扫墓队伍到紫宗屏、王庄、山源等处去拜祭章氏始祖,那时交通不便,且多山路,倍感吃力。辈分高的老人,每人乘一顶轿。章家经济实力雄厚,每次出发有将近三十顶轿前行,每祭一棺墓,赠送辈分高的长者三斤猪肉、三斤面条,这笔开销从祠产收入中提取。

5. 端午节与六月六

端午跳钟馗、喝雄黄酒。家家户户大门插上艾叶和菖蒲以驱赶邪气。端午那天上午,一伙青年人敲锣打鼓簇拥一位穿古戏衣、画花脸、戴着红胡子的钟馗上街跳舞,他手持雪亮的宝剑在大街上跳动。到一些大店还跳进店堂,驱赶鬼神,店主给个红包以表感谢。中午家家户户吃端午酒,菜肴丰富。小孩子额头上用雄黄酒抹成一道痕迹,传说可以驱鬼神不受邪气侵袭。

六月六晒衣服。古历六月六,太阳光强烈,家家户户将衣服(棉、单、皮)、被絮全部拿出来晒霉气。

6. 中元节

农历七月十五日是传统的中元节,绩溪也叫"鬼节"。城隍菩萨发善心,鬼神放三天假。县城又热闹起来。早在七月十三日这天,从华阳镇城隍庙中跑出的一群小青年,头戴假面具,装扮成大头鬼、小头鬼、赖痴相、夜叉、鸡婆、牛头、马面等小鬼神。他们在街道上、店铺里看到好吃的东西,可以任意随手拿来就吃,不付钱财,老板东家也无可奈何。因为平时的日子,他们被关在东庙里,没有自由,七月半鬼节,是他们喜庆的日子,可以自由自在玩个痛快,吃个快活。七月十三日一早,许多孩童穿上皂衣箭帽,颈上戴上枷锁(苏三起解的戏剧道具),由父母领着去城隍庙还枷锁。说是孩子头年身体不好,曾在城隍菩萨面前许了愿,请菩萨保佑孩子安康,第二年到庙里捐香火灯油钱,并由主持人在菩萨面前将枷锁解开归还庙堂。在旧社会,医学不发达,人们有病求医不多,求神者甚广,所以十三日这一天还愿者众多。他们每到一处,遇到土地庙即要烧香、烧纸,直到城隍庙为止,沿途绝不含糊怠慢土地菩萨。

跳无常:从七月十三日大清早开始,跳无常的壮汉勇士们聚集在城隍庙里,个个争先恐后,跃跃欲试,抢着跳头一天的无常。无常是用竹篾编制成的,用麻布做成长衫套在篾络之外,圆圆的大眼睛(能转动),高高的大鼻子,尺把长的舌条拖挂在嘴外,血淋淋、红艳艳的,很吓人。壮汉将这个造型套在自己的身上,在街道上对跳,锣鼓声震耳,爆竹声隆隆,地面上小鞭炮噼里啪啦炸个不停。又正值七月炎热天,跳者必须是彪形大汉,身体壮实,否则难以支撑。无常有五丈高,一白脸,一红脸。传说跳白脸的人会生儿子,跳红脸的人会发大财,于是各取所需抢起来,弄得不好就打起架来。跳无常的人大多是城郊四周的庄稼汉。县城大北街曾有一个叫黑铁的壮汉,身板结实,不怕劳累,不怕脚板被鞭炮炸起泡,能连续跳几个小时不歇息。还有"周益昌"大店小老板老五公,也是跳无常的英雄汉。

　　七月十三日,跳无常活动的巨幕在城隍庙里拉开,庙里的大天井四方八区,两个无常开始跳对角。十几分钟后,庙里长者取来两只公鸡屠杀,将鸡血喷在两个无常脸上,这叫"开光",然后锣鼓、喇叭响起,众人簇拥着从北街到西街、到南街,转到东街,再回到北街城隍庙。这一天叫作示威试跳,只是走走场。七月十四日是高潮,通宵达旦地跳。从庙出发,沿途两旁路人观看,拥挤不堪,虽有人员维护,也难以维持秩序。几个大店家准备了十几大篓爆竹小鞭,放个不停。无常跳得兴起,打赤脚与负重担,不停跳动,一双脚被鞭炮炸成许多小血泡,还舍不得换人。旧社会的县城还无电灯照明,跳无常靠的是松油柴照明。将松油柴劈成小块,放在铁丝打成的篮子里,点燃起来,松烟似雾一样,但还比较明亮。有了松油,所以十四夜要通宵达旦才肯罢休。十五日是正日,这一天四周乡下来了不少青年人,发誓要跳一天一夜。这天,西街大店周益昌、南街大店章鼎泰、胡俊记的老板也早有准备,搬出不计其数的爆竹、大鞭炮,让大家玩得尽兴。四乡农民为抢到一个无常而喜笑颜开,从北街跳到车站,节日气氛十分热闹,街上卖雪梨、卖西瓜的摊贩将水果卖个精光。天近黄昏,松油柴灯早早点燃,几个大店的老板亲自来到店堂将无常引进店内,替无常挂红披金,即将丈余红布和银元用金箔纸包好,缠挂在无常帽顶之上,然后向民间游艺组织负责人送个酬谢红包。据说无常进店能替这家企业带进财神,所以店主十分高兴。

七月半鬼节的活动内容,以今日辩证唯物主义观点来衡量,实是迷信活动,但旧社会科技落后,人们信鬼信神,有灾有难则祈求鬼神保佑,也是一种无奈和心理安慰。

7. 中秋节

农历八月十五日,是传统的中秋节。中秋月亮格外圆,劳动人民喜气洋洋;中秋节也是团圆节,一家人眼看丰收在望,个个兴高采烈,吃月饼赏月光。中秋晚餐的酒席丰盛佳美,鳝片烧蒜子、板栗烧仔鸡是这个节日大家都会吃的菜。芝麻、豆沙、水品、百果、火腿馅的徽式月饼琳琅满目,味道鲜美。旧时,绩溪有一种摸秋的风俗,即趁夜深人静月明之际,到田地里去摸秋,掰玉米棒子、摘嫩黄豆子、挖还未成熟的山芋。这些都不算"偷",东家将未收获的作物与大家共享,形成了风俗。当然摸者不会贪得无厌,将所有的谷物全"偷"回家。

8. 重阳节

农历九月九日是重阳节。这一天,家里的爷爷奶奶清早起来,儿子儿媳将长寿面、五香蛋煮好捧上桌,敬祝老人长命百岁。若这日天清气爽,孙辈会搀扶着长辈去登高望远,欣赏大自然的美景。

9. 十月半

农历十月十五日,俗称"十月半"。这天,华阳镇的家家户户做包、做馃,有豆腐馅的、肉馅的及南瓜、冬瓜馅的月饺。馃是米粉(糯米、籼米掺和而成)做的,有豆沙、芝麻、腌菜笋丁、萝卜肉丁等品种。邻里街坊还互相馈送,以表友善。

第二章　宅坦村龙井胡氏宗族与社会变迁

宋明以来,地处中国中部的徽州,是一个典型的宗族聚居山区,"士夫巨室多处于乡,每一村落,聚族而居,不杂他姓。其间,社则有屋,宗则有祠,支派有谱,源流难以混淆。主仆攸分,冠裳不容倒置。此则徽俗之迥异于别郡也"。① "大抵新安皆聚族而居,巨室望族远者千余年,近者犹数百年,虽子孙蕃衍至一二千丁,咸有名分以相维,秩然而不容紊"。② 这些聚族而居的宗族大多来源于不同历史时期中原地区世家大族的移民,正如民国《歙县志》所云:"邑中各姓以程、汪为最古,族亦最繁,忠壮、越国之遗泽长矣。其余各大族大半皆由北迁南。略举其时,则晋、宋两南渡,及唐末避黄巢之乱。此三期为最盛。"③作为传统徽州六县之一的绩溪县,历来是宗族制度和宗族活动较为健全与活跃之地,"深山大谷中,人皆聚族而居,奉先有千年之墓,会祭有万丁之祠,宗祐有百世之谱。秀者入校,朴者归农,户鲜游惰,市无玩好,其风最为近古"。④ 与徽州其他地区相比,明清时期的绩溪"隶于徽,而田畴不逮婺

---

① (清)程庭:《春帆纪程》,见(清)王锡祺辑:《小方壶斋舆地丛钞》第五帙,杭州:杭州古籍书店,1985年影印本。
② 嘉庆《桂溪项氏族谱》卷二十一《风俗·龙章公梓里遗闻五则》,清嘉庆刻本。
③ 民国《歙县志》卷一《舆地志·风俗》,民国二十六年(1937年)铅印本。
④ 乾隆《绩溪县志》卷首《序》,清乾隆二十一年(1756年)刻本。

源,贸迁不逮歙(县)、休(宁),其土瘠,其民贫……邑中大族有宗祠,有香火堂。岁时伏腊,生忌荐新,皆在香火堂、宗祠,礼较严肃。春分冬至,鸠宗合祭,盖报祖功、洽宗盟,有萃涣之义焉。宗祠立有宗法,旌别淑慝,凡乱宗渎伦、奸恶事迹显著者,皆摈斥不许入祠。至小族,则有香火堂无宗祠,故邑俗宗祠最重。族又各有宗谱,支派必分昭穆以序,高曾云礽,世系千年不紊,故皆比户可稽,奸伪无所托。远近祖墓,献岁有谒,清明有祭,霜降送寒衣,自唐宋以来,树者封者可无失其故物,过墓思哀,人其省诸"。①

图 2-1 宅坦村民国时期平面示意图

宅坦村是明经胡氏宗族明经派聚居地,自北宋初胡忠由浙江迁徙至此建村以来,到民国三十八年(1949 年),其宗族制度一直十分健全,宗族活动非

---

① 乾隆《绩溪县志》卷一《方舆志·风俗》,清乾隆二十一年(1756 年)刻本。

常活跃,人才辈出,所谓"寝昌不乏,闻人继出"。① 明代后期,以亲逊祠(堂)为中心的宅坦龙井胡氏宗族,发号施令,管理严密,不仅行使着管理龙井胡氏宗族的大权,而且统领着宅坦村的村庄事务。诚如英国人类学家莫里斯·弗里德曼所指出的那样,"在福建和广东两省,宗族和村落明显地重叠在一起,以致许多村落只有单个宗族,继嗣(agnatic)和地方社区的重叠在这个国家的其他地区也已经发现,特别在中部的省份"。② 同福建和广东以及中国中部地区一样,聚居于徽州山区宅坦村的龙井胡氏宗族与村落也呈现出彼此重叠的格局。

本章以宅坦龙井胡氏宗族为例,在全面阐述龙井宅坦胡氏宗族历史背景的基础上,对宋明以降到"咸同兵燹"这一时段以宅坦龙井胡氏宗族为中心的徽州宗族聚居山区宗族活动与社会变迁进行系统而全面的考察。

一、宅坦村龙井胡氏宗族的沿革与发展简史

(一)宅坦村的历史沿革

宅坦村位于安徽省绩溪县西部,胡适故乡上庄镇的北部,地处东经 118 度 20 分、北纬 30 度 10 分。西部和北部以竹峰山和观桃岭为屏障,东部和南部为开阔的上庄盆地。整个村域位于大会山南支——竹峰山下,境内海拔千米以上的山峰有 2 座,山势陡峭。村庄地貌以丘陵为主。村中无河水流过,仅有一井被称为"龙井",该井"方形,深可三尺,水从石出,味甘而冽。旁有石兔二,骈形而立,作回头状。土人聚族而居,虽甚旱食用不竭"。③ 因此,宅坦村历史上又被称为"龙井"村。该地年平均气温为 15.5 度,降水量充沛,年平均降雨量 1520 毫米,多集中在春夏,秋季常易旱,适宜水稻和茶叶种植。森

---

① 嘉靖《龙井胡氏族谱》卷首《序》,明嘉靖三十五年(1556 年)刻本。
② [英]莫里斯·弗里德曼著,刘晓春译,王铭铭校:《中国东南的宗族组织》,上海:上海人民出版社,2000 年,第 1 页。
③ 乾隆《绩溪县志》卷一《方舆志·封域》,清乾隆二十一年(1756 年)刻本。

林覆盖率88.7%,村域面积5.2平方公里。

图 2-2 绩溪县上庄镇宅坦村龙井

北宋开宝末年,绩溪县令胡延进将子胡忠送于该村就读,后遂定居于此,成为宅坦村之始祖与明经胡氏宗族龙井派之始迁祖。宅坦宋代建村后至民国三十八年(1949年),一直隶属歙州及徽州(府)绩溪县管辖。宋归绩溪修仁乡辖,元明清三代属修文乡八都。清宣统元年(1909年),绩溪县裁乡设11自治区,宅坦属于第4区管辖。民国改元后,初延清末建制。民国三年(1914年),废自治区复乡都制,宅坦仍隶属八都。民国十九年(1930年),复设自治区,宅坦属于第三区八都。次年,宅坦单独设乡,称"龙井乡"。民国二十二年(1933年),绩溪实行保甲制,宅坦村内设龙井乡中门、石井二保。次年,绩溪实行联保制,宅坦属于第二区杨龙乡联保。民国三十八年(1949年),设龙井乡于宅坦(后迁至与宅坦毗邻之旺川),村内设石井、中门二保。

(二)宅坦村龙井胡氏宗族的由来、迁徙和分派

据嘉靖《龙井胡氏族谱》记载,宅坦村龙井胡氏同徽州所有的胡氏宗族一样,声称始祖为于父,二世祖为胡公满。区别在于至四十九世时,唐末金紫光

禄大夫胡三抱养李唐宗室皇子,避难于婺源考水,更名胡昌翼,中后唐同光三年(925年)明经科进士,是为明经胡氏之始祖,此亦即民间俗称之"李改胡"。

宅坦村龙井胡氏始迁祖胡忠,系明经胡氏五十世祖昌翼公长子胡延进之子。北宋开宝六年(973年),迁绩溪宅坦,是为宅坦村龙井胡氏之一世祖。后胡忠随父迁居浙江建德,北宋景德四年(1007年),复居宅坦,并在宅坦村龙井东建立了安徽省历史上第一个书院——桂枝书院。至十四世胡久中时,复迁建桂枝书院于宅坦村南山巅,此即为现宅坦村南之桂枝书院遗址。此后,随着宅坦经济和社会的发展,龙井胡氏宗族逐渐在科举入仕、经商等领域取得辉煌成就,著书立说者络绎不绝,经商从医者蔚然成风,宗族人口繁衍亦呈不断增长之势。

至五世时,宅坦村龙井胡氏宗族逐渐开始向外迁徙,形成不同的支派。下面仅将宅坦村龙井胡氏宗族迁徙情况制作成表,以见宅坦村龙井胡氏宗族的迁徙的基本情况:

宅坦龙井胡氏宗族向外迁徙情况一览表

姓名	世系	迁徙地	迁徙原因	备注
胡令恭	四世	丹阳梅田		
胡文举	五世	本县七都寨里		
胡文秀、胡文简	五世	南陵管胡塘		
胡肃	五世	本县高砂		
胡仲葩	五世	浮梁白虎桥		
胡士良	五世	黟县西递		
胡德安	七世	本县上田冲		
胡德珍	七世	本县扬林		今上庄胡氏始迁祖
胡宗文	九世	本县七都后宅		今宅坦西村
胡百五	十五世	本县龙坦		
胡四	十六世	本县白塔路		
胡星老	十七世	本县十四都横塍头		

续表

姓名	世系	迁徙地	迁徙原因	备注
胡应芝	十七世	本县五都叶村		
胡相	十七世	本县七都汪村前		
胡天授	十八世	歙县竹园		
胡允年	十八世	本县江塘村		
胡开中	二十世	江西广信府		
胡宗仁	二十三世	本县五都大塘头		
胡彬	二十三世	旌德县沙园里河村头		
胡牙	二十三世	太平县新村		
胡社奎	二十五世	江西玉山县棋木		

以上迁徙主要发生在明代中叶以前,是宅坦村龙井胡氏宗族的总派向外迁徙。至二十一世时,宅坦村龙井胡氏宗族总派内部以长子英定公四子为中心,开始在宅坦村中扩展为五大分支门派,即上门派胡尚仁、前门派胡尚义、中门派胡喜生(二十二世,胡尚义之子)、后门派胡尚礼,外加下门派胡尚瑄(为英定公之弟佛保之长子)。

五派宗族在明代中后期分别建立了自己的支祠,祠堂名称分别为上门派豫格堂、前门派澳瞻堂、中门派敦睦堂、后门派继序堂和下门派笃伦堂。明天启二年(1622年),宅坦村龙井胡氏宗族创建了规模宏伟的总祠——亲逊堂。据记载,由宅坦村龙井胡氏宗族五个支祠推选三十六班班头负责亲逊堂的施工营建,前后历时五年,直到明天启七年(1627年),亲逊堂才最终建成。从此,亲逊堂便成为龙井胡氏宗族开展宗族祭祀及管理活动的中心。

在宅坦村龙井胡氏宗族内部分派之时,正值明代中期社会经济极为繁荣、徽州科第勃兴和徽商大规模崛起之际。因此,在随后的五大门派中,大规模向外迁徙的现象极多。归纳起来,这些迁徙大体以经商和仕宦为主,太平天国时期,前后又有以避难而外迁者。如清康熙四十五年(1706年)出生的三十一世胡大伍,因经商而举家迁徙至南汇县。① 清同治十二年(1873年),三十四世胡志辉"遭乱逃出,住歙邑南源口"。② 当然,宅坦村龙井胡氏宗族的经商迁徙发生的时间稍晚于徽州歙县、婺源和休宁等地区,基本上是在清代康熙以后,明代万历年间迁徙江西广信经商者,民国《明经胡氏龙井派宗谱》只有一例记载,且规模不大,这显然与徽州六县中绩溪外出经商晚于歙县、婺源、休宁和祁门的时间大体一致,与乾隆《绩溪县志》所云"绩溪隶于徽,而田畴不迨婺源,贸迁不迨歙、休"③的情形也是相合的。

图 2-3　绩溪县宅坦村慕前塘

---

　　① 民国《明经胡氏龙井派宗谱》卷七(三)《龙井宅坦中门永庆公派》,民国十年(1921年)刻本。
　　② 民国《明经胡氏龙井派宗谱》卷七(三)《龙井宅坦中门永庆公派》,民国十年(1921年)刻本。
　　③ 乾隆《绩溪县志》卷一《方舆志·风俗》,清乾隆二十一年(1756年)刻本。

宅坦龙井胡氏宗族5大门派经商的迁徙目的地,相对较为集中,除极少数迁往河南、北京、湖北、陕西、山东、福建外,绝大多数都集中在江西、浙江、苏南和上海等地。

(三)宅坦村龙井胡氏宗族的经商情况

宅坦村龙井胡氏宗族零星外出经商约始于明代中后期,至清代康熙和乾隆以后,大规模向外经商之局面方最终形成。

根据民国《明经胡氏龙井派宗谱》记载,龙井胡氏宗族最早外出经商的发生在二十二至二十四世之间,且全部集中在寨里派成员之中。该支派二十二世胡永芳迁江西广信,二十三世胡奇孙迁广信,二十四世胡长庆迁浙江淳安。① 自二十七至二十九世,宅坦村龙井胡氏宗族成员逐渐掀起了外出经商的高潮,并一直持续到三十八世。

对宅坦村龙井胡氏宗族经商最为集中的地区,我们仅依据民国《明经胡氏龙井派宗谱》制成下表。

龙井宅坦胡氏宗族经商地区一览表

江西	浙江	江苏	安徽	其他地区
广信、铅山、玉山、弋阳、广丰、金溪、浮梁、九江、吴城	杭州、萧山、钱塘、海宁、绍兴、诸暨、兰溪、衢州、金华、浦江、寿昌、长兴、孝丰、湖州、嘉善、龙游、嘉兴、开化、德清、武义、崇安	苏州、吴江、松江、上海、南汇、嘉定、宜兴、常州、无锡、江阴、镇江、溧阳、金陵、扬州、高邮	歙县、休宁、屯溪、婺源、黟县、广德、宣城、宁国、南陵、泾县、旌德、舒城、无为、桐城、六安	河南开封、杞县、永城、朱仙镇、北京、大兴、顺天,福建建宁,山东临沂,陕西,湖北汉阳、汉口、阳羡

表中所列的经商地,看似非常分散,但它体现了宅坦村龙井胡氏宗族经商地域具有广泛性特点。同时,我们也注意到,上海和浙江的杭州、衢州以及江西的广信府,是宅坦村龙井胡氏宗族最为集中的经商地,他们往往是代代

---

① 民国《明经胡氏龙井派宗谱》卷五《龙井宅坦寨里派》,民国十年(1921年)刻本。

经商于当地,并在经商地娶妻生子,从而逐渐融入当地社会经济生活之中,形成在地化格局,且这种局面一直维持到民国初年。

至于宅坦村龙井胡氏宗族经营的领域,民国《明经胡氏龙井派宗谱》并没有给我们提供直接的线索。但从宅坦村老一辈人的回忆中,我们知道其主要经营领域为墨业、茶叶、医药、纸业和土杂百货业等。宅坦村龙井胡氏宗族经商者大多能够诚信经营,并最终获得成功,如三十二世胡贞保(1717—?年)"往三衢谋生,从事药肆,人信其诚,争赴之"。① 应当说,同徽州其他地区的徽商一样,宅坦村龙井胡氏宗族经营者在经营过程中也倍历艰辛,"经商逐什一之赢,暑焉浆汗,寒焉栗肤。或月店听鸡,而山谷间关,虎狼噬啮;或风竿俟马,而波涛澎湃,蛟龙出没,生死一瞬息"。②

(四)宅坦村龙井胡氏宗族的教育、科举与文化

"十户之村,不废诵读"。③ 同徽州其他地区重视教育一样,绩溪宅坦村龙井胡氏宗族也极为重视教育。且不说该宗族早在北宋初年就创建了安徽省历史上第一个书院——桂枝书院,更为重要的是,我们从该宗族的宗谱中发现,该宗族在对宗族成员的教育上,是不惜一切代价地予以资助和奖励的。为此,宅坦村龙井明经胡氏专门制订了"振士类"的《祠规》,规定:

> 凡攻举子业者,岁四仲月,请齐集会馆会课,祠内支持供给。赴会无文者,罚银贰钱;当日不交卷者,罚壹钱。祠内托人批阅。其学成名立者,赏入泮贺银壹两;出贡,贺银伍两;登科,贺银伍拾两,仍为建竖旗匾;甲第以上,加倍。至若省试,盘费颇繁,贫士或艰于资斧,每当宾兴之年,各名给元银贰两,仍设酌为饯荣行。有科举者,全给;录遗者,先给一半,俟入荆闱,然后补足。会试者,每人给盘费拾两。为父兄者,幸有可造子

---

① 民国《明经胡氏龙井派宗谱》卷七(三)《龙井宅坦中门永庆公派》,民国十年(1921年)刻本。
② 民国《明经胡氏龙井派宗谱》卷首《省墓后序》,民国十年(1921年)刻本。
③ 康熙《婺源县志》卷二《疆域志·风俗》,清康熙八年(1669年)刻本。

弟,毋令轻易废弃。盖四民之中,士居其首,读书立身,胜于他务也。①

在宅坦村龙井胡氏宗族的"四民"观中,士依然占据了首要的地位。因此,我们看到,该宗族不仅在宅坦村中创建了桂枝书院,而且一些宗族成员还捐资建立了惹云书屋、②翚西文社、③桂枝文会④和玉成文会,⑤并不断进行维修和扩展。宅坦村龙井胡氏宗族重视教育的直接影响,便是带来了科第的发达和文风的兴盛。根据民国《明经胡氏龙井派宗谱》统计,自明至民国先后为邑庠生、邑武生、郡庠生、增广生、贡生、国学生、太学生等名目者达356位之多,中举者宋2人、元1人、明1人、清8人(含荐举),清代中进士者2人。为官至九品以上者多达72人(含封赠)。其中三十六世胡宝铎官职最高,自清同治七年(1868年)中进士后,先后"主事签分兵部武选司历,升员外郎中,即选道员兼袭云骑尉世职

图 2-4 绩溪县宅坦村桂枝书院遗址

---

① 民国《明经胡氏龙井派宗谱》卷首《祠规》,民国十年(1921年)刻本。
② 据民国《明经胡氏龙井派宗谱》卷七(一)《龙井宅坦前门相公派》载,三十一世胡大绵(1679—1754年)"筑惹云书屋于南冈,延族隽校艺"。
③ 据民国《明经胡氏龙井派宗谱》卷七(二)《龙井宅坦前门构公派》载,三十一世胡挺(1696—1754年)"建翚西文社,割田供给实税一十亩零九厘四毫,为阖族会文供给费"。
④ 据民国《明经胡氏龙井派宗谱》卷七(二)《龙井宅坦前门构公派》载,三十二世胡贞宋(1728—1808年)"年逾八旬,例给冠带。乐义好善,尝捐产倡兴桂枝文会"。
⑤ 据胡昭璧主编《龙井春秋》第66页载:"清嘉庆年间,村人以四十九个股份购置田产创办玉成文会,分七班轮流管理。"

军机章京、总理各国事务衙门行走,特赏三品衔,诰授资政大夫"。①

宅坦村龙井胡氏宗族教育与文化建设取得突出成就,各种文化人才辈出,著述如林。从民国《明经胡氏龙井派宗谱》所记录的资料来看,该宗族子弟研习《尚书》《诗经》《易经》《春秋》者众多,医学家、数学家和书画名家更是数不胜数,其中不少是"文名卓著,兼善岐黄"的通家,②如三十一世胡学礼(1706—1789年)"生平潜心理窟,精研六籍及五子书,尤究心三礼于先后,郑注贾孔之疏,无不搜讨而以朱子为折中。凡乡党冠婚丧祭诸仪节,多所训定"。③

下面,仅将宅坦村龙井胡氏宗族成员著述的著作列表如下:

宅坦村龙井胡氏宗族成员著述一览表

世系	作者	著述名称	备注
十二世	胡俊卿	嘉定《龙井胡氏族谱》	
十六世	胡 景(？—1353年)	延祐《龙井胡氏支谱》	
十七世	胡 相(1265—1349年)	《古山诗文》《叶韵》	
二十五世	胡东升(1516—1575年)	嘉靖《龙井胡氏族谱》	
二十六世	胡 桓(1547—1624年)	万历《龙井胡氏族谱》	
二十八世	胡世润(1584—1651年)	《玉山语录》	
二十九世	胡尔英(1639—1714年)	《平平集》	
二十九世	胡钟灵(1670—1753年)	《四子书便览提纲》《别部》	
二十九世	胡钟俊(1677—1714年)	《梅花百韵》	
三十世	胡凤池(1684—1738年)	《鉴古录》	
三十世	胡光房(1672—？年)	《敬义论》	
三十世	胡从圣(1676—1728年)	《未信录文集》《南楼偶兴诗集》	
三十世	胡秉德(1710—1790年)	《汇集春秋列国本末》二卷、《纂集诗经注疏》十卷、乾隆《龙井胡氏会修宗谱》	

---

① 民国《明经胡氏龙井派宗谱》卷八(一)《龙井宅坦前门相公派》,民国十年(1921年)刻本。
② 民国《明经胡氏龙井派宗谱》卷七(二)《龙井宅坦前门构公派》,民国十年(1921年)刻本。
③ 民国《明经胡氏龙井派宗谱》卷七(二)《龙井宅坦前门构公派》,民国十年(1921年)刻本。

续表

世系	作者	著述名称	备注
三十一世	胡 昊(1667—1744年)	《左骚评释》四卷	
三十一世	胡大有(1653—1729年)	《云涛诗稿》	
三十一世	胡 玻(1692—1753年)	《筠轩制艺》	
三十一世	胡学诗(1702—1763年)	《亦在轩文稿》《诗集》	
三十一世	胡学礼(1706—1789年)	《三礼考证》《思恩堂文稿》	
三十一世	胡 挺(1696—1754年)	乾隆《龙井胡氏支谱》	
三十二世	胡至德(1699—1755年)	《瞻屺集》《诗稿》	
三十二世	胡履泰(1719—？年)	《孝友集》	
三十二世	胡 坦(1727—？年)	《实园文稿》《近古香诗集》	
三十二世	胡升吉(1735—？年)	《晴溪文稿》	胡学礼之子
三十三世	胡履吉(1730—？年)	《湛泉诗稿》《伤寒辨论》	
三十三世	胡润之	《易经旁注》《晚香诗集》	
三十六世	胡宝铎(1841—1896年)	《浒晴丛稿》、同治《明经胡氏龙井派宗谱稿》	

从上表所列可知,自南宋以来,宅坦村龙井胡氏宗族著书立说,完成了三十八种各类著作,这尚未包括在"咸同兵燹"中遗失或焚毁的各种著述与书稿。应当说,用诗书传家来形容包括宅坦村龙井胡氏宗族在内的徽州宗族丝毫不为过。

(五)宅坦村龙井胡氏的宗族活动

正如文献资料记载的那样,包括绩溪宅坦村在内的徽州各地,明清以来的宗族活动极为活跃。徽州宗族的重塑往往通过修谱、建祠、祭祀等常用的三种方式展开,宅坦村龙井胡氏宗族当然也不例外。

首先来看宅坦村龙井胡氏宗族的修谱活动。自宋元明清以来至民国年间,该宗族曾先后九次编纂族谱。现存最早的一部宅坦村龙井胡氏宗族族谱编纂刊刻于明嘉靖三十五年(1556年),名为《龙井胡氏族谱》,这部族谱是在明代徽州纂修族谱高潮中出现的。又据该族谱收录的旧序,我们得知,该宗族早在南宋嘉定十七年(1224年)曾编修过一次族谱,编纂者为十二世族人胡俊卿,这是有史记载以来宅坦村龙井胡氏宗族编修的第一部族谱,现已不存。元延祐元年(1314年),十六世族人胡景(？—1353年)又编纂了一部《龙井胡氏支谱》,嘉靖《龙井胡氏族谱》未载该谱,仅见于民国《明经胡氏龙井派宗谱》的谱系中。明洪武三十年(1397年),龙井胡氏宗族再次修谱,嘉靖《龙井胡氏族谱》收录了明洪武三十年(1397年)六月朔旦福建按察司佥事柯文彬为该谱撰写的序文。明宣德七年(1432年),宅坦村龙井胡氏宗族又编纂了一部《龙井胡氏族谱》。延至明嘉靖三十五年(1556年),龙井胡氏二十五世族人胡东升(1516—1575年)主持纂修了《龙井胡氏族谱》。据载,胡东升在任台湾主簿和湖广按察史检校期间,"每见士大夫交接间,袖出谱帙以索其序,适动我心"。① 于是,利用返乡祭祀之机,胡东升联合族人胡东池、胡东溢、胡东山、胡东济等人,发起族谱编纂活动,并由胡东池主修,胡东济等十六人协修,最后完成《龙井胡氏族谱》的纂修与刊刻工作。该谱不分卷,内容由序文(含旧序)、凡例(含戒约)、历世渊源图、龙井派胡氏各支世系、远祖行状等部分组成。这部族谱是龙井胡氏强化宗族控制的一个极为重要的手段,体现了宅坦村龙井胡氏宗族的治族理念。万历年间,二十六世胡桓(1547—1624年)再次续编《龙井胡氏族谱》。入清以后,特别是乾隆时期,徽州各地掀起了纂修族谱的热潮,宅坦村龙井胡氏宗族三十世孙胡秉德(1710—1790年)此时也极力倡议会修族谱,并最终修成。清乾隆二十年(1755年)前后,婺源考川明经胡氏宗族发起纂修统宗谱的倡议,宅坦村龙井胡氏宗族三十二世孙胡履泰等应邀前往考川,参加会修明经胡氏统宗谱活动。清乾隆二十四年(1759年),《考川明经胡氏统宗谱》编成付梓。该谱按照二十八星宿顺序编排,编成二十八册,共印六十九套,按千字文顺序排列,宅坦村龙井胡氏宗族领到一套编号为"羽"字号的统宗谱,此为迄今唯一一部存世的乾隆版《考川明经胡氏统宗谱》。清同治十三年(1874年),胡宝铎"首倡修谱,特赞主

---

① 嘉靖《龙井胡氏族谱·序》,明嘉靖三十五年(1556年)刻本。

辑",①修成稿本,旋因胡宝铎北上供职,该谱未能付梓。民国九年(1920年),胡宣铎等在此稿本基础上,详加厘定,编成十卷本《明经胡氏龙井派宗谱》,并于次年由绩溪县汤乙照斋刊印,总共印刷了六十部。因《明经胡氏龙井派宗谱》编纂与刊刻成本较高,售价昂贵,欲使龙井派族人每户购领一部,显然是不现实的。而出资购领族谱者,又不愿轻易借人翻阅。在这种情况下,民国《明经胡氏龙井派宗谱》的编纂者们从实际出发,在《明经胡氏龙井派宗谱》的基础上,删繁就简,"撮其大要,集为一卷。工省价廉,可以家置一部,随时翻阅一览,而知族谱之大略,更留空白以备各家填写近代祖先并生人名氏年庚,为后日修谱张本"。②

以上是历代宅坦村龙井胡氏宗族编纂族谱的一般情况。值得一提的是,宅坦村龙井胡氏宗族编纂族谱,都是围绕着明尊卑、正名分、强化宗族控制这一目的而展开的。正如嘉靖《龙井胡氏族谱》卷首《戒约》中所说:

> 一、世道不古,人心滋伪。不待亲尽,已若途人,恶乎可哉。辑修谱系之后,凡亲疏交接之间,当明尊卑之礼。有德业则相劝,有过失则相规,有患难则相恤,不失故家之遗俗也。
>
> 一、谱所以别尊卑也,凡称呼当正名分,切勿以富欺贫,以势凌弱。妄诞称呼,贫弱虽不能与较,岂不见哂于贤哉。
>
> 一、自今而后,凡生子嗣取名者,务以行序称呼,勿以缪错紊乱班次也。
>
> 一、吾因以前取名者未有规则,是以隔房疏远,不知尊卑所以相接,称呼未免错乱,名分何由而正也。取字五十个,拟作五字一句,句法不拘意义,惟同宗后之取名者,世世务可将此五十字依次□取,以成班列。虽居隔远,房分亲疏。路途相接之间,得其名,则知其或父辈、或子辈,昭然明白,称呼自然,便当不至卑逾尊、尊降卑也。若

---

① 民国《明经胡氏龙井派宗谱》卷八(一)《龙井宅坦前门相公派》,民国十年(1921年)刻本。
② 民国《明经胡氏龙井派族谱便览》,民国刻本。

不遵依,非吾之族也。谨示:

  伯世希光大,贞忠志士成。天昭昌应德,邦祥允可清。廷献弘嘉瑞,克继本奇荣。文行英贤俊,信善尚时中。恭敬惟良厚,思正永承宗。

  右自忠公及今二十五世之裔孙取名者,宜以伯字为始也。①

  其次是创修祠堂。祠堂是宗族开展活动的中心,是宗族权力的象征。徽州"重宗法,聚族而居,每村一姓或数姓。姓各有祠,支分派别,复为支祠。堂皇闳丽,与居室相间。岁时祭礼,族中有大事,亦于此聚议焉。祠各有规约,族众公守之,推辈行尊而年齿高者为族长,执行其规约,族长能称职与否,则视乎其人矣。祠之富者,皆有祭田,岁征其租,以供祠用,有余则以济族中孤寡"。② 为有效管理祠堂和祠产,徽州宗族制订了许多祠堂管理的规则和公约。宅坦村龙井胡氏宗祠的支祠在五派分立之际,相继得到创建,形成上门派豫格堂、前门派澳瞻堂、中门派敦睦堂、后门派继序堂和下门派笃伦堂共五个支祠。其总祠则创建于明天启二年(1622 年),名"亲逊祠"或"亲逊堂",前后历时五年,至明天启七年(1627 年)方才告竣。新落成的"亲逊祠"规模宏伟,占地面积达 1722 平方米,若将桂枝文会和坦场计算在内,总面积达 7451 平方米。该祠于二十世纪九十年代被拆除,宗祠的所有印章和祠谱现仍被保留在宅坦村博物馆,成为亲逊祠的历史见证。亲逊祠主要是由宅坦村龙井胡氏宗族二十四至二十七代孙先后捐资创修的,民国《明经胡氏龙井派宗谱》纪录了该祠创建者简略情况,如二十四世胡文时、胡文祥、胡文佳等都因"协建宗祠,族祀颁胙"③而被记录在宗谱之中。嘉庆、道光时期是宅坦村龙井胡氏宗族经济文化较为繁荣的时期。富而思亲,此时,扩建宗祠和修缮支祠任务便提上了议事日程。清道光初年(1821 年),亲逊祠的扩建和配套工程拉开序幕,前门派三十四世胡注夫妇及二子胡倬、胡佑等捐输巨资,用于亲逊祠的

---

① 嘉靖《龙井胡氏族谱·戒约》,明嘉靖三十五年(1556 年)刻本。
② 民国《歙县志》卷一《舆地志·风土》,民国二十六年(1937 年)铅印本。
③ 民国《明经胡氏龙井派宗谱》卷五《龙井宅坦下门派》,民国十年(1921 年)刻本。

扩建工程。胡倬(1799—1884年)"太学生,性孝友,八岁贫不能读,私就外家受学。父殁,独任艰巨,规模严肃,家道聿兴。奉母命造祠后进全堂,废寝忘餐,成而后已。议建中进,众有难,几中止,挺身出为诸董倡,总理数年,复偕弟佑及诸侄合垫洋四百元。倒堂梁一堂、柱一株,造五屏风,捐方柱一对,皆底于成"。胡佑(1801—1865年)"太学生,有干才。承母命造祠后进全堂,殚精竭虑,数年不倦,卒以告成。后建中进,鸠工庀材,咸取决焉。所垫洋数及材料助饷赠额,均载兄倬名下"。三十五世胡桂(1801—1861年)"国学生,赠封征仕郎。道光年间,重建宗祠,与弟辈合出重资"。① 经过扩展和配套,亲逊祠规模更加宏伟,面貌焕然一新,举凡中进享堂、后进寝堂、五屏风,以及两侧廊庑、文会等,悉数建成,故民国《明经胡氏龙井派宗谱》甚至称之为"重建"。

最后是开展祭祀。祭祀是宗族缅怀祖先、弘扬孝道和联谊族人的重要方式之一。龙井胡氏宗族的祭祀分祠祭和墓祭两种形式,祠祭在宗祠或支祠中举行,墓祭又称"省墓",则在墓地进行。对于祠祭,民国《明经胡氏龙井派宗谱》专门立有"修祭事"祠规,云:

> 凡春分、冬至二祭,前期三日,祠首共入祠,肃办祭事。值事仆二人洒扫祠宇,拭几席,涤祭器。次日,具帖请斯文习仪。前期一日,斯文入祠视涤濯,于几席、壶酌、边豆之属不洁,嘱仆重涤濯,仍必薄责示惩,乃习仪。习仪毕,共旁坐,小饮乃退。祭之日,质明行事。如仪不备,或污秽不整,罚值年各银壹钱;仪备而礼生不举,罚礼生,停其胙。习仪不到者,无散胙;祭祖不与者,不归胙。有于此时挟怨争詈者,罚纸一块,仍令跪拜祖前谢过。祭毕,发签颁胙。颁胙毕,请各礼生及头首入祠散胙,值事仆二人行酒,不猜拳,不给烛,犯者罚出祭胙。祭之明日,管事人入祠,同算费用,面折登账,此祭

---

① 民国《明经胡氏龙井派宗谱》卷七(一)《龙井宅坦前门相公派》,民国十年(1921年)刻本。

祀之事不可不修也。他如祭器、祭品,值年例谷、进木主礼,以及膳礼生散胙、归胙诸成式,详载规例谱,灯、酒例亦同。①

至于墓祭,龙井胡氏宗族亦有详细规定。"省墓之行,展孝敬也。盖墓者,祖宗体魄所藏,魂灵所居……人知尊祖然后知敬宗,惟同拜某墓也,则知某为叔、某为侄,皆与某同出某墓者也。又同拜某墓也,则知某与兄、某与弟又与某同出某墓者也。然则扫拜无非骨肉亲也,非泛然同族比也。尊卑之分攸然不渝,纵有少嫌,风休冰释,岂忍下凂上、卑犯尊,相欺相凌,相戕相贼,相窥相弄也哉!"②

龙井胡氏宗族就是这样通过不断编纂族谱、修缮祠堂和开展祭祀,以强化尊卑、上下之间的等级秩序,并在"孝"的名义下巩固宗族对其成员的经济和精神上的控制,以维护宗族和乡村社会之稳定。

二、"咸同兵燹"与宅坦村龙井胡氏宗族的重建

(一)"咸同兵燹"中的宅坦村龙井胡氏宗族

正当宅坦村龙井胡氏宗族处在经济、社会与文化发展的繁盛时期,清王朝的腐朽统治和西方殖民者的入侵,最终导致了清咸丰元年(1851年)洪秀全领导的太平天国起义的爆发。清咸丰十年(1860年)初,太平军李世贤部先后攻克皖南的泾县和旌德。张芾急令在婺源作战的都司江长贵部驰援绩溪。然援兵未至,太平军已从绩溪的大会山、浩寨分界山进入宅坦、上庄、旺川等地,并生擒清军副将杨名声。二月初一日,太平军侍王李世贤、匡王赖义鸿率兵攻入翚岭,清军败亡。是日正逢绩溪传统的二月二裹粽祭神节日,太平军见绩溪户户煮粽,疑有伏兵,当晚退回上庄、宅坦及旌德等地,并驻守于北距宅坦5华里的旺川,设总部于旺川曹氏宗祠九思堂。是月,绩溪终被太

---

① 民国《明经胡氏龙井派宗谱》卷首《明经胡氏龙井派祠规》,民国十年(1921年)刻本。
② 民国《明经胡氏龙井派宗谱》卷首《明经先世省墓序并规约》,民国十年(1921年)刻本。

平军攻陷。四月,曾国藩以兵部尚书衔署两江总督,并将行辕设于祁门县城洪家大屋,具体负责徽州地区镇压太平军的军务。七月,罢张芾军务,代之以李元度,督办徽州防务。得知清军防务易主之后,太平军进攻绩溪丛山关,并再度攻陷绩溪县城。次年五月,退出绩溪。至此,太平军占领绩溪长达5个月之久。此间,宅坦村龙井胡氏宗祠亲逊堂和其他支祠相继被太平军据为军营。

清咸丰十一年(1861年)十一月,太平军从旌德奔袭绩溪二都板桥头。清同治元年(1862年)十二月初,太平军杨辅清部从浙江昌化再次攻占绩溪,左宗棠令王文瑞驰援,会师雄路,击溃太平军,绩溪收复。清同治二年(1863年)二月,太平军李世贤部再陷绩溪。是时,"徽州三面皆贼,止唐义训一军,防守徽(州)、休(宁)二城,赖左宗棠派刘典、王文瑞两军"①。四月,清军在朱品隆率领下进攻绩溪岭北的浩寨、旺川、上庄、宅坦和旌德太平军,并收复绩溪。同治三年(1864年)二月,太平军侍王李世贤、堵王黄文金率部自宁国越过绩溪县的丛山关,攻占绩溪县城华阳镇。唐义训率部从徽州府城赶来,左宗棠率军自屯溪驰援,会师于雄路,一举攻占雄路。不久,太平军退守绩溪,经孔灵越新岭而去,驻守在上庄、宅坦、旺川等地的太平军也随之撤出,绩溪全境收复,太平军和清军在绩溪的拉锯战至此结束。由于这次战争发生在咸丰和同治年间,故学术界又称此次战乱为"咸同兵燹"。

在前后长达4年之久的战乱中,宅坦村龙井胡氏宗族同徽州其他地区的宗族聚居村庄一样,几乎受到了毁灭性的打击。我们根据民国《明经胡氏龙井派宗谱》的资料统计,宅坦村龙井胡氏宗族仅在战乱中直接死亡和失踪的人就达441人之多,这尚不包括《宗谱》记载的在此期间自然死亡的人数。②实际上,在清军和太平军的拉锯战中,宅坦村中男女老幼为躲避战乱,因饥饿而死于逃难途中的村民难以计数。正如民国《明经胡氏龙井派宗谱》所指出

---

① (民国)许承尧撰:《歙事闲谭》卷十六《程笃原撮录〈安徽通志〉徽州兵事》,合肥:黄山书社,2001年,第549页。

② 据民国《明经胡氏龙井派宗谱》相关资料统计。

的那样,"洪杨乱后,户口凋零"。① "洪扬之乱,久战江南,吾乡无一片干净土,公私焚如,百不存一。虽同治中叶,大难削平,而疮痍满目,十室九空"。② 龙井胡氏宗族《亲逊堂奉先录》亦云:"自遭兵燹,祠谱无存,总牌亦失遗大半……宗祠于咸丰十一年被贼毁坏。"③ 与宅坦毗邻的余川汪氏宗族,同样经历了"咸同兵燹"的浩劫,"道光、咸丰时,门祚鼎盛,丁口殷繁。中经乱离,十丧四五"。④ "咸同兵燹"使包括宅坦村龙井胡氏宗族在内的徽州宗族和乡村社会受到了严重的创伤,人口锐减,田地抛荒,宗祠被毁,文献被焚,整个宅坦的经济和社会陷入满目疮痍之中。

(二)"咸同兵燹"后宅坦村龙井胡氏宗族的重建

"咸同兵燹"后,面对人口锐减、田地抛荒、宗祠被毁、文献被焚这一凋敝局面,如何恢复和重建乡村社会经济,重振战前的辉煌?显然,从宗族自身做起,重新恢复宗族的凝聚力,是宅坦村龙井胡氏宗族最为重要而关键的问题。用唐力行的话来说,就是修复和重建"宗族的记忆系统"。⑤

首先,重修宗祠是"咸同兵燹"后徽州其他地区恢复和重建宗族的一致做法。毕竟祠堂是祖先神灵魂魄之所和宗族权力的象征,因此,历经战乱浩劫后,重修宗祠——亲逊祠成了宅坦村龙井胡氏宗族的首要任务。本来,亲逊祠刚在道光时期整修一新,但因"乱后宗祠后进全堂经贼残毁",亟待进行修缮,以重塑宗族信心。三十六世胡业(1818—1871年)不忘母亲嘱托,亲自率领诸弟"出资专修,躬亲董理,焕然一新"。⑥ 不唯如此,胡业之子三十七世胡

---

① 民国《明经胡氏龙井派宗谱》卷首《明经胡氏续修龙井派宗谱例言》,民国十年(1921年)刻本。
② 民国《明经胡氏龙井派宗谱》卷首《序》,民国十年(1921年)刻本。
③ 同治《亲逊堂奉先录》第一册《始祖至廿五世》,清末至民国抄本。
④ 民国《余川越国汪氏族谱》卷首《序》,民国五年(1916年)刻本。
⑤ 参见唐力行:《"千丁之族,未尝散处":动乱与徽州宗族记忆系统的重建——以徽州绩溪县宅坦村为个案的研究》,载《史林》,2007年第2期。
⑥ 民国《明经胡氏龙井派宗谱》卷八(一)《龙井宅坦前门相公派》,民国十年(1921年)刻本。

佩玉(1837—1918年)还出资整修了亲逊祠前道路,同时又命其子"出资重建祠碓"。① "以助饷平乱授都司衔,晋封三品"的三十六世孙胡道升(1832—?)也加入了修缮亲逊祠的行列。② 经过整修,至清同治十年(1871年),亲逊祠再次焕发了新姿。

其次,重新勘定祠谱,进行升主活动。宅坦村龙井胡氏宗族的宗族文献大多在"咸同兵燹"中焚毁或散佚。祠堂整修一新后,如何勘定祠谱,举行升主活动,这是宅坦村龙井胡氏宗族恢复与重建宗族记忆与汇聚宗族人心的当务之急。根据宅坦村龙井胡氏宗族现存民国时期的各种宗祠谱,我们以为,宅坦村龙井胡氏宗族的宗祠谱包括《亲逊堂聚神谱》《亲逊堂奉先录》《像牌谱》和《殊荣谱》四大类。《亲逊堂聚神谱》是一种不按排行只以去世时间先后记载龙井胡氏宗族族人神主及上堂经过的宗祠草谱,该谱现存三册,其中第一册为清光绪三十年(1904年)九月订立。该册登录了清光绪三十年(1904年)至民国六年(1917年)龙井胡氏亲逊堂前门、上门、中门、下门、后门共五个门派去世先人祠堂牌位的名录,并根据具体情况分别于名字前钤有校对特进、春分、冬至等印章,另钤有"龙井亲逊祠印",盖于逝者名字之上。其中"春分"和"冬至"是指牌位进祠的时间,即在春分和冬至祠祭时上堂。"特进"则是指上牌位时间,是宗祠特地安排的,隐含着牌位主人拥有一定社会地位的因素。《亲逊堂奉先录》系龙井胡氏宗族亲逊堂宗祠谱,是清末至民国时期陆续记录宅坦村龙井胡氏宗族成员逝世先人神主名录和牌位的抄本,计四十四册,封面有以粉红色底纸隶书书写的"亲逊堂奉先录"题签。该书收录了自始祖胡昌翼至四十世辞世族人的神主名录。每一神主名上都钤有"胡亲逊祠"篆字印章,其下还盖有"入圹"字样的印记,即神主牌位在升主时从牌座上取下成捆放入类似棺椁的砖圹中。因宅坦村龙井胡氏宗族的旧祠谱于"咸同兵燹"中毁失殆尽,现存《亲逊堂奉先录》系清同治十年(1871年)后陆续编辑而成。清同治十年(1871),宅坦村龙井胡氏宗族在亲逊祠整修落成后,旋即开

---

① 民国《明经胡氏龙井派宗谱》卷八(一)《龙井宅坦前门相公派》,民国十年(1921年)刻本。
② 民国《明经胡氏龙井派宗谱》卷八(一)《龙井宅坦前门相公派》,民国十年(1921年)刻本。

始了升主活动。此次升主活动,因"自遭兵燹,祠谱无存,总牌亦失遗大半。辛未年迁主之役,只得照各门支谱誊作底本,另写总牌。惟仓卒蕆事,多有未惬心之处"。① 应当说,这次升主活动确实是仓促的,留下许多遗憾。但正是此次升主仪式的举行,使宅坦村龙井胡氏宗族重新整理了宗族的文献,"辛未迁主,所誊各门支谱共九本。前所存总牌,共录草谱六本,单牌录草谱一本。存疑者,另录草谱三本"。② 升主活动凝聚了宗族的人心,为以后龙井胡氏宗族的恢复与重建奠定了良好的基础。升主活动举行后,宅坦村龙井胡氏宗族重新步入了健康发展的轨道,人口迅速增长,经济和社会发展也迅速回升。

再次是纂修族谱。宗祠整修和升主活动的顺利举行,为族谱的编纂提供了条件。清同治十三年(1874年),在三十六世孙胡道升和胡宝铎的倡议下,宅坦村龙井胡氏宗族成立了谱局,由胡道升兼领谱局之事,胡宝铎任主编,着手开展《明经胡氏龙井派宗谱》的编纂工作。修谱活动得到了族人的热烈响应和强烈认同,一时间"登高一呼,群山皆应"。③ 据民国《明经胡氏龙井派宗谱》记载,此次参与协修宗谱的宗族成员达十二人之多,其中既有"鲁仲连之称"的三十四世孙胡绍铨(1844—1902年),④也有三十五世孙胡道源(1821—1883年)"协理谱局",⑤但参与更多的还是三十六至三十七世孙的宅坦村龙井胡氏宗族精英。"阖族人士远采旁搜,披旧图,咨故老,吊古冢,访遗碑,四更寒暑,将我龙井世系纂录成帙"。⑥ 遗憾的是,这次族谱编修只是完成了稿本,即因胡宝铎服官京师和经费短缺而未能付梓。直至民国九年(1920年)再设谱局,方才在胡宣铎的主持下完成了《明经胡氏龙井派宗谱》的定稿任务并最终付梓。

最后是制订了宗族的族规家法,规范了宗族的活动。同治《明经胡氏龙

---

① 同治《亲逊堂奉先录》第一册,清末至民国间抄本。
② 同治《亲逊堂奉先录》第一册,清末至民国间抄本。
③ 民国《明经胡氏龙井派宗谱》卷首《序》,民国十年(1921年)刻本。
④ 民国《明经胡氏龙井派宗谱》卷七(四)《龙井宅坦下门东滋公派》,民国十年(1921年)刻本。
⑤ 民国《明经胡氏龙井派宗谱》卷七(二)《龙井宅坦前门构公派》,民国十年(1921年)刻本。
⑥ 民国《明经胡氏龙井派宗谱》卷首《序》,民国十年(1921年)刻本。

井派宗谱》的稿本,今已不存,但因民国《明经胡氏龙井派宗谱》"体例悉依旧谱""惟有(同治)甲戌稿之基础",故其中包括《祠规》等在内的诸多内容基本反映了同治年间宅坦村龙井胡氏宗族重建的努力。清同治十年(1871年),"咸同兵燹"结束之际,宅坦村龙井胡氏宗族即开始了宗族的恢复与重建工作,通过制订宗族的族规家法,对宅坦村龙井胡氏宗族的活动进行规范,从而为胡氏宗族的复兴创造了条件。该族的《祠规》由"彰善四条"(训忠、训孝、表节、重义),"瘅恶四条"(忤逆、奸淫、贼匪、凶暴),"职守四条"(修祭事、训祠首、保祠产、护龙脉),"名教四条"(振士类、厚风俗、敬耆老、正名分)四篇十六条组成。可以看出,这一系统的《祠规》包含了重振宅坦村龙井胡氏宗族伦理、经济、社会和文化等各个方面,相当系统全面,其中尤以《训祠首》《保祠产》和《正名分》最为重要。祠首肩负着管理和振兴宗族的重任,祠产则是宗族活动开展的经济基础,而正名分则是对族内尊卑等级秩序的强调。

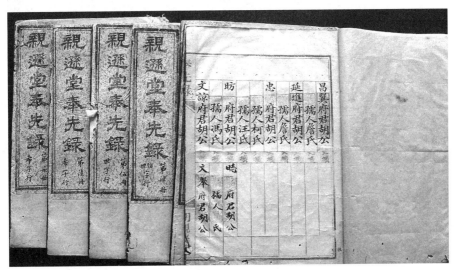

图 2-5　绩溪县宅坦村村委会藏《奉先录》

在《训祠首》中,宅坦村龙井胡氏宗族指出,"祠之兴废,系于祠首,非人则害大,日久亦弊生。爰酌管祠定例,斯文分班轮流交代时,各项器用俱照清单点付,如有失落敝坏,责令赔补修整。起逐年收租粜谷一切费用账目,接管人面同算明登账,然后投匦封贮,管匦、管钥、管封、管印各任其事,毋得通情凑便,事不称职,犯者罚银壹两。有怀私者,查明攻出,仍揭书祠壁,黜革不许入祠。至族内间有口角,或请调和,必须直道而行,依祠规赏罚。如有强梗,呈官究治。大要修祠宇、省坟墓、核产业、勤算租、整祭器、明用度,遵前人所已行,发前人所未发,毋贪利殉情,毋畏势凌弱,则勤足办事,公足服人,而祠赖以兴矣。有能如此,给配享荣之,管祠人勉旃毋忽"。显然,祠首的操守和干练与否,直接关系宗族的兴衰与成败。宅坦村龙井胡氏宗族将祠首放到如此重要的位置加以强调,其用心是不言而自明的。

图 2-6　绩溪县宅坦村村委会收藏的各种《聚神谱》

祠产包括宗祠的动产与不动产,这是宗族赖以维系和发展的物质基础。在《保祠产》的祠规中,宅坦村龙井胡氏宗族强调,"祠之有产业,皆先人批置,以为祭祀二事,匪颁之用也。产业不明,则侵占之患生,而吞租之弊起,故总理祠务者,必先将祠产查明字号、税额、步数,以便校数收租,其田地、山塘、屋碓以及祖墓余地,有侵占者,在异姓,托人理论,如有强梗,呈官究治。在派下,责令归还,仍量占业所值之数,罚其银两,如不遵条,即行黜革,生死不许入祠。有吞租者,在异姓,照前办事;在派下,揭书祠壁,生停其胙,殁停其牌,俟交还时方许进主。以上诸项,管祠人如有徇情容隐,照前罚例。又桂枝书院上有义祖牌位,不得停宿优人,以至污秽。祠首通情,责罚不恕。此祠内产业,不可不知保守也"。显然,对祠产这样重要的宗族财产和经济基础,宅坦村龙井胡氏宗族是倾全力进行保护的,容不得任何侵犯和蚕食。

至于祠规中的《正名分》,其实正是基于维护宗族内部的尊卑和等级名分而制订的,它是宗族乃至乡村社会秩序保持稳定的最基本前提,也是宗族强化和履行权力的社会保障。"下不干上,贱不替贵,古之例也。然间有主弱仆强、主懦仆悍者,呈其忿戾,不顾统尊,或至骂詈相加,甚且拳掌殴辱,虽非犯其本主,然以祖宗一体之例,是则凌其本主也。如有此婢仆,投明祠首,祠首即唤入祠内,令其叩首谢罪。倘本主不达大义,护短姑息,阖族鸣鼓攻之,正名分也"。这里,"正名分"被强化到了无以复加的地位。显然,宅坦村龙井胡氏宗族是力图通过对主仆关系的强调和重申,将既定的上下、尊卑、主仆等级秩序加以固定,并借此维系宗族对族内成员的控制,进而实现维护宗族统治者利益的目的。

图 2-7 民国十年(1921 年)刊印的《明经胡氏龙井派宗谱》

三、结语

宅坦村龙井胡氏宗族自北宋初年徙入宅坦后,不断巩固和扩张自身的势力,成为雄踞一方的强宗大族。在扩张势力之时,龙井胡氏宗族同徽州所有的宗族一样,以编纂族谱、创修宗祠和开展祭祀等手段,强化宗族的向心力和凝聚力。当社会处在相对稳定时期,包括宅坦村龙井胡氏宗族在内的徽州宗族如此,而当社会动荡特别是战乱时期,徽州宗族也同样千方百计地使用这一手段,来恢复和重建宗族的信心,进而在一个新的历史背景下重复着往日的做法,维持着宗族的权威。"山限壤隔"①"川谷崎岖,峰峦掩映"②的自然地理条件造成了徽州历史上相对封闭的环境,"世不中兵革",③以致历代战乱很少波及这里。"大抵新安皆聚族而居,巨室望族远者千余年,近者犹数百年,虽子孙蕃衍至一二千丁,咸有名分以相维,秩然而不容紊"。④ 一旦遭遇兵燹,便立即变得手足无措。在惊慌失措之后,徽州的宗族依然会在旧有的基础上进行恢复和重建,形成其独有的宗族记忆系统。宅坦村龙井胡氏宗族在迁入定居宅坦开基后,至太平军进入宅坦前夕,虽然历经多个王朝,但基本未曾遭遇过较大的兵火之灾。"咸同兵燹"给宅坦村龙井胡氏宗族的打击是前所未有的,但战乱一结束,他们即着手进

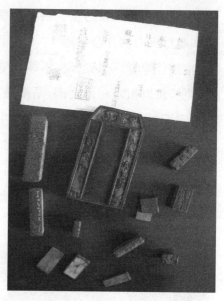

图2-8 绩溪县宅坦村村委会保存的部分龙井胡氏宗族修谱和升主时使用的印章

---

① 淳熙《新安志》卷一《风俗》,清光绪十年(1884年)刻本。
② (民国)吴日法:《徽商便览·缘起》,民国铅印本。
③ (明)王世贞撰:《弇州山人四部稿》卷六十一《赠程君五十叙》,明万历五年(1577年)世经堂刊本。
④ 嘉庆《桂溪项氏族谱》卷二十一《风俗·龙章公梓里遗闻五则》,清嘉庆刻本。

行宗族的恢复与重建活动,率先于清同治十年(1871年)修复了被战乱损毁的祠堂——亲逊祠,并同时进行了祠堂的升主活动。接着借助于三十四世孙胡志高于战乱中背负而幸免于兵火之劫的嘉靖《龙井胡氏宗谱》和乾隆《考川胡氏统宗谱》等全部族谱和三十六世孙胡道升"燹后访求宗祠田簿税册,得于村人破纸篓中"的宗族资料,①以三十六世孙胡宝铎为首的龙井胡氏族内精英自清同治十三年(1874年)着手展开了族谱的编纂工作,并初步编成了宗谱的稿本。最后,全面恢复了春冬二祭的宗族祭祀活动。

经过战后的恢复与重建,宅坦村龙井胡氏宗族逐渐恢复了元气,宗族制度和宗族的一切活动依旧按照原有的秩序,继续向前发展。族中的士人、商人和各阶层成员,积极参与宗族和村庄的经济、文化和社会重建,在社会变迁中完成了一次宗族的转型。

民国改元后,宅坦村龙井胡氏宗族承接着历史发展的惯性,依然在接受新生事物的同时,保持着原有的传统,宗族制度得到进一步强化。胡宝铎同治年间历经四年编纂的《明经胡氏龙井派宗谱》因费用无措,未能付梓。民国九年(1920年),胡宣铎、胡蕴玉等在胡宝铎稿本的基础上,重新进行包括宅坦在内的龙井胡氏宗谱的纂修工作,并于次年完成付梓,即《明经胡氏龙井派宗谱》。该谱共计九卷,外加卷首一卷,合为十卷,每部计十二本。考虑到族内贫困成员难以出资购买该谱,龙井胡氏宗族乃以节录的方式,精选部分内容,另外编纂刊行一册《明经胡氏龙井派族谱便览》,作为《明经胡氏龙井派宗谱》的普及本,以较为低廉的价格出售给宗族成员。对此,《族谱便览小引》云:"民国辛酉,吾族宗谱高成,捐资购领者凡五十余部。然吾族大人众,势难普及。领谱者各自珍藏,又不轻与人翻阅,未领者依然向隅,岂非恨事?爰复撮其大要,集为一卷。工省价廉,可以家置一部,随时翻阅一览,而知族谱之大略,更留空白以备各家填写近代祖先并生人名氏年庚,为后日修谱张本,庶于世系之奠不无小补云。"②完成族谱的纂修任务后,龙井胡氏宗族的经济实

---

① 民国《明经胡氏龙井派宗谱》卷八(一)《龙井宅坦前门相公派》,民国十年(1921年)刻本。
② 民国《明经胡氏龙井派族谱便览·族谱便览小引》,民国刻本。

力渐渐增强,亲逊祠的管理亦更趋规范,轮值值守管理宗祠的制度日益健全。据不完全统计,此亲逊祠和桂枝文会的祠田、学田总数达206坵,每年收租约8000斤。族内救济、宗族和村庄各项公共事务等开支也大多由亲逊祠各项收入支付。不过,至抗战前后,因连年灾荒和大量的驻军,时局维艰,宅坦村龙井胡氏宗族的经济再次陷入了困境。

图2-9 绩溪县宅坦村村委会收藏的民国龙井胡氏宗族文书

从宋明以降到"咸同兵燹",作为徽州宗族聚居村庄的典型代表,宅坦村龙井胡氏宗族面对严重的社会动乱与社会变革所展示出来的灵活应对举措,诸如编纂族谱、修缮祠堂、及时升主、适时救济等,重塑了宗族的向心力和凝聚力,并以当时较为民主的管理方式,强化宗族对族内成员和村庄事务的控制。这在一定程度上反映了徽州宗族制度在社会动乱和社会变革复杂形势下所具有的弹性与张力,亦在一定程度上考量了徽州宗族自身存在和延续的动因与机制。

第三章　旺川的宗族、民俗与信仰

一、旺川的地理、历史和宗族

(一)旺川村庄的地理位置

黄山自箬岭从西向东北逶迤,横亘于绩溪与旌德交界处,其中突起一座高峰,即大会山。又折向南北两支,北支金岭与主峰平行,长10公里,入旌德;南支有竹根尖、青萝山和黄会山。山下有常溪河与昆溪河。源于金岭南麓的芦水经石家村北与源于黄会山、青萝山的昆溪河合流,后又与源于黄柏凹的常溪河汇合。这一片河谷间的低山、丘陵处,名为芦常溪盆地,为绩溪岭北的腹地。旺川村位于腹地中心,离县城35公里。其地理坐标为东经118度27分、北纬30度8分。清末拔贡曹诚瑾称旺川村庄的地理形势为"枕会山而襟昆水"。① 会山,指大会山,昆水即昆溪河。大会山主峰海拔1259米。明万历《绩溪县志》云:"大会山,高三百丈,广博二十里,上多云雾。登绝顶,远眺三州。"② 清乾隆《绩溪县志》曰:"东、南、北三向,山势挺拔,磅礴峥嵘,四周众峰环峙,宛若大山聚会,故名。"③ 今天,顶峰上"大会山"字碑仍在。"大

---

① (民国)曹诚瑾:《民国会修曹氏统宗谱启》。
② 万历《绩溪县志》卷二《舆地志·山川》,明万历九年(1581年)刻本。
③ 乾隆《绩溪县志》卷一《舆地志·山川》,清乾隆二十一年(1756年)刻本。

会晴峰"为华阳十景之一。

　　大会山南麓有一突起的山冈,名为岩前山,山峰平直,海拔600余米。旺川坐落在岩前山南麓,岩前山如同旺川村的椅背。东面的马鞍山像一只大象的鼻子伸到昆溪之滨,西面的青萝山似一头踞坐的雄狮,村后的岩前山九道山冈似九条巨龙腾跃而下,称为"九股龙脉",其中正中的一股直贯旺川。东象、西狮成为村庄的左右扶手,气势雄伟,钟灵毓秀,乃兴阳宅建村庄的理想之地。发源于大会山的昆溪自西南而东纵贯村中,将村庄分为河北、河南两部分。村正南面是笔架山,成为村庄的屏障。村北面自岩前山流出的一股水自北而南注入昆溪,村民们据堪舆家"水向西流,村庄必富"的说法,开掘一道沟渠,沿古村正街上行将水引为西流,然后注入昆溪。曹氏初来时,依昆溪而栖居,因以"曹溪"为村名。及至旺川曹氏六世祖伯四公,精通堪舆地理,站在三圣堂之巅,遥望村庄,见"山水融结,得阴阳之气,运化神机,地灵汇聚",认为此乃兴旺之地,就易名为"旺川"。

图 3-1　民国时期绩溪县旺川村平面图

村庄东面出中屯三门亭,向正东面到坦头、浩寨、旌德县;向东南面到长安镇、绩溪县城;西面出永和亭到八都宅坦、上庄及歙县东乡;自南过太乙桥为通徽州府郡古道;向北翻越杨桃岭到旌德西乡白地、江村等地。旺川通往外地的道路全部都用花岗石板铺设。四通八达的道路,每隔数里就建有凉亭一座,供行旅歇憩,有的路亭在夏季还有茶水供应。村民外出到县城府郡必须翻山越岭,靠步行,非常辛苦,有钱的人可以坐轿。货物运输靠人肩挑或驴、骡、马驮运,没有舟楫之利。

村南是一片平整宽旷的田畴,有农田1800亩,笔直的农耕道路,纵横交织的沟渠。平畴沃野,土地肥沃,成为村民赖以生存发展的农耕基地。随着庄稼的生长,田间四时景色各异,时而一片红色(红花草花开),时而一片黄色(油菜花开),时而一片绿色(禾苗生长),时而一片金色(稻谷成熟)。远山如黛,迤逦绵亘,围成一个大圆环,旺川村就处在绿色圆环的中心。

昆溪河自西向东流,为便利两岸交通往来,在不到10里流程内,自明代以来,旺川的先人就在河上建筑石桥有13座之多,而从村头到村外,就有上渡桥、中济桥(鸭脚村下桥)、新溪桥、中渡桥、曹溪桥、文济桥、太乙桥和瑟希桥(新桥)共8座石桥,这些桥大多是三孔或四孔的石拱桥,有的桥面用巨大的石梁铺成,桥面宽度一般都有5米以上,宽阔平整,方便安全。

古人择地建村都讲究山形水势,崇尚"风水"理念。最佳的村落阳基是后有来龙,前有朝山,依山近水,向阳傍日,有一定的田畴或坡地,还要有一个紧锁村庄门户的水口。水口都位于村落的水流出口处,是村落的门户。它是以天然山水为依托,施以人工造景来优化、美化,以求村庄兴旺发达、子孙富贵昌荣。村庄的水口,基本上有天然山水型、人工造景型和天然与人工结合型三种。旺川村有内外两个水口,昆溪河流经村中,流出曹溪桥,就是村庄的内水口。这是一个按照已有的自然条件,天然与人工结合的水口。据明末清初的旺川儒士曹应星《日记》记载:"崇祯二年,新桥(曹溪桥)下作水口塥,为首者毓萱叔、光禄侄二人。"由此可知旺川村的内水口始建于明末,乡贤们在水口布局上精心设计,匠心独运,以曹溪桥为关锁作主体,南面建有印堆(新兴墩)、文昌阁、石碑坊群;北面建有彩云亭,亭内供五猖神龛,亭外种植柳树,营造成一个类似园林的景象。曹溪桥下两岸古木参天,绿荫匝地,竭坝拦蓄河水,形成宽阔碧透的水面,用于灌溉农田和村民饮用、浣衣,同时又装点了村庄的门面。

3-2 绩溪县旺川村远眺

"徽郡万山丛中,而我绩溪处上游,尤邑其巅。翚岭以北,我乡六、七、八三都其山川更称险峻,寿姑屏则又余三都里党之水口也。两岸壁立,中通一港,巉屼汇泄,巨峰峻峭,则淤渚有难骤通,数丈之地,而受数十里之流洞激湍,其水澎湃,虽溪壑有如江河也……"这是明崇祯十四年(1641年)云南武定府推官旺川人曹志宁在《太乙桥碑记》中对"太乙桥"所处的地理形势的描述,这里丛山耸峭,逶迤达数十里,环抱着六、七、八都这块盆地。寿姑屏之下,两岸壁立,发源于黄山支脉的芦、昆、常三水在这里汇合后,溪流激湍,水势澎湃,流入大峡谷。太乙桥位于峡谷口上,形同关锁。这里是翚岭以北六、七、八都(今长安、上庄两镇属地)的天然水口。旺川村离此最近,也是旺川村的外水口。

(二)旺川村庄的历史和建制沿革

元代将绩溪划分为十五个都,旺川地属七都,"七都"有广、狭二义,广义的"七都"是指绩溪县七都所辖地域范围内的各村,清乾隆《绩溪县志·方舆志·隅都图》中七都所辖各村如下:旺川、石家、暮霞、曹村、黄会山、湖西村、阳干、李家、叶村、大坎上、中潭、庙子山。清抄本《绩溪县城市坊村经理风俗》第16课《七都》亦曰:

> 七都首村是旺川,石家暮霞曹村连,
> 湖西村与大坎上,后村上坦杨桃坑,
> 黄会山前庙子山,叶村李家与阳干,
> 鲍家寺后并中屯,胡家党与上田冲,
> 下舍潘家又前村,仍有地名江塘冲。

《绩溪县城市坊村经理风俗》为乾隆以后抄本,可见"七都"在乾隆之后所辖的村落仍在分置和增加,但旺川为七都之首村,一直未改变,所以一般人又称七都之首村旺川为七都,这是狭义的"七都"。旺川一带,早在新石器时代就有人群居住。《绩溪县志》载:"距今5000年前的新石器时代,在境内今华阳镇方家园和镇头、旺川的芦、昆、常水地带,就有人群聚居,蕃衍生息,是可考的最早绩溪人。"2007年7月5日,砖窑民工在村南山坡挖土时,发现1只陶制的罐子,内贮古钱3000余枚,重10公斤,另外,又出土了黑青色釉的陶制小碗3只。由于埋在地下年代久远,古钱已氧化结成块状。经研究确认其中的"半两钱"为秦代铸造,还有公元前118年汉武帝元狩五年改铸的"五铢钱"、东汉时期铸造的"大型钱币"及"鸡目钱""太平小钱""直百铢钱"等。《绩溪县志》关于历代人口的记载中说:"秦时,南方百越中一支东瓯越人,溯今新安江徙至歙地山区,史称'山越人',为绩溪早期居民的组成部分。东汉建安十三年(208年)孙权平山越,土人大量被杀或逃亡,中原人始来安居。"从旺川近年出土的古钱币可以印证《绩溪县志》所说,旺川一带秦汉时代就有山越人在此栖居生息,并形成村落带。后因发生战乱,被杀戮或逃亡外地,村庄就湮没了。

在北宋景德二年（1005年），曹姓人迁入旺川以前，在现在旺川的村西头已有汪姓人居住，并形成村落，名为"汪村"，这是旺川又名"汪村前"的由来。现今旺川的村址，原来是被昆溪河水冲积而成的沙滩地。曹姓人初来时，栖居在现今村庄后面的山冈上（原旺川曹氏祖屋后面），即现名为"二十四坎"及马公塘一带。此处还存在着废墟的遗迹。后来人口增加，渐渐向南扩展。由于昆溪河水直冲村头，连年遭受洪水灾害，往往庐舍坍塌，家什、牲畜被洪水冲走，严重地危害村民的生命财产安全。旺川清代人曹文在《改溪捐资序》中云：清乾隆年间"岁丁卯，梅雨暴涨，水患尤剧，佥议兴筑而难其事"，用顺水势而利导之说，"将旧溪填补，开挖新溪，沿堤砌石，高筑衢道，以通往来，开塘潴水，以便居人用汲。自丁卯迄己巳，阅三年而告竣，共计数万余工，用银千有余两"。① 自此村庄免除了水患，村民得以安居，人口增加，村庄逐步向南扩展，成为曹姓的大本营。

自宋元明清到民国绩溪村庄建制多次变更。

宋代，绩溪置10乡26里，旺川属修仁乡常溪里。

元代，绩溪置10乡，从县城北门外起，按逆时针方向划分为15个都，都设主首，都以下每50户为1社，社为基层行政单位。旺川属七都主首，为七都首村，七、八两都为修文乡管辖。

明代，七都被编为1图，八都编为1图，属修文乡。

清代顺治年间，县辖3乡，北三乡即宣政乡、杨山乡、修文乡，辖二至八都，行保甲制，1保管辖10甲。保甲的作用是维持地方治安，处理民间纠纷。在旺川"公举毓柏叔馆祠内，为约正，光宇伍为副，光宪、嘉昌、光大、光冕、应纬、应助、光朋诸人为甲长，应禄为保正"。②

清宣统二年（1910年），全县划11个自治区，第四区辖七、八两都。

民国二十年（1931年），五、六、七、八都为第二区。

---

① （清）墨庄：《曹显承堂支谱》，清咸丰钞本。
② （清）曹应星：《应星日记》，清抄本。

民国二十三年（1934年），全县编为52个联保，七都（含寺后、会川等村）为一个联保，旺川本村由上坑而下设第11保、第12保、第13保，尚廉为第10保，石家为第14保，全县划为三个区，旺川属第二区。

民国二十八年（1939年），改联保为乡镇，旺川属第二区龙井乡，乡的治所先在葫芦岭，后迁旺川，旺川村设上旺和下旺两个保。

民国三十六年（1947年），旺川属承平乡，辖原七都领域各村，乡的治所在旺川。

中华人民共和国成立以后，旺川属旺川区，以后行政建制多次更动，现属上庄镇。

（三）旺川曹氏宗族的繁衍与外迁

旺川曹氏姓始于周朝，叔振铎为周文王第六子，受封于曹，则以封地曹为姓氏。曹全晸为叔振铎第七十三代孙，授为唐天平节度使南面都统，率兵与王仙芝和黄巢军作战，渡江南行，其长子曹翊追王仙芝部在歙县篁墩遭陷伏，力战阵亡。翊公亡后葬于篁墩北山下的关良堨。全晸公命翊公弟翔公子次子遇守翊公墓以奉祀事，故而定居于歙。居篁墩曹遇，一子二孙。长孙杰荫将仕郎，归汴之祥符守翔公墓，次孙棐登第为宿州符离宰，兼管沟洫河道。越二世，棐长孙文济居篁墩守祖墓。文济生三子：长德威迁江西饶州，次德成迁黟县，三德遇官迁浮梁。棐次孙文泽初迁婺源城北军营上，复迁汪口，建造有"曹公桥"。文泽生三子：长仲经，以宗族中兄弟序列行名大九，约于北宋景德二年（1005年）自婺源汪口迁绩溪七都。次仲纲，行名大十，迁婺源大容（谱挂线又注，迁歙县纯雄村）。三仲维，行名大十一，迁祁门县。

旺川曹氏是"谯国郡曹氏"，其始祖大九公是曹操七十三代孙。2013年11月11日晚，中央电视台报道复旦大学通过DNA比对，在全国找到9支曹操后裔，其中绩溪曹氏一支是9支中的第一支。绩溪曹氏即为旺川曹氏。

仲经（大九）迁绩溪七都，以其地有昆溪经村，首名村居曰"曹溪"。生二子：小六、小九。小九依产离开祖宅，在距曹溪不远处卜宅，名村居"曹村"。

小六传六世伯四,曾登村三王庙后峰顶,见"四面屏障,山川拱秀,环围若城,赞叹曰:'此兴旺地也!'"遂更曹溪村名为"旺川"。

旺川、曹村一、二世为统宗,奉全晟为迁新安鼻祖,大九为迁旺川始祖,以遇公派为大宗,休宁全昱派为近宗,自翱至大九为新安七世。至小六子大二、小九子大三始各自开宗立派。以后,子孙历代各有兴替。

小六传至旺川二十世,形成十一房派,其中以永祚、永辅两大支为主干支,占七大派十一支房。具体为永祚生四子:克孙(珙)、宁孙(琏)、季孙(瑶)、瑠孙(璔)。后人奉为"珙公派""琏公派""瑶公派""璔公派"祖,其中以"琏公派"为盛。各派后又分析为世乡、世科、世元、光庭、光岳、嘉瑜、嘉璐、嘉琯、应求、应荣、应爵等十一支房。永辅生三子:俊孙(玒)、仕孙(琇)、仁孙(瑜),后奉为"玒公派""琇公派""瑜公派",其中以琇公派为盛。此外,尚有以十二世辰为支祖的"辰公派"及丁口较弱以十九世祥应(忠)名派的"忠公派"、瑞应(德)名派的"德公派"、善应(行)名派的"行公派"。

旺川曹氏自第二世始,即有子孙外迁,且大多衍成新的村族,计有曹村派(绩溪曹村,旺川毗邻),茶园支(绩溪旧属歙县),高田上支(绩溪),黄罡坦支(旌西祥云),湖西冲支(绩溪),画楼支(绩溪八都);大和坑派(歙东),潘坞支(歙东),连坑支(绩溪十五都),到溪支(绩溪旧属歙东),戴家村支(宁国),同大园、旌城支(旌德);江塘冲派(绩溪七都),宁窝支(歙东),百坑支(绩溪),三百丘支(绩溪八都);杨滩、梨木岭派(绩溪);塘塝坑派(绩溪七都);横塘岱派(绩溪)。此外,尚有迁徽州各县其他支派:绩溪:八都择里、大坎上寒头、前村碓、河上桥、前头山、四都大谷、五都叶村、杨村、宅坦、施孤岭、前村。歙县:徽城、渔梁、朱家村、黄坑、岩寺、王村、上唐、郑村、上丰、竭田、许村、深渡。休宁:屯溪、黎阳、万安、隆阜、海阳、下溪口、岔口、浯口、派田。周边县有宁国:竹川安乐乡、胡乐司、观音桥、二十五都东村;郎溪:梅渚镇;旌德:旌城、南五里;泾县:榔桥河镇。另有迁往江苏、浙江和上海,以及河南、湖南、江西、四川等地区的经商派裔。

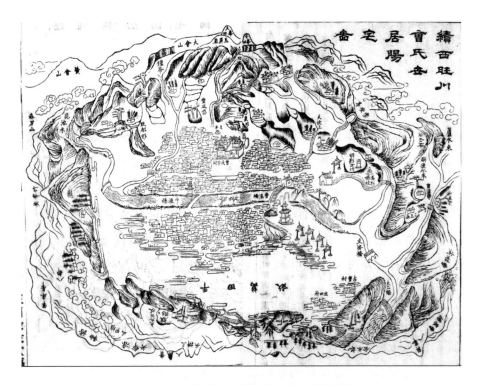

图 3-3　民国绩溪县旺川村曹氏宗族落聚居图

(四)旺川曹氏宗祠

宗祠是宗族的物质载体,是祖先灵魂栖息的神圣殿堂。因其规划宏大、肃穆,成为村庄中最为耀眼的大型建筑物,凸显宗族的荣耀与辉煌。旺川曹氏的祠堂始建于明嘉靖年间。据旺川拔贡曹诚瑾《民国会修曹氏统宗谱启》云:"赵宋三迁至绩(文泽公长子大九公宋初由婺至绩,是为曹氏之始),枕会山而襟昆水,以旺名村,造祖屋而奠宗,其灵在井舫(卜居后先造祖屋,为奠安香火之所,屋后有灵井,大旱不竭,旺川发源地也)。明嘉靖谕民间建宗祠,祀始祖列宗,大拓丕基(我族宗祠创造于前明,遵嘉靖谕旨,先进煞费苦焉)。"这里说明了旺川建祠是在明嘉靖谕准民间建祠之后,以前只有祖屋、香火堂,而无祠堂。这是因为旺川曹氏在嘉靖以前历代都有子孙外迁或外出经商,村内人丁不旺。同宗的曹村小九公派,人丁兴旺,文风蔚起,宋元两朝就出了三名进士,近宗歙县雄村大十公派明成化以后就陆续有人登科及第,出了进士、举人多名。此时期的旺川曹氏在科考选举方面尚付阙如,因而不得列为大族。"邑中大族有宗祠,有香火堂,岁时伏腊生忌荐新,皆在香火堂,宗祠礼制较严肃。春分冬至鸠族合祭,盖报祖功,洽宗盟,有萃涣之义焉。宗祠立有家法,旌别淑慝,凡乱宗渎伦,奸恶事迹显著者,皆摈斥不许入祠。至小族则有香火堂,无宗祠,故邑俗宗祠最重"。① 这段话说明宗祠和香火堂是区分大族和小族的标志之一。因为旺川曹氏当时未列为大族,只是小族,所以只有祖屋、香火堂而无宗祠。旺川曹氏自明弘治以后,在经营商业上已崭露头角,拥有较雄厚的资本。据有关资料记载,明代以来,就有人去府县城及扬州等地设肆建坊,从事商贾,在当地也有开典当的大户。从旺川先人自明代以来办了很多的公益事业,如明弘治年间独资始建府城万年石桥九个桥墩,村内建有十座以上的石拱桥及铺建通往各地的石板道路、石亭,在县城建艮山书屋等,可以证明当时旺川曹氏商人有雄厚的经济实力,而且非同一般。因此,旺川二十一世仕孙在明嘉靖诏准民间建祠后,就不失时机地"倡构宗祠,勤劳督理"。但当时所建的祠堂架构简易,气派内敛而不张扬,与当时旺川曹氏的经济实力极不相符。对此,清乾隆五十九年(1794年)曹文埴的《拓建旺川曹氏宗祠碑记》作了说明。碑记云:"绩之旺川一世祖大九仲经公,与埠之一世祖大十仲纲公,及祁之一世祖大十一仲维公,兄弟也……我族口始祖大九公迁绩,五传伯四来旺川,披荆斩棘,未有宁居……因之基业财产,宏开学昧,创祖屋,奉香火,崇祭祀。又三传仕孙公等,创造宗祠,严立祖规。于时未登仕籍,凡一应钟鼓楼阁以及门楣阀阅、石鼓槽门之制未备,惧僭也。自时厥后,敦尚诗书,加意显扬,初由贰杂职小试经纶,而志第公由大学晋秩益王府长史,志宁公三登贤书,由镇平县令升武定府推官……"曹文埴,歙县雄村人,进士出身,曾任户部尚书等职。他在碑记中开头就说明旺川曹氏与他是同一祖先,接着说明旺川曹氏仕孙公等虽已创建宗祠,严立祠规,但对于与之相匹配的相关

---

① 乾隆《绩溪县志》卷一《方舆志·风俗》,清乾隆二十一年(1756年)刻本。

礼制仍不敢擅用。这就说明旺川曹氏宗族成员自感与大族身份有相当大的距离。碑记中说曹氏"初由佐贰杂职小试经纶",也就是说族中成员最初只有一些"佐贰杂职"的小吏,如十八世富积公明弘治年间在徽州署管理六县钱粮,为"钱粮师爷",尽管责任重,事务繁冗,但地位低微,没有官阶。科举场上只是"小试经纶",即只在县府学考取了几个秀才。直至二十二世曹志第、曹志宁二人荣登科第,出任官员时,情况才有改变。于是造文昌阁,倡导族人读书,在科举方面孜孜以求,对"入学""补廪"者多有奖掖和鼓励。旺川曹氏商人也全力培养子弟读书,"贾而好儒""先贾后儒",走科举仕途之路。自此文风大振,科甲蝉联,旺川曹氏宗族由小族一跃而成大族,乃于康熙年间修纂曹氏宗谱,乾隆年间按大族规格拓建宗祠。

清咸丰年间,由于太平军与清军惨烈交战,加上瘟疫频发,旺川一带受害尤深,庐舍为墟,人被杀戮或外逃他乡,拓建中的曹氏宗祠也毁于兵燹。同治年间由曹圣炯主持重建宗祠寝室、享堂、天井和廊庑;民国初曹诚琪主持建成五凤楼,曹诚瑾主持拓建了祠前广场、戏台和屏风影壁,并补配宗祠全部匾额。自此,一个规模宏伟的大族宗祠建设告竣。

曹氏宗祠坐落在旺川村中央,坐北朝南,大门面对笔架山,砖木结构,面阔五间,三进二天井,由三屏风钟鼓楼、廊庑、天井、享堂、厢房和寝室等部分组成,祠前有广场、屏风、戏台,祠后有小山丘,旁有水塘,用以防火,东侧为萃升文会,总建筑面积近 1000 平方米。用巨木为梁、柱、门框,墙基、天井等都用平整的花岗石板作成;上堂木柱用直径 1 米以上银杏树;廊庑及大门两侧用方形花岗石柱,因为石柱永远坚固,千年不腐烂。歇山式屋顶,飞檐翘角,雕梁画栋,呈现晚清时代的建筑风格。祠堂门楼为 3 层五凤楼造型,屋角卷起飞檐,檐头有倒置的鳌鱼,口含檐头尾朝天。大门高 6 米有余,门板厚有 0.25 米,宽约 3 米,大门下面有门槽。门两旁有大石鼓,门楼上有 4 个圆筒,叫作阀阅,是族中有官阶至开府的(五品以上)人才可用的标志。圆筒之上有"曹氏宗祠"四个大字的横匾额。大门之外有木栅栏门,栅栏门外有石狮一对,门上方的梁枋上有"四世一品""御前侍卫"和"钦点知县"三块竖匾。进入大门，便是下堂和廊庑大天井。天井呈正方形，约200平方米，铺正方石板，东西两廊石阶之上，便是享堂（正厅）。享堂深约16米，宽约30米，正厅中央上悬"敦叙堂"三字横匾，两旁板壁上悬挂四块大木板，白底黑字，写着家训"忠""孝""节""廉"四个大字。正厅有20根大木柱。柱上挂有木板对联，有黑底金字、红底绿字、白底黑字。由正厅屏风两旁入后堂，为祖宗寝室，也分上下堂，中有长方形天井。从天井两旁升阶而上，寝室靠天井一面建有荷花柱石栏杆，寝室中列神龛一排，中龛为始祖大九公木主，左右昭穆，置各房派神先神主。每隔二十年，行祫祭，俗称升主，又称越主。宗祠内，中间及两边梁枋上匾额琳琅满目，大多是明清两朝的仕宦科名匾、孝子匾、百岁老人匾、五代同堂匾。在建宗祠的前后，各支派先后建了支祠和厅堂。

图 3-4 绩溪县旺川村曹氏宗祠

宗祠置有农田1000余亩（该农田按祠规由本族人捐赠），收取租谷用以宗祠祭祀、迎神赛会及维修宗祠所需。在族内推举正直有为、办事认真的人管理祠堂，三年换选一次。

新中国成立后，1950年被县粮食局借用作粮仓，1978年将其拆毁。现宗祠原址上建了旺川小学教学楼。

(五)曹氏宗谱

宗谱是同宗共祖的血亲集团以特殊形式记载本族世系事迹的历史图籍,是一个宗族生命史的记录。旺川曹氏为新安始祖全晸公之后裔,新安曹氏于五代期间就有棐公编纂的《曹氏实录》,成为新安曹氏谱牒之滥觞。宋代熙宁年间,婺源人进士曹定宇取高祖棐公的"旧辑家乘,改而志之"。宋淳熙丙申(1176年)朱熹回故里婺源扫墓,"历开阳,跋鳙岭,过晓川,宿于门士曹子晋宅,讲论之余,晋以曹氏族谱请予为言"。朱熹在为曹氏族谱作的序言中,称曹氏"为孔门上蔡侯许之裔"。① 朱熹并为婺源晓鳙曹氏家庙题书"上蔡世家"匾额。元大德年间,如圭公以棐公、定宇公之谱为宗本,继续修谱。明代嘉靖、万历两朝,新安曹氏曾先后两次修谱,史称"嘉靖谱"和"万历谱"。

清康熙年间,明崇祯进士婺源人曹鸣远会同康熙进士绩溪旺川人曹有光等,考订了"嘉靖""万历"两谱,著有《新安曹氏统宗谱序》和《辨疑》四则,弥补了"嘉靖谱"的遗漏,厘清了"万历谱"的错讹和附会之处,确定了旺川曹氏始祖仲经乃文泽公之子,与婺源曹氏始祖仲维公和祁门曹氏始祖仲纲公乃同胞,仲经公居长。旺川曹氏宗族在历史上有两次修谱,第一次是在清康熙年间,称"康熙谱",第二次是在民国年间,称"民国谱"。

关于康熙谱:旺川曹氏于明万历以后,志第公中举人,晋秩江西益王府长史。志宁公中北闱中举人,由镇平知县升云南武定府推官。自此旺川文风旺盛,科场连捷,列入县内大族之林,乃于清康熙六年(1667年)修纂旺川曹氏宗谱。该谱主纂:应星公;互考人员:应试、应翔、国祚、越蛟、六德、六行、有光等;续编人员:光宸;续书:光建;编辑家训:翼宸。

对于康熙《新安曹氏统宗谱》和康熙《旺川曹氏宗谱》,曹诚瑾有如下的评定:"清顺康计派下登科第已数人,故老重修家乘(先进孝廉志宁公、六行公、

---

① (宋)朱熹:《曹氏族谱序》。

进士有光公皆参与修谱，时在明季清初）。断自大九公为始迁祖（有光公偕本派儒士应星公及同宗进士鸣远公先后考派，著有《统宗序》及《辨疑》四则，断自大九公为一世祖，群疑始释）。群以康熙谱为世守之书（明嘉靖谱多遗漏，万历谱多附会，经康熙谱厘正详明，始成一家之信史）……"①

关于民国谱：民国十四年（1925年）由曹诚瑾主纂，会修旺川曹氏统宗谱。该谱依康熙谱续修，分行派编写，自清康熙六年（1667年）修谱到民国十四年（1925年）修缮，相距257年，派别浩繁，加以战乱，人口散失，史料不全，幸赖族中有识之士，勤于谱事，历经数年修成。该谱登录了旺川十一行派，尚有外派曹村、梨川、中潭、画楼、黄罡坦、到溪、茶园、潘坞、连坑、宁国、旌城、和川、田干汪、湖西冲、银窝，以及侨居外地的人丁，还有本地的辰公派一支。全谱共12册，分序言、职员表、凡例、康熙谱职员表、旧谱序、祠规、旺川排行诗、家训、诰命、村图、墓图、古系、老系、统系（一世到二十世），以及分房派世系图和按世次记载人丁生平事迹。并附有领谱谱字号。

现旺川康熙谱已缺失，民国谱上海图书馆及安徽省、歙县、黄山市档案馆有收藏，旺川村内尚有四部，由曹凤书、曹福顺、曹子明、曹福高收藏。民国初年（1912年）显承堂、成教堂、临清书屋、问渠轩均有分派纂修的家谱，现仅存曹福林收藏的《显承堂族谱》1部（共4册）。

旺川曹氏宗祠敦叙堂堂训

忠　孝　节　廉

旺川曹氏家训

前十则：

一、积阴德

二、惇孝养

三、重扦葬

四、端蒙养

---

① 民国《会修曹氏宗谱启》。

五、尊师道

六、慎嫁娶

七、睦亲党

八、励名节

九、崇朴俭

十、黜异术

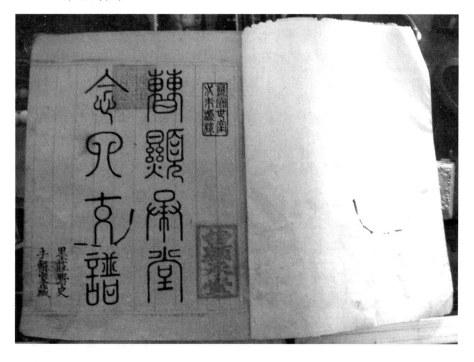

图 3-5　绩溪县旺川村曹氏宗族纂修的清咸丰《曹显承堂念四交谱》

后十则：

一、崇孝养以敦族

二、序长幼以顺族

三、别内外以闲族

四、勤耕种以裕族

五、敦教训以淑族

六、谨丧祭以厚族

七、正婚姻以谊族

八、恤患难以周族

九、匡习尚以维族

十、禁投纳以宁族

排行诗

宗谱为辨族人世次,辑若干吉祥字或组成句或编成诗,供族人取名用,谓之轮柞排行字(诗),称字辈(派),同一辈人取一个字,辈辈轮接,观其名知其辈(世次),亦称观辈。旺川曹氏敦叙堂编的五方韵律轮柞排行诗,八句四十字,自二十二世始用。

    志士光家国 徽猷衍圣功
    立诚天助福 惇德世恒隆
    庆本善庭起 瑞从义宅钟
    思求荣祖道 文学务先通①

二、旺川的民俗与信仰

(一)婚姻仪式

旺川历代相沿的婚姻古礼非常烦琐。先由媒婆将女方庚帖生辰八字,送给男方父母,男方托星命家合生肖八字,女子八字最怕带阴煞、阳煞、披麻煞、红煞。阴阳煞克公婆,披麻煞克夫,红煞难产。如男女八字不犯忌冲,便去相亲,相亲合意后,便送小定,略付定礼。小定后,如无妨碍,便由女方开礼单,聘礼是:金银元若干(大致是银元100元,大户则200~300元),首饰金银钗环若干,衣料若干,猪肉100斤,喜馒200个。男方接受后,便照单送聘礼,俗称"担鞋样",因送聘礼时,将男方及公婆剪下的鞋样送至女方家,要女方制

---

① 分别见民国《旺川曹氏宗谱》卷一《祠规》《家训》《旺川排行诗》。

鞋。鞋字谐音"谐",含"和谐"之意。这便是正式订婚,称为"下定"。然后再请星命家选结婚日期,送日期书。结婚日期,要问女方经期,倘在行经期,便不宜。俗话有"骑马拜堂,家破人亡"之训,这是很合男女生理规律的,不可不信。到结婚日期,男方准备八人的花轿,轿是木制的,大红缎绣花轿衣,轿顶立一麒麟。吹鼓手喇叭号筒,大锣大鼓,提灯,以及迎亲人众持灯笼火把至女家,要多带蜡烛,点满堂红,女家也雇人抬嫁妆。嫁妆有梳妆桌、梳妆镜、脚盆、马桶、小孩站桶、火盆、火熜、棉被、枕头、衣箱、鞋箱,以及锡茶壶、瓷茶杯、酒壶、锡罐、蜡烛台等物。女家所收聘金用来置办嫁妆,大多不够,要贴赔很多,所以生女叫"贴钱货"。在众迎亲人到达女宅时,女宅也须备酒食款待。约至清晨丑时,新娘穿朱青布新衣裙,头戴纸糊的百子冠,先到祖屋向祖宗辞"香火",再拜别祖先父母,由原配夫妻双全、子孙满堂、年老有福的人当"利事人"抱进轿内,新娘哭泣上轿,随身带的是首饰箱和糖果、花生、红枣、莲子袋。花轿抬起后,女家要在堂前压下一片石磨,以免把地气带走。过去女子缠足,故新娘上轿要穿上大红缎面、白底的夜鞋。夜鞋是新娘入洞房以后在上床时,由新郎代脱的。乡下姑娘,脚有缠裹而不小,而夜鞋却制成三寸莲瓣,只能套在前脚趾上,俗语叫作"装小脚"。

新娘轿抬到男宅大门口,燃放鞭炮,地铺红毯,由"利事人"开轿门,喜娘搀扶新娘下轿,行至天井边大供桌前,偕同新郎同下跪叩拜天地(如西洋古婚礼拜天主上帝)。拜过天地后,入房更换凤冠霞帔、红衫、红裙,坐上轿,新郎步行,同至宗祠内拜祖先,叫作"庙见",又叫"拜祠堂"。拜过翁姑,再逐次拜长辈,如叔公叔婆、大伯大嫂、舅公舅母等,都须跪拜。对于平辈小叔小姑等,便双手交叉一拂。受拜的长辈,都要给红包,或是银元,或是金戒指、金耳环等物。这样折腾下来,已到辰时以后了,便由伴娘扶新娘入房休息一会。到午时,便摆席款待新娘,请新娘坐首席,由邻里亲戚女眷作陪。富家有九碗,贫家也有鸡、鱼、猪肉、肉丸、蛋饺等六大碗。但新娘坐在席上是不饮不食的,面前碗里夹了一大堆菜,也只有看看而已。其他各席则系亲族女眷。晚上请男客,雇来乐队奏乐唱戏,在宴席上由伴娘陪同新娘到每桌敬酒,由婆婆介绍宾客。晚间散席后,便由"利事人"牵新郎入洞房,饮交杯酒,撒帐门后,小姑小叔便向新娘要果子、桂圆。打发后,再关房门,脱衣就寝,花烛不吹灭。结婚后三天,新郎新娘一同坐竹轿回娘家,叫作"三朝回门"。新女婿上门,也要跪拜丈人丈母及长辈,女方家备办酒席款待女婿,请族中长老士绅和至亲的姻亲作陪。

(二)丧葬礼俗

传统中国社会最重孝道,成年人对父母有养老送终的责任。而丧葬祭祀,尤为重要大事。凡是有子孙的老人死后,先是子媳、女儿等跪在遗体前嚎哭一阵。不一刻,便有族中五服内的众人到来,处理棺材、衣衾、石灰(棺材、寿衣等有钱人家的年长者早已备好)等事,棺内先铺上用火纸包的石灰,然后铺上垫被。把亡人用丝棉全身包裹,然后由孝子把寿衣逐件穿着整齐。寿衣有布料制的,也有用绫制的,富户有七重绫,中产之家也有三重绫。贫家只有寿衣,内衣穿好之后,再加外褂,戴上福寿帽,剪开面门丝棉,露出遗容,口中衔一枚铜钱,旁撒白米、枣、栗。左右手各握金银器。遗体装入棺材以后,便派人到血亲家报丧,请星命家选日子时辰大殓。大殓时全家血亲上孝,孝子孝孙头戴草绳编的三梁冠,冠前垂五个棉花球,编到额上,身穿粗布麻衣,衣袖下摆都不褶边,叫作"斩衰"。女及侄辈,则服细麻布衣,袖口下摆褶边,叫作"齐衰"。至于女婿、外甥三服内之子侄,则穿白布衣,戴白帽,或衣袖上钉一块麻布,叫作"缌麻"。殓时,由孝子酌酒哺饭,整衣衾。全家敬酒毕,再覆以棉被,阖棺盖,加钉梢,举家嚎哭。殓毕,则于棺前悬挂白布灵帏。灵堂上贴满挽联,帏前置一供桌,前列香炉烛台,点白蜡烛,桌上设供馔。帏内棺旁置稻草,铺麻袋,为孝子、孝媳、孝孙等守灵坐卧之处。棺侧点一盏油灯,时时剔灯草添油,不可熄灭。三天后选定日子,要请礼生举行大祭。七天后,晚间回舍,即亡魂返家,要办供致祭,设灵堂祭奠。

丧祭,孝子祭内容如下:

1. 序立,执事者各执其事(大赞1人、陪赞1人、引赞2人、司祭品礼生东西序各 5 人、读祭文 1 人,共需礼生 15 人)。

2. 鸣炮、吹号筒、鸣金、伐鼓。

3. 放灵帏(由东西序各派出礼生 1 人,上至灵前,揭起灵帏,系于带钩)。

4. 引孝子出帏,就位(由引赞 2 人至灵帏引出主祭孝子,孝子麻冠麻衣草鞋,手执哭丧杖,弯腰而行,随引赞至堂中间铺有拜垫蒲团上跪下)。

5. 出主(由东西序礼生 2 人上至灵前将棉纸写就之灵牌,请出。置于供桌当中)。

6. 降神(由东西序各派礼生 3 人:一执香,二捧酒爵,三捧高酒壶,上至灵前,分左右立,引赞揖孝子口呼苍灵位前,先至盥洗所盥洗,堂侧置一面盆架,盆中有清水,架上有毛巾,引赞命孝子释杖、盥手、拭巾、执杖,苍灵位前,跪、敬香、举爵、斟酒、献爵、灌地、覆爵),引赞揖孝子退返原位。

7. 参神跪拜(听大赞口令行三跪九叩首:跪、叩首、叩首、兴、拜、再跪、叩首、叩首、兴、拜、三跪、叩首、叩首、叩首、兴、拜、俯伏)。

8. 献茶果(由东西序各派礼生 3 人:一捧清茶一盏,二捧糖果盒,三捧五香鸡蛋,至灵前左右分立,引赞揖孝子苍灵位前,跪、释杖、献茶、献果、献蛋,俯伏叩首,兴,复位)。

9. 行初献礼(东西序各派出礼生 3 人:一手捧酒爵,二手捧鸡,三手捧糕点,至灵位前分左右立,引赞揖孝子苍灵位前,跪、释杖,初献礼敬爵,初献礼敬牲,初献礼敬点;献后,叩首起立,退还堂下原位)。

10. 读哀章(由礼生 1 人捧哀章苍灵前,引赞揖孝子苍灵位前俯伏,由礼生悲声而读)。哀章格式如:

维

中华民国××年,岁次×××月既朔望××之辰,不肖男××率××等到,谨以瓣香束帛,时果鲜蔬,清酌庶馐,致祭于先考妣×公××府君氏××孺人之神位前而泣曰……呜呼! 鞠育之恩图报,劬劳之德不忘。风水之悲,曷其有已。神其不昧,来格来歆。伏维尚飨。

11. 举哀,奏哀乐(约数分钟哀止乐停,引赞揖孝子退还原位)。

12. 行亚献礼(由东西序各派礼生3人:一手捧托盘,二手捧鱼,三手捧羹,至灵位前,引赞揖孝子莅灵位前,跪、释仗、亚献礼敬爵,亚献礼敬牲,亚献礼敬羹;献后叩首,起立,退还原位)。

13. 奠帛(由东西序各派礼生1人,手捧托盘,盘内置一长卷白棉纸至灵前分左右立,引赞揖孝子莅灵位前,跪释仗、献帛;献后叩首,起立,退还原位)。

14. 焚燎(在大门口焚烧冥衣、锡箔、纸衣纸、冠纸、靴鞋、纸轿、纸船、纸箱,同时放爆竹,吹号筒,引赞揖孝子莅燎所望燎,待焚化将灭乃退还原位)。

15. 进馔(由东西序各派礼生3人,手捧米饭、馒头、糯米汤圆或汤面,至灵位前,引赞揖孝子至灵位前,跪、敬饭、敬面、敬汤,叩首,起立,退还原位)。

16. 行终献礼(由东西序各派礼生3人:一手捧酒爵,二手捧猪肉蹄膀,三手捧菜汤,分左右立,引赞揖孝子莅灵位前,跪、释仗,终献礼敬爵,终献礼敬牲,终献礼敬羹。叩首,起立,退还原位)。

17. 侑食(由东西序各派礼生二人:一人徒手,另一人捧酒壶至灵前分立,引赞揖孝子莅灵位前,跪、释仗、提壶侑食,即将供桌上之酒爵斟满再献,由礼生举箸布菜,后,叩首,起立,退还原位。此时堂下奏细乐、吹小喇叭、笛子,摇小钟)。

18. 撤馔(仅由东西序派礼生各1人,至灵前收供饭、供面,不用孝子亲撤)。

19. 辞神跪拜(跪、释仗、叩首、叩首、叩首、兴、拜,再跪、叩首、叩首、叩首、兴、拜,叩首、叩首、叩首、兴、拜、平身)。

20. 纳主(由东西序各派礼生1人,至灵前将灵牌请入帏内)。

21. 引孝子入帏(由引赞揖孝子回灵帏,此时孝子全家面朝外跪拜答谢与祭诸人)。

22. 礼毕,鸣金,鸣炮。

在起灵五日内家祭、公祭后,便要除帏出殡。事先择好墓地建圹,圹地墓的内层,挖土约1丈深,四面砌砖,打炭沟,地面用桐油石炭筑平,以安置棺木,砖砌成穹隆形,如一矮屋,顶上四围再砌石块。前面是墓门,先不砌石,要等棺木入后,才封墓门,立石碑。

出殡行列:最前是一人持由白棉布剪成的引魂幡,幡上反面写"送远还通达,遥逍近道边"十字,正面写"哗,先考(妣)××府君(孺人)×公(氏)登山入墓"。引魂幡后,仕官者有铭旌,普通平民则无。后是金锣、鼓乐、喇叭、小锣、小鼓、钹等。鼓乐之后,是2人抬的香亭。香亭之后,是和尚道士,及执绋亲朋。再是灵柩,灵柩用8人抬,棺上扎彩,上立1只纸扎的白鹤;有的不扎彩,但必须绑1只大雄鸡。孝子麻衣草履,扶柩而行,亲属则穿白衣、麻衣在柩后送殡,媳妇、女儿皆应嚎哭。棺材抬至墓地,由地理师用罗盘牵线,校准坐位朝向,扛夫照他画的位置将棺材放好。然后举行墓祭,先要祭山神土地,然后拜别灵柩。由地理师赞墓,说吉利话,撒些茶叶、米、豆到孝子衣襟内,再封墓门。在封墓门前要进行"传代"仪式,每一位孝子要备两只蓝色苎布袋,内装"五谷"等物,请几位(双数)有福的人代为"传代",由1人传出,另1人接住,传出的人高声说:"一代传一代。"接住的人说:"代代高。"传过之后,就双手将"袋子"交给孝子带回家置于屋内。

出殡后,便请木匠制成"神主"牌位,上写某某府君,某某孺人之神主。主字墨书少写一点,留给题主人用鸡冠血蘸银朱加一点,叫作"点主"。点主要请地方有名望的读书人,先请礼生10余人,在大堂设座案供桌,点红蜡烛,系红桌围。孝子穿布长衫、布马褂,戴蓝布帽,礼生都穿长袍马褂。先设祭,祭至降神时,便要迎宾题主,由引赞2人陪同孝子至宾馆向题主人跪拜,然后由陪宾礼生引题主人入丧家,入大门时放爆竹,孝子长揖,题主人答揖,同莅神位案前。案前设一太师椅,由孝子拂椅披,请题主人就座。题主人谦辞;孝子再请,题主人再辞;然后引赞人揖题主人莅盥所盥手拭巾,再至神座前。由孝子捧神主牌跪奉题主人,题主人亦跪接。再由孝子奉羊毫笔,染朱、杂牲血,然后点上主字一点。同时题主人要口诵赞辞,大多为八句韵文。题主后,孝子跪拜谢题,然后送至宾馆。回来再举行祭奠。祭毕,奉神主入祠,由孝子手捧牌位托盘,步行入祠,大户用蓝纶轿载神主,孝子扶轿杠而行。入祠后,由礼生代为安置牌位于祖先寝室龛内。晚间设酒宴款待题主人及礼生、送殡亲朋、抬棺杠夫、地理师、帮忙人等。在宴席中,孝子跪拜谢席。至此,丧事已毕。以后是请和尚念经,超度亡魂,称为"做斋",又叫"做法事"。亡人是男性,便做破地狱斋;亡人是女性,便做破血湖斋。

图 3-6　绩溪县上庄镇一户送葬队伍

(三)祭祖

徽州是礼仪之邦,自古以来,最重追远祭祖。祭祖有以下三种:

1. 年祭

每年旧历腊月二十三各户谢神以后,二十四要祭祖。各奉祀厅堂,都悬挂祖先画像,晚间祭拜,叫作"烧年"。供年饭三牲、甜酒,读祖宗谱牒。各家私宅,堂前也悬挂祖容,或用红纸写牌位,供年饭菜,焚冥钱表纸,阖家跪拜。画像是老画容师画的,完全工笔,不输于郎世宁的画,色彩年久如新,比现代的放大照片要美丽得多。像前供桌置锡制香炉、烛台、花瓶,叫"五事件",点大红烛、烧檀香,或燃盘香、棒香,桌前围金线盘狮红绸桌围,太师椅上也披绣花椅披。桌前地上置毡垫或蒲团。整个过程自腊月二十四起至新年正月初三日止。最后便是收容像、撤供桌。

2. 祠祭

每年春分、冬至,要在宗祠内举行大祭,称"三献祭"。祭日前一天下午,要习仪、释菜、省牲。有功名有资格的人可做礼生。例如前清秀才、监生、贡生、举人,民国的高等小学、中学毕业生。祭分三献,故称"三献祭",这是一种最隆重的祭祀仪式。中献主祭者是嫡派子孙,东献主祭者是七十岁以上的老人,西献主祭者是任过七品及以上官吏的人。

祭祀礼仪节目如次:

先推辈分高而声音响亮者为"大赞";次推年老辈长的人为纠仪,立于中庭;再推中献、东西引赞 2 人,共 6 人。又推有福之人、有功名的人任工祝。于是由大赞高呼节目:

(1)序立,执事者各执其事。

(2)主祭者就位,引赞就位。

(3)鸣炮,伐鼓,鸣金,吹号。

(4)启寝门,由东西序各派礼生 3 人至寝室启门。

(5)出主,由东西序各派礼生 3 人,至祖先牌位寝龛内请总牌安于供桌,当中是始祖牌,左边是左昭总牌,右边是右穆总牌。

(6)降神,东西序各礼生 9 人,3 人捧爵,3 人捧香,3 人捧壶,包抄而上,远于寝室供桌前分行而立,每献 6 人。引赞揖主祭者起身,由东序而上。至阶须作揖降阶,再入寝门。先至盥洗所洗手拭巾,再莅神位前。跪地,先敬香,次斟酒入爵。敬后,以酒浇地,将酒爵覆于地上。降神毕,引赞揖主祭者复位,由西阶而下,立于原位。礼生亦分行而下。

(7)献茶果,东西序各派礼生 9 人,捧供品,一是清茶,二是果盒,三是鸡蛋,抄行入寝室分立于桌前,引赞揖主祭者莅神位前,献茶、献果、献蛋,俯伏叩首,兴,复位,礼生亦退返东西序立。

（8）参神鞠躬拜,由大赞口呼令,主祭者在原位行礼,跪、叩首、叩首、叩首、兴,再跪、叩首、叩首、叩首、兴,三跪、叩首、叩首、叩首、兴、平身。

（9）行初献礼,东西序各派礼生9人,3人捧爵,3人捧牲（鸡）,3人捧羹,抄行入寝室分立桌前,引赞揖主祭者茌神位前。跪,初献敬爵、初献敬牲、初献致羹。敬毕,俯伏叩首,起立,引赞揖主祭者复位,礼生亦返东西序立。

（10）省牲,洗剥清净猪羊各1头,抬入中庭,引赞揖主祭者至中庭,以纸沾血焚之,猪羊则抬入寝室木架上。

（11）读祝文,由司读祝者手捧托盘,内放红纸楷书之祝文,行至中庭面朝祖先神位跪下,主祭者则在原位跪伏,由读祝人高声诵读。祝文系上代所撰,唯更换年、月、日。读毕,奏乐,将祝文点火焚于中庭炉内。

（12）行亚献礼,东西序各派出礼生9人,3人捧爵,3人捧牲、猪头、羊腿,3人捧点、烧卖,先至寝室分立神位前。引赞揖主祭者茌神位前,跪,亚献敬爵、亚献敬牲、亚献敬点。敬毕,叩首,起立,引赞揖主祭者复位,礼生同下返东西序。

（13）奠帛,东西序各派礼生6人,3人持香,3人捧帛,用白棉纸一卷套红纸箍,上至寝室分立,引赞揖主祭者茌神位前,跪,敬香、敬帛,敬毕起立,引赞揖主祭者复位,礼生同下返东西序立。

（14）焚燎,在天井内焚烧冥锱,引赞揖主祭者至燎所望燎,燃放鞭炮,吹号筒。

（15）行终献礼,东西序各派礼生9人,3人捧爵,3人捧牲、3人捧羹,至寝室分立,引赞揖主祭者茌神前,跪,终献敬爵、终献敬牲、终献敬羹,叩首,起立。引赞揖主祭者复位,同时礼生退返东西序立。

（16）进馔,东西序各派礼生9人,捧米饭、馒头、米粉糕行至寝室分立。引赞揖主祭茌神位前,跪,敬馔,叩首,起立。引赞揖主祭者复位,礼生亦退返东西序立。

（17）侑食,东西序各派礼生6人,3人捧爵,3人捧酒壶,上至寝室分立,引赞揖主祭者茌神位前,跪,敬爵,提壶侑食,由礼生提壶将供上的酒加满,将三献供品逐样敬一次,堂下奏细乐。一曲奏完后引赞揖主祭者复位,礼生亦退返东西序立。

(18)撤馔,由东西序各派礼生6人,上至神位前撤下供品一两样,主祭者在原位跪拜。

(19)读嘏,由年长者立于中庭,面对堂下主祭者,口宣读嘏辞曰:"祖考命工祝,承致多福无疆,于汝孝孙,来汝孝孙,使汝受禄于天,宜稼于田。眉寿万年,勿替引之。"读毕,鸣金鼓。

(20)饮福受胙,引赞揖主祭者茌神位前,跪,引赞取爵中酒令主祭者略饮,并受胙肉,然后复位。

(21)辞神鞠躬拜,由大赞呼口令,如参神时三跪九叩首。

(22)纳主,东西序各派礼生6人至寝室,将请出之牌位返于神龛内。

(23)关寝门。

(24)礼毕,主祭者退,与祭者分班叩拜。

3. 墓祭

每年清明节,各房派下子孙都要祭墓。用猪、羊、鸡、鱼、米粿、酒浆祭祖先坟墓,在坟上插纸剪成的一串钱形状的白幡,焚烧纸衣、纸冠、纸鞋、纸帽及锡箔折的元宝,装在纸制的大封套内,外写祖先名氏收纳,叫作"纸角"。派众男女老幼在墓前草地上叩拜。墓祭也有三献、读祝文,唯无降神、撤馔、辞神诸仪式。由老人敬香敬酒,大众跪拜。岭北乡大族各分支派,皆有奉祀厅,有祭祀田产,每年收租作为祭祀费用。子孙多的大户,兄弟分家时,先要留膳茔田,膳是养老伙食费,茔是葬坟及后世祭祀费用。祀产是派下子孙共有的,不许出卖,地租低,租谷一般是田主四成,佃户六成。

(四)迎神、出会和演戏

绩溪岭北所奉的神灵,是隋末唐初越国公汪华及其三位太子。汪华是徽州绩溪登源人,字英发。隋朝末年,天下大乱,反贼如毛。汪华举兵平寇,保卫歙、宣、杭、睦、婺、饶六州,后归服于唐,被封为"越国公",官上柱国、左右卫统军,殁谥"忠显"。有九子:汪建、汪灿、汪达、汪广、汪逊、汪逵、汪爽、汪俊、汪献,皆战殁。至宋代追封为"英烈王",九子皆称诸侯。民间尊其为汪公大帝,长、次、三子尊为太子,四、五、六子尊为诸侯,七、八、九子尊为相公。故太子有3人,八都五朋供奉的是大太子,红脸有须。六都六朋所供奉的是二太子,黑脸短须。七都供奉的是三太子,白脸无须。八都五朋(五个村)、六都六朋(六个村)于每年农历正月和七月都要做太子会。正月是新年,七月是酬报神麻。七都旺川不做太子会,却做善会。

善会,又名"观音会"。七都旺川的善会在清顺治二年(1645年)以前由七都所辖的中屯、石家、曹村、暮霞(张家)等五个村共同举办,佛堂设在暮霞(张家)三王庙。暮霞为中隅,石家为东隅,曹村为南隅,旺川、尚廉、下舍为西隅。善会举办前一天,由各隅推选1人成立总房,总房设斋官1人,管总4人。斋官为善会主事者,由各隅轮值。管总分工主持操办善会各项事宜,如选定善会举办的日期,选取神猪、神羊,聘请纸扎师傅做菩萨神像,维修宗祠、庙宇、路亭,维护街道村路环境卫生,各隅组织学锣鼓和吹拉弹唱、扮演地戏,赴外地请和尚、道士做法事,请戏班,学秋千,学花船,踩高跷和路亭茶水供应等。善会经费来源为祠田、庙田的租谷及按人丁摊派和善会期间设赌场抽头收入,也有善男信女乐助的。善会结束,清理账目,张榜公布。

清顺治二年(1645年),七都举办的善会因中途发生纠纷引起村与村之间的械斗,诉讼数年,此后善会停办。直到"咸同兵燹"以后,旺川曹姓人丁兴旺,村庄发达,由旺川一村独办善会。按照旺川村庄东、南、西、北、中方向分为五隅,中隅是曹氏宗祠,为善会佛堂所在地。由旺川曹氏各派推举人员组成总房,总房计有管总1人、分管4人,成为整个善会的领导和管理机构。

善会每逢闰月年举行,时间在农历六月中旬。迎接观音菩萨和唐朝守睢阳御寇的张巡(东平王)、许远(乾胜王)、南霁云、雷万春等。为什么旺川的善会又叫"观音会"?其原因曹诚英在《安徽绩溪旺川农村概况》中有记述,云:"至全村者则有所谓六月观音会,每逢闰年之六月举行,是会之出典我不知究竟。幼时曾听长辈说过故事,好像是唐朝安史之乱时有两位大将张巡和许远守睢阳城,因缺粮全军覆没,尽忠而死,其部下军队在其死后因饥荒作乱。后来我村大起瘟疫,村人许其每逢闰月做保安善会一次,村庄然后得平靖。但每逢做会时,总有许多怪事出现,乡民无法(解释),请观音菩萨上座镇压乃免,所以称为观音会。"逢做善会的前一年,要选养1头公羊,作为"神羊",又叫"善会羊"。这头羊有人看管,但没有专人喂食,而任其外出寻食,到每户人家都得喂食,在田地里吃了庄稼也不能驱赶它,更不能打它、宰它。这头羊到来年善会"送圣"之前,在神前被宰杀后祭神。做善会期间在祠堂大厅设道场,中搭五层木架,用彩绸彩纸扎成各种景致,第一层扎历史戏剧人物布景,如安天会、郭子仪庆寿、铜雀台、金沙滩、朱仙镇、大保国等热闹戏剧;第二层扎天宫众仙;第三层扎庄严佛士;第四层扎十八罗汉,天龙八部;最上层扎紫竹林莲台宝座,中坐观音大士像,头戴七宝佛冠,身披红缎镶金线方格袈裟,坐于兽背上,兽名金毛犼。左立善财、右立龙女,手捧玉瓶,捏杨枝。观音大士像前置供桌,供百花众果及精巧碗景,用头号瓷碗,用染色米粒装成楼台亭阁、花卉翎毛,胜于盆景。供桌两旁列幡数十对,四壁悬挂十方诸佛像,堂下置香亭、宝鼎、莲舆(檀木雕花油漆的圆形轿)及掌扇、绸伞。大门外扎一龙舟,长三四丈,内扎船舱,舱中坐东平王、乾胜王像,舱外有五种瘟神像,及一青面獠牙、尖头、红发红眉之厉鬼(因张巡就义时曾说:生不能灭贼,死当为厉鬼灭贼,故造此厉鬼,象征张巡化身)。舟两旁,有打桨水手六对,舟前立雷万春(大王)将军像,蓝面赤须、狮鼻、环眼、金盔、金甲,足登云头履,手持金色长槊。舟尾立南霁云(小王)将军像,红面黑须、长眉、怒目、银盔、银甲,足登战靴,手执银色长戟。

在善会开始前三天,全村民众皆素食,打扫庭户、沟渠、街道,各家门口燃香木,抬太子神像游行在全村净街。太子神分五方隅净街,祠堂为中隅,村庄四周分东、南、西、北四方隅,每一方隅按古例规定到一户人家休息。太子神进入屋内安坐在堂中央,敬献茶果,休息一会就起驾继续净街,直到四方隅都到过,才回到祠堂内的神座。至正日,上午接观音,其行列最前的是铳手,有铁铳十余，燃火药齐放，声震四野。次为开道金锣2面，为2人抬木架之大锣，后面一人用大锤敲锣。金锣后是掌扇、伞盖、香亭、卤簿，再次是绸幡20余对。幡后有喇叭鼓乐一队。又次是地戏，由儿童扮成徽戏中人物，如麻姑庆寿、八仙渡海、十面埋伏、群英会、铜雀台、白门楼、郭子仪卸甲封王、杨家将、八大槌、徐达挂帅等戏，必以角色多、热闹吉祥而不带悲苦、凶杀、色情之戏为要。每部戏前面都有全副文武场锣鼓，小锣钹、笙、箫、笛、二胡、四胡、三弦等，一面行走，一面奏乐。地戏之后，有抬阁、秋千。抬阁用木架扎成高达三丈之楼台，由儿童装扮麻姑献寿、天女散花、牛郎织女鹊桥会、白蛇青蛇许仙法海之金山寺等戏中人物。秋千是一顶轿内装4个座位之轮转车，由4名女郎装扮美女在内唱曲，此起彼落。再后是高跷，由大人扮成生旦丑净，足绑两根木棍，用木棍行走。高跷之后，是敬香人士，分别执香、吊香、拜香。吊香是左右臂伸出，用铜钩钩入肉内并悬挂小香炉。拜香是手持小板凳，凳上包黄布，上置香炉，走十步，回身对佛一拜。敬香以后，又有鼓乐队。乐队后，是4人抬之太子神舆。太子神舆后，是和尚道士。最后是观音菩萨莲舆，也是4人抬。自村外五里太乙桥放轿迎接起驾至祠堂道场内，奉观音大士像上座。即由善男信女膜拜，和尚诵经。下午由道士引龙舟抬至溪滩中。龙舟抬到溪中后，安置于高脚长板凳上，先由道士或和尚提朱笔染鸡冠血开光。开光时，锣鼓齐鸣，燃放十万响之长鞭炮。开光过后，一面抬龙舟至祠前广场安置，一面由力大农民手持雷南二将军像沿村游行。行经之处，家家燃放鞭炮，叫作"跳大王小王"。游行结束后，即登舟，任人烧香膜拜。以后每年都要安排游龙舟、做佛事。游龙舟时由一个和尚牵着长长的龙须引领，众人齐唱游船号子："嗨嗨嗬！嗨嗨嗬！摇头摆尾嗨嗨嗬！"并伴以咚咚锵的锣鼓声，气氛阴森悲壮，庄严肃穆。晚间，在祠前戏台上演戏，如此五日，便送观音。送观音仪仗地戏同接观音一样。上午送过观音，各户中午便开荤，宰猪牛鸡鸭，祭龙舟上诸神。晚间，演戏收场后进行"送圣"。"送圣"就是全船菩萨归位，善会结束。送圣是整个善会最后一项活动，时间安排在次日凌晨。当天将龙舟移至佛堂天井中间，凌晨前，由一和尚扮成郭子仪，设宴给张巡、许远等菩萨饯行。

酒过数巡,由另一和尚头戴草帽,身穿背褡,裹绑腿,穿草鞋,手执令旗灯笼,扮成使者敲门,高声喊叫:"我是从温州府来的使者,请诸神归位。""使者"进入佛堂后,被安排在旁饮酒就餐,"郭子仪"跪着祷告,如属阳告,便继续饮宴。扮皂隶的和尚手提竹片,噼噼啪啪分头清查路亭、路边、角落闲人,直至圣告送行。先用一张张拼粘成大三六表火纸将全船覆盖起来,菩萨身捆火纸,然后由16个体强力壮胆大的青年抬着龙舟,扮皂隶的和尚在前面清道,火把高照,轻而慢地敲着"当当锣"的鼓点,低声轻步,悄悄地抬着龙舟,出祠堂后经十字街、中渡桥、四个牌楼到文济桥的河滩里,将龙舟放在事先垒成的石墩上,以极快的速度将事先备好的干柴草堆上的龙舟,点火焚烧,龙舟载着全体英烈之神入昆溪河出大源河,经新安江、钱塘江入海。到此善会全部结束。

旺川还有一种敬佛酬神的法会,叫"忏孤"。忏孤是先布置佛堂,从大寺庙请来地藏菩萨及三尊大佛像,前列供桌,铺黄色桌围,桌上陈列素食供品,如桂圆、莲子、红枣、蜜饯、米粉糕、面包、麻花等。又由纸扎匠扎成温、刘、马、赵四元帅及骑马跑文书的神像五尊,高约1.2丈。温元帅蓝面红髯、金盔金甲;刘元帅黄脸黑髯、红盔红甲;马元帅黑脸髯、黑盔黑甲;赵元帅白脸无髯、白盔白甲;骑马跑文书则阴阳脸短须,身穿黄马褂,手执文书、马鞭,骑在纸糊的白马上。先由道士开光,锣鼓喧天,爆竹万响,再由和尚念经三天三夜。村民皆吃素三天,并施食赈孤魂野鬼。这种法会是以拜祭忏度亡魂为宗旨的。乡下寺庙都很穷,和尚大多不识文字,不会念大经文,因此大村忏孤要到九华山或歙县岩寺、岑山渡小南海,去请和尚来念经。这些和尚称为"客师"。所以俗语说"远方的和尚会念经"。

(五)朝山进香

旺川乡民每遇父母、子女大病,便许愿朝九华山进香,求菩萨保佑。朝山大多以朝九华山拜地藏王菩萨为多数。九华山在皖南池州,有九支峰,形如莲花,风景幽绝。在南北朝时有一位高丽国王子,传说他是地藏王菩萨转世,修成法身,云游中国各地,后至池州九华山,建寺以居,徒众甚多。圆寂后,肉身不化，信徒为之漆金供奉，成为中国四大道场之一（四大道场分别是山西五台山为文殊菩萨道场、四川峨眉山为普贤菩萨道场、浙江舟山海岛中普陀山观世音菩萨道场和江南池州九华山地藏菩萨道场）。

朝九华山进香是由香头组成香队。进香者，头扎青布包巾，身穿青布衣，下围黄布裙，胸前挂一大黄布袋，内贮香纸，手执小板凳，凳前燃棒香。由香头肩一旗，旗杆柄上挂一铜锣，在前开路。进香人走数步，便要放下小板凳跪拜，拜后再往前走。由绩溪岭北乡至九华山，经过旌德、太平、青阳、石埭四县境，约300华里，须五天行程。沿途皆须吃素，家中人也要吃素。抵达九华山，敬过菩萨，便随和尚念经还愿，再奉香资灯油钱。然后买些糖姜、素糕、小木鱼回来。回来时，走一段路，也要回身跪拜一次。到家后，先拜祖先，再开荤，把糖姜、素糕、小木鱼送亲朋。有些居民户，男子不在家，便以香资付托进香人代为敬佛，叫作"搭香"。搭香之家，也要吃素十日。

（七）安苗节

包括旺川在内的绩溪县为"宣、徽之脊"，很多年前就有先民在这块土地上繁衍生息。在漫长的历史长河中，勤劳智慧的绩溪人创造出了丰富的文化成果，在民风民俗方面形成了一些传统的庙会文化和农事习俗。作为绩溪民间的一种传统节令，安苗节相传起于唐末宋初，自明代以来，把农事习俗和祭祀越国公汪华的活动融为一体，各个乡村都在安苗节这一天祭祀汪公大帝，以求保佑地方平安、风调雨顺、五谷丰登。安苗节为农历六月初六日，号"天贶"，俗称"安苗节"。相传六月初六日是田公、田母寿辰，是日，在田头地角鸣锣、烧纸、插小红旗。伏岭、北村、胡家、磡头一带，各村于芒种后第一个龙日、虎日，请僧侣做斋，然后撑旗击鼓，抬着汪公老爷像巡游田畈，视察农作物，尤其是水稻的长势。岭南岭北因徽岭相隔，气候气温略有差异，农活安排有先有后，生活习惯也不尽相同。岭北七都、八都每年的农历六月初六，都举行不同形式的安苗节活动。岭北的上庄、旺川等村，男丁大多外出经商，妇女留守在家种田，为了收种不误农时，在芒种到夏至期间，雇人或请亲戚朋友帮忙，将小麦收割到家,将稻秧趁雨水充足,按时栽种下田,故有"芒种后夏至前点火种田,插好秧苗祝丰收"之说。

"安苗节"顾名思义是祈求丰收节,祝愿秧苗根植沃土成活,逐渐生长,分蘖、拔节、抽穗、扬花,直到田畈里呈现一片低垂的沉甸甸的成熟稻穗景象,等待开镰收割。有人说"安苗则安心,苗安则天下安""手中有粮,心里不慌""国以民为本,民以食为天",仓廪充盈,人民丰衣足食,安居乐业,则社会稳定,国家繁荣昌盛。

图 3-7　绩溪县上庄镇安苗节表演队伍

已收割的小麦被磨成了面粉,栽好的秧苗受到阳光和雨露的滋润苗壮成长,呈现出一片绿油油的美好喜人的景象。农历六月初六这一天家家户户都快快乐乐地做包。包分有馅的和没有馅的两种,无馅的叫发包,似大馍,用酒酿发酵做引子做成。夏天气温高,有馅包容易馊且容易变质,不能保存,所以,大多做白面和糙面的无馅包子。心灵手巧的妇女把包捏成稻穗、麦穗、冬瓜、南瓜、角豆等形状作为祭神的供品。六月初六这天早晨每户都有人提着小竹篮到自家的田边地头,趁有露水摘几片稻叶、角豆藤、黄豆叶放在竹篮里带回家挂在大门框上,点上一炷香,请田公、田母回家过节,这叫"接秋"。下午用供品、纸钱焚香拜送田公、田母,后摘下篮子,叫"送秋"。旺川为七都首村,曹氏祖屋内设有太子神龛,供奉汪公大帝和三太子达公。每年六月间周边各村村民先后到曹氏祖屋迎接汪公老爷到各村看稻,祈求汪公老爷保佑当年五谷丰登。接汪公时,鸣锣开道,燃放爆竹。汪公老爷被接到各村巡视田畈的稻场以后,在村中搭台供奉,家家户户献上供品,烧纸、焚香、祭拜,有的当天、有的隔天将汪公老爷护送回旺川曹氏祖屋入座。新中国成立前年年如此。

与旺川毗邻的上庄镇余川村居民大多姓汪,是越国公汪华的后裔。该村每年农历六月初三有恭请圣祖汪公老爷看稻的传统民俗。这天一大早由村董牵头,全村青壮男丁出动上路,抬着轿,金锣开道,唢呐号角齐鸣,敲起锣鼓,放冲天铳,一路吹吹打打,火铳声震天响,到青罗山昆溪桥附近的汪公洞请汪公神灵,经鲍家、宅坦到上庄太子庙,将汪公老爷的神像请入轿中抬到余川田间看稻。看过以后迎到村中举行祭祀仪式,家家户户捧上供品到汪公老爷神像前焚香膜拜。等到全村各户都祭拜完毕,就热热闹闹地敬送汪公回庙归座。汪公看稻期间,村董们视察田亩水稻长势,好的插上红旗,以资鼓励;一般的插绿旗;差的插黄旗,以示警告。对于插上黄旗田亩的户主,要求抓紧施肥,加强田间管理,尽快使水稻长势转好;对于插上绿旗田亩的户主,督促他抓紧田间管理,要向插红旗的看齐。

汪公看稻,近似于今日水稻生产的检查评比。新中国成立前,民间借助于汪公在百姓心目中的神威来管理生产;新中国成立后,农业生产在各级政府的农科所指导下,科学种田,这种古老的习俗,就告消失。

作为一种农耕文化的安苗节,历史悠久,内涵厚重,是徽州先民在漫长的农耕时代,经过一代又一代人的不断探索,形成的风俗,折射出徽州人勤劳淳朴、勇于进取、默默奉献的徽骆驼精神。绩溪的安苗节是徽州农耕文化的缩影,是徽州文化大观园中的一朵奇葩。

第四章 寺后村的传统经济、宗族与民俗文化

一、寺后村的自然环境与建制沿革

(一)寺后村的自然环境

寺后村位于绩溪县的徽岭之北、大会山东南,东与今长安的吕家碓、坦头、梧川相毗邻;南连本镇的中屯、庙头山、五联诸村;西望黄会、古塘山诸峰;北偎于大会山余脉的各个山冈平畴之中,星罗棋布,由西北向东南渐行渐低,呈"多"字形发散,如果从高空俯视,很像一个徽州的"州"字写在大会山之麓。各村点平均海拔在 280 米到 380 米之间,芦水支流由北向南贯穿其中,就像一条绿色的绸带,串起了十里八村。这里年平均气温摄氏 18 度,最高气温摄氏 39 度,最低气温摄氏零下 8 度。年降水量 1800 毫米左右,无霜期 220 天左右。山多田少,以酸性红泥土壤为主。旧时,村落与村落之间均以田塍小路相通,稍大些的村子如从寺后(八亩丘)至湖西冲、竹塔、黄泥田等村有一段一段的石板路可走。现在,石板路多已不见,取而代之的是平整的水泥路面。

(二)寺后村的建制沿革

寺后村现属于绩溪县上庄镇管辖。2001 年以前为浩寨乡管辖,新中国

成立初期称石瓮行政村,属第二区。1952年10月曾建寺后乡,属旺川区。1956年并入冯川后,属镇头区(后为镇头乡),即今长安镇。1958年又成立寺后大队,包括前村、横山等,属浩寨公社(后为浩寨乡)。1983年农村体制改革,改称寺后村民委员会,村委会驻地在八亩丘。现辖河上(和尚)桥、社屋冲(社川、社屋后)、八亩丘、杨村、西(细)岭上、程家、前村碓、前村、湖西冲、慈菇岭、毛竹坑、百步岭、新屋下、老屋下、塘冲、竹塔、帽檐降(茅沿冈)、黄泥田共18个自然村,有500多户,近3000人,其中男劳动力1415人,女劳动力1011人。耕地面积11780亩,其中水田1655亩,旱地2021亩,桑园2000余亩,山场4412亩。2001年浩寨乡撤销,又并入上庄镇。

图4-1 绩溪县寺后村远眺

寺后,历史上也被称为"嗣厚",取忠厚相传之意。明清至民国时期,为绩溪县七都(即今旺川)属地,地域也较现在大。但在新中国成立形成相对稳定地名的寺后,区域却较旧时缩小不少。故寺后应是大会山东南麓一大片较为分散的地域名称,所属各自然村点均散布在古"正觉寺"的后面,准确地说是环绕正觉寺周边,在明清时期或更早就称这一片地区为"寺后"了。据民国

《绩溪庙子山王氏谱》记载：寺后古社，在村西北 2 里胡家堘村，村后有地若冈然。迤长如带，建屋数椽，面西而背东，即寺后古社。潘家、胡家堘、李家、庙子山诸村民，均于此祀之。门之眉题曰："嗣厚古社"。易寺后为嗣厚，俾后人顾名而思其义，至可念也。吾寺后各村，自其先人散居于此，恒从事于田亩，习耒耜锄锸之术，温恭敦睦，以孝友节义相勖勉。流风余韵，垂示后人者，且数百年。光绪以来，始稍稍讲经义，通翰墨。潘家潘文波、李家李世恩、八亩丘汪英如、社屋冲汪养吾、胡家堘胡润民、庙子山曹健甫诸君，一时并出。余生逢其会，粗窥诗书礼义之微。风清日好，与二三君子，徜徉于古社，审视"嗣厚"二字，想象当年之所以勖后人归厚德，未尝不低回向往，深自勉焉。

又据该谱记述寺后十八村事云：

> 寺后十八村，寺后有十八村之目，不知起于何时。盖乾嘉以来旧称也。今有二十三村，曰李家（李姓，山东迁。原注，后文同，不另）；曰胡家堘（胡姓，八都杨林桥迁）；曰上坦（曹姓，汪村前迁）；曰潘家（潘姓）；曰石坑（程姓）；曰大石冈（程姓，均四都迁）；曰高仙坦（汪姓，大坎上迁）。均村西北，距村约一二里（原有潘胡姚叶之称，潘即潘家，胡即胡家堘，叶名叶家，余虽及见，但民初以来已失祀。姚名姚家，洪杨乱时失祀。今其遗址，父老犹能指之）。曰和尚桥（曹姓，汪村前迁）；曰湖西冲（曹姓）；曰前村（王姓，亦太原派）；曰前村碓（曹姓，汪村前迁）；曰慈菇岭（曹姓）；曰茅沿冈（□姓）；均村北，距村约二三里。曰社屋冲（汪姓）；曰八亩丘（汪姓、程姓，歙上源迁）；曰杨村（胡姓、曹姓，汪村前迁）；曰细岭上（王姓，庙子山迁。曹姓）；曰程家（程姓）；曰塘冲（□姓）；曰百步岭（汪姓）；曰新屋下（汪姓）；曰老屋下（汪姓），均村东北，距村约三四五里，合庙子山为二十三村。

又据高仙坦汪安九先生介绍，寺后，在清朝时为十八村，民国时为二十四村，新中国成立后至今为二三十个村。

由于 1949 年以后这一带地域所在的区划经常变动，现在的"寺后"与历史上的"寺后"已非同一概念,所以在叙述寺后历史及其传统经济等情况时,有必要交代一下"寺后源(园)"和"寺后十八村"的概念。

寺后源,是指古塘山以南以东、金岭以南,坐西北朝东南的一片丘陵地区。共有古塘山、石龛、芦山三条支脉延伸(均大会山支脉),形成大致上的三条源。按照现在的镇上(镇头至上庄)公路中屯以北,沿着芦水河支流溯流而上,包括原旺川乡(现属上庄镇)五联村的庙头(子)山、李家、高仙坦、潘家、董家、大石降(冈)、青山塘、石坑、上坦、胡家塄、叶家、青山塘、橙山坞和原浩寨乡寺后村的河上桥、八亩丘、社屋后(冲)、前村、前村碓、湖西冲、杨村、慈菇岭、毛竹坑、百步岭、新屋下、老屋下、塘冲、竹塔、帽檐降、黄泥田、程家、西岭上等共有三十一个自然村。整个寺后源面积有12平方公里左右,步行一周有60余华里,差不多要走一天的时间。坊间还有一说,谓"寺后园"。何以叫"寺后园"呢?即寺后有一片村庄田园,如同花园一样美丽,春来百花盛开,秋天果实盈枝,村村处处都有水口,绿树掩映,故称之为"寺后源(园)"。

而现在的"寺后十八村"则是指正觉寺以北至黄泥田一片的十八个自然村点,不包括历史上曾经属寺后、现为五联村委会的各村点。因此,这里主要叙述的是现行区划中寺后十八村的历史情况,兼及寺后源的庙头山村的历史情况。

在寺后十八村中,最大的要数八亩丘自然村了(今寺后村委会就在这里)。该村南连河上桥和社屋后两个自然村,河上桥在西南,社屋后在东南,实际上已经连在一起了。从村落布局上来看,河上桥与社屋后一左一右、一西一东,犹如八亩丘村的水口村落,虽无狮象之说,却在八亩丘村的出水口处,因此,说它们是八亩丘的水口村庄,并不十分牵强。八亩丘村有60多户、人口300多人。据说当年建村,从一丘八亩大的田块上开始,故取村名为八亩丘。正觉寺即在村南,民国时期辟为小学堂,称嗣后(古源)小学,现在为寺后小学。所以八亩丘也可称"寺后",而"寺后"其实是正觉寺后面(北边)各村的总称。正觉寺建于何时,当地已无人知晓了,而且由于方言讹称,当地人都把它当"金甲寺"叫。

据《绩溪庙子山王氏谱》记载：正觉寺，在村二里，原名普提院。北宋治平元年（1064年）十二月敕改正觉院。王集成《寺后八记》之一的《正觉寺记》云："寺，古阍竖之称也。"《周礼·寺人》注："寺之言侍也。"《诗》："寺人之令。"寺人，孟子又言，"妇寺易阎，寺是也"。秦以后以宦者任外廷之职而宫舍通，谓之寺。汉有大常光禄九寺，汉明帝时摄摩腾竺法兰自西域以白马负经至，舍于鸿胪寺。死，留寺中，今洛阳白马寺，即其旧名，而寺遂为浮屠者之尊称。正觉寺者，宋以前无可考。《新安志》云："正

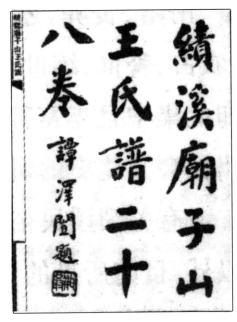

图4-2 绩溪县寺后村王集成纂修的《庙子山王氏谱》

觉院，在修仁乡常溪里，旧名'菩提院'，治平元年十二月敕改。"①这是见诸记载之始。嗣是府县志均沿袭之。盖自大会分支南行，起镜塘岩，又南下，挫为平冈，宛然一线。行二三里，剖土一坯，回环中陷若古盎，寺筑其上，规模湫隘，拓地不逾半亩，而寺内石柱数四，皆百年物。有匾，书"与古维新"四字，长一尺有半，劲拔遒上，当从隶入者，未知何人所书，亦不审建自何时。寺外四围陇亩缭绕，稻花庵菱披展如白氍毹。踞高环寺二十余村，可登而招也。故统称各村为寺后，或又称寺后园云。

当地80岁以上老人述称，他们幼时曾看到该寺的建筑十分庞大辉煌，寺内还有几个和尚。民国时期，还曾做过几次三年一期的庙会，到九华山请大和尚来主持，周边村乡的人都来赶会，人很多，很热闹。二十世纪七十年代后期，正觉寺被完全拆除。老人们还依稀记得正觉寺的几副对联，现记录如下：

---

① 淳熙《新安志》卷五《绩溪·僧寺》，清光绪十年（1884年）刻本。

正觉寺大门对联："正德厚生,隐微中维持不少;觉聋振聩,愚顽内开导尤多。"联语上下句第一字嵌名"正觉",让人一看,便知寺名。

正觉寺大殿对联四副:一是"浩劫渡红羊重向辟支证果,真经驮白马当从最上参乘";二是"古刹壮新观须细想当头棒喝,灵台依旧显还静念满目梯航";三是"桂殿拓鸿模绿野青畴仍作障,莲台施骏惠黄童白叟尽蒙庥";四是"庙貌壮新观睹画桷雕楹规模重整,神灵依旧显对玉容金相赫濯常昭"。

因为年代久远,我们只能根据回忆记其大概,准确与否尚有待后人考证。但仅从这几副对联来看,正觉寺当年的规模及其影响,也已可见一斑了。

八亩丘村住户以汪氏、曹氏(历史上是程姓)为主,间程、董、冯、刘等少数他姓,其中汪氏来八亩丘定居有六七百年历史。据《社川汪氏宗谱》载,汪氏(始迁歙县)为汪华公后裔,自六十六世四七公由四都(即今镇头)高杨村迁芹塘(在现坦头吕家碓对面),再由芹塘迁社屋后定居,因寺后汪姓尊四七公为始迁祖,公逝后葬于前村碓虾蟆形。据此推算,汪氏迁寺后时间约在元末明初之际,现寺后尚存有《社川汪氏宗谱》二套可以为证。另据高仙坦汪安九先生介绍,高仙坦汪氏,五十世祖从歙县篁墩迁旌德新建,五十九世从旌德新建迁绩溪七都大坎上,六十五世迁上磐田,至七十二世再迁到寺后高仙坦。八亩丘的曹氏迁来也有四五百年历史了,该曹姓迁自七都的旺川,略后于汪姓始迁时间。嗣后,程、董、冯、刘等各姓陆续杂迁八亩丘,有的是招亲入赘的,有的是种山棚民,有的是躲避战乱、逃灾避祸迁入该村的。数百年来,汪、曹等各姓均和睦相处,联姻结亲,已经融为一个大家庭了。

河上桥村,据《庙子山王氏谱》记载,此地原名"和尚桥",位于八亩丘西南,村口芦水河支流上建有石桥,名"河上桥",村依桥名也叫"河上桥村"。关于村名问题,该村人说是因土语谐音,也被误叫"和尚桥村"。但如果与正觉寺联系起来,也可能不一定是误叫。因为正觉寺就在村边,旧时寺里香火鼎盛,和尚往来于此,也不是不可能,而且此桥很可能是和尚捐资兴建的。不过,这仅是推测而已。现从《庙子山王氏谱》看,村民的口碑说法还是有来头的。该村有60多户、300多口人,以曹姓为主,是从汪村前村迁来。现该村已与八亩丘村连成一片。

社屋后村,也叫社川、社屋冲,因村南(前)原有社屋,故名,又因村子位于山坞之中,所以又叫"社屋冲"。有 30 多户人家、150 多口人,以汪姓居民为主。该村位于八亩丘东南,与河上桥隔芦水河支流遥相呼应,似同八亩丘之水口村落。现也已经与八亩丘连成一片。

前村,这个村子的居民原来居住在村后西北角,后迁移到前面建村,故名"前村",有 20 多户人家、100 多口人,历史上以王姓为主,现以曹姓为主,间有太原派王姓。与前村碓连成一片。

前村碓,位于前村下首(东南),因村中有一水碓,故名"前村碓",也有 20 多户、100 多口人,居民以曹、王两姓为主。前村碓的王姓来自庙子山,曹姓来自汪村前村。前村与前村碓两村历史均较短,为 300 年左右。

湖西冲,位于八亩丘村西里许,因此村严重缺水,故在村中筑塘蓄水,作为湖的象征,因而得名。有 50 多户、200 多口人,以曹姓为主,间有王姓。湖西冲曹姓来自七都曹村。七都曹村的曹姓与旺川曹姓从江西婺源迁绩溪时即已分支,故两曹同姓不同支,至今已有五六百年历史。据湖西冲曹六明先生介绍,湖西村后的古塘山上原来有个尼姑庵,还有座古塘亭,太平天国起义前,古塘山里都住满了人,每只山降都有如来柱,现在还可找到遗迹,"长毛反"以后,就都毁了,主要是人死光了。古塘山顶的凹中有里外古塘,里古塘于 20 世纪 60 年代改建成水库;外古塘现还在,但建于何时不清楚,涵洞全用花岗岩石(粗麻石)卷成,此塘无论如何大旱都不干涸。听老辈人讲,这口塘也有七八百年历史了。曾经有一个叫曹文秀的本村人,住在古塘山下,行侠仗义,专门杀富济贫,由于他巧于心计,善于谋略,来无踪去无影,人们都以为他是一个膀大腰圆的英雄汉,结果后来被官府买通内奸所害时,才知道他原来是本村一个平时并不起眼的小个子。就是这样一个身材瘦小的农家子弟,却干出了一番不寻常的英雄业绩来。

杨村,因村庄附近多杨树,故名。村在八亩丘之北不远处,有 30 来户、100 多人口,以胡姓、曹姓为主,胡姓来自上庄宅坦,曹姓来自汪村前村。村史不长，有300年左右。村头原有土地庙，庙联为"有民人焉，以承祭祀；吾土地也，莫不尊亲"。

慈菇岭，因村口岭下有一沼泽地，生长慈菇，所以就叫"慈菇岭"。在杨村西北，有10多户人家、50多口人，历史上曾以曹姓聚居为主，但现在村民则是以汪姓为主，村史较短，属于种山而定居性质的棚民住户。

毛竹坑，因村边周围多毛竹，村口又有水坑，故名。在慈菇岭后（北），居民以汪姓为主，有10多户人家、50多口人，亦属种山棚民住户后裔。

百步岭，村子东边有一条一百多步长的小岭，村名就叫"百步岭"。有30多户人家、100多口人，以汪姓为主，亦为种山棚民的后裔。村在毛竹坑北。

塘冲，位于百步岭与竹塔之间，村在山冲，村口有塘，故名。居户以汪姓为主，有六七户人家、30多口人，为棚民后裔。

竹塔，位于百步岭西北。建村时，此处多水竹，地形又像塔状，故名"竹塔"。居民以叶姓为主，有30来户人家、100多口人。据当地人口述，他们来自镇头，时间大约在太平天国起义以后，也有可能来自叶家。

新屋下，为老屋下汪姓派生地，故名"新屋下"，有30余户、100多口人。

老屋下，据载为汪姓迁此地始居处，由于世代繁衍，一些后裔外迁建村，就称这里为"老屋下"。但此说于史无证，据《社川汪氏宗谱》记载，寺后汪姓始迁地为社屋后，有可能寺后汪姓中有一房较早迁居老屋下，后又从老屋下迁出，故回过头来称迁出地为"老屋下"也未可知。该村亦有30多户、100来口人。

黄泥田，位于竹塔之东北面，汪姓聚居村落，有10多户人家、50多口人。因村庄附近田土皆为黄色，故名"黄泥田"。黄泥田是寺后村最北边的村子，到八亩丘有三四公里路程。

帽檐降，原称茅沿冈，位于黄泥田之南，只有二三户人家、10来口人，为叶、汪两家居住。

程家，该村以姓氏名村，位于黄泥田之南、八亩丘之东北，有40多户人家、近200口人。程氏来自上庄瑞川，距今有300多年历史。

西岭上,又叫细岭上,位于程家村之西南,八亩丘之东北。因村西有小岭,原名小岭上,后改称西岭上。以洪氏、江氏为主,间有汪姓、王姓(庙子山迁来),有10多户人家、七八十人。洪姓来自坦头,江姓来自旌德,皆为种山棚民。

综观寺后十八村的自然地理环境,属于"八山半水半分田,半分道路与庄园"。山多田地少,而且历史上水的分布也不足。整个寺后源,就是一条芦水支流,河上桥以北之后,该支流一分为二,东一脉来自金岭芦山,西一脉来自里古塘水库,皆为涓涓细流,有相当一部分山坞田属于撒种子望天收的状况。十八村的居民,以曹姓和汪姓居多,除此之外,还有程、胡、杨、叶、冯、董、王、刘、章、洪、陈、潘、吕、宋等姓氏。只有曹汪两姓建有祠堂老屋,并有谱牒存世。年深月久,这些祠堂老屋已经全部毁灭,不见踪影。谱牒存世有《社川汪氏宗谱》两套、《曹氏宗谱》一套,但已流失他乡,一时也难以找到了。这部曹谱据说是曹村后裔的曹姓支谱。据曹六明先生介绍,湖西冲曹氏祠堂有三进,雄伟壮观,里面摆满了祖宗牌位,雕刻也非常漂亮。二十世纪六七十年代彻底被毁。据讲他们家祖上曾有一个看谱的,因太平天国起义时逃难走得急,忘了把族谱带出,复又返回村子拿谱,结果被杀了。曹先生还能背出他们曹氏辈分排行的诗句来:

> 起赵勇光国,元良定文银。
> 修功全在德,志治李张程。

曹六明是"银"字辈分,他给我们讲了一件很痛心的事。他们家的祖谱,历经了很多灾难,他认为自己没得吃不要紧,谱不能丢掉。但到二十世纪八十年代后,生活好了,日子太平富裕了,曹家的祖谱却被偷了。据讲是被人偷出去卖到上海去了。最近二三十年来,他们寺后这一带很多古老的东西包括古建筑上的木雕、砖雕和石雕,以及家中的祖容,基本上卖完了。所以,现在在寺后,已经基本上看不到有价值的文化遗存了。

另据曹增之老人在世时曾说,寺后村名,包括旺川(即七都)的五联一带的村子,其得名由来已久。很早很早以前,旺川石家村对面曾有一个大村子,叫"张家店",石板大道直通各处地方,当时传"只有张家店,不闻七都村",足见该村规模了。这个村子背后有一个大和尚寺,不知叫什么寺名,香火非常旺盛,寺中有数十个和尚,每日晨钟暮鼓,木鱼笃笃,其后约在元代就不见了和尚寺。为此,他怀疑"寺后"应是指张家店寺庙背后这一片地方的村名,"寺后"的"寺"应指这处寺庙,而不一定是"正觉寺"。此说曾遭颇多质疑,故立此存疑罢。

寺后的历史虽无千年之久,但也有数百年时间了。其间,由于交通的闭塞和经济的窘困,历史上一直少有儒、商、宦道上的知名人士产生,甚至九流三教的出头人物亦无记载口传,除了前文提到的几位和传说侠客外,还有一位社川(社屋后)的清末名士汪英儒,算是寺后的顶级人才了。据其后代汪丰艳介绍,她家祖上汪英儒,在寺后一带颇具威望,虽无大的功名,但在乡间,无疑也是当时汪氏宗族的主事人了。他写了很多当地的文字材料,有地方性文史方面的,也有本族邻里排解纠纷方面的,可惜都在"文革"中烧得干干净净,只剩下一套《社川汪氏宗谱》侥幸还在。

寺后十八村,虽然杂姓聚居,一姓村不多,但也基本上保持传统的徽州宗族关系,如汪姓、曹姓等大姓,均有己姓的祠堂老屋和宗谱。在漫漫的历史长河中,各姓通婚,再加招亲入赘、躲避战乱、逃灾去祸,寺后十八村杂姓逐渐增加,有的小姓迁来定居之后,又觅地方建村,慢慢形成寺后现在的规模。而在二十世纪五十年代以后,由于交通通讯和生活的改善,以及外出打工谋生等原因,寺后十八村中有的小村又在缩小,个别小村现在已经基本上不住人了。

寺后一带的古迹名胜不多,见诸文字记载和口碑流传的除正觉寺以外,还有古塘庙、芦山寺等。

古塘庙,亦即永济庵,是寺后一带比较早的古迹。建于何代不详,因庙在古塘山下而得名,是一个尼姑庵,历史上也曾兴旺一时,香火旺盛。其庵门有联曰:庵名永济,普惠四方。观音殿内有七副对联。其一是"化身南海慈悲现,拯救中华苦难消";其二是"法雨直同时雨润,慈云常化庆云施";其三是"用宝筏以渡迷津、鸿慈广被,界金绳而开觉路、骏惠宏敷";其四是"法雨宏施、唯愿世间消苦劫,慈航普渡、只求宇内保平安";其五是"慧水灌心、普济群生真自在,明灯透顶、全窥三昧宝如来";其六是"圣驾迎来自南海,百姓咸沾圣世泽";其七是"职掌财源、利泽汇通全世界,任专诞育、佳儿顺产吉人家"。这些都是求子求财之联。寺后一带旧时妇女常来此庵拜观音求子。每年农历七月初七日,举行庙会,俗称"赶七",相当热闹,附近乡村香客游人蜂拥而至。平时每到秋收,庙里的尼姑就下山来化缘,村民或给一升,或给一斗不等。民国时期庙中尚有尼姑五六个。新中国成立后尼姑还俗,庙宇失修倒圮,佛像被毁殆尽,至1980年前后还遗存破庙三间。庙前有一深潭,泉水清澈甘洌;庙后古木参天。如能保护修复,也是一处较好的游览胜地。

图 4-3　绩溪县寺后村正觉寺遗址(现为寺后村委会)

芦山寺,古寺名,始建于唐代,明正德年间和清乾隆年间曾几次重修,民国后逐渐式微,变成山民住房,后也倒圮荒废。寺内大殿和客堂旧有数副对联。现记录如下:

色相庄严音容宛在，衣冠整肃气象重开；

宝殿巍峨宛若当年风采，声灵显赫依然旧日光辉；

（客堂对联）洗钵有时逢上客，无缘定不到寒山。

徽州号称"东南邹鲁"，绩溪人自古崇文重教，就是像寺后这样一个居住分散的深山村，也是"十户之村，不废诵读"。虽然历史上并未出现大儒，却也深知"三代不读书，赛似一窝猪"的道理。故新学未起之前，稍有家底的农家子弟，则前往云庄书院、萃升文会、集贤文会、成教文会读书。新学兴起后，寺后建立了私立就正初级小学，校址即在正觉寺内。有的则到坦头训勤小学和庙子山嗣后（古源）小学读书。但由于经济贫困，大多数农户家庭，还是供不起子女读书。

二、寺后村的传统经济

寺后村的传统经济从古至今一直是自给自足式的农业经济或自然经济。除农业以外，还有蚕桑和林牧副渔业，而蚕桑业稍显突出。

芦水支流在八亩丘之上（北），分成东西两条小溪流，贯穿寺后全境，成为寺后农业的生命线。东流小溪发源于金岭芦山，至竹塔汇成小溪，流经黄泥田、竹塔、老屋下、新屋下、百步岭、塘冲、帽檐降、毛竹坑、慈菇岭、杨村、八亩丘、社川；西流小溪发源于古塘山的里古塘水库，流经前村、前村碓、湖西冲、河上桥。程家和西岭上两个村子的水源来自由坑水库，到坦头过桥碓村进入芦水干流。里古塘水库，原为古塘山下一口古塘，新中国成立后改建为水库，坝高20米，来水面积0.43平方公里，库容量10万立方米，可以灌溉农田800亩。因此，除寺后的前村、前村碓、湖西冲和河上桥外，五联、庙子山等村的农田也是这个水库的灌溉区域。自由坑水库，也是新中国成立后建设的，位置在寺后东北部的自由坑口，坝高16.4米，库容量20万立方米，可灌溉农田900亩。该水库除灌溉寺后的程家、西岭上两村的农田外，还灌溉潭村、坦头区域农田。寺后全境的田地山场，由于有了芦水河支流及这两个水库（旧时均为山塘）的滋润灌溉，虽处深山，却也沃野片片，养人以膏腴。俗云："旺川一田干,不及寺后一只岔。"意思是讲寺后土地为沙壤土,又系坡地,爽水不旱,故旱粮尤其小麦产量较旺川高出许多,故有此说。寺后的传统农业,一如中国其他地方一样,多少年来,一直沿袭着古老的耕作制度,一年两熟,主要农作物为水稻、小麦、玉米、高粱、油料和瓜豆,夏秋交茬轮种,亩产三四百斤,即所谓"田面谷"。边远深山里的冷水田亩产则只有一二百斤。人均占有粮食300多斤。肥料大多为生石灰、人畜粪或草皮灰、绿肥等。每一座山坞里面,皆有一小片水利条件较好、土壤层较厚且光照较充足的田畈。这些田畈,大一点的二三十亩,小一点的十几亩,产量相对较高。多数远的田地山场就差了,肥料也跟不上,尽管耕作努力,产量仍然很低。如果遇上水旱灾年,没有什么收成也是可能的。因此,古塘山里、芦山寺外和山外八亩丘等一些山坞小冲的冷水田,有些劳力不济的人家,只有半荒半种,或者佃给人家耕种,或者典给有劳力的人家种,也是常有的事情,只是现在找不到这些文书契约了。寺后的土地制度,据高仙坦汪安九先生回忆,旧时叫"大卖小顶"制。即大多数田为地主、富农、祠堂和寺庙所有,农民以租种旺川村、石家村地主和祠堂、庙宇的田地为主。所谓大卖,即田地所有者;小顶即有种田权的农户。农户耕种田地可分三种:一种是自有田,即大卖小顶都是自有权的田地,这种形式的农户不交租,只交公粮(即税赋)。这种农户,新中国建立后土改时大多数划为中农或富农;第二种是自有小顶田,只交谷租,不交麦租,不交公粮;第三种是大卖小顶全是人家的,租田耕种,交谷交租。一旦交不齐租,东家就要收回耕地,转租他人。如遇灾年,大卖东家要到种田户田里来,商量交租比例,或五五交,或四六交不等,这种形式叫作"干打干收"。所以出现"有田的人家不种田、种田的人家没有田"的情况。新中国成立以后土改时,将大卖小顶分开计算,按大卖占百分七十、小顶占百分之三十计算田地面积,划分家庭成分,于是便有了地主、富农、中农、下中农、贫农、雇农(佃农)的称谓。

寺后自有史以来,其耕作制度与农作物品种数百年没有什么大变化,除少数做手艺和打工外出者外,其余劳力也是守着几分薄田,日出而作,日落而息,春种秋收,一年两熟。夏季油菜、小麦,秋季水稻、苞芦(即玉米),传统老旧的种植方式,沿袭千年而不变。肥料不足,品种单调,耕作方式古老,所以自田而出之者,十不赡三,村民生活一直较为贫困。其农作物品种与绩溪境内徽岭南北各地农村大体相差无几,主要也是水稻、小麦、油菜、苞芦、薯类、豆类、花生、芝麻、高粱(绩溪人称之为糯稷)、葵花籽、烟叶、土甘蔗等,蔬菜有青菜、白菜、香瓜、南瓜、黄瓜、四季豆、角豆等。但都是自种自食,多余的做成干菜,以备冬季食用,从不上市交易,所以,寺后一带甚至整个岭北(徽岭以北称岭北)都没有贸易集市,古今皆然。

水稻,寺后一带所种水稻品种,旧时一般亦为金稞银、花谷、铁秆籼、白谷等,糯谷有毛糯(圆糯)、长糯和草鞋糯等。草鞋糯稻草多,可用于制作草鞋、打蚕山,以其酿制糯米酒特佳。由于山坞冷水田肥料不足,产量都不高。

小麦,传统有白头麦、红头麦和芒尖头麦等品种,耐寒耐瘦、稳产,但容易倒伏,亩产也不高,为一百六七十斤。有的边远山坡上种的冬麦,由于肥料不足及缺乏劳力的人家管理不到位,致野麦与杂草丛生其中,稀稀拉拉,俗称"癫痫毛"。

油菜,历来种植的品种为白菜型和芥菜型,其特点是耐寒、耐瘦、早熟,但易发病、产量低,一般情况下,亩产只有六七十斤。

玉米,俗称"苞芦",绩溪县种植苞芦的历史不长,也就一二百年。根据史料记载,绩溪种植苞芦的历史应始于清代乾隆时期,为安庆棚民所引种。寺后村种植苞芦的历史当始于这个时候。

薯类,有山芋、马铃薯和芋头,主要种植的是山芋,俗称藩芋、红薯,历来皆种植,以充副食。有红皮白心和黄心者。红皮白心的山芋,生吃如地瓜,越冬而食,比之地瓜更胜一筹。山芋洗粉可作粉丝,是徽菜中可兼红白两案的菜肴,既可作菜,又可当粮食作正餐,故颇为农家喜爱。马铃薯,俗称洋芋头,也可既当菜又当饭,但土种个小,种植产量赶不上红薯。还有芋头,也属于薯类,寺后有种,但量不多,且为旱芋,佐餐作菜或当干粮均可。但凡薯类,均富含淀粉,因此,山芋、马铃薯和芋头,皆可用来洗粉,或作粉丝,或作芡粉佐料,还可以制作淀粉豆腐,俗谓"藩芋豆腐""芋头豆腐",烹而食之,比起黄豆豆腐来,毫不逊色。由于寺后一带山地皆为带沙黄壤,其薯类质量又优于别处,所以至今寺后产的藩芋粉丝都特别受到消费者喜爱。

豆类,与绩溪境内各地一样,寺后村民所栽豆类品种不少,亦有冬夏季节之分,有黄豆、绿豆、赤豆、黑豆、蚕豆、豌豆,当菜食用的有刀豆、角豆、白扁豆等。其中蚕豆、豌豆为越冬类作物。

花生,寺后因土质带沙,较为适宜种植,故花生历来种植不少。但是土种花生的产量不高。

乌桕子,俗名"取子",是一种木本油料植物,树大根深,枝繁叶茂。寺后人有一种别于他处的耕种方式,即利用坡地梯田的田埂,广植桑树和乌桕子树。其田埂较宽,有五六尺之阔,窄的也有二三尺,里外为田,中间为埂,俗名"田塍",其上遍布树木。即使现在走入寺后山野田间,仍然绿树成荫,且多为这两种树木,一种养蚕,一种采籽榨油,外表皮作蜡烛,"取子油"用于卖钱或点灯,蜡烛也用于照明,成为寺后人的主要经济来源。旧时寺后各村均自产自销"取子油"和"取子烛"。

寺后村的传统农业耕作工具均为犁锄耖耙、刀斧箩筐、畚箕扁担等,数百年如一日,没有什么改进,耕作方式也是人挑肩扛、牛驮马背,原始且落后。山田陇亩,大不盈亩,小不余牛,耖作十分艰难,有的田块只能是人锄挖踏而种。所以这里历史上外出打工做手艺的人比较多,叫"卖田卖地,卖不掉手艺"。外出做手艺总比在家守几分没什么产出的山坞田强得多。清后期,寺后有三家杂货店,三家豆腐店,一家糟坊即酒坊,四五只水碓。由于麦子种植比较多,所以冬闲时磨粉挑到歙县等地卖了换钱。

寺后的养殖业,主要有养牛、养猪、养鸡,间有养羊、养兔者,也是用于贴补家常日用。养牛,每户或数户养一头,主要用来耕田、耕地,牛在旧时一般舍不得杀;养猪,主要用于过年所食,或腌制来年食用,不卖。鸡、羊、兔等大体相似,唯有养鸡,则平时可生蛋,亲眷朋友进门,乡下没有集市,买不着好吃的待客,只有临时从鸡笼中取出带有温度的新鲜鸡子(蛋),干柴烧滚水,然后把鸡子敲下锅,一滚即好,放点盐或糖,盛起来端给客人吃。这在旧时绩溪乡下,是比较周全的待客礼数。

寺后村除了一条芦水支流贯穿全境外,再就是两座水库,但水库并不属于寺后村,山塘水域并不多。因此,水面养殖业也不多,一些小的水塘,都是"张天塘",上半年因梅雨季节就有水,到了秋后,便塘底朝天了。

这里要说一说的是寺后的养蚕业,国学大师胡适在留美时写信给家乡父老时曾深情地回忆道:"还顾念家乡,桑麻遍郊原。"清代道光年间担任绩溪浩寨司巡检的黄少谷曾有诗吟曰:

绕空岚翠叠青螺,曲径湾环趁晓过。

万点杜鹃红较火,四周麦穗绿如萝。

柳亭雨急村民歌,草郭春深牧竖多。

深喜时清民乐业,桑阴是处足成科。①

"深喜时清民乐业,桑阴是处足成科",足见当时岭北寺后及旺川、坦头、浩寨等地桑林蔽野的盛况了。清道光年间担任绩溪训导的江苏溧阳人沈练(清渠)在他的《广蚕桑说》一书中有"城厢附近及翚(徽)岭以北,几乎地尽桑田,家习蚕业"的记载。1936年,据绩溪调查资料:"近年岭北出丝,七都旺川尤为兴盛,曹村左右有田四百余亩,皆植桑树,其余所至各处,均桑林密比。扬水、登水两域,亦渐有育蚕者。八都(即今之上庄镇一带)大小凡二十二村,除上金山、黄蘖山二村外,皆产丝。"又据当时统计:"六、七、八都每岁可出丝一百二十石(每石以一百二十斤计),约值银七万元。二、三、四、五都每岁可出丝七十石,九都及城内每岁作二十石。"从上述资料中,我们可以看出,清至民国期间,寺后及岭北各村,几乎都在养蚕缫丝。无论这种蚕丝是桑蚕丝或是麻蚕丝,但凡此地农户,都在饲养。因此,绩溪县对蚕桑生产和饲养学有专长的两位女先生汪协如和黄韵湘,于1926年从上海返回绩溪,带着四名练习生,又雇了二十多名临时工,在绩溪城内办起了一个小型蚕种制造厂。1934年,经绩溪县一些人士的再三要求,安徽省政府在绩溪的孔灵办了一所徽州

---

① 绩溪县地方志编纂委员会编:《绩溪县志》,合肥:黄山书社,1998年,第996页。

农业职业学校,内设蚕科班。1940年,富华贸易公司(总部设在四川)苏皖分公司(设在屯溪)在绩溪的岭北庄川(离寺后不到十里路)和岭南孔灵、仁里办了三个丝厂。而且在庄川丝厂内还增设了一个蚕种制造部,开始制出一代中日杂交种。1943年,在该部工作的汪协如、黄韵湘等人在庄川办起了富华公司苏皖分公司岭北蚕种场(后改为屯溪复兴公司岭北蚕种制造场)。每年能制改良种五六千种,并设计了一个土冷库,利用天然冰进行冷藏,产品不仅供应本县,还销往旌德、泾县、南陵等地。这说明,在明清直至民国期间,寺后及岭北各地的蚕桑丝绸业比较发达。寺后村75岁的老人汪尚青告诉我们,以前他们这里自己养蚕,自己缫丝,就在家里用木制脚踏缫丝车缫丝,煮茧也是自己煮。这种丝叫"顺车丝"。还有人携带另一种样式的缫车上门给人家缫丝,就像手艺人拿着工具外出打工一样,赚取工夫钱,这种丝不同于顺车丝,而叫"反车丝"。这种缫法不剥去蚕茧的外层浮绵,缫出来的丝很粗糙,卖不上价,所以一般人家不大喜欢,后来这种缫车就被淘汰了。汪老先生家直到前些年还保存着破旧不堪的缫丝车,后来却当柴火劈了。我们得知后,深表可惜。蚕桑丝绸这种古老的传统经济,虽然由于朝代更迭且各朝统治阶级的横征暴敛,使得它时起时落,但终归给包括寺后村在内的广大绩溪农户带来一定的经济活力,它是除了农业之外农民最重要的传统经济支柱。因此,绩溪人包括寺后的蚕农多少年来,对于蚕桑丝绸的情节一直难以释怀。这也是绩溪为什么能够成为古时候江南三大蚕乡的重要原因。

此外,寺后旧时还种麻。有蓖麻和苎麻两种,蓖麻可养蚕,称蓖麻蚕,纤维可纺织;苎麻主要用于纺织搓线。由于麻是高秆植物,而苎麻叶面又大,反面呈霜白色,风来麻动,吹起一片白色的涟漪,翻翻滚滚,遍布于山野高坡上,煞是一道景观。故胡适先生多少年后,犹记得家乡"桑麻遍郊原"的印象,那的确是非常壮观的。

三、寺后村的民风习俗

古徽州的一府六县,由于其独特的地理人文环境,故一村一落,必揽山水之胜,人皆聚族而居,奉先有千年之墓,会祭有万丁之祠,宗祠有百世之谱,家有牒书(纸角谱),几乎没有无谱之族。绩溪的寺后村,虽无世家大族,但是每一族姓迁来寺后村时,均背有原迁出地姓氏的牒书,如八亩丘董姓,迁自岭北石磡坞,至今犹保存着他们宗族的角纸谱。清明上坟,便按照角纸谱上所书的进行。其格式如下:

反 面	正 面
××年清明大节封	先 妣考 ×× ×× 　　　　　谨 子　孺朝　具 ×　人奉　冥 ×　××　财 率　氏公　全 孙　　　　角 ×　　　　化 ×　　　　奉 百　受 拜　纳

其正面格式,有的"先考"与"先妣"分开写,葬在一起的合写。至民国后,此格式逐渐不如以前讲究,外甥顶娘舅和招亲女婿上坟的纸角下款则写"不肖甥男××率子××"或"子婿××率子××百拜"等。

据八亩丘汪尚青老人回忆,寺后历史上有一个叫"火柴斋"的庙会,十年一次,非常热闹。火柴斋在农历的十一月。按照中国古夏历,十一月的卦象为:

—— —— 震下
—— ——
—— ——
—— ——
—— —— 坤上

此为复卦,震下坤上,一阳生于地,一元复始,这正是孕育万物的时机。选择这个月做会,有着非常美好、吉祥的愿望。因此,实际上每年农历十月半以后,寺后各村就开始做这方面的准备了。这是指进入高潮时准备的所谓"放紧火"阶段(意思是没日没夜的最后冲刺阶段),而纸扎各类菩萨及诸天神像,则半年前就要开始了。至于会猪,则要养二三年的时间。这个时期,正觉寺里的和尚们要做好做法会的准备工作,水陆道场一应事体,都得他们主持。人手不够,还要去大九华山请和尚来帮忙,或者请本县的小九华及各都的寺僧来帮忙。庙里的香火不断,终日烟雾弥漫。佛土本宁静之地,此时也是与凡间一样,热闹非凡。村民们半个月前就要吃素吃斋,而被选上作为"会首""会众"的人,还要沐浴净身,以示虔诚干净。这一阶段,各自然村不断地轮着做包做馃。因为这时节,已是农闲,粮丰廪实,正是在家中享受丰收喜悦的时期。而"会首"则要忙很多事情,要协调各方面工作,大到钱粮谷米、各村安排,小到请人派丁,事无巨细,都要过问,纸扎匠要到上庄、旺川、坦头甚至更远的县城去请,庙里金身罗汉塑好后也要一起准备开光等,还有请戏班唱戏,发帖子请各都头面人物,事情确实有些忙不开。

其实,这个火柴斋,就是船会,或者说叫太子会,供奉的主要菩萨是汪公老爷和三太子,还有温、赵元帅,张巡、许远、雷万春、南霁云一干神祇。寺后的火柴斋还有社公社婆、牛头马面及无常等。自起会之日起,每天早上由选出的村民撑伞擎旗,敲锣打鼓,鸣放三门铳(一种土制的火药枪,旧时专用于庙会等农村重大节庆活动),鞭炮齐鸣。几十个壮汉披红挂彩,抬着龙舟跟在炮队后面,沿着通村的石板大道威武巡行。这时,前来看热闹的人们聚在游行队伍经过的道路两旁,争睹龙舟。游行队伍一路巡来,每到一村,只要有大一点的场地，抬龙舟的壮汉们就会停下来，分成几队轮流扛舟旋转，俗称"摔龙舟"。这时，围观的观众有的放鞭炮，有的撒"花钿"（用方2寸的粗质纸剪成），并呐喊助威。有的时候则由大汉们分扛"大王""小王"菩萨，其他壮汉分成两组，护随着大小王蹑穿于人群中行进，或沿途交错跳跃，直到"花钿"撒走，鞭炮放完，才转换阵地继续游行。这种形式是穿插在龙船会中的"跳大王"。下午继续进行，直到十八村都走遍，才算完成。把龙舟供在会首姓氏的祠堂（依次轮流）内，供村民参观礼拜。神位前供着各家制作的各种美味佳肴和丰美的"岭北一品锅"。船会结束后，在半夜里悄悄把龙舟抬到芦水河边烧掉，然后悄悄返回，船会便告结束。

寺后村从古至今都是以农业为主，传统的农业经济是寺后人的生活支柱，因此，寺后的传统习俗也都充满着农耕文化的味道。如四时八节的风俗等。

（一）春节：春节是大团圆的节日。从古至今，春节都是人们最大的节日，千里万里，人们都要赶回来过团圆年。寺后村的风俗是过了农历十二月初八即腊八节，就开始长了一岁。传统意义上的节期为：十二月二十三日起，至正月十八日，均为春节。十二月二十四日过小年，十二月二十九日或三十日过除夕。除夕这天贴春联，挂灯笼，晚上守岁，接天地。正月初一过大年，正月初二女儿女婿携子女到娘家拜年，初三开始走其他亲戚朋友。"认亲拜年，认祖挂钱"，这是老传统，不能违反的。所以，拜年是春节期间寺后人的最主要活动，当然也是全中国人的最主要活动。这个时期又是各家操办婚庆喜宴的好日子，"初三、十一，不消（须）拣的"，意思是说每月的初三和十一这两天，都是好日子，办啥事都适宜，尤其春节期间的初三和十一了。

1. 谢灶：农历十二月二十三日夜，俗传是灶神爷上天，奏报他所在的那家一年来的各方面事情。那么，这天晚上，寺后村家家户户都要洗净灶台并祭祀灶神。家庭主妇或户主要净身后，燃香礼拜灶神，虔诚感谢灶司老爷一年来保佑了一家大小平平安安、和和美美、顺顺利利。同时，还要灶神爷在来年继续保佑这一家子。故在灶神位两旁要贴上写有"上天言善事，下界保平安"

的对联。也有个别村子在十二月二十九或三十晚进行的。到正月十五,又要接灶神老爷下界回座,其接灶仪式与谢灶同。在谢灶或接灶的晚上,一家人同坐在一起吃"灶馃"。在祥和的烛光下,家庭主妇或孩子将灶馃蒸好后,由主妇把两笼屉热气腾腾的灶馃摆上大锅台。一眼望去,每个笼屉里都有两个大"馃娘",旁边围绕排列着许多灶馃团,寓意一对夫妇养育许多子女,显得人丁兴旺、热气腾腾、财源茂盛、富贵荣华。然后,主妇拿"洋红"(一种专用于食品的红色颜料)给每只馃点红,以示吉祥如意。笼屉旁边,陈放着两棵大白菜或青菜,再放一盘水豆腐,表示做人要清清白白,家庭要清洁平安。意为"青菜拌豆腐,日子长如路"。这个时候,锅台上点起闪亮的红蜡烛,寓意全家人来年红红火火。灶馃蒸好以后,把大锅里的热水舀起来,让一家人洗脸、洗手,隆重地拜过灶神爷后才开始享受灶馃美食,把全家人来年的希望都装在心里头。

2.烧年:腊月二十四日过小年,俗称"烧年"。这一天,各村农家都要打扫室内外的卫生,正屋中堂挂祖容,即祖宗容像。请祖宗牌位,条桌或供桌上摆供仪、围桌帏、铺椅帔,傍晚烧香纸祭祀祖宗后,全家吃年夜饭。寺后各村烧年的时间前后有差异,但仪式差不多。是夜,各家的家庭主妇极尽徽菜烹调之能事,或烧上好几层的岭北一品锅,再用大锅焖上一大锅可以吃几天的白米饭,大米加上赤豆共焖,其饭略呈红色,寓意分岁(红岁)交鸿运。年夜饭的素菜有青菜、菠菜、冬瓜和豆腐等,寓意清白,"冬瓜",绩溪话音为"东家",意即清白东家,就是清白人家之意。荤菜有板栗烧鸡或炖鸡、猪脚炖冬笋或干笋、猪肉包等,脚为足,寓意知足吉祥。席上还有花生、瓜子和鸡鸭蛋,最后一道菜一定是鱼。前文说到"好几层的岭北一品锅",是寺后及岭北村民的最重要的用于节庆、红白喜事和来人接待的锅式徽菜。一品锅是一种多层次的组合菜肴,制作的原材料有猪肋条肉、萝卜、青菜或菠菜、空心油豆腐、水豆腐、鸭蛋等。制法是先将萝卜切成滚刀块,用少许细盐和酱油腌渍后待用。猪肉切成2.5寸长、1寸厚的肉块,共24块(肥瘦各12块),用细盐(用刀把盐拍细)、酱油、绍酒、姜蒜腌渍后待用。猪肉要切得工整,大小相当。剩下的边角肉剁成肉泥,与蔬菜泥、水豆腐一起加佐料搅拌均匀,淋上麻油制成馅料,将鸭蛋叩入碗内,略加菜籽油、淀粉,用筷子搅匀成蛋糊,在加热的小铜勺内制成一张直径约3寸的鸭蛋皮,每锅菜需鸭蛋皮24张,再把馅料逐一包进鸭蛋皮,合成半月形的鸭蛋饺,土话叫"鸭子包"。另把准备好的32只空心油豆腐,均装入馅料,做成油豆腐包待用。各种原料备好后,取双耳中型铁锅一只,将腌渍过的萝卜块铺入锅底,再均匀地铺上一层豆腐包,加入清水浸没豆腐包,以猛火煮开。另取炒锅一只,将五花肉放锅煸炒,烧至六七成熟,起锅铺在豆腐包上,要求瘦肉铺于锅中间,肥肉铺于锅周围。再把用细盐、酱油、绍酒、糖等佐料调成的高汤适量淋于猪肉上,用中火烧至八成熟时,将鸭蛋饺沿锅周围排在猪肉上,淋上高汤,以大火煮开,用勺将最上层的鸭蛋饺轻轻揿一揿,淋上适量的绍酒,以文火焖到将要收汤时,撒上葱花,断开明火,以微火再焖10分钟即可上桌。烹制一品锅时要多次下料,多次加汤,并多次盖上锅盖焖烧。经过数次烧煮,才使得菜肴徐徐入味。一品锅的垫锅素菜随季节的变化而选用不同的原料,旧时人家穷苦,有的就用青菜打底,殷实的人家用冬笋或笋衣打底,冬季多以萝卜为主。一般的一品锅有四层,有的多至六七层。在红白喜事中,尤其在正月的婚宴中,要搞六层的豪华锅,同时,鸡头、鸡翅、鸡脚一定要码于锅中央。上桌时,把鸡头朝向新娘一方,开席时,娘舅母把鸡头、鸡翅、鸡脚夹入小碗给新娘,以示婆家关爱新人,让其吃了全鸡。而新娘一般不下筷,恭敬地把碗放一边,留给厨倌吃,体现徽州饮食风俗中的礼让互敬之风。

3. 除夕:除夕就是年三十,大年夜。烧年过后,寺后的农家就开始做包、做馃、做麻糖了。先说说做包、做馃。绩溪人叫做包,其实不是北方话里的"包",而是北方方言里的饺子(不是水饺),不过这种饺子比较大,皮很薄,可以看得见里面包的是什么馅,这是一种。还有一种则是圆包,面粉发酵制作,有不包馅的"瞎心包",有包馅的"肉包"或"菜包"。而那种类似饺子的薄皮包则叫"水馅包"。真正的饺子绩溪人叫"点心"。还有皮薄如蝉翼,仅包一点点精猪肉的那种叫"馄饨"。寺后与绩溪境内各地一样,做这种"水馅包"的机会比较多,家里来客要做,时令八节要做,而过年时则大做特做,因为这个时候是腊月天,有闲空时间,同时易于保存。这种"水馅包"一年四季按照农作物蔬菜的时令不同而包馅不同。如春天则包菜包、笋包、菜豆包、马兰头包、苋菜包;夏天则包冬瓜包、南瓜包、黄瓜包;秋天则包水白菜包、冬瓜包、南瓜包;冬天则包菠菜包、青菜包、韭菜包、水馅包(豆腐和肉加一点蔬菜)。一年中,唯有韭菜包和水馅包是四季均做的,因为这些菜不受季节限制。旧时绩溪山区各地均较贫困,又无集市,所以,家里来客人,做包当点心招待,那是非常客气的礼宾伙食了。而且,寺后及岭北一带还做一种形似紫藤花或稻麦穗模样的"周花包"(也叫麦穗包),它不是半月形,而是直的,一只包的形状就像一串紫藤花或稻麦穗平卧在蒸笼里。再说做馃,旧时做馃的风俗在绩溪岭南岭北也很普遍。菜馃是最普通的食品,上山下地,犁田插秧,常带着这种"冷饭馃"充饥。而猪肉挞馃是很难得的。有种馃个头大,直径有五寸以上,最大的是埂盖馃,直径七八寸,中间菜多隆起如山,一块皮不够,只得另搓一块面皮盖在上面,这种馃,小肚子人一餐一个吃不完,那是大肚汉的干粮。香椿馃(因为香椿可以制成干菜)四季都做且颇受食者喜爱。过年时候做的馃多是米粉馃,或蒸或炸,或籼米或糯米,或瞎心(什么都不包)或包芝麻糖,甜馃居多。过年时做得多,有时煮米酒时要切几片糯米油馃放在里面。麻糖,即冻米糖、谷花糖。一种自制用于春节待客的甜食特产,徽州各县市尤以绩溪、歙县为最。每到腊月,寺后村家家户户都要用糯米蒸饭后晒干,自熬清糖,杂以干桂花、黑白芝麻,于腊八之后即开始制作麻糖。谷花糖则用糯米爆成米花,和清糖杂以干桂花、黑芝麻制成,这两种自制米糖都是农家招待客人的上等果品,自己一般不舍得吃。如果清明前后,客人不多而有剩余,自己才舍得吃,因为再下去就存不住了。春节前做麻糖是孩子们最高兴的时候了。因为麻糖匠进门以后,熬清糖时可以从师傅手上舔一点,又可以在师傅起榨后搓麻糖球吃,反正这段时间孩子们是嘴不歇肚不瘪,还甜在心里。

到农历十二月二十九或三十那天晚上,就是除夕了。寺后民间说"赶忙三十夜"。意思是全年除了这一天就没有了,要是还有什么事情没有做好,一定要赶在这天努力完成。白天家家户户清扫庭院、院门、大门、厨房门、猪牛栏门、后门等,洗干净后贴大红的新春联或红纸条,家中的中堂和厅堂两边挂祖容、挂喜幛,院门口、走廊下大红灯笼高高挂起。有理发洗沐的,有赶制新衣新鞋的,有忙忙碌碌办晚宴的,还有用草纸给小孩擦嘴(叫"揩屁股")的,一派喜气洋洋。华灯初上时,爆竹声声,家家户户点满堂红,亲人团聚吃封(分)岁饭,辞旧迎新。吃过年夜饭后,开始守岁,晚辈向长辈祝福,长辈给孩子们分发压岁钱,一家人其乐融融,聚在一起话家常。到了子时,即开门燃放鞭炮焰火,焚香纸接天地,在自家门口、堂前撒利市纸(又叫"绿寿纸"),以传统的方式迎接新一年的到来。

4.初一朝:农历正月初一,即大年初一。初一朝,一元复始,万象更新。这是一年当中爆竹响得最多的一天,寺后人以自己的传统方式庆祝春节。黎明时分,家家户户的男女主人早早起床,漱洗过后,第一件大事就是开门接门神,再放鞭炮,谓之"开门红"。鞭炮声不绝于耳,兆示新年大发。接过门神,再拜祖宗,然后向长辈请安拜年。妇人们则下厨烧水沏茶、摆果子盘、热鸡蛋、煮面等。

初一的早茶那才叫徽州的早茶呢。寺后与岭北各村一样,也是三道茶(或叫三套茶)。一般为一道茶和茶点,即一道碗头茶。碗头茶就是先在茶碗(杯)中放入茶叶,冲一点开水润开茶叶,然后再斟开水的茶;一道甜茶(用蜜枣、莲子或板栗、花生米、白糖煮成,或加银耳),叫"枣栗"茶,寓意"早力",即"早生儿子早得力"之意;一碗鸡子面茶,面条是逐碗做汤的碗头面,上盖浇头菜,面内有几缕新鲜菠菜、香菜或青菜叶,每碗浇头面(又叫盖浇面)中须放鸡子二枚,吃不掉的可夹掉一枚,但一定要吃一枚的。三道茶寓意清清洁洁、甜甜蜜蜜、平平安安。这一天,大人小孩都穿上节日盛装,吃得好,穿得漂亮,口吐吉言,逢人必说"新年好"。和谐之乐,再也达不到这一天这样的程度。所谓"清闲初一朝",这一天男人不干活,女人不缝补,邻里相见,互相作揖恭喜,尽享邻里和睦、人伦天乐之新春愉悦。

5.拜年:寺后与岭北各地一样,也奉行初一不拜年的习俗,那叫"踏青",

不作兴的。从正月初二正式开始拜年。这一天,女儿、女婿、外甥、外甥女与其子女一起,到岳父母家拜年,叫"回门"。然后是男朋友去女朋友家拜年、徒弟上师傅家拜年、亲戚之间的相互拜年等。寺后风俗,拜年可以从正月初二一直拜到农历的二月初二,所谓"正月嬉嬉(玩玩)过,二月再来做"。在这段时间内,无论亲戚朋友,上门都有三道茶招待,晚辈给长辈要送拜年礼物,包装是要红色的,长辈则给来拜年的孩子们"红纸包",老亲戚给上门认亲的新亲戚要回赠"发利市"(多为鸡蛋、面条、芙蓉糕,上覆柏枝、天竺叶,意为天长地久代代高,甜甜蜜蜜年年发)或红纸包。一般情况下,到了正月十八日,一家人请过祖宗后,撤去供品灯笼,请下祖容,就宣告春节基本结束了。

(二)元宵节:又称"上元节"。此时,民间农事少,比较空闲,出门做生意、做手艺和打工的也还没有动身,因此,元宵节就非常热闹。

以前,寺后及其周边的村庄,每户要挂灯,并非都是豪华型的,视各家财力而定。祠堂庙宇也要挂,有的灯上写有一二条谜语,供人猜猜。汪姓和曹姓是寺后的大姓,因此还要搞"神猪比赛"。即每家每户宰一头三四百斤的大肥猪,安置在一个特置的木架上,披红挂彩,头插金花,口含香圆,抬到祠堂之中,寓意猪多肥多,肥多粮多,五谷丰登。比赛拔得头筹者,祠堂还发若干奖励。然后是舞狮舞龙,各村游灯,并请戏班到八亩丘搭台唱戏,几乎通宵达旦,尽兴方散。

(三)二月二:农历二月二古称"中和节",相传这天是土地公公、土地婆婆即社公、社婆的生日,也称"龙抬头"。这一天,寺后全村,家家做裹粽。凌晨时分,即以粽子和猪头三牲在堂前和天井中接请土地神。"家具鸡豚鱼菽之著,香火蜡烛以迎土地神,祀于中庭"。此外,家家户户还要在族长或家长的带领下,到土地庙或社庙进行祭祀活动,祈求土地爷爷保佑本村风调雨顺、五谷丰登、六畜兴旺。其供品为特制的大裹粽和以寸长稻草拌炒冻米、炒黄豆、葱花油煎蛋等。人们把稻草比作害虫,将冻米、黄豆比作虫蛹,以油煎蛋喻虫窠,经火炒后将害虫统统杀死,以喻保证农作物的好年成。除吃粽子外,二月二的伙食中,寺后人还在早上吃米粉粿糊,意为堵塞田塍(埂)窟窿,不让田塍漏水。吃面叫吃"龙须面",吃粿叫吃"龙须粿"。有一首民谣唱道:"糊糊汤,褙田塝;扁扁粿,塞暗洞。"这一天中,女人不得动针线,恐伤龙眼。首次登门的男人会被非常客气地款待,因为他被视为带来风调雨顺太平年的土地爷爷。

(四)清明节:"清明断雪,谷雨断霜""清明难得明,谷雨难得雨""清明前后,种瓜种豆"。这些民谚说明了清明节气的农事和民俗,寺后也是一样,把尊祖敬宗,认祖上坟作为一件大事来做。同时,过了清明,也就要开始农忙了。

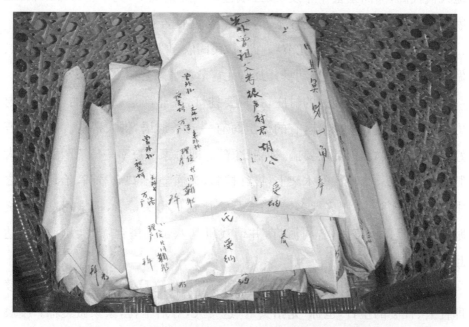

图 4-4 绩溪县上庄镇瑞川村居民清明上坟使用的"纸角"

清明节祭祀分家祭和宗祭。家祭,就是只许男丁上坟扫墓祭祀,俗称挂钱、烧纸角,即纸角袋。用绵纸糊成长 1 尺 2 寸左右,宽 5 寸左右的纸袋,内装用锡箔纸折成的元宝若干,封口后按照家藏纸谱规定写好(前文已叙),然后带着柴刀与锄头、供品、纸钱、香烛等去上坟。到了坟前,先要把坟面及周围打扫干净,把墓碑模糊不清的字重新填写清楚,再把纸钱挂好,供品摆好,点燃香纸和纸角袋等,并依长幼辈分次序依次向墓中先人叩拜,最后再放鞭炮。这一天,在寺后,在所有绩溪的山野之中,到处是噼里啪啦的爆竹声和丝丝缕缕的香烟,空气中弥漫着一种清明节特有的气味,所谓"路上行人欲断魂",恐怕就是这种意境了。家家户户做包、做粿,无论认识与否,进门都可以吃。还有就是宗祭。宗祭就是由祠堂族长带领族人,到宗祠、支祠、家祠中举行隆重的祭祀仪式。寺后能够举行宗祭的也就汪、曹两家。是日,祠堂中设香案、摆供仪,大家毕恭毕敬地祭祀本宗始祖、始迁祖和各家祖宗,宣读族谱有关内容,如族规、家规,宣布宗族中的重大决定事项。然后集中同族或本家男丁祭扫祖墓,并在仪式结束时,向对同族或本家作出贡献者、参与的小男孩、上花甲的男人分发供仪,即祭祀的食品和副食品,又叫"发胙"。

(五)交夏:交夏即"立夏",是一年中的第七个节气,即是春夏之交,告示夏天已经开始。绩溪农谚云:"吃了交夏粿,天晴落雨没得坐。"交夏是农村非常重要的一个农业节气。节后开始,农民们就要一直忙到秋收过后。从此,一年中最紧张的收种季节接踵而至,农民们不再轻轻松松、清闲自在,而是要投入紧张忙碌、劳累辛苦的田间和山上的农活中去。在寺后,过了交夏以后,气温开始快速升高,日最高温度从二十几摄氏度开始突破三十摄氏度。伴随着高温季节的来临,田地里的油菜籽、小麦和旱地里的蚕豆、豌豆加快速度成长;水田里的稻秧一天一个样子茁壮成长;阡陌间的桑树迅速地长出碧绿的叶子;漫山遍野的水竹笋一个劲地从地下冒了出来;池塘中的莲藕露出了尖尖角;果园中的枇杷、李子、桃子很快成熟;一年一度的春蚕开始饲养,蚕室、蚕具需要修理、清洗和消毒,要拜请蚕娘娘;桑园需要锄草、施肥;茶山上的夏茶需要完成最后的采摘,彩摘后修剪茶园……这段时间是农家最繁忙的季节,有时候忙得都顾不上吃饭。因此,须安排妥当,分茬口耕种、收获。

岭北乡寺后交夏这天,也是家家做粿,有韭菜粿和笋粿,有米粉粿和面粉粿。米粉粿的馅是芝麻粉和白糖,面粉粿是笋丁和猪肉、韭菜和豆腐干、香椿和猪肉等。中饭吃好后,家里大人给婴幼儿、青少年称体重,把婴幼儿放在菜篮里用秤称重量。青少年用三角木架支撑起来,在大杆秤上称。据说称过体重后,可以防止婴幼儿、青少年"蛀(醉)夏",即入夏以后身体清瘦、不爱吃饭的意思。此俗相传起源于元末明初,绩溪人每十户人家要养活一个蒙古人,每户人家轮流供养一个月,月初和月末各称体重一次,如果谁家养的鞑子(即蒙古人)哪个月体重轻了,其少掉的体重分量要用同样的银子来补上,否则就杀头,闹得绩溪百姓民不聊生。后来才有"八月十五杀鞑子"的事情闹出来。不过到了清朝以后,民间交夏称体重,其意义已经转为企盼儿孙健康成长了。妇女们还要采集野生大麦插在自己头上和自家的大门、灶台、碗架厨上,以防蚂蚁进入家门,危害食品,危及一家人身体健康。寓意人们要以健康的体质来承担随之而来的农忙重活。

(六)端午节:交夏之后,又匆匆过了小满和芒种,便迎来了农历的五月初五,民间又叫重五,就是端午节了。这个时节,是上半年农村最忙的时候,又要收,又要种,"从鸡叫做到鬼叫"。但是节还要过的。在寺后,端午到来之前,经济独立的子女要给父母,晚辈要给长辈"端端午节",上半年端端午,下半年端中秋,这是重要的礼数,与过年送礼一样重要。初五这天,家家户户在大门或窗户上挂艾草或蒲剑,以避邪气。此俗源于唐末,与黄巢起义有关。传说一个绩溪的民妇救了一个黄巢起义的将士,将士告知民妇,回家后取些艾草和蒲剑挂在大门或窗户上为记号,表示这户人家支持拥护黄巢起义,义军将保护这些人家的生命财产不受侵犯,因而此俗流传后世。后来人们知道了艾草的药用功能,又将艾草加入生石灰处理后,做成艾草馃,大人小孩用艾草水泡脚消毒。正屋堂前香烛同点,悬挂钟馗画像,并用艾草烟熏蒸驱魔消灾,又用艾草蘸雄黄酒洒遍自家每一个门窗和旮旯,同时默念"端午节,蜈蚣蜘蛛,壁虎与蛇蝎,请到外头歇"的咒语,驱除五毒,清除宅中妖气、秽气。当地有谚云:"苦就苦,买块豆腐过端午。"说明这一天人们要吃得好一些,午餐是节日餐,所以颇讲究。酒是雄黄酒。时令菜有苋菜、刀豆、黄瓜、腌大蒜、腌鸭子等,还有一种用柴叶做的"柴叶豆腐"。做这种豆腐的柴叶很香,很远就能闻到,多长在山上路边,叶子有点像栀子花树叶。人们把这种柴叶采回后,揉碎榨汁,加以草木灰,滤后即成柴叶豆腐,这是一种纯天然的生物豆腐,清香可口,非常好吃。糕点有绿豆糕,还有炒熟的蚕豆,都是刚上市的新鲜货。

孩子们穿上端午衣,用艾草蘸雄黄在额头上写上"王"字,胸前佩戴端午锦囊香袋,以驱邪避疫。

(七)安苗节:农历六月初六,号称"天贶节",又叫"安苗节",与二月二土地节相对,是流行于绩溪岭南岭北的农事习俗。相传六月六日天降诏书,田公、田母为人间造福。因此,六月初六既是安苗节,又是绩溪百姓为田公、田母的寿诞而庆祝的节日。寺后村这一天家家户户用面粉做成稻穗、麦穗样式的发酵包。中午时分,摆设香案,叩头拜揖,燃香焚帛,庆祝田公、田母寿诞,祈祷田间秧苗茁壮成长,秋来有个好收成。按照我国的二十四节气,绩溪县一般到芒种时,小麦、油菜都已收到家了,水稻也全部落种完毕。这时,为祈求秋季作物有个好收成,各地都要举行安苗节活动。由于岭南岭北季节气候、温度不一样,水稻栽种完毕的时间也不同,大约相差二十天,因此这一节日的时间也稍有不同。寺后安苗节大致在六月初三前后。汪公大帝是绩溪人共同的神祇,故这一天祭的神灵是汪公菩萨。各村农户用新麦面蒸发包,除了圆形的以外,还将面坯捏成五谷六畜、瓜果蔬菜等形状的食品,也有的人家用米粉捏制,或用特别的粿印,将揉好的粉团,捺入其中,反过来一拍,一个象形粿就出来了。外面用菜汁染上颜色,盖上红印,用作供品祭拜汪公,祈求保佑一年五谷丰登、六畜兴旺、村民平安、村境安定。

寺后虽非一姓大村,但汪、曹两姓在寺后十八村中是大姓,有祠堂,有老屋,所以,每年的安苗节,汪、曹两姓均为执事人,会首都是这两姓的祠堂族长或有威望之人。每到安苗节庆时,会首出面组织全村青壮劳力,组成祭祀队伍。会首在前,后有锣鼓队、鞭炮队、喇叭队、汪公轿舆队。大家簇拥着空轿,撑着会旗,敲着锣鼓,放着鞭炮、冲天铳,一路吹吹打打,热热闹闹,沿着寺后村的石板田塍路巡游。到达正觉寺后,停轿祭拜,恭请汪公神灵上轿。祭神时,现场宰杀随带的大公鸡,并将其鲜血滴于红、绿、黄、蓝四种颜色的三角会旗上,取一炷香,用火纸卷起,放入轿中,再将汪公菩萨像请入轿中,视为神灵入轿。祭毕,再经原路返回八亩丘。在八亩丘的祠堂坦上,将菩萨像抬出,请上搭建的龛座,会首领着大家一起祭拜后,各回各家吃包。午时三刻,又把菩萨像请入轿中,开始开展各个村点的田间看稻活动。

汪公看稻的队伍长达百米,从八亩丘出发,经前村、湖西冲、毛竹坑、百步岭、新屋下、老屋下、竹塔、黄泥田、毛竹坑、程家、西岭上、杨村、社川、河上桥,一个大圈,回到八亩丘,重新把汪公老爷安置在龛座上。由于线路较长,人又多,所以要整整一天时间。

说是汪公看稻,其实是在安苗的巡游中,大家边走边看,借汪公神威,品评各户水稻长势优劣。好的插上红旗,次的插上绿旗,差的插黄旗警告。那些被插上黄旗的农户,常被羞得脸红耳赤。因此,每年安苗节前,很多农户都会主动加强田间管理,施肥锄草,尽快让水稻长势茂盛,以免当众出丑。其实出丑事小,真正亏的还是农作物长势不好,影响了收成,才是要紧的事。

(八)中元节和下元节:中元节和下元节分别为农历的七月半和十月半,俗称"鬼节",而且是给孤魂野鬼过节。

七月半,寺后农家做包做粿、炸紫苏。紫苏为一种紫色的野菜,性温,微辛,多生长于倒塌屋场、竹园和路边,有一种怪怪的香味。民间认为有治痧的效果,有防暑作用。其时,家中摆猪肉"刀头"、豆腐、包粿、果品,焚烧金银纸,点燃三根线香祭祖宗,邀请一家祖宗来吃来拿,并保佑一家人不受孤魂野鬼的侵害,健健康康、平平安安。许过神愿的人家,午后至晚间在村口、家门口设几案请神品尝家中美食,要求诸神继续庇护家人平安幸福,并沿路撒煮熟的米饭施祭孤魂野鬼,古时谓之"渡孤"。寺后民间还流传"七月半,有一半,没一半""七月半,人一半、鬼一半"和"七月半,天一半、地一半"的说法。民国以前,村里还要跳无常。无常为鬼神,有白无常、黑无常之分,白者善,黑者恶,旨在惩恶扬善,教人诚实守信,忠厚持家。

十月半,寺后各村也要做包、做粿祭祖先,酬谢神灵。患病遭难人家还要放蒙山还愿,为鬼魂超度,祈求安吉,以示行阴善。"放蒙山"谐"放门栓",意思是把大门小门开到位,曰"开到贴贴壁"。这种祭祀要到正觉寺请和尚,有时正觉寺和尚忙不过来,还要到古塘庙和芦山寺去请出家人来做。放蒙山是为了迎客还愿,说不定客中就有济公活佛呢。放蒙山之夜,不问亲疏,无论贵贱,只要是能吃,都可以到斋主家喝酒吃饭或者吃面,也叫"吃散伙",意思是吃好走路,各行各道。有钱人家晚上还要放莲花灯,做法会"渡孤"。这些迷信的习俗,新中国成立以后已经绝迹,但"吃散伙"之风却传了下来。不过那是过年宰杀年猪后的谢匠宴了。

(九)中秋节:中秋节是一年三大节中的一节,寺后同各地一样,过中秋是很热闹的,中秋节是成熟的节日、收获的节日、成长的节日。"年怕中秋月怕半""欲买桂花同载酒,终不似,少年游"。寺后村依山傍水,掩映于丛林之中,到了秋后,更是枫叶如丹,层林尽染,丹桂飘香,灿烂绚丽。走进寺后,只见板栗"笑"了,石榴开了,柿子红了,到处是丰收的景象。八月十五晚上,合家团圆欢乐宴,菜肴比端午丰盛得多。有芋头烧排骨、板栗烧鸡、石耳炖鸭汤、猪蹄炖笋、猪肉包等。茶点有一碗茶、一盘月饼、一碟南瓜子、一碟花生,还有石榴、柿子、炒板栗等,然后一家人围在一起,边吃茶边赏月,说些家长里短。到了半夜时分,年纪大的按规矩拜天神"接月光"进中堂。有的年份,还要扎草龙沿村去舞,村民则以纸香燃插于草龙上,谓风调雨顺、国泰民安。寺后中秋的夜间,作兴"摸秋",就是讲这天晚上,人家的瓜果被摘,概不追究,反以富有沾沾自喜。

(十)重阳节:农历九月初九过重阳节。"九"为单数之最,《易经》说"九"是阳数。绩溪长者有逢九做十祝寿之俗,寺后亦同。人生难活百,能到九十九也就满足了。因此,九九重阳节也是寺后村村民敬老的重大节日。"独在异乡为异客,每逢佳节倍思亲。遥知兄弟登高处,遍插茱萸少一人"。王维的这首重阳诗,牵动了多少人的思亲与思乡情节。是日,寺后各家都要蒸年糕(年年高),打麻糍,身上佩戴茱萸囊,赏菊后饮菊花酒,肚中有点墨水的文化人,则携酒登高赋诗,极尽啸傲山野之能事。民国以后,寺后小学师生有爬山、远足习俗。中午或晚上吃芋头焖米粉粿,或做包、做粿。有寿星之家者,远近亲戚,都要送寿面鸡子和对联寿幛,为老寿星祝寿。寿幛是自制的中堂画或买来现成的中堂画,配上一副对联,如"福如东海长流水,寿比南山不老松"之类。祝寿之家满堂挂满了寿幛,瑞气盈庭。做寿之后,这种寿幛长期挂着不拿下来。此风至今犹存于岭北各地。

附：寺后源庙头山村民情风俗述要。

前文说过，由于寺后源一带的行政区域在近六十年来变化频繁，故以现行的区划为调查重点予以叙述，兼及老寺后的庙子山情况。现根据民国王集成纂《绩溪庙子山王氏谱》和上海复旦大学王振忠先生《一部徽州族谱的社会文化解读——〈绩溪庙子山王氏谱〉研究》一文，经赴庙子山进行实地调查后，就过去寺后庙子山的有关情况介绍如下。

庙子山，现通称庙头山（后文均以庙头山称，除引文外），东南方向二三里路为中屯（过去叫中潭），西与李家村（即现在的五联）相连，北望河上桥、八亩丘五里许，东与吕家碓遥遥相望，属上庄镇五联村委会。庙头山是一个贫穷却有点历史的小自然村。由于该村出了一个曾经当过县长的文化人王集成，并编纂了一部颇负盛名的《绩溪庙子山王氏谱》，村以人名，人以村名，使得庙头山成为众多徽文化研究者关注的地方。我们不妨先简要介绍一下王集成其人。

王集成（1886—1944年），字振之，庙子山人，幼时念私塾，县城会考得案首，安徽高等学堂毕业，在省政府任公务员。民国十九年（1930年），王集成应戴戟之邀去浙江省任民政厅科长、省政府秘书，常与戴戟赋诗撰文斥蒋介石。当时朱家骅任浙江省主席，利诱王集成参加国民党，遭其严词拒绝，致被裁职。后任郎溪县契税局局长。民国二十六年（1937年）回乡，集资创办私立古源小学，任校长。他与妻弟、女儿均不拿薪金，义务教学。民国二十八年（1939年）由戴戟推任铜陵县长，与新四军合作抗日。民国二十九年（1940年）秋，因私释被拘的革命干部，县政府被保安团包围三天三夜，经新四军营救护送出县境，并赠"口碑载道，两袖清风"的锦旗。回乡后，续任《绩溪县志》总纂，书未成病逝。文稿存于家中，"文革"中尽毁，现仅见《绩溪县文献志序例稿》（刊于浙江省《文澜学报》二卷二期），就连《绩溪庙子山王氏谱》现在在他的老家、绩溪以及安徽省图书档案部门都找不到，只有上海图书馆还存有该谱刊印本，算是侥幸的了。

王集成先生不仅是寺后历史上的名人，也是绩溪县现代史上颇有名气的人物，据他在《王氏谱》后序中说，他"七岁入塾，受读八年未尽一经。至十五始，六都坦头唐厚甫授论孟，十六尽读诗书易礼春秋三传白文。获闻其子鸿铎讲解经义，十七启笔为制艺，八比恒不中程式。先是集成四兄维院商于上海，每归里时，时讲说三国演义为谈资。集成习之熟，且尽录演义前评。久之，得四厚册，私心奋诵，厕间床际不稍释手，十八九均能背……"从他的后序来看，他是一个爱读"野书""少有雄才"之人。整个寺后村除了王集成之外，没有几个文化人，因此，王集成算是寺后源的"翘楚"了。

庙头山因村前有土地庙，且村东北低山环抱而得名。庙头山王氏于唐末因避战乱而迁居婺源武口，后裔累迁于徽州府城和绩溪县浪坑等处。及至明成化年间，又从浪坑迁居庙子山，世代务农。太平天国以前，曾有人在徽州休宁经商，但人数不多。《绩溪县庙子山王氏谱》卷二十《世传六·家传》曰："庙子山本系……得士人二，武士二，农人二十三，工人三，商人七，侠义二，剧艺二。"其中以农民居多，经商者也只是小本买卖，打铜打铁、修鞋补锅之类，只有王维达在上海程裕新茶号任经理，才算得上正经商贾。"家无隔夜粮"是庙头山旧时贫穷的真实反映，整个村子的经济极为落后。直到光绪之后，才出现"外出经商，特别是前往上海经商的男子相当之多"的现象。晚清民国时期，庙头山开始逐渐与外部世界联系起来。庙头山王维达，20岁时到上海学生意，进入徽帮"程裕和"茶号，由于其勤劳朴实，深得老板喜欢，老板又是本乡人，一来二去，王维达渐渐出人头地。他建议老板扩大茶叶销售范围至山东青岛，甚至卖到俄罗斯去。由于货真价实，讲信用，茶号生意大增，年获利"恒至万金"，一时间，"裕和"之名闻于沪上。王维达自此长期担任程裕和茶号董事一职。王维达从司账到经理，前后六十年都在"裕和"号从业。直到晚年，因清廷与沙俄交恶，山东青岛的茶业萧条，店面方始中落。王集成的三哥王维钟13岁时，也从妹婿胡祥铭至上海，入"程裕泰"学茶叶经营，不久改入"程裕新"茶号为司账。数年之后，顶下了行将歇业的"王聚泰"茶号，悉力经营，并于火灾后复业，"信誉益固，每年出入都万余金，上海巨商大贾，均往来无少失”。王集成的四哥王维院，十四五岁随人赴上海，进入“詹大有”墨庄学习墨业。他善于模仿刻画精美的墨模，用力颇专，又努力学习古名家画谱。其笔下的山水人物、花鸟虫鱼无不栩栩如生。偏僻的山村，不仅出了人才，也在经济上慢慢发展起来。[①]

庙子山的民情风俗一如寺后其他村，前文已述，从略。这里简述一下庙头山王氏族谱中记载的一些情况。

卷七《祠堂略》中关于祭祀的介绍。

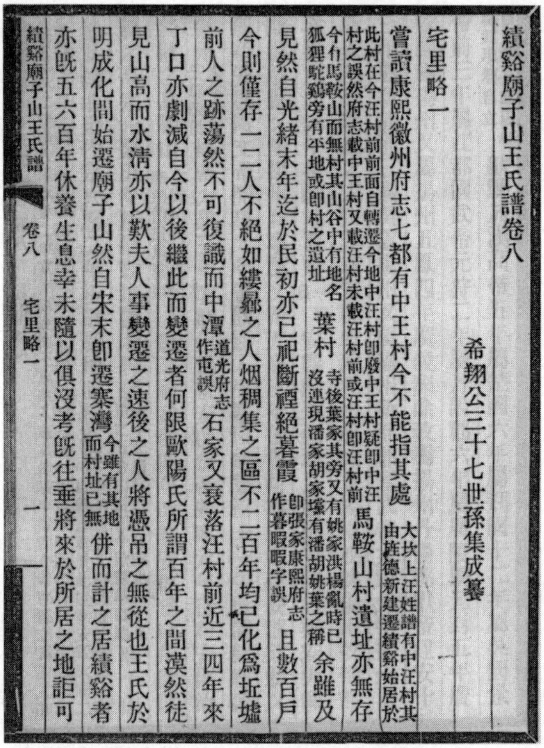
績谿廟子山王氏譜卷八
希翔公三十七世孫集成纂
宅里略一
嘗讀康熙徽州府志七都有中王村今不能指其處大坑上汪姓譜有中汪村其由旌德新建遷績谿始居於此村在今汪村前前面自轉遷今地中汪村即廢中王村疑即中汪村之誤然府志載中王村又載汪村未載汪村前或汪村即汪村前馬鞍山村遺址亦無存今有馬鞍山而無村其山谷中有地名狐狸駝鷄旁有平地或即村之遺址葉村寺後葉家其旁又有姚家洪楊亂時已沒運現潘家胡家壞有潘胡姚葉之稱余雖及見然自光緒末年迄於民初亦已祀斷禋絕暮霞即張家康熙府志作暮暇暇字誤且數百戶今則僅存一二人不絕如縷鼎之人烟稠集之區不一二百年均已化爲坵墟前人之跡蕩然不可復識而中潭道光府志作屯誤石家又衰落汪村前近三四年來丁口亦劇減自今以後繼此而變遷者何限歐陽氏所謂百年之間漠然徒見山高而水清亦以歎夫人事變遷之速後之人將憑吊之無從也王氏於明成化間始遷廟子山然自宋末即遷寨灣今雖有其地而村址已無併而計之居績谿者亦既五六百年休養生息幸未隨以俱沒考既往垂將來於所居之地詎可
績谿廟子山王氏譜 卷八 宅里略一 一

图 4-5 绩溪县寺后村《绩溪庙子山王氏谱》卷八首页

祭祀：冬至前一日，祠中司事者启祠堂边门，洒扫下堂，置条桌，用桌巾；两廊厢各置条桌一，用桌巾；上堂中间置香案一，用桌巾；案上置烛檠香炉，寝室置香案一，用桌巾，并置烛檠香炉。通知主祭者（族长主祭，年长陪祭）斋戒沐浴，并通知执事人等备祭品、香烛、茶果、牲醴（鸡鱼豚各一事）、馔（羹饭蔬），备祭具壶爵等。通知通文事者誊录祝文、备祝版。冬至日晨，族长导司事者启祠堂大门，将祭品分别陈列。辰正，主祭正陪 2 人，执事大赞礼正陪 2 人，通赞礼正陪 2 人，引赞礼正陪 2 人，执事 6 人，以上齐集祠堂下堂开祭。其仪节如后：第一节，序立。主祭者、正陪、祭者就位；执事者各执其事。第二节，启神门。出主、鞠

① 参见王振忠：《一部徽州族谱的社会文化解读——〈绩溪庙子山王氏谱〉研究》，载《社会科学战线》，2001 年第 3 期。

躬、复位。第三节,降神敬醴,鞠躬、复位。第四节,行初献礼,敬茶果。诣香案前,敬茶、敬果,鞠躬、复位。第五节,行亚献礼,敬牲(鸡鱼豚)。诣香案前,敬牲(鸡),再敬牲(鱼),三敬牲(豚),鞠躬、复位。第六节,读祝。诣香案前,开读,鞠躬、再鞠躬、三鞠躬、复位。第七节,行终献礼,敬馔(饭羹蔬)。诣香案前,敬馔(饭),再敬馔(羹),三敬馔(蔬),鞠躬、复位。第九节,撤馔。第十节,辞神。诣香案前,鞠躬、复位。第十一节,纳主闭神门,复位,礼毕。

二十四祭祖:十二月二十四夜,司事者醴牲,偕族人至祠堂寝室,焚香、燃烛、酹酒、化帛。由族中年少通文字者,取谱祖名,逐一遍读,如云某某府君王公,某某孺人某氏受纳。读毕而退。

卷九《宅里略·风俗》:

岁时:阴历(以下均同,原注,后不另)正月元旦,天未明,长者起床,陈香案,上置桌盒、鸡子、清茶,再焚香燃鞭炮,向天井朝天四跪(读若具)八拜,谓之接天地,毕。再回身向堂上祖宗焚香跪拜,谓之对祖宗拜年,又毕。赴厨下灶前跪拜,谓之接灶。天既明,长者率同幼者(男子)赴同族各家,对其祖先奉香三注(炷),四跪毕,再向生人平拜,对行者跪,长者亦答跪以贺新年,谓之拜年。

元旦二三日,各家子弟互为嬉乐,间有赌博以争胜者,父兄亦不约束。

元旦及二三日,言语多讳忌,元旦尤甚。小孩平时有乱言者,家长间有于元旦前夜以草纸拭其嘴,谓之"揩屁股"。意谓如此,则其言不为用也。

二日后,始向外村各亲戚贺年,亦谓之拜年。有延至十七八再拜者。

元宵邻村(李家)有游灯者(今亦无),本村则无此。

正月十八日谓之十八朝,即落灯,除去祖先容像(上年十二月二十四日悬挂),一切言语交接来往,均不避忌如常。

二月二日谓土地神生日,家家裹粽子,谓之土地粽。

二月十九日观音生日,妇女多有结伴赴本都古塘烧香者。

三月三日为上巳,有行有不行。

清明家家和面粉,裹馅其中为包,或和糯米裹馅其中为馃,蒸而食之,谓之蒸包、蒸馃。折纸为纸包,谓之纸角(纸角正面缮:内具冥财一角,奉上先某祖考妣某某府君王公受纳,奉祀某孙男某某顿首百拜;反面缮:是月清明佳节日具封字样)。内装锡泊钱纸,封固。合家(男子)老少齐赴墓上焚之,并以纸剪成花标,悬挂墓上,谓之挂钱。有经商千里外,黑夜赶归而行之者。

五月五日为端午节(原为端五,俗沿为端午,各地均如此),取艾悬门上,饮雄黄酒,洒酒时口念云:"五月午时节,蜈蚣蛇蝎都请出。"午蒸包、蒸馃食之。晚饭取鸡豚牛肉疏(蔬)之属和而煮之,谓之一品锅,敬祖先后食之。

六月六日常投狗于水,使之浴,谓之六月六,狗洗浴。

七月七日谓之乞巧,又谓之七夕,妇女都有结伴于六日下午赴古塘住宿,夜半守看天上彩云者。

七月三十日为地藏王生日,妇女多有结伴赴五都金山烧香者(相传金山为地藏王打坐处)。

八月十五日谓之中秋,午食蒸包、蒸馃,晚饭亦锅食,如端午敬祖先。

九月九日为重阳,午蒸包、蒸馃食之。

十二月八日谓之腊八,合蔬豆米等八事煮糜食之,谓之腊八粥。是日扫除,谓之扰(字从吕忧,字林)屋尘。

十二月二十四日谓之过二十四(即过小年),午蒸包、蒸馃食之。晚饭锅食,较端午中秋为丰,亦敬祖先后食之。整刷先人容像,悬挂中堂,焚香点烛。自本日起,每日早焚香晚点烛,谓之早装香晚点灯,至次年新正十八日止。入夜八九时,以盘盛豆茶少许,赴灶前焚香点烛,撒至空中,跪拜送灶神,谓之送灶。十二月三十日,月小二十九日,谓之三十夜。午蒸包、蒸馃食之。晚饭如二十四。迄夜将半,以红纸条封大门,谓之封门。有坐以待旦者,谓之守岁。晚饭后以钱分给子弟,谓之压岁钱。

婚嫁:有以做媒为事者,或亲戚好友知某家子女及婚嫁之年,即从中说合,谓之媒人。媒人先取女宅年月日时八字送男宅配合,如能合则男宅秘密设法至女宅看女,谓之看人。再由女宅开具礼单送男宅商定。礼单内分乾礼非乾礼,乾礼谓之财礼银。同光间财礼银以六十四元为已多,后渐增加,清光绪二十年（1894年）后增至八十四元，民国以来有至一百二十元、一百四十元者。非乾礼，即系猪肉鱼包面饼蛋等品，猪肉初仅六十四斤，现亦增至一百四十斤、一百六十斤，其余亦以次增加。议既定，即由媒人先送果子糕或加乾礼数元，至女宅下定，谓之担（读平声）小定。亦有不担小定即大定者。再逾时日，择定日期，男宅将财礼银并其他礼品，附以鞋样送往女宅，谓之担鞋样，亦谓之大定。是时，女婿同去者谓之女婿上门。宴之，谓之待女婿，席甚丰。又逾时，男宅择定结婚日期，经女宅同意，即择日送礼品及书至女宅，谓之担日子书（书词骈体）。及期，女宅先将妆奁送至男宅，谓之抬嫁妆（妆读若芝）。日将晡，男宅送轿至女宅，谓之送轿，新郎间有随赴女宅迎接者，谓之亲迎。夜过半，新人赴灶神及父母前辞拜，谓之辞香火。是时女宅男女姊妹均大哭。须臾，新人上轿起行，谓之发轿。轿抬至男宅，谓之抬亲。亲人下轿，男女二童扶新人，谓之掺（诗掺执子之袪兮）新人（人读若银），须臾新郎新娘同在堂前朝天地跪拜，谓之拜天地，又互相交拜，统谓之拜堂。以酒分与新郎新娘合饮，谓之吃交杯酒。拜堂后新郎新娘同赴祠堂行庙见礼，谓之拜祠堂。又至祖墓拜祖先者，谓之拜祖宗。回家再拜翁姑及长辈亲戚，谓之拜人。受拜者赆以银元，谓之拜钱。同光间拜钱仅两钱（七十文为一钱），今多至数元不等。拜毕即盛馔宴新人，谓之待新人，有少女倍（陪）宴者，谓之倍（陪）新人。夜将半，烈（列）双彩烛前导，以青囊铺地，新郎新娘由青囊上步行入房，谓之送房。其经过青囊时，以一人将后囊抛至前方，又一人接之，仍铺地上，谓之传袋（叫代）。传袋者多取福人，其传第一袋时，传者唱曰：一代高一代。传第二袋则接唱曰：代代高。来宾群集新房，与新郎新娘纷取笑谑者，谓之闹新房。三日，新郎新娘同至女宅，谓之回门。回门必拜外舅姑及长辈，亦谓之拜人。拜钱必丰，贫者一元，富者自二元至十元、二十元不等。

担鞋样之后，男女两宅商得同意，即将女子接至男宅者，谓之接过门，接过门之女即在男家结婚者，谓之併（读若丙）亲。童养媳在男家结婚者，亦谓之併亲。

男宅不待女宅同意，强将女子抢来者谓之抢亲。抢亲在担过鞋样之后多可和平解决,如在未担过鞋样以前,则女家必起诉讼,舆论亦不支持。均敝俗也。

定亲、抬亲、併亲、抢亲,均择有福之人为主,司仪谓之理事人。以礼物谢之,谓之谢理事人,以洋(平常四元)物谢媒人,谓之谢媒。

生育与儿童:女子怀孕谓之"担肚",初次孕六七月必回母家做小儿衣帽等,谓之"做窠礼"。临盆谓之"生",生必接稳婆助产,谓之"接生"。其接生者谓之"接生婆"。儿生均自乳,无乳则雇乳娘,谓之"奶姨"。三日洗之,谓之"做三朝"。有不行者,窠礼以帽之多寡为准,平常五顶至七顶、九顶,十一顶、十三顶则为冠冕,三顶为不冠冕。儿生一月,谓之"满月",产妇满三十日,亦谓之"满月"。产妇月内不食荤油,唯以麻油煮鸡子加红糖食之。儿满一岁谓之周岁(读若庶),周岁必以尺秤升及杂物置儿前,任其乱搅,谓之"揸周儿",揸何物即谓将来必喜何事。六七岁读书谓之"上学"(读若鹤),于上学之上年十二月,择日至学堂受课一日,谓之"破门"。破门不纳学费,学费谓之"学金"。光绪以前无女子读书者,近已稍稍有之。十三四岁出外学习商业,谓之"出门",不出门在家为农者,谓之"种田"。预备长期读书者谓之"念书"。

训蒙:民国初年以前儿童上学,习字多描红。在红字上描墨谓之"描红",必由师把儿童手为之,其文为:上大人,孔乙己,化三千,七十士,尔小生,八九子,佳作仁,可知礼也。各塾多如此,不知谁氏所作。继读《百家姓》……又继读《千字文》……再以次读四言杂字……读五言四句即《神童诗》,起首云:"天子重英豪,文章教尔曹。万般皆下品,唯有读书高。"读《启蒙甲子》,首鬼谷子六十花甲子,读《千家诗》……读《幼学琼林》,读《孝经》,再读四子书。今尽改读教科书。

衣服:民风俭啬,崇尚朴素。男子无论贫富,终年衣布以蓝色常熟布为主,夏秋时不服长衣,冬寒着夹衣,间有着棉衣者。女子亦以蓝色常熟布为主,有着洋布者,上衣过膝,以月白布制者,谓之"白裥",作客时着之。同光以前均着裙,裙以黑色为主,兰溪朱青布制者,谓之"朱青裙",夏布制者谓"夏布裙"。光绪、宣统以来渐趋繁华,女子始有衣绸者,今者罗绮缤纷,休风丕变矣。

辫发：有清入关，下令人民剃发。其制，男子剃发之半，以其半结辫留垂脑后，民国元年始有将发全剪者，近年则无不剪。妇女亦有剪发放足之风。

器具：椅、桌、凳、床等均杉木，有背之椅谓之"靠背椅"，宽大之桌谓之"八仙桌"，长凳谓之"条凳"，宽床谓之"大（读若唾）床"。均原色，光绪末年始有以楮木、楝木为之，并加髹漆。

起居：早起早眠，夜燃桐油灯，眠时即息。被帐均用布，被用棉布，青蓝色。帐用夏布，蓝色。枕，长二尺余，两端方，往往以红哔叽为肚，镶以朱青布，间有以缎镶者。簟用竹编，光宣以来始有用草席者。

饮食：极俭。米食不足，恒佐以麦食，肉食极鲜。洪杨乱前，人口众多，节缩者恒平其量，不多食。及乱时，有饥至数日不得食者。乱平，清同治四五年后，谷渐有余，价亦极贱，米一元可购一石数斗或至二石，猪肉四五十文一斤。光绪间米石可值二元，肉七十文一斤，入民国价渐昂贵，时米一元八九升及十余升，猪肉六七百文一斤。有喜庆事宴客，分三种。通常合鸭子夹、豆腐包、猪肉为一锅，谓之"锅"。贵者取猪肉鱼等四事分盛四大盘，谓之"四盘"，加二事佐饭者，谓之"真四盘"。又贵者用大碗十碗，谓之"九碗"，又加八碟以佐酒，谓之"九碗八碟"。丧事饷客或用素菜或通常锅，或用四碗。

庆贺：通常贺婚礼有四色，猪肉、索面、鸡子爆，外加联一均。先期亲送或着人送，谓之担贺礼，及期登门贺喜寿礼亦然。

吊唁：友人死，不赴者不吊。亲戚死必吊，吊仪锡箔钱纸香烛。如系长亲，必亲赴挽送。逾数日再唁生者，多用猪肉、桂圆、枣等品，亦有贵重物品者。

丧葬：丧人死，子女暨全家跪床前大哭，以纸盖死者面，以金银或钱纳其口中，以锡箔折成元宝状焚于床前，选择闭殓时刻，置石灰包及衣服（此项衣服谓之寿衣，多有生前自制者，避忌故曰寿衣）、丝绵等石灰包置棺中缝际处，丝绵则裹死者，衣服必先由死者之子试穿，再与死者穿之。薄者五层，通常七层、九层有至十三层之多者，多用布，亦有金绫者。及殓时，雇僧人摇钟招魂，于是全家又哭。来吊者间有云:"好了,千斤担万斤担,多他一人挑去了。"盖棺后,棺置堂中,棺头置灯一盏,朝夕不熄。又棺头刊柱式位,题曰:先显考或妣或先祖考妣,视死者之称某某府君或孺人之灵柩。用僧人祭,谓之"和尚祭"。亦有接礼生祭之者,谓之"礼生祭"。贫家多隔日或数日出殡,富家有隔四十九日者。每隔七日谓之七,为头七、二七、三七等,每七必祭。四十九日谓之七七,七七则七尽,虽富者殡必出矣。殡出门,其家中必请和尚念经,以铁器击桌,堂前房中殆遍,谓之"赶魿"。出殡时死者如系长辈,则全族男女子弟必送,谓之"送殡"。殡出后再奉木主于祠堂,谓之"上堂",上堂时子孙用吉服,意谓死者之吉事也。

  葬必择地,有死者在时已营有生圹者,则葬圹中;无生圹,则于死后请堪舆者觅地。如仓促不得地,则暂厝于野,谓之"厝基",有厝至数代不葬者。敝俗也。

  迎神:七都原有太子会,太子平时置张家村后三王庙,各村逐年分棚迎赛,洪杨乱后是会废不能举,寺后各村仅每年秋收后鸣锣燃爆,焚香燃烛迎之而已。

第五章　冯村的传统经济、宗族与民俗文化

绩溪县长安镇冯村,是一个有着1100多年历史的古村落,现为长安镇浩寨村民委员会所辖,其地处于徽岭之北,大会山之东。其境"屏障山如画,笙簧鸟自喧"。一条奔流不息的槐溪自西而东贯穿全村,两岸民居形成天然的水街。冯村,自古以来便是文人骚客流连忘返的水墨山村。

一、冯村的自然环境与宗族结构

冯村的地理位置在绩溪县徽(翚)岭之北,大会山之东麓。东与浩寨村相连,西南与梧川村接壤,西依大会山,北与村前村、杨滩村田地相界。东南距长安镇约7公里,距绩溪县城32公里,西北距旌德县城15公里。现有土地总面积5410亩,山、水、田、林、路紧紧环抱村庄,形成独特的地理环境。全村地势由西向东倾斜,南部丘陵起伏,山冈田畴海拔350米左右;北境由云山折东伸延,自七磡岭头,起伏跌宕,岗梁峡谷,连绵重叠,呈"多"字形绵延至南山,与古塘村之"狮子摇铃"胜峰相对峙。境内南部多丘陵,北部多山坑,海拔均在350米以上。山势嶙峋,起伏跌宕,沟壑峡谷,甘泉冷冽,间有山田错落其间。村口南侧狮子峰俯视,北侧象形傲立,狭长山势延伸至南门桥边,狮子峰形似一只扑卧待跃的狮子,狮子峰对面的象麓,则狭长而徐徐倾斜,活像一头巨象之鼻,故谓之"狮象把水口";村尾龟墩凸如龟背,栖于槐水河畔,头入

河中，形同金龟戏水；与之相对又有山峦，曲折蜿蜒似蛇状，故称"蛇形"，是谓"龟蛇锁尾"；在杨关坑水库之南侧，有一小山臀高胸低，有如兔，离头部十多米处有一口圆形水塘，塘水明净如月，两景组合而称"兔儿望月"；杨关坑水库北侧，四周岗峦屏列，中有一丘，高十余米，长约百米，活像一只老鼠困于谷仓之内，故谓"老鼠困仓"；大谷岭上有一山丘，形似美女头部，前有一口椭圆形水塘，水明如镜，遂称"美女照镜"。站在冯村后面的云山顶上，俯瞰古村全境，犹如待放异彩的剖面花蕊，南北山脉像含苞欲绽的花瓣，中间是一坞自西向东的倾斜平川，山峦叠翠，丘陵起伏，平川田畈，青山苍木，俨然一幅天然水墨国画。

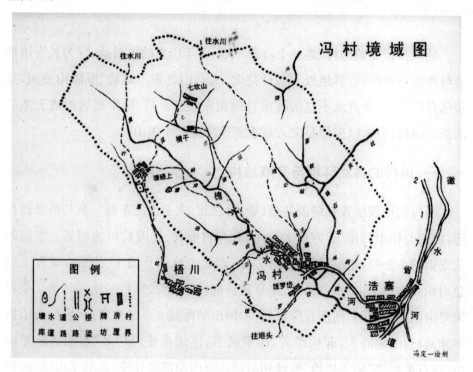

图5-1 绩溪县冯村境域图

冯村境内有1河15溪，即槐水河与药库、石磉头、板木塘、塘坑、七磉岭下、七磉山、叶富坑、百叶坑、塘冲、田冲、大谷岭、饭罗岱、杨关坑、降头、黄胜坑15条小溪。其地为红壤性中层精骨淋石土，属黄沙土。年平均气温

15.8摄氏度,年降水量1519.3毫米,无霜期约235天,海拔高度适中,水源充沛,植被覆盖率达95%。林木主要有松、杉、竹、板栗等。农作物以水稻、小麦、玉米、油菜、豆类、薯类为主。丘陵坡地以植桑、茶、苎麻、竹类为主,村舍四周多种蔬菜、水果等,水街路旁均栽龙爪槐和樟树等,房前屋后,多栽燕竹与雷竹等。因此,全村掩映在青山绿水、翠竹林荫之中。

冯村始建于唐代,并以姓名村,至北宋时,始分三派,进而外拓,及至智派十八世时,人口猛增,并立六厅。至清代,人口鼎盛,不断迁徙,或在周边多建小村定居。汪姓自明代中叶迁入后,人丁亦旺,后发一支于七磡山,至清代,男丁达百余人,也建了支祠。清咸丰、同治年间,太平军与清军不断鏖战,因而死于战乱和流离失所以至举家外迁的不计其数,人口锐减。至民国时期,为抓壮丁、杂税,投亲入赘,流动择寓冯村的有汪、潘、曹、吕、王、胡、杨、余、李、张、唐、魏、程等14姓。至新中国成立前,冯村共有117户453人,其中冯姓335人,汪姓52人,其他姓氏66人。

据胡适先生题写谱名的《冯氏宗谱》记载:冯氏系出姬姓,自后稷生于神质,以功受尧封于邰,遂家焉。别姓姬氏,即西安府乾州武功县是也。生子不窋,入传至亚圉子公叔祖。公叔祖子古公亶甫,立季子季历以传昌,是为西伯昌,即周姓也。文王第十五子毕公高封毕,以国为姓。其后裔曰毕万,仕晋卫右军,有功封于魏,为大夫。支孙文孙,于周襄王十七年丙戌(公元前635年),封大夫,食采冯城,以地为姓,此冯氏得姓之始也。生子理,理生泰,为太学博士。泰生完,完生永佑,为司徒。永佑生节,节生和用。和用生超,任翰林侍讲。超生能问。能问生光弼,封光禄大夫。光弼生遐龄,遐龄生文亮,文亮生简夫,官至御史中丞。简夫生立,立生嘉猷,嘉猷生茂,茂生变,变生甫吉,甫吉生郡伯,任河南太守。郡伯生佐乙,佐乙生绍,绍生恢,恢生衍,衍生扶,扶生敬益,敬益生奉世,家上党,汉元帝朝,拜执金吾,赐爵关内侯。有子九人,而四子通四经;第六子克,封宜卿侯。克生懿,懿生异,佐汉光武中兴,拜征西将军,谥节侯。异生彰,封东缙侯,又封平乡侯。彰生普,普生晨,复袭平侯。晨生启,任广陵郡丞。启生伦,伦生忠奉,任监察御史。忠奉生仪,东晋康帝时,任山东青州别驾,终于官。子元本,奉终而就居焉,厥后派衍青州。元本生三子:枢、纲、旺。纲作谏议大夫。纲生畴,畴生让德,让德生芝庆,芝庆生敏,敏生端拱,任咸阳令。端拱生贤,任京兆尹。贤生齐政,任零陵令,擢御史。齐政生顺德,任广陵郡丞。顺德生炳文,炳文生若义,若义生永言,世居青州。永言生三子:茂、繁、英。繁字子华,唐德宗时任歙尹,考终于宦,葬歙南三十四都,地名鹰窠墓。繁生三子:长曰宿,任西蜀普州,居于普;次曰宽,还居青州;三曰定,庐父墓,居于歙。定生二子:长曰延普,字可道,卜居于绩北之白沙街。厥后族益繁衍,名曰"冯村"。次曰延韶,字迪道,仍居歙南吴辉。冯氏派衍于绩(溪)歙(县)者,自定公始也。

现将冯村六厅排行、冯氏六厅通用排行列表于后:

厅序	厅名	世序	男排行	女排行
一	东厅(礼)	二十二—四十世	永道克留敏 时大绍以光 朝端承景运 柏世定娄芳	娥枝音莲体 徽妍英玉第 贞纹昌能义
二	刺史第(乐)	二十二—四十世	永道遐文仲 时兆秉以光 原敦成庆集 家宅定贞祥	原敦成庆集 徽柔和正静 兰惠普坤仪
三	尚厅(射)	二十二—四十世	永道尚文德 宗示绍以光 朝端承景运 百嗣定联芳	
四	前厅(御)	二十二—四十世	永道汝希可 时恩芝以光 朝端承景运 百嗣定联芳	音云清伦容 枝兰英容贞 润妍英和庄 晚清易家祥
五	后厅(书)	二十二—四十世	永道汝应正(月) 师(有)守修以光 朝端承景运 百世定留芳	音云娥伦容 枝兰英娇贞 润妍英和庄 婉静起嘉祥

续表

厅序	厅名	世序	男排行	女排行
六	老上厅(数)	二十二—四十世	永道尚文世 延泰绍以光 朝端承璟启 百安定家芳	

世数	男排行	女排行
四十一—六十世	治平基孝友 积善必兴昌 统宗绵世泽 木本水源长	金菊妙芬芳 玉莲雅丽香 勤俭端柔顺 坤德颂贤良

图 5-2　绩溪县冯村水街景观

我们谨将冯氏祖训亦抄录于下：

家祝：不有祖考，谁余鞠育？报之维何，善述善续。恪守恒产，衣食自足。笃叙天伦，自求多福。圣经贤传，讲诵惟熟。有文润身，有泽及物。光我祖考，显我氏族。子子孙孙，服膺是祝。

家戒：百行奚先？曰忠与孝。五伦孰重？曰君与亲。纲常须正，伦理在明。奈何子孙蕃衍，消长不均，毋以强而凌弱，毋以富而欺贫。服族虽远，名分犹存。毋以亲为途人，毋以疏而逾亲。宜患难而相救，勿相讥以反唇。增光辉于祖考，期无愧于平生。致家和而族睦，使俗厚而风淳。庶斯谱之不虚作，而爱范之有成。愿尔子孙之绳绳，毋忽吾言之谆谆。

家规：《书》曰：作善降之百祥，作不善降之百殃。《易》曰：积善之家必有余庆，积不善之家必有余殃，无非勉人为善而戒人为恶也。然不监此者，恣行私利，小则殒身灭性，大则覆宗绝祀，可胜叹哉。且吾宗自冯大夫得姓至五十世祖子华公，大唐时任歙尹，而家于歙，厥孙延普公始迁绩北居焉，迄今二十余世，子孙蕃衍，继志述事，代不乏人。其先茔丘垅松楸之密，每岁清明拜扫，举族相集，敦尚礼仪，此非祖宗善积厥躬，泽流后裔，又乌能有今日之盛耶。每念报本之礼，既不可废，遵祖之义，尤不可缺。因而知慎终之道，前人固尽之矣。厥后追远之责，岂不系在我等子孙乎。吁，物本乎天，人本乎祖。其《家训》有云："余见名门巨族，莫不由祖先忠孝勤俭以成立之，莫不由子孙远惰奢傲以覆坠之，成立之难如升天，覆坠之易如燎毛。"范文正公有云："吾宗族甚众，于吾固有亲疏，然以吾祖宗规之则均是子孙，因无亲疏也。"余深有感于斯，而家庭之事，不敢妄议，愿与尔等究《易》《书》之旨，恭柳、范之言，斟酌家规，俾吾族子孙，遵而行之，庶几流余庆衍百祥，睦宗族而无负圣贤之格言也，是宜条列于后云。为子者，必孝以奉亲；为父者，必慈以教子；为兄弟者，必友爱以尽手足之情；为夫妇者，为敬让以尽宾友之礼。毋徇私情以乘大义。毋含懒惰以荒厥事。毋纵奢侈以干宪章。毋信妇言以间和气。毋惹是非以扰门庭。毋耽曲蘖以乱厥性。有一于兹，既亏尔德，复隳尔品。念兹祖训，实系废兴。言之再三，各宜谨省。家之盛衰，系乎积善与积恶而已。何谓积善，恤人之孤，周人之急，居家以孝悌，处事以忠恕，凡所以济人者，皆是也。何谓积恶，欺凌孤寡，阴毒阳善，巧施奸佞，暗弄聪明，恃己之势以自强，夺人之财以自富，凡所以欺心者，皆是也。是故能爱子孙者，遗之以善，不爱子孙者，遗之以恶。《诗》曰："毋忝尔祖，聿修厥德，天网恢恢，各宜修勉。"家之隆替，关乎妇之贤否。何谓贤？事舅姑以孝顺，奉丈夫以恭敬，待娣姒以温和，接子孙以慈爱，如此之类是也。何谓不贤？淫狎妒忌，恃强凌弱，摇鼓是非，纵意徇私，如此之类是也。呜呼，人同一心，事出多门，善福淫祸，天道昭昭，为妇人者各宜慎戒。读书尚礼，轻财尚义，毋骄而自鄙致玷家声。婚姻择配，朋友择交，毋贪慕豪富致辱宗亲。周贫恤苦，济物利人，毋悭吝弗与致乘大义。婚姻丧祭，称家有无，毋袭俗奢浮致违俭约。房屋整洁，服装朴实，毋邪侈繁华致遭非议。

二、冯村的传统经济

冯村耆老冯志坚、冯耀章告诉我们，冯村旧时（专指新中国成立以前，后文同）的传统经济历来以农业为主，其他业有蚕桑、林牧副渔和工商业。农业一直沿袭古老的耕作制度，一年两熟，主要农作物为水稻、小麦、玉米、高粱、油料和豆类等，午秋交茬轮种，可谓"千年一贯制"。农田施肥有石灰、人畜粪或沤制绿肥。亩产一般在三四百斤左右，边远山坞的冷水田亩产只有 200 多斤，人均占有粮食为 300 来斤。据 2002 年的统计，冯村土地总面积为 5410 亩，其中山场 3266 亩、水田 582 亩、水面 43 亩、旱地 63 亩、桑园 285 亩。水田有畈田、梯田，旱地有坡地、山地，分布于村庄四周。东有冯村干，南有饭罗岱、大谷岭、古塘源、田冲纹，北有降头、茶纹和南山上，西有塘川和七磜山，皆为梯田，分布村庄四周。水田以冯村干、北山和大柏三片为最优。计有 300 多亩，一马平川，水利条件较好。其他小冲小坞，水利皆可，一般旱灾年景，尚能保收。最远的水田是降头和黄胜坑，距冯村约有四五华里，日照短，田块小，有的甚至小到一头牛都容不下，只能人工挖。尽管土地还算不差，但耕作不便,成本甚高,效益不好,只能半荒半种。

新中国成立以前,土地皆为私有,可以自由买卖。宗祠有祠田,寺庙有寺田,凭借田租作修缮祠庙、上坟祭祖、进行族事、庙事活动的费用。明万历十六年(1588年)"五都清隐寺,有田304亩,地28亩"。冯村一祠六厅皆有农田,亩数不清。民国二十六年(1937年)建造冯祠中进竣工时有记载:"共计支出银元2547.70元,其中两年租谷余款为840元。"民国三十六年(1947年),冯祠修谱时议定:"工作人员一律领膳不支薪,工酬待谱成进行叙功补赏,每人每月给食米45斤,菜金15元(国民政府纸币)"。这说明冯祠收取的租谷数量不在少数。

图5-3 绩溪县冯村的大夫第古民居

冯村自有史以来至民国,除少数做手艺者之外,其余劳力均守着几分薄田,日出而作,日落而息,一年两熟,午季油菜、小麦,秋季水稻、苞芦(玉米),传统老旧的种植方式,沿袭千年而不变。肥料不足、品种单调、耕作方式古老、产量很低。

冯村的农作物品种与绩溪境内其他各乡各村也差不多,主要是水稻、小麦、油菜、苞芦(玉米)、薯类、豆类、花生、荞麦等,其中荞麦种植现已不见。此外,还有芝麻、高粱(绩溪人称糯稷)、葵花籽、甘蔗、烟草、棉花和蔬菜等,均系自种自食,很少上市销售。

水稻,冯村人种植的传统水稻品种有花谷、金棵银、铁杆籼、白谷等,糯稻有毛糯(圆糯)、长糯、草鞋糯(稻草编制草鞋,糯米酿酒极佳,但产量很低)。历史上曾经也从旌德引进一些"三溪旱"之类品种种植过。

小麦,传统的品种有白头麦、红头麦和芒尖头麦三种,这些老品种耐瘠、抗病、稳产,但杆高易倒,亩产在 100~150 斤。

油菜,历来种植白菜型和芥菜型的地方土种。其特点是耐寒、耐瘠、早熟,但易发病、产量低,通常亩产只有六七十斤。

玉米,俗称苞芦。据《绩溪县志》记载:"清乾隆年间,由安庆人携种入境在大鄣山,开'火子山'种植,后传遍县境。"冯村何时引进无考。历来皆有种植,数量不多。如遇干旱年景,水稻已临节气不能落种,即改种玉米。品种有黄、白二种,生长期 80~140 天,多在旱地或"火子山"种植,刀耕火种,缺乏肥料,产量很低,一般只有百把斤。

薯类,即山芋,俗称藩芋。历来皆有种植。马铃薯,俗称洋芋头,新中国成立后引种。毛芋头,有水芋和旱芋两种,水芋种于田角边,旱芋种于潮湿的旱地。

豆类,豆类品种繁多,有夏冬两季之分。夏播品种有黄豆、绿豆、赤豆、黑豆,作为菜食用的有豇豆、刀豆,兼有药用的白扁豆等。秋种越冬豆类有蚕豆和豌豆。

花生,历来多有种植。

荞麦,一直种到上个世纪中期,九十年代后逐渐减少种植,现已不见再种。

冯村的传统农业耕作工具为犁锄耖耙、刀斧箩筐、畚箕扁担等,数百年来,均无较大改进。耕作方式也是人挑肩扛、牛背马驮,原始落后,田少人多,产量又低,故而"十不赡一",生活较为困苦。

据《绩溪县志》载,清代冯村出现大、小买田制度。即客民垦殖荒田,有永佃权,称"小买";原业主收较少的租谷并纳税,称"大买"。或农户遭难需钱,将田权卖出一部分,保留佃权。或工商户的粮油酱坊,为保证农产原料,只买大部分田权,收取租谷(油菜籽),不买佃权。或旅外工商者,只买田权,不需经营,坐收租谷,赡养家中妇幼。某些宗祠亦如是。民国时期,县内形成大小买的土地所有制。小买主向大买主交较少的租谷,大买主纳税,双方只能转让自有部分权利,小买佃户三年不交租,大买主即没收小买田权。

新中国成立以前,养殖业一直是冯村自给自足自然经济的良好补充,每家每户都重视家畜家禽的饲养。主要有养牛、猪、鸡、鸭和鱼类。冯村农民对养牛十分在意,如果牛的毛色、圈、蹄、齿、舌生得不正,视为不兆,宁可不养。且大多养黄牛,水牛少见,以饲养浙江兰溪购进的羯牯牛为多。因其草口好、膘肥、体大力壮而深受冯村人喜爱。养猪则习惯圈养,建有猪栏,铺垫稻草、青草或秸秆,每头猪每年可积肥1500～2000公斤。饲料则多为瓜菜、粗糠和杂粮、剩饭、涮锅水等,不够再扯些野菜添补。一般每年出栏2头,其中,出售1头,春节宰杀1头,腌制腊肉,以备来年食用。冯村境内水源较为丰富,11条小溪流入槐溪河,河内鱼游虾戏。星罗棋布的山塘有40余口,均兼灌溉和养鱼功能。一般春养冬捕,种类有草鱼、青鱼、鲢鱼、鳙鱼(胖头)、鳊鱼和鲫鱼等。河中野鱼还有石斑、白条、大头鲂、鳗鱼及鳝鱼、泥鳅等。

在养殖业中,蚕桑是冯村人很重要的副业。冯村养蚕业起于何时,无考。据《绩溪县志》载:"清末岭北地区初成生产规模。"栽桑养蚕历史悠久。冯氏谱史记载:"民国十几年间,冯景江户植桑2万余株,产叶百余担,时称桑叶大王。"当时农民十分重视养蚕。但那时生产技术落后,年养一季(次),产量不高,价格不稳,蚕农收益不多,至新中国成立前,冯村的养蚕业已经奄奄一息了。

冯村旧时的工商业,一是加工粮食的水碓有 3~4 座;二是建筑方面的,以烧石灰和烧砖瓦为主。商业方面只有三五户做豆腐兼营针线、旱烟、火纸之类的小商店,抗战期间均相继歇业。抗战胜利后,村人冯志泽开设"泽记生活铺",经营各类豆制品。但旅外工商业则颇有名堂,有名有姓、规模较大的如嘉禾内衣厂、沪汉袜厂、福泰钱庄、上海帽店、冯日新商店。

嘉禾内衣厂:民国十四年(1925 年),19 岁的冯焕嘉独自赴上海学做生意,后积攒一些本钱,便设了一家规模不大的嘉禾袜厂,因管理有方,袜品质量好,生意颇盛,不几年,又以积累扩大生产,开设嘉禾内衣厂。冯氏善于经营,重视产品质量,产业日趋兴旺,雇佣职工 50 多人。日寇侵华,上海沦陷,厂遭劫掠,无法经营,只得关闭回乡。两年后返沪,又艰难开展业务,直至上海解放。1955 年,与其他四家同行企业实行公私合营,时称"五和内衣厂"。

沪汉袜厂:民国初年(1912 年),20 岁的冯村青年冯惠昌在上庄糕点坊学徒出师,由亲戚带往上海某糕点坊帮工做糕点,后不幸厂房失火,财物被焚殆尽。冯惠昌平素生活十分节俭,自己以工薪所蓄作本钱,自开徽州糕点店,并自制木质刻版标记印刷于红色包装纸上,称"小小红纸色,徽州麻酥糖"。由于糕点货真价实,特色浓郁,销路大开。嗣后与一袜厂女工陶惠英结婚,陶聪明能干,14 岁便能收徒教习,冯见他人袜厂营业很好,于是改糕点坊为沪汉袜厂,厂址在上海市城隍庙,抗日战争前职工已有 30 多人。日寇入侵,上海沦陷,冯惠昌带着十几台织袜机回乡避难。1958 年,将织袜机卖给了歙县袜厂。

福泰钱庄:清末期间,冯百亮经商于江西吴城,后开设"福泰钱庄",传其子冯嗣林、媳江带娣。钱庄兴旺发达。在冯村家中正堂有一块宣扬敦厚诚信之义的"厚诚堂"匾额。冯嗣林中年早逝,店事、家事皆由江氏独力支撑。江氏秉性慈祥,守节抚子,遵"厚诚堂"意旨,乐善好施,疏财仗义,出巨资创办云庄小学,出重资修筑安仁桥,出资建大柏亭、北山亭,以及资助修桥补路,济困救灾不计其数,深受父老乡亲敬仰。日本侵华时钱庄倒闭。

上海帽店:武汉上海帽店由冯授薪创办。冯授薪行名冯定传,乳名冯惠根。民国四年(1915年),15岁的冯授薪赴汉口"马敦和"号习业,以服务勤恳、工作干练见称东家。民国十五年(1926年)即被委任该店新、老二店总经理,长达二十载。期间,自设"东南百货商店",积财甚丰。热心公益事业。后创办"中和冰汽水公司"。民国二十五年(1936)开设上海帽店。日本侵华时将店迁至俄租界,运筹帷幄,经营有方,沟通多方货源,在战乱中争取市场,并不断创新品种,效益倍增,誉满武汉。

冯日新商店:"冯日新商店"是冯村人冯朝基开设于浙江临安县横板镇的商店。冯朝基于清末去浙江,先在一家商店当学徒,后自行创业,并与其子冯端懋共同经营。由于经营得法,待人诚信,业务范围逐渐扩大,经营京广布匹、南北杂货、山村特产,以及酿酒、屠宰、木器、豆腐制品等。尤以豆制香干品味上乘、闻名遐迩,外销苏州、上海、杭州及水上客户,当地群众十分喜爱。因此,该品牌被载入《临安县志》。其旺盛时拥有店、栈计6幢40余间,店员30余人。其孙冯承钰(百和)参与经营管理,继承先业,对家乡建设慷慨解囊。日寇入侵,横板镇屡遭轰炸和扫荡,资产损失惨重,一时无法复兴,不得不缩减经营范围,仅以南北杂货营生。

其他还有冯百州(红举)在武汉开设的胭脂花粉店、冯继兴在旌德庙首开设的中药店、冯文楚在浩寨开设的中药店等。

三、冯村的宗教与民俗文化

(一)冯村历史上的寺庙和民间信仰

徽州的宗教信仰并不如其他地方那样浓厚,倒是带有宗教神道色彩的民俗文化活动颇为丰富,且大多为祭祀型的。冯村历史上并无重大宗教活动,村民亦无特别的佛道及宗教信仰,偶有一些类似活动,也是一些带有迷信色彩的神道、祭祀场面。如"叫魂""作十保""揣夜饭"等,因为是迷信陋习,现今基本绝迹。

冯村的寺庙有清隐寺、观音阁、五猖庙、社屋庙、文昌阁等。其中清隐寺据新版《绩溪县志》记载:"五都清隐寺,有寺田304亩,地28亩。"该寺位于冯村田冲南侧山坞,现已无痕迹,土名叫"清隐寺",现为梧川村民旱地。据冯村冯百川记述,"当时香火甚盛,后因和尚多而傲横,甚至赤身骑驴过村市,蛮霸无理,被东厅仪宾某公等控奏朝廷,并穿火铁靴证实其事。有旨将该寺烧毁。又传,旨内有误,将所有寺烧毁一语,竟累他寺,亦被误烧数处"。清隐寺遗有铁钟1只,上有"重八十一斤,康熙二十八年(1689年)十月,冯道俊、道谦、道中、尚满、伯孝、天柏等造……皇图巩固,帝道遐昌,佛日增辉,法轮常转"文字。民国三十二年(1943年),此钟被移至云校作警钟之用。1958年"大炼钢铁"中被碎毁熔铁。观音阁位于龙门桥南侧,相传为田冲清隐寺一烧饭和尚背观音像迁来,倒圮时代不明,遗址现为菜地。五猖庙位于村后龟、蛇二形山脚之中,占地25平方米,"供奉风、苇、狂、野、伤五神"。建造时间无考,清光绪壬午年(1882年)重修正心堂等,1969年建冯村小学时被拆除。社屋庙位于北山桥北侧,正名"厚儒社",传系从杨关坑迁来,始建时间无考。清至民国时期经常修缮,占地182平方米。民国三十八年(1949年)冯百川记述:"堂内正座供奉后稷公,俗称'社公社母'。东供汪公大帝及五谷神,右供温元帅等菩萨。又西边殿供观音娘娘等神像,连香火堂共三间房屋。"1969年建冯村小学时被拆除。庙前左侧原有水塘一口,后因沙淤土积变为旱地。文昌阁坐落在龙门桥面之上,建筑面积32平方米,西向楼上装有龛窗,楼下安有栏杆"美人靠"。清末,冯益三等重建,取名"文昌阁",内供文昌、观音和田、崔、柳三天花娘娘画像。1969年建冯村小学时被拆除。

(一)冯村的民俗文化

1. 祭祖

虽然冯村历史上寺庙及桥亭楼阁有几处,但没发挥什么作用,也没有冯村人茹素、吃斋、信佛乃至出家的记载和传说。但是冯村历史上带有神佛色彩的民俗文化则十分丰富。

祭祖之俗有二:一是年祭,二是清明祭。年祭从腊月二十四日(俗称小年)起,堂中悬挂祖容像,没有祖容像的,用红纸写一祭位"×氏历代祖宗之位",贴在正堂,以示思念。多数人家挂至正月初三,亦有少数人家挂到正月十八,意思是让祖宗在家过年。清明节是祭祀祖宗的大节。每家都要写若干"纸角"烧祭列祖列宗。其格式大体如下:

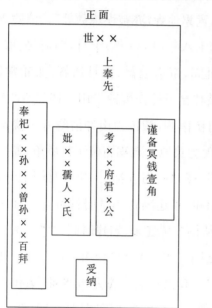
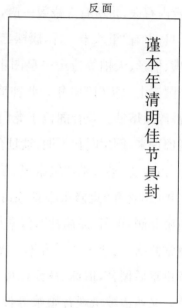

纸角准备好后,即被主人携带前往祭祀地点,清除祖墓杂草杂物,在墓脑上堆上新土;在坟上悬挂彩钱纸或插好花圈;焚烧纸角、纸钱,燃香祭拜并敬酒、放鞭炮。

2. 做会

做会:冯村做庙会有两种,一是保安会,即六月会或船会;二是太子会。六月会是为纪念唐朝保卫江淮的大将张巡、许远、南霁云、雷万春而举行的庙会,这种庙会在绩溪乡村较为普遍,一般在大年即闰年春夏间举行。由当斋的家庭许愿者为会首。会前半月,全村开始吃素,严禁杀牲,每日由会首随四个小道士逐家查看,并洒净水,俗称"打醮",以示虔诚。请手艺高超的纸扎师傅在一个月前进祠堂,精制龙舟一艘,长2丈许,宽七八尺,固定在牢固的木架上,船头有身高八尺、全副武装、富丽堂皇、威武绝伦的南霁云,称"大王菩萨";船尾有雷万春,称"小王菩萨",手持武器,瞪目远视;舟中厅堂有张巡、许远相对而坐,运筹帷幄。两侧有许多水手,各执一桨。自起会之日起,每日上午由村民撑旗伞,锣鼓喧天,炮声震耳开道,由数十名壮汉扛抬龙舟随队在村内游行,每到宽敞空地,壮汉们便分成数队轮流扛舟旋转,俗称"摔龙舟"。观众有的放鞭炮,有的撒"花钿"(用方二寸许的粗质纸剪成),并高声呐喊助威;有时则由壮汉分扛"大王""小王",其他壮汉分成两组护随大小王蹑穿于人群中前进,或沿户交替跳跃,直至"花钿"撒光,鞭炮放尽,始转阵地继续游行,俗称"跳大王"。下午,龙舟停放在会堂即祠堂内,供游人膜拜。神位前供挂着各家制的各色各样的"琼碗",造型各异,琳琅满目,美不胜收,称"琼碗宴"。保安会结束后,于深夜中偷偷将龙舟抬往徽水河滩焚毁。

图 5-4 绩溪县冯村明代进士第牌坊

太子会举行的时间是农历七月二十二日。此会源于祭祀唐越国公汪华的长子、次子和三子。相传汪华逝世以后,其子九人,长子、次子和三子封太子,四、五、六子封诸侯,七、八、九子封相公。徽州民众旧时为纪念汪华公保境安民之功德,普遍举行太子会进行祭祀。每年七月二十二日,儿童扮地戏,抬着太子菩萨,少则数百人,多则上千人,鸣锣开道,鸣铳助威,五彩缤纷,浩浩荡荡地巡游五都各村,请有名的徽班唱戏数日,看热闹的人们络绎不绝,热闹非凡。

3. 婚丧民俗

(1)婚姻民俗

冯村人聚族而居,历来攻读有院,奉先有祠,祭祀有墓。其地民风淳朴,崇文重教。冯村有"嫁鸡跟鸡走,嫁狗跟狗走"的说法。其族规规定:"凡夫故自愿改迁者,听之。若招夫养子,既玷其夫复辱其子,或养外甥为子者,均违背成例而紊乱宗支,滋生事故,务宜严禁。"因此,冯村冯、汪二姓皆恪守"同姓不通婚"的规矩。青年男女以父母之命、媒妁之言定终身,有童养媳并亲婚、冲喜婚、抢亲婚和娃娃婚、"冥配"等多种形式。童养媳并亲婚是指女方幼小即入男方门槛,初视养女,待成年即结婚。冲喜婚多为未婚夫有病,借结婚冲喜去邪,若夫猝亡,妻则终身守寡。这种习俗冯氏谱牒上记载颇多。还有棺材头上并亲的,即父或母亡故,丧期结婚拜灵堂。抢亲婚,是指婚前有约,男方有故或经济贫穷,而产生抢亲谋略。如今,冯村被抢婚配妇女健在者尚有三例。娃娃婚,多以"十三岁当爹,十四岁当姨"。冥配,即亡男亡女阴灵婚配并入祠,传宗接代。旧时婚配的婚龄一般为男十八虚岁,女十六虚岁,早婚者有"十三爹,十四姨,十五十六不稀奇"之谚。冯村人以大家庭人多势众,数代同堂为荣。例如,清代,冯光烛之妻曹氏,年逾百岁,人丁数十,五世同堂,受皇恩钦赐"恩荣百岁坊",昭穆后世。

冯村的婚嫁礼仪和丧葬风俗与绩溪岭北各村大体相同,其婚嫁礼仪程序有"下定、过门、拼亲、讨亲、接亲、拜天地、行推(走梯子)、挂灯吹唱、回门"等。

下定:下定前有一番三来四往,主要是媒人从中说合。先取女方生辰八字到男方配合,请算命先生测试,如能合,则男方秘密去女方家中看人,相中后,由媒人携带糕点和干礼数元到女宅下"小定"。后由双方商定吉日,由媒人和一位亲戚长辈带上男方的鞋样和礼品,到女方家中下"大定",又称"揣鞋样",算是儿女亲事已经敲定。再由女方开出礼单(分干礼、水礼,干礼为喜洋,即银元;水礼有鱼、肉、烟、酒、糖、炮、红烛、鸡鸭蛋、油豆腐等)。时隔数日,男方择定良辰吉日,用红纸写好字,称"日子书",由媒人带上礼品,送至女方家中,确定后,选择吉日,各自筹办。

过门:下定后,经男女双方家庭商量同意,将姑娘接入男家,谓之"过门"。过门必须当日以"四色礼"送回家,但也有不回的。

讨亲:即抬嫁妆。正日前一天,由男方派出以娘舅、姑父为主体的队伍去女方家抬嫁妆,上午出发,下午抬回。贫者两三担,富者七八担,更富者十几担之上,包括女方一辈子的生活用品,"全副銮驾"者还有一对朱漆描金的寿材,可谓无所不包。嫁妆进门,鸣炮奏乐,亲友们围抢篓里的瓜子、花生、红枣、板栗、桂圆等吉祥物,称"抢发"。

接亲:即迎新人,也叫接新人。待嫁妆进门后由媒人带领迎亲队伍大约下午四时出发,富有家庭迎亲队伍宏大,有四人抬的珍珠大红花轿,在鼓乐声中浩浩荡荡来到女方家。此时,女方家大门紧闭,讨"开门包",接彩礼,与媒人一番周旋,待一切都满意了,迎亲队伍"三吹三打"(鼓乐吹三次,爆竹放三次),女方家方开门,将大红轿抬至正堂,放在蚕筐内,女方家对迎亲队伍给予吉席招待。新人经洗头、洗脚、开面,从里到外着新装,精心梳妆打扮后,向灶神、父母和长辈拜辞,谓之"拜香火"。屋内正堂、厢房、楼上楼下均点上红烛,谓之"满堂红"。新人穿上"夜鞋"(专为出嫁时穿的薄底鞋),由亲兄弟背上轿,父母、姐妹放声大哭,称"哭发"。然后放炮,奏乐启程,谓之"发轿"。迎亲队伍沿原路喜乐回归。

拜天地:新人迎至男方后,由理事(司仪)开轿门,新人由童男童女搀扶下轿,进入偏房,换上大红衫、大红裙,戴上凤冠霞帔,盖上方红巾;新郎穿上长袍马褂,戴上礼帽。正堂已摆好案桌,挂上大红绣花桌围,案桌上摆好香炉、烛台,点上有一对一斤重以上的大红蜡烛。一切就绪后,新郎新娘由童男童女搀扶,双双来到正堂桌前。此时鼓乐鞭炮齐鸣,理事人高喊先拜天地,新郎新娘双双对天四跪拜;又喊再拜高堂,新郎新娘对祖宗父母跪拜;接着夫妻对拜,然后被送入洞房。新郎新娘走在由两只青布袋铺垫的地面上,当走上第二只袋时,理事人拿起走过的袋子往前抛,口中喊"一代高一代",接袋人应声"代代高",意为代代发达高升。正日上午,新郎站在大门边,新娘坐在房间里,恭迎来吃喜酒的宾客。中午,新人享受贵宾礼遇,坐正堂贵宾桌首席,由新郎舅母和陪新人的姑娘们相陪、进酒。下午,由长辈带领,陪新人的姑娘陪同,在鼓乐声中沿街缓慢行走,先进宗祠祭祖,后上坟拜祖。

行推(走梯子):新郎新娘上祠祭祖动身后,好热闹的青年在回来的必经路上用长凳和梯子架起一座长长的梯子桥,待新郎新娘回来时,小伙子们簇拥而上,让新娘抱着用长枕头做的"婴儿",新郎拿着彩色马鞭,双双走上梯桥,如赶马状行走,俏皮青年故意制造惊险,让新娘新郎出"洋相",引得众人开怀大笑。走过的梯子和长凳很快被人送往前面相接,可让梯桥接二连三,长达百米,中途要"过山",即用两短梯竖起来相靠,让新娘新郎爬过"山头"继续走,直至入家门才结束。整个过程有惊无险,嬉笑热闹。

挂灯吹唱:富裕家庭办婚事一般都"挂灯吹唱",即在正堂天井楼栏周围、下堂等处以玻璃彩灯悬挂,灯内点蜡烛,使整个厅堂明亮焕彩。请稍有名气的徽班在厢房唱戏,中晚宴时吹打唱戏助兴,东家和宾客可以点唱,并给彩包。

回门:正日后的第三天,备好礼品,新郎新娘坐一双人轿回娘家省亲,叫"回门"。早上出发,当晚返回。娘家午宴待新娘、晚宴待女婿。黄昏时,男方要派能喝酒的两个青年小伙,提着灯笼到女方家接亲,晚宴时与女婿同桌,保护女婿饮酒适量,必要时代喝,俗称"酒代"。宴至半夜,放炮催行,放三次炮后才告散席。新娘、女婿向亲人告别,以"果子"(方言"糕点")认亲,收礼长辈回赠喜蛋。此时,接亲者点亮灯笼,新郎、新娘乘轿回程。

抢亲:穷人结婚时,有的家庭彩礼、彩银拿不出,就以抢亲习俗完婚。抢亲由几位青年壮汉代办,商定计谋,由一能说会道的人当刺探,先进门亲热招呼,假说路过或找牛,待探定女方在家后寒暄告别,将探情转告大家开始行动。一旦瞄准新娘,蹲上背着就跑,放炮人立即放三个爆竹,家中人正要上前阻拦时,三个爆竹已响,谁也不能再进行阻拦。另一种抢亲是男方家庭突发变故,如丧父或丧母,家境陷入困境,也用抢亲完婚,俗称"棺材头上成亲"。按照习俗,抢亲必须在"下定"后方可进行,不然就不成规矩,破坏了风俗,女方会找麻烦。

(2)丧葬民俗

冯村的丧葬习俗与绩溪岭北地区其他村落大体相同或相似。

历史上特别是明清至民国时期,冯村贫富家庭殡葬仪式差别很大,富人死后,做道场七天七夜;穷人有"生得起,死不起"之说。

合寿具("合"方言读"鸽"):即做棺材。大多数家庭长者年过不惑就要准备后事,选购深山老林中的百年杉木,取其粗头一段,约6尺长,锯成又厚又宽的杉木板,12或14块为"一副",岭北人称"契板"。待阴干后,请木工名师择日开工合寿具。经济条件愈好,做工愈讲究,取上三、下三、边二共10块做成的最好,称"十合"。做好后均朱漆描金,放置一处,不可随便挪动。完工时多以厚宴待匠,近亲亲戚以送长寿面、鸡蛋贺之。

做寿衣:富者绫罗绸缎,里3套,外3套,上7层,下8层,绸缎垫,绫罗被,员外帽,白底靴,备有上九华拜佛且盖有佛印的香袋。制成后用布包之,存放隐蔽处。

结椁:即做坟墓。富有者坟墓选址非常讲究,要请风水先生踏龙选址。在冯姓古坟中有如"九龙戏珠""美女摊花"等典故的墓地。坟址确定后,请名师择日动土兴建。坟身用青砖砌成上圆下方的坟桶。富者建坟不惜代价,坟面都用雕刻花纹的花岗岩砌成,造型宏大壮观。

入殓:人死后治丧有一定的传统规矩,贫富家庭差别很大。长者死后,子女跪在床前大哭,以三六表俗称"火纸"覆盖其面,以金银或茶叶米纳其口中。子女边哭边焚烧锡箔元宝。在治丧理事人的安排下,父死由长子净身,母死由长女净身,即将死者原衣裤脱光后全身擦洗干净。穿衣前将寿衣由长子(女)试穿后再替死者穿上,一般6层,穷者3层,富者13层,绫布合用,还有用全绫的。到择定时间,由长子扶头,次子扶脚抬入棺内。灵柩头朝外,放在灵堂正中,谓"望家"。青壮年夭折而无后代者,灵柩头朝里。由理尸者整理遗容,用石灰包将遗体四周垫实,不让移动,在死者口中纳上含口钱,左手纳上金元宝,右手纳上银元宝,古代还在胸前戴上青铜镜,再虚盖上棺盖。

启灵、发讣告:在冯村,亲人死后,启灵、发讣告同时进行。灵堂设在正屋厅堂,正堂挂一大"奠"字,两侧和东西两厢挂挽联、挽幛,四周挂上白幔、白花球,近代都在奠字上贴死者遗像,整个灵堂在一片"白云"包围之中,显得肃穆哀婉。在灵柩东侧置日夜不息的长明灯,点上引路香,灵柩前摆上香案桌,上摆供品、香炉、蜡烛台,点上白蜡烛,中间摆上死者木主(牌位),上写"先考(先妣)某某朝奉(孺人)冯公(×氏)之位",案桌用白纸做桌围,上写"日落西山常见面,水流东海不回头"联句,横幅为"一片白云"。高龄、子女齐全者写"福寿全归"。案桌前置有坐垫,不时有亲戚、本家、近邻、故友前来送奠香,先要点香拜祭,亲子弟跪于案桌旁陪祭。同时,请村中学究写好讣告,印制并发给多方绅士、达官、显贵和亲朋好友。

祭奠:家庭长者死后请道士摇钟念经,叫"道士祭"。男丧多做斋十五祭,又叫破"地狱"祭,女丧称破"血湖"祭,都在出殡前一天晚上进行,祭时全家孝子贤孙均跪灵堂旁大哭。

出殡:择日出殡,贫者隔日,富者数日,更富者有隔四十九日,谓"七七",即"七尽"。是日凌晨,将灵柩偷偷抬出门放在空场中,谓"偷丧"。出殡前,子女及近亲晚辈,依次在灵前敬酒,然后点燃火拐绕灵柩三周,谓"清丧"。然后用火把、纸钱引路,大铜锣鸣锣开道,大人扛着"摇钱树",小孩撑着纸竿(用火纸裁成连环长串,扎在竹竿上),两对唢呐吹着哀乐,低沉慢步行进,八人抬着巨大灵柩(头在前,脚在后),龙扛上盖着大红毡,扎着一只大红公鸡。亲子穿着孝服,戴着孝帽(麻布做成),帽檐挂着白花,腰系草绳,手持孝棍,走在灵柩头两侧护驾。灵柩后为送丧的亲人、亲戚、好友,男戴白帽,腰系白带,女穿白衣裤,头戴白披风,悲哀啼哭,缓缓行进。走在最后的是锣鼓队,以"当当锵"的节拍敲打着。送至墓地,众人拜辞,原路返回。

拦路祭:送灵队伍行至中途较宽敞的路上,停止前进,由女儿、女婿请道士念经超度,烧纸敬酒,称"拦路祭"。一切费用均由女儿负担。现今"拦路祭"风俗仍存,由女儿、女婿跪祭,烧纸敬酒,并发给抬灵柩和持火把引路者毛巾、香烟等微薄礼品。

赶鎩:出殡的当天下午,请道士在家中念经,以铁器敲击,遍及正堂、厢屋、厨房,以驱赶邪气,谓之"赶鎩"("鎩"读"杀")。

上堂:出殡日下午,子孙穿吉服,捧着木主(牌位),由众亲人和鼓乐队相陪到宗祠安位,谓"上堂"。

图 5-5　绩溪县冯村的古桥

4. 岁时节日

节日风俗,绩溪岭南岭北(以徽岭为界)亦大同小异,冯村同岭北各村基本一样。

(1)春节

接天地、过春节:农历正月初一,天未亮,由长者首起,带领子孙沐洗后,陈香案,置果盒、鸡蛋、清茶等供品,然后挑开除夕晚上封在大门中间的"开门大吉,万事如意"的封门贴,打开大门,焚香纸,放爆竹,带领子孙朝天四拜(古时跪拜),谓"接天地"。进屋后,拜遍大门、小门、谷仓、猪牛栏、鸡舍诸神;再向正堂祖宗跪拜,谓之向列祖拜年;向厨房龛前跪拜,谓之"接龛"。天明后,下厨备三套茶。以清茶品尝瓜子、花生、各色糕点,意为清清吉吉、加子加孙;吃甜茶(岭北俗称枣栗汤),讲究者加桂花糖,意为早早得力、日子年年香甜;

吃五香蛋,至少两个,意为元宝滚滚来,称鸡子茶。三套茶后,着新装的子孙们由长辈带领,先到宗祠跪拜列祖列宗,再到同族本家向长辈拜年。先对其祖宗四跪拜,再向长者跪拜,口中连诵"向××公(娘)拜年,恭喜发财"等祝福吉语,间有长辈送给晚辈新年喜包。

正月初一到初三,冯村"一祠""六厅"开大门,让男女老少在祠内尽情喜乐玩耍,看舞狮、看小戏、捉迷藏、玩铜钱、踢毽子、放鞭炮。少男少女们均身穿新衣裤,佩戴银首饰,颈套银箍,手戴银镯,胸前挂着"长命富贵"金银如意锁,在祠内各显神手,尽情嬉耍,叮当声、吆喝声此起彼伏,热闹至极。

初三开始,三亲六眷你来我往,晚辈开始向近亲长辈拜年,女婿向岳父母拜年,外甥向外公外婆、娘舅拜年,侄男、侄女向姑父、姑母拜年。初三过后,平辈、朋友互相贺年,吃年酒,交流一年之中成功之举,过失之因,畅谈本年打算。

正月十五元宵节:每年元宵节,冯姓在舞火龙的同时还嬉灯,正月十五开始,正月十八结束。龙灯同阵,锣鼓喧天,爆竹齐鸣,游人攒动,好不热闹。后期改为五都各村轮朋。小村两条龙,大村四五条龙,一丁(男性)一拐灯,有南瓜灯、兔子灯、走马灯、猴子舞棍灯等,都用留枝的燕竹悬挂,还有在地上滚动的车灯、船灯,各具特色,花样繁多,目不暇接。十五日,值朋村要在白沙庙内请出太子菩萨,与龙灯同阵,抬游各村。

(2)二月二

相传农历二月二日是土地神生日,家家裹粽子,要裹十个特大的粽子,叫"土地粽"。二月二日一早,供上土地粽,放炮烧纸,对天四拜,谓之"接土地神",祈求土地神保佑五谷丰登。

(3)观音神诞

传说农历二月十九日为观音菩萨生日。当天,朝拜的妇女一早就梳妆打扮,几十个装扮素雅的妇女在一德高望重的"香头"带领下,默默行进,到达观音庙依次排列,每人点上一炷香,"香头"一边烧纸钱,一边号令,先对观音菩萨站立四拜,再跪下四拜,然后拜遍庙中所有菩萨,向观音菩萨默默祈祷后结队回家。

(4)清明节

清明节前一日(习惯称"小清明"),冯氏宗祠男性子孙上坟祭祖,用木架抬着宰杀好的整猪、整羊,鸣锣开道,数以千计男丁,浩浩荡荡,奔向始祖陵墓。由司仪发号,清扫祖坟,摆好供品,朗读祭文,放炮奏乐,焚烧三角纸钱,子孙在号令下三拜始祖。在返程较狭窄的路口,由管祠人分发每人一份肉票,或0.5斤或2斤,由当年宗祠收益而定,以示祖宗对子孙后代的回报。

清明日,清末绩溪县城乡于是日"户插柳枝,粉米蒸饼饦,祀祖扫墓增封,悬楮钱于墓门,谓之'挂钱',间有用牲牢鼓吹设祭者。子孙诣墓,各给饼饦、胙肉,谓之'分例'"。① 冯村各家各户上坟祭祖,除带供品外,还带做好的纸角、用五色纸剪成的挂钱纸。

(5)立夏节、端午节和六月六

立夏节:在立夏节当天,绩溪百姓"切苋菜馅作饼,俗呼'馃',供麦蚕,佐以青梅朱樱,祀祖荐新,谓之'立夏见三新'。男女孩以秤称之,曰'免蛀夏'"。② 冯村各家也都做米粉馃,传称"立夏不吃馃,盖絮中下火",还要吃酸梅,并称小孩体重,测定小孩的成长状况。

端午节:农历五月初五日为端午节,冯村各家要炒雄黄豆,喝雄黄酒,并在午时用雄黄酒洒遍家里家外、庭院四角,口中念着:"五月五时节,蜈蚣、蛇蝎都请出,喝了雄黄酒,进洞不敢出。"意为热天已到,各家都要搞好庭院卫生。中午全家吃团圆饭。有外甥的长辈,在端午节前要做新衣裤、端午锦给外甥,谓之"揣端午"。这天儿童多穿新衣过节。

六月六:农历六月初六已是伏天,常将狗投入水中,俗称"六月六,狗洗浴"。各家都做发酵面粉包。而据清末《绩溪风俗之习惯》记载,这一天,绩溪

---

① (清)刘汝骥:《陶甓公牍》卷十二《法制科·绩溪风俗之习惯》,合肥:黄山书社,1997年。

② (清)刘汝骥:《陶甓公牍》卷十二《法制科·绩溪风俗之习惯》,合肥:黄山书社,1997年。

"家家食麦粉包粿,农家祀田祖于田坊,谓之'烧田',北乡谓之'烧秋'。谚云:'田家大吃肉,单看六月六。'是日,撷园蔬、瓜果、田禾叶盛于筐,以为祭主祀秩场、囷牢、笠诸神"。①

(6)中秋节和重阳节

中秋节:农历八月十五日中秋节,是一年中三大传统节日之一。中午,冯村各家都蒸包做粿。晚饭,全家团圆,吃岭北特色"一品锅",先敬祖宗后团坐吃团圆饭。晚饭后,青少年自发组织扎"草龙",全村老少都走出家门观看舞草龙。热闹过后,各家大小围坐门前观月,吃月饼,老人讲传统民间故事,让好传统世代相传。《绩溪风俗之习惯》则云:中秋之夜,绩溪百姓要祭祀月华,并"摘瓜果馈新妇,取多子兆。偷瓜者,物主撞见不之禁,谓之'摸秋'。少年以新稻草扎草龙,燃香遍插龙身,锣鼓喧天,满街衢跳舞,店户各助香,燃放爆竹"。②

图 5-6　绩溪县冯村明代官宅——刺史第

---

①　(清)刘汝骥:《陶甓公牍》卷十二《法制科·绩溪风俗之习惯》,合肥:黄山书社,1997年。

②　(清)刘汝骥:《陶甓公牍》卷十二《法制科·绩溪风俗之习惯》合肥:黄山书社,1997年。

重阳节：农历九月初九为重阳节，有做包、做粿的，有登高望远的。新中国成立后定为"老人节"，号召全社会尊重老年人。

(7) 冬至节

冬至节：冬至节，古人极为重视，叫作"亚岁"，又叫"过小年"。冯村在这天开祠作祀，极其隆重。管祠人先备丰厚的供品、香纸，写好祀文。参加作祀的必须是具有秀才资格及以上者，如在清末公学学习，后改为小学毕业，并在结婚时请过毕业酒的，方有资格。祀时由一具有一定威望者作司仪，秩序井然，一丝不苟。祀毕，全部礼生跪诵祀文、族谱，一时朗诵声四起，全场肃穆。结束后，按在族中辈位高低分领"祭肉""祭钱"。入晚，礼生欢饮，称"吃冬至酒"。

冬至这天天气阴晴也有说法，谚语谓"干净(晴)冬至邋遢(雨)年"。冬至这天是"九九"开始，民间传诵："一九二九相逢缩手，三九四九围炉饮酒，五九六九探亲访友，七九八九沿河看柳"。可见农民极关注季节变化，"及时行乐，勿误农时"。正如杜子美诗所云："天时人事日相催，冬至阳生春又来。"冬至到了，春天也不远了。尽管冯村在春分时节也开祠作祀，但不及冬至隆重。

(8) 腊八节

农历十二月初八，是传统的"腊八节"。相传这一天是释迦牟尼"成道"之日，所谓"佛腊之辰"，故有十二月初八日诸僧寺送七宝五味粥于门徒、施主，谓之"腊八粥"。除了邀佛保佑外，还有驱邪辟寒之功，后逐渐变寺院赠送为各户自办。到了清代，品味逐渐提高，以猪肉、杂果、米、菜煮之。但贫富有别，穷人仅放些白菜、萝卜、黄豆、乌角豆、山芋等加米煮之；富人则放入香菇、金针菇、木耳、红枣、开洋(虾仁)、火腿、蔬菜和米等煮之，应有尽有，五味俱全，香稠可口。这一天，冯村各家都要大扫除，除屋尘，洗锅、碗等炊具。象征已近年关。

(9) 过小年

农历腊月二十四日，俗称"送神日"，又称"过小年"。这天一早，冯村人便早起将先人容像挂于中堂。自本日起早上香，晚点烛，到元宵节结束。正月十八日一早焚香放炮后,方将祖容收藏。外出谋生的家人,都要回到家中,全家团圆。晚饭要比端午、中秋丰富。九十点钟后,各家送灶神。据传,这一天,民间大小诸神均上天谒拜玉皇大帝,把一家人一年来的善恶作一次总报告,上帝据此来赏善罚恶,所以民间无不敬畏。

(10)除夕

腊月三十日,是除夕(月小即二十九日)。冯村人有吃守岁酒的习俗,称"吃年夜饭"。自小年后,家家都忙着做冻米糖、蒸发糕、做包馃、杀鸡鸭、宰猪羊,精制各色荤素菜,合家团圆的年夜饭除"一品锅"外,还有整鸡、整鱼。饭后全家大小坐在一处,称"守岁",待到深夜,长辈把早就准备好的红纸包分送给晚辈,称"压岁钱"。

总之,作为绩溪岭北地区的冯村,在传统经济、宗族结构、岁时节日和民间信仰等方面,既与相邻的寺后、宅坦和旺川等村有着相同抑或相似的特点,但也有其自身的特色。如何在共性的基础上,挖掘和找到冯村具有独特个性的一面,这是值得我们进行系统调查和深入研究的。

第六章 仁里村的宗族、花朝会和民间信仰

绩溪县仁里村,位于绩溪县城东约5公里的登源河畔,是一个有着厚重历史底蕴和文化积淀的徽州古村落。

一、仁里村简史

南朝梁大同五年(539年),工部尚书耿源进与弟耿汝进因雅慕新安大好山水而游历之。在良安(即绩溪),他们游石镜,观一照寺,过白阳岑,徜徉于登源河畔。耿氏兄弟被这里山环水绕的旖旎风光所吸引,在赞赏其山水灵气的同时,不惜舍弃其生长里居淮阴桃源,卜斯地而居焉,并以兄弟"仁乃二人""里仁为美"之义,名村为"仁里"。

唐光化庚申年(900年),金乡县尹程药亦因迷恋这里的山水,从歙县之篁墩徙居于此,成为仁里程氏宗族上祠堂的始迁祖。南宋咸淳年间(1265—1274年),程宏祖兄弟三人又先后从歙西槐塘迁居仁里,成为程氏宗族下祠堂的始迁祖。此后,居住于仁里的程姓宗族不断繁衍,人文蔚起,科第勃兴。该村在保留"仁里"之名的同时,又称"程里"。

最初,耿氏主要居住在"百步钦街"地带和富阳桥畔及耿家潭。因居所正靠河边,常被洪水肆虐,耿氏苦不堪言。有风水先生指点说"耿"字为火,水火不相容也,遂不断外迁,其中有南宋时迁往广德耿村者,有元朝迁本县鱼川坞

圩、屋基坦者。明末,因仁里耿社旺参与金声组织的抗清活动,并担任县团练首领,镇守丛山关,与清军交战13次,兵败后逃遁等原因,又分迁鱼川和广德耿村,而耿家潭(今耿川)支则迁登源河下游之巧干村。仁里仍保留有耿氏祖墓遗址、有百步钦街遗存和一户耿姓子孙。

图 6-1　绩溪县登源河畔的仁里村远眺

此后,仁里则成为程氏之一姓村,并实行严格的宗族管理制度。

二、仁里村的宗族组织

(一)程氏宗祠、专祠、支祠和老屋及其管理

1. 宗祠

程氏宗族先迁入仁里村的一支,在明正德丁巳年(1509年)创建了叙伦堂,又称"上祠堂"。该祠系祭祀始迁祖药公的宗祠,坐落于仁里村上街。祠堂前是"药公墓道坊"。数百年来,药公子孙每年清明祭祖,先在宗祠祭祀,然后再浩浩荡荡地前往药公墓进行祭扫活动。

后迁入仁里的程氏宗族一支则建有世忠祠,该祠是祭祀新安程氏十四世程灵洗即忠壮公的宗祠,位于下街,又称"下祠堂"。世忠祠历经500余年,前后历经三次修建。第一次是明弘治年间,该祠八世孙程溥于成化丁酉年(1477年)中举人并于次年中进士,被授为浙江新昌县令。明弘治八年(1495年),由其发起倡建宗祠破土动工,经上门世禄堂、下门敬爱堂子孙齐心协力,槐塘程氏同宗仗义协助,前后十易寒暑落成。第二次重建是在清乾隆年间,当时仁里程氏宗族正处于历史发展的鼎盛时期。弘治时建的祠堂已有260余年,经风雨侵袭,部分建筑已经损坏,且族丁兴旺(时有"千灶万丁"之说),逢年祭祀人多,拥挤不堪,遇阴雨天,更是老幼不便。于是,该族决定重修该祠。这次重修宗祠活动从清乾隆十八年(1753年)至清乾隆三十年(1765年),前后历时十三载方成。新落成的宗祠面貌焕然一新,建筑面积比原来扩大了三分之一。第三次兴建是清末光绪壬辰年(1892年),因原祠毁于"咸同兵燹"。清光绪十六年(1890年),该祠下门敬爱堂二十世孙程秉创考中进士,并入翰林院。喜报传来,举族欢庆。于是,重建宗祠,加强宗族的凝聚力和向心力。两年筹备后开工兴建,约经十五年,至清光绪三十一年(1905年)建成。该祠雄伟壮观,祠堂正中置放忠壮公塑像。每逢年祭,盛况空前。

2. 专祠和支祠老屋

仁里程氏除了上述的叙伦堂和世忠祠两座宗祠外,还有许多专祠、支祠、老屋。

叙伦堂(上祠)

| 东井老屋 | 村头老屋 | 百忍堂 | 忠孝堂 | 百顺堂 | 承恩堂 | 洛源堂 |

祀程辂支祖（五十三世）	祀程轲支祖（四十一世）	祀程孟智支祖（五十一世）	祀程焕支祖（四十一世）	祀程恒支祖（四十一世）

上祠：叙伦堂，祀程药始迁祖（新安程氏三十一世）；

下祠：世忠祠，祀忠状公程灵洗（新安程氏十四世）；

上门：世禄堂（专祠），祀千八公程宏祖（新安程氏四十世）；

世德堂：祀程还童支祖（四十五世）；

义德堂：祀程镜支祖（四十八世）；

绍业堂：祀程傅支祖（四十七世）；

清忠堂：祀程简支祖（四十八世）；

本思堂：祀程一取支祖（四十九世）；

儒硕堂：

继述堂：

显恩堂。

下门：敬爱堂（专祠），祀廿五公程瞻祖、六三公程辛族祖（新安程氏四十世）；

光启堂：祀程景洪支祖（新安程氏四十六世）；

迪光堂：祀程文支祖（新安程氏四十七世）；

遗光堂：祀程康支祖（新安程氏四十七世）；

敬承堂：祀程光国支祖（新安程氏四十八世）；

敬德堂：祀程光宗支祖（新安程氏四十八世）；

聚星堂：祀程士颖（新安程氏五十三世）；

继序堂：祀程光廷（新安程氏四十八世）；

3. 宗族管理

聚族而居,是徽州宗法体系形成的社会基础。"族"成为徽州乡村基层社会组织的基本单元,"姓"成为社会交往的通用标志,"祠"则是宗族公共活动的中心场所。通过分房分派,一个个体家庭逐步发展成为宗族。宗族意识和宗族权力,在聚族而居的社会环境中不断强化。

仁里程氏二支在建祠后,其后裔民居一般围祠而建。依祠排辈,以房论序,排辈取名,脉络分明,纹丝不乱。各支系为了便于管理,又各自建有支祠老屋。而真正管理这一庞大血缘体系的并非族长一人,族内多采取"选贤任能"的"首事""祠董"集体负责制。族长只是首事或祠董之一。宗族内各派房中才干出众、热心公益、有威望者可选为首事或祠董。

图 6-2 绩溪县仁里村程氏支祠——叙伦堂

程朱理学是宗法制度的理论基础,祠堂则是树立宗法权威的重要场所。各祠都立有祠规、族约、祖训、家礼,以约束族人的行为规范。一种以尊祖、敬宗、睦族为宗旨的宗族制度开始形成,并将宗族中严格的尊卑长幼高低等级观念延伸,建立起神权加族权统治,并通过建祠修谱来完善巩固这种权力体系。在这种小社会里,"三纲五常"成为做人行事的标尺,伦理族条成为评判是非的最高"法律"。

族产祠田是维系宗法自治的物质基础,同时也是衡量一个宗族是否兴旺的标志。仁里奉行"祠必有祭,祭必有田"。族产又叫祠产,包括祠堂、祭田、祠山、祠仓、祠碓、祠圳、族学等,是宗祠拥有的集体性质的财产。起初,只为祭祖需要而设族产。后来随着宗祠社会功能的扩大及公益事业的需要,"众存族产"及其管理收入日益增大。在宗法自治运转过程中,祠堂成为村庄最大田地所有者。朱子《家礼》中,明确提出了建祠堂、修家谱、明系世、墓祭祖先及购置祭田等强化宗族凝聚力的思想。为维护宗族的长盛不衰,由徽商所带来的日益雄厚的物质基础,反过来让宗法体系更加完善,等级更加森严。祠产除了安排祭祀活动、赡养族亲外,还用于开办义学、精舍、学院及补助贫寒子弟应试费用,使宗族的亲和力、感召力得到巩固。清光绪十五年(1889年),仁里村董程硕夫(今程元昌之继祖父)与同村巨绅程韵兰(程东屏之祖父)用族产铺设村中石板路,获得全体族众一致拥戴和赞誉。

(二)程氏宗族的祖墓

徽州人聚族而居,故重本思源。徽人祭祀先人有祠堂,祭奠祖宗有祖墓。仁里程氏始迁祖墓有两处:

一为药公墓:系上祠始祖程药公之墓。程药,23岁时从歙县篁墩举家迁居仁里,并终老于仁里,享年51岁。葬于仁里村西,曰"周藤墓",此地俗称"猪婆藤坞"。相传这里是风水宝地,原先属他姓所有,后以嫁妆的方式陪付给程家,墓地处高势,前沿开阔,登高望远。前有百花园,左有半舍坞,四周古树参天,林木成荫,登源河蜿蜒群山川流不息,龟山在烟雾中浮腾,山川秀丽,气象万千。明朝进士程辂石泉公告老返乡,修书院、修宗祠、修族谱、修祖墓。叙伦堂前墓道石牌坊"唐金乡尹药公墓道"就是那时修建的,距今已有近600年的历史了。药公墓历经子孙葺护,至二十世纪七十年代中叶,一直保存完好,成为上祠后裔祭祀胜地。原先祖墓区四周砌有围墙。上祠后代,迁徙四面八方,有几十处,著名的有岑北小谷、大谷(药公四世孙迁居)。这些迁居外地的仁里程氏宗族后裔,清明祭祖时,都要来药公墓挂纸祭拜,离开时还要带上一块祖墓围墙砌砖以作纪念。药公墓的围墙现已成残垣断壁,传说猪婆藤坞没有围栏,猪崽都往外跑了。迁居外地后裔分享了药公墓风水宝地的灵气。叙伦堂老一辈人都说:"外迁地发得快,反倒程里程家发得慢啦。"在二十世纪七十年代中叶农业学大寨时,药公墓被平毁。千年之冢,荡然无存,但其墓道牌坊至今仍屹立在仁里街头。

图6-3 绩溪县仁里村的唐金乡尹——药公墓道牌坊

一为宏祖、瞻祖、辛祖墓:下祠始迁祖程宏祖千八公、瞻祖廿五公、辛祖六三公兄弟三人于宋时从歙西槐塘卜居仁里。百年之后,他们的祖墓却葬在了离仁里15里的登源河下游小村——石描村旁。据风水师云,此地为"鳄鱼形,叶里藏桃"。桃者,兆也。祖墓处在一小山坡中央地带,像靠椅形,墓向朝东南,前面是一片开阔的盆地,登源河从左边流过。程氏祖墓修造高大,雄伟有气魄。墓坟是用精雕细刻的石碑、石拉、栏杆砌成的。坟明堂设有石桌、石凳,可陈列祭品,可供祭祀子孙跪拜。墓顶上方竖石碑,上书"程氏祖墓"四字。墓四周古木参天,笼罩在一片绿荫之下。墓前路边修有鱼池,引泉水进入,养有鲶鱼。该祖墓当年有人看守。这一带还有胡、吴、汪氏等外姓祖墓。但后来这些祖墓都被拆了,墓石被拆建了窑洞,树林被砍伐殆尽,但程氏祖墓仍然保存尚好。

(三)谱牒

历史上,仁里上祠叙伦堂曾有多次编修谱牒活动。最早一次是宋绍圣二年(1095年),程祁创编修了《程氏世谱》三十卷。第二次是药公十五世孙惟玩公(号竹堂)于元大德辛丑年(1301年)纂修的,即《程里叙伦堂世谱》,亦称《惟玩公谱》。此后,药公十八世孙积庆(号碧环)又于明洪武年间续修,称《程里程氏世谱》。除此之外,明朝上祠还有两次规模较大的修谱活动:一次是药公二十二世孙程辂石泉公于嘉靖辛丑年(1541年)主修的《绩溪里程氏叙伦堂世谱》,一次为药公二十五世孙敷典于明万历壬午年(1642年)续修程里叙伦堂族谱。在这两次修谱的同时,程氏宗族还修缮了叙伦堂祠堂和药公墓。叙伦堂最近一次修谱是在民国年间,"上祠派裔以祠宇失修,旧谱久佚,遂于民国廿六年集众决议修祠、辑谱二者并举,越半载祠宇苟完,廿八年谱将告竣。诸宗人殚心竭力,相当有成。主编谱牒则宗人敬忠"。《绩溪县程里程叙伦堂世谱》于民国二十九年(1940年)付梓,我们现在能见到的程氏族谱就是这个版本了。

仁里下祠世忠祠堂编修谱牒情况:清道光以前"皆附于(新安)会通谱及(槐塘)显承堂谱"。到了清光绪年间下门敬爱堂,由程绍邰主修,程以诏协修,于清道光九年(1829年)修成《绩溪仁里程敬爱堂世系谱》,此谱藏于北京国家图书馆和上海图书馆。另外,敬爱堂支祠继序堂于清光绪三十三年(1907年)由程秉耀、程绍双纂修了《绩溪仁里程继序堂专续世系谱》。此谱藏于北京国家图书馆、上海图书馆和安徽省图书馆。

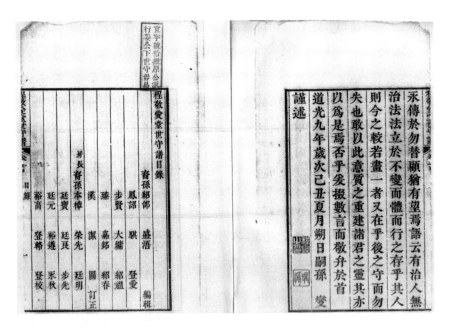

图 6-4　清嘉庆刻本绩溪县仁里《程敬爱堂世守谱》

下祠堂下门世禄堂历史上曾数次议论修谱,但都因人力财力不足,以致"咸丰间议修世禄堂谱而卒不果于行也"。后由于世忠祠二十世孙秉钊中翰林,清光绪壬辰年(1892年)第三次重修世忠祠,于清光绪三十年(1904年)左右建成。"总于公之后裔佥以修谱为不容缓之举,于是有武牧倡于前,又有羽廷、湜斋任编纂,其余诸宗人亦皆各竭其力,各殚乃心,以襄厥事遂不数间而克竣厥功焉"。《绩溪仁里程世禄堂世系谱》从清光绪三十年(1904年)历八个寒暑于宣统三年(1911年)完成,世禄堂700多年来第一次修谱告成,隆重举行了祭祀盛典,向"总于公宏祖父"宣读《告成祭文》。

(四)家规家训

仁里程氏宗族各个祠堂有着相对较为完善的家规与家训,用以约束和管理宗族。其内容如下:

1. 上祠堂宗规

为子者,必以孝顺奉亲。为父者,必以慈祥教子。为兄弟者,必以友爱笃手足之情。为夫妇者,必以恭敬尽宾对之礼。毋徇私乖义,毋逸游荒事,毋违法犯宪,毋信妇言以间和气,毋学赌以废光阴,毋耽酒色以乱德性。凡此数端,各宜深警。

家之盛衰,系乎积善恶而已。何谓善?恤孤怜贫,周急救灾,凡济人利物之事皆是矣。何谓恶?巧施奸伪,舞弄是非,凡反道德之事皆是也。爱子孙者,慎勿遗之以恶。

家之和与不和,皆系妇人之贤否。其贤者,奉舅姑以孝顺,奉夫主以恭敬,待妯娌以温和,抚子侄以慈爱,御奴婢以宽恕,如此之类也。福善祸淫,天道昭昭,为妇人必当鉴此。

冠婚丧祭之礼,无论家之有无,素朴为上,勿习世俗浮华,有违家礼。

按礼文之丧亲,朝夕奠哀,哭泣送殡。若以佛法为超度,或鼓乐超荐,皆须屏(摒)绝。

宗祠之设,所以敦本睦族也。每岁正旦团拜,集少长叙尊卑也。春秋祭祀,悉遵家礼,追远致敬也。

诸处墓冢,年远平塌浅露者,当奉洁土以培之。无碑石者,当即刻勒以铭之。被人侵占者,当清理以复之,切勿置之度外。

兄弟伯叔,同气之亲,分产析业,务在公平。毋徇偏颇,以起争纷。族人若因财产争竞,从贤良正直者调处,毋得健讼,有伤大义。

族中诸父,昆弟相称,各以其字。同辈以上者,必曰某字兄。同辈以下者,必曰某字弟。伯叔命侄曰某侄,侄称伯叔曰某伯父、某叔父。辈长者,称某公,毋称我尔。

茔田之产,崇标祀也。各支子孙轮流岁收,每届清明之时,预备祭物,集各房少长,诣坟拜扫,岁以为常,勿以渐远废礼。

2. 上祠堂家训

孝:亲者,天地同德。念罔极之深恩,愧此生之难报,人俱含齿戴发,不如反哺跪乳之禽兽,可乎?然孝非奉养之谓也。凡为子者,当敬身如执玉,尽心竭力,得亲顺亲,乃可谓孝矣。如曰奉养为孝,彼啜菽饮水承欢养志者,顾反不得为孝乎?

悌：事亲之外，厥惟敬长，诚以长者皆吾诸父兄也，实高曾一本所同出，父母一体所由分。虽其间有亲疏隆杀之殊，而总不可无爱敬以相浃。是故出入晋接，慎毋以其贫而慢之，亦毋以其愚而忽之。

忠：士人贵位，孰不曰显亲扬名哉？然曰显亲，徒食其禄；如曰扬名，徒策其名。仕版惟有惓惓之忠，芳名不朽，荣及先人，此真可为显亲扬名矣。然所谓忠者，又岂仅捐躯殉国而已耶？凡分猷宣力，靖献不违，恪恭厥职，不二不欺。无论崇卑内外，总皆公而忘私，国而忘家，如诸葛武侯所云：鞠躬尽瘁，死而后已，此乃所谓纯忠。

信：饬纪敦伦，友亦人伦之一也。所谓友者，非徒酒肉殷勤而已，贵在中孚之实焉。试观古人，一诺千金，片言九鼎。偶然相订，久要不忘。若元伯之与巨卿，虽千里如觌面也。今之交友者，口是心违，朝翻暮覆。挟投赠之虚文，掩猜嫌之隐念，彼正大光明者，愿如此其暧昧乎？宣圣有言：人而无信，如树无皮。为子弟者，其勖之。

礼：人之处世，大而有纲常名教，小而有日用细微。吾惟于大者凛遵名分而不逾，小者恪守成宪而不越。防淫节性，别嫌明微。恭敬为礼之本，谦让为礼之实。尊卑上下，秩然不紊；吉凶宾嘉，有典有则；视听言动，蹈矩循规，则身修而家亦于是齐矣。

义：易云："义以方外。"书云："义以制事。"义之于人，重矣。盖所谓义者，乃天地间正大之理，以之决生死，则临难无惧；以之衡取予，则见利不贪。轻财重义，则伦理无伤；疏财仗义，则贫寒戴德。公义所在，勿以私恩而徇情；大义所存，勿以怨仇而戾众。权为义之断，中为义之准，古来好义之君子，孰不精义以行义也哉！

廉：君子爱财，取之有道，非一无取也，盖取可取也。是故一物之投，必辨所从来。无处而馈，宜却而弗受。得所当得，虽千驷不为贪；取非其有，虽一介亦为盗。宁廉洁留清介之名，毋苟得贻贪污之诮。畏四知于暮夜，则清白以传家，庶知行克矜，无累大德。

耻：孟子曰："人不可以无耻。"又曰："耻之于人，大矣。"夫耻者，所谓羞恶之心,人皆有之者也。存而不失,则进于圣贤;丧而不顾,则入于禽兽。人知此理,便当顾名思义,端品洁身,励志操修,出言顾行。不以衣食之恶为耻,而以道德不若人为耻。生平心事,可对人言,斯乃可谓俯仰无愧,衾影无惭者矣。

3. 上祠堂家范

敦孝友:书称君陈孝于亲、友于兄弟,以为一家之政。夫子称之曰:"是亦为政。"盖国、家初无二理,今日之所以教家,即他日之所以教国。此虽先世之遗训,而为子弟者,宜世守而勿失。敢有故违不遵者,家长先责之以理;抗而不服者,闻诸公庭,依律发落。

睦宗族:宗族本一家至亲,不甚疏远。故范文正公置义田以睦宗族,而张公艺九世同居。二公之高谊,固不能学,亦须仰其遗风。凡事以逊让为是,不必因小忿致伤大义。保家守身之道,正在慎之于始。

恤孤寡:惨莫惨于孤寡,仁人君子,无不动心,况我同支同本之人。恫瘝一体,休戚相关,尤宜加意轸恤,格外推仁,务使各得其所而后已。从是而推之,亲戚友朋、奴婢、乞丐之类,无不以是心推之,则仁不可胜用矣。

劝生业:天下之事,莫不以勤而兴,以怠而废。周公大圣人也,而犹作无逸,陈豳风以戒成王。子弟辈志在国家者,固当奋志向往,自强不息。其不能者,或于四民之事各治一艺,鸡鸣而起,孜孜为善,必求其事之成,艺之精,然后可。

戒争讼:好争非君子之道,争之不已,则必至讼,讼岂盛德事哉?讼者之辞,皆无实之词,最足坏人心术,且至费财破家,何益之有?凡事只宜忍耐,不必好争。纵有外侮,亦宜静以制动。公道既明,自然而寝。若以非理讼人,尤为不可,故易□卦终讼,受服而犹有终朝三褫之戒。

毋倚势:从古以来,未有不因恃势而取败者,强莫如秦,富莫如晋,使其能忘强富,岂非长久之道?在有国者尚如此,况其他乎?子弟辈苟以力、以财欺人,是皆倚势者也,安知势之强于我者,不亦以势而制我?正宜此自反。虽有势而不为之所使,便是守身保家之道。

崇典礼：养生送死，先圣自有定制，可以行之万世而无弊。智者或太过，愚者或不及，皆非也。且如葬祭之类，自有文公家礼，仪节不丰不俭，乃为中道。何近世惑于邪说，略不以此为意，岂是大家体面？英俊合宜知之，凡葬祭仪式及祭品等件，并遵朱夫子仪节，不可妄为太过。吝而不及，失其中道。

别男女：易之家人卦曰："男正位乎外，女正位乎内。男女正，天地之大义也。"至哉，圣人之言！盖天下之风化始于闺门，若不正以男女，则家风何以厚哉！

远佛老：佛老之说，最惑人心。人死岂有轮回之理？夫子谓之：知生之理，则知死之理。能尽事人之道，则能尽事鬼之道。斯言尽矣。修齐供佛，何益于事？或以为表孝子之心，则有愚之甚者。尽葬埋之礼，而衣衾棺椁之类并加从厚；择吉地而以封树，便是孝子之心。若以修齐供佛以为孝，则一切小人皆能为之矣。必以是而为脱离地狱，则又以父母为有罪之人矣，安得谓之孝？后有贤者，不可不知。

重家学：天下之本在国，国之本在家，家之本在身。格物致知，诚意正心，皆所以修身也。易曰："蒙以养正，圣功也。"家学之师，必择严毅方正者为师法。苟非其人，则童蒙何以养正哉？

4. 下祠堂家训

凡治家，宜起早。桌要擦，地要扫。粗布衣，菜饭饱。孝父母，敬哥嫂。夫与妻，要和好。一家过，莫要吵。亲良朋，敬师长。睦邻里，恤贫老。世间事，耕读好。学贤圣，行正道。赌博场，莫去跑。种田地，勤除草。沙薄地，功要好。养猪羊，莫玩鸟。学技艺，手要巧。做买卖，要公道。有良心，莫奸狡。忍耐些，省烦恼。官钱粮，早完了。出人情，亲自到。闲是非，不可晓。成家子，粪如宝。败家子，钱如草。胆要大，心要小。戒骄傲，防倾倒。钱难赚，莫费了。减色欲，增寿老。启青年，创家道。光阴快，人易老。盘心血，直到老。但为人，要学好。依我劝，福大小。读一遍，好不少。附下祠堂四同歌：同干事勿避劳苦，同饮食勿贪甘美，同行走勿择好路，同睡眠勿占床席。

(五)宗族祭祀

祭祀是宗族的重要活动。一个宗族通过祭祀祖先,可以缅怀祖先,弘扬宗族文化,增强宗族向心力和凝聚力。宗族祭祀活动在宗族的祠堂内进行。

仁里上、下祠堂两支程姓支族各自将本族祖先的牌位立于祠内,供奉祭祀。两个支族还有一个共同的祖先——新安程氏第十四世祖忠壮公程灵洗。程灵洗是南朝时期梁陈两朝名将,因功勋卓著,被陈朝封为镇西将军、开府仪同三司,食邑二千户,死后谥"忠壮",配享高祖庙庭。其事迹被载入正史,是新安(徽州)载入正史第一人。南宋时期,朝廷对程灵洗及其家族进行了十余次加封表彰。至明朝,程灵洗又被列入官方祭祀神灵,成为与汪华并列的徽州地区两位最高精神领袖。宋朝歙县篁墩建有规模较大的世宗祠,宋孝宗于淳熙十四年(1187年)六月亲赐"世宗庙"匾额。以"世宗"为庙号,是对从先秦时期程婴智救赵氏孤儿,到晋时程普东渡,再到程元谭持节任新安太守,以及程灵洗长子程文季为国埋魂异域,程氏代有忠良的肯定。忠壮公有二十二子,新安(徽州)地域的程姓尊其为显祖。明代以前,仁里程氏每逢春秋两季,都要派代表前往篁墩世宗祠内祭祀忠壮公。因路远不便,明洪武年间,仁里程宝贤倡议族人肖忠壮公像,立世宗会以祀之。从此,仁里程氏族人可以在本村祭祀忠壮公。

明弘治八年(1495年),仁里始建世宗祠,忠壮公容像被移入祠内,仁里程氏宗族因此有了固定的祭祀忠壮公之所。每年春分、秋分,都要举行大祭。民国《绩溪县程里程叙伦堂世谱》完整记录了仁里程氏祭祀忠壮公的春秋祭文。

仁里程氏宗族的祭祀活动逐渐演变成为大型的民俗活动——花朝会和赛琼碗。前者抬着庙中显祖游行,后者则是各家各户烧最好的菜肴,用最好的碗装盛供奉于祠堂内祖先的牌位前。清道光时刊刻的《绩溪仁里程氏敬爱堂世系谱》卷三《祭例》中,记录了敬爱堂程氏配享祠祭时需要准备的菜肴、酒水,其中酒水为徽州甲酒16壶。据仁里籍合肥市原人大副主任程干桐回忆,仁里的花朝会有别于余川等纯汪姓村落,祭祀的不仅是越国公汪华一人,还祭祀程姓祖先忠壮公,故仁里是汪、程二神并祭,"花朝会是祭祀汪华公"系早先记录者误会及后人以讹传讹之故。

关于忠壮公的神话故事很多,他由一个凡胎肉体的名将,逐渐被神化为可以祛病抗灾和呼风唤雨的神。

仁里村中八九十岁以上的老人曾见过人们抬忠壮公求雨的游街场面:忠壮公像端坐在龙椅上,由四位年轻人抬着,前面两个彪形大汉各用大秤杆挑着特大的铜锣鸣金开道;后面是锣鼓喇叭和飘飘彩旗,簇拥着众多百姓,"当当锵,当当锵",头顶烈日,光着脚板,踏着滚烫的青石板大道,向着田畈走去,乞求苍天降雨。民国二十三年(1934年),江南大旱,仁里程氏族人两次将忠壮公像抬出游行求雨。

三、八社花朝会

(一)花朝的起源

明清至民国时期,徽州会社组织发达,绩溪也不例外。绩溪登源河下段之杨树坑、周村、扁榨坦、竭头、梧村、汪村、庙头、南观、忠周、仁里、辛田、七塔、猫儿岱、耿川、间坑、上马口、长塘坞等19个村庄曾自发组织了8个社。这8个社的社民为了纪念越国公汪华保卫东南六州之功,于明末集巨资建立了汪王庙,亦称"汪公大庙"。也有的说汪王庙是绩溪龙川人胡宗宪倡建的,奉祀唯谨,香火不绝,并不时迎接神像,保安保苗,以祈人寿年丰。同时,又发起了"花朝会",以专门纪念这位徽州的乡土之神。祭祀汪王的费用由八社村民自由募捐,或摊派丁口。有的社甚至购置"花朝田",以田亩所获,作为祭祀的费用。

"花朝"是指唐人所说的"百花生日",又称"花朝节"。关于花朝节的时间,一说是农历二月十二日,一说是二月二日,亦有二月十五日之说。由于那时正值春季,百花齐放,而据传二月十五又是汪华的生辰。因此,八社村民便于这一天大张旗鼓,做起花朝盛会。大村如仁里要连做3年,小村则两村或三村合做1年(有的做花朝,有的做正月十八朝)。总之,八社19个村,12年轮流一次。大花朝、小花朝则逢周年举行。

(二)花朝会的盛况

明清时期,民风淳朴的绩溪仁里花朝会隆重而简单。清人沈复在《浮生六记》之《浪游记快》中详细记录了清乾隆五十三年(1788年)仁里花朝会的盛况。只见无数的村人,热烈地敲着锣鼓,放爆竹,并抬着许多肥猪来迎神庙会。观众云集,如墙如堵,水泄不通,甚至有来自外县、外省者,为数不下千人,颇极一时之盛。后来经济日渐充裕,花朝的形式也日渐丰富。哪个村遇到值年,该村的旅外商民,都必从千百里外赶回家参加这一盛会。农历二月初一,便准备搭台演戏,有的搭平台,有的搭花台,花台是用彩布扎成的,有楼有亭,有灯有彩,非常美观。还有的搭两个台,用重金聘请名班赛演(对台戏)。同时,还要布置一座相当庄严的神宫,除虎皮大椅的神座供奉汪华外,还有香烛,并摆出村中仅有的奇花异果、山珍海味数十种,作为神前献品。此外,满堂挂着各色纱灯、珠灯、铁花灯、明角灯、玻璃灯,还展出村人家中祖传的古字画、古铜器皿,以及松柏盆景灯等(数仁里村展出最多)。有的在神宫外掘一水池,池上盖着彩棚,池内养着数斤到数十斤重的大鱼(即花朝鱼)供人们观赏。

二月十五这天早晨,村民便穿戴整齐,大张旗鼓,大放爆竹,迎神游街,最后到台下设祭。祭台上摆着许多肥猪壮羊,猪重约百斤到六七百斤不等,猪羊身上都抹红插花,非常壮观。祭罢即开场演戏,夜以继日,通宵不休。仁里村还舞狮、舞狗,燃放烟火,更是热闹。仁里除祭祀汪华外,还在下祠堂抬出忠壮公神像一同祭祀。

汪村举办花朝会,戏台就搭在过河的田畈里。演戏三天三夜,晚上更是热闹非凡,方圆几十里的村民都来看戏,人如潮涌。还放烟火,在场地的中间置根柱子,上面横钉几档木架,架上挂着一排排大小不同的纸盒,均扁形。当戏演过高潮后,将台上汽油灯用罩子套上,台下一片漆黑,在烟火架下点燃火药线,燃烧到架上时扁形纸盒突然悬下成为四只花篮,装满纸花,篮内有蜡烛点燃着,再燃上一层不同的灯彩,再上去时忽然展开四个半米多高的小男孩,旋转着向四面迸射火花,叫作"洋鬼子撒尿"。架下人群顿时一片惊慌,忙着躲避又大叫大笑不止。再上去从灯彩之中出现两条一米多长的小龙,体内有烛光,摇摆着头尾向戏台游去,一条正好上戏台,一条落在人群中,又是一阵骚动,这时观众情绪达到高潮。烟火燃放完毕,除去灯罩,恢复演戏,但已接近尾声,观众开始离去,笑谈的是绚丽的烟火而不是喜剧的情节了。

图 6-5 绩溪县仁里村的演出活动

南观又名"南川",是个有百十人口的小村,因离汪村近,一直属汪村。但在祭祀汪华、举办花朝会时却单列一社。因村中经商富户居多,故有经济实力举办花朝盛会。民国十五年(1926 年)南川举办花朝会,由村中首富汪老永当"斋官",他经商江苏,富甲登源,时又兼任十三都都董,民间威信甚高。他家房屋数十间,在村中中心地带,连成一片,占全村的四分之一。南川村举办花朝会时,全村人都到汪老永家帮忙,长辈和读书人接待宾客,青壮年做重活当杂工,妇女在灶下帮厨。汪老永为人慷慨好客,不论亲戚朋友、乡邻远客、熟悉与否一律免费供餐，远客还供食宿。正餐开桌吃饭，六大碗菜肴，荤素齐全。午餐散客随到随吃，连过路要饭的也不例外。火灶整天烟火不断，就餐人络绎不绝，历时月余，耗米千余石（古量词，一石约180斤）。有时花朝会还聘请休宁老徽班"新阳春"和本县伏岭的"舞狮班"，唱起对台戏。从正月十八日起，轮日对台演出，轰动徽州，空前绝后。汪老永特别喜欢舞狮班小演员，十岁以下一律用轿接送。花朝会结束，还发赏银、赠送衣服和糕点等四色厚礼。于是伏岭"舞狮班"名声大振，享誉绩溪，京剧也从此风行绩溪。

小小七塔村，因举办一场花朝盛会而轰动了四方。民国三十五年（1946年），由该村值年主祭，盛况空前。七塔程氏支祠门口偌大的空场上，旗幡如林，锣鼓喧天，人山人海。此时，接来的花朝老爷汪公大帝（即汪华），端坐在祠堂的龙椅上，他一脸乌黑，身着崭新大红龙袍，头顶华盖。汪公由4名棒小伙抬出支祠，开始巡游四周村庄。花朝出游队伍，排列有序，热闹非凡。打头阵的是40名铳手（装药放炮），接着是20面大旗（旗杆长3丈），紧跟着是40面蜈蚣幡、20具龙架，庞大的队伍从七塔村至耿家潭，首尾相连。队伍中30张大鼓、10面金锣、20个鼓手喇叭伴随而行。可谓鼓乐喧天，扣人心弦。尤其引人注目的是由32名年轻人用特制的木架抬着献给花朝老爷的、已宰好的、刮净毛的15头花朝猪和1头花朝羊，由30名香客簇拥而行。花朝游行队伍经耿家潭、猫儿岱、仁里戏台下、桃花坝、新牌楼回到七塔程氏支祠而止。

当日，程氏支祠做祭开始，由48名礼生、8名鼓手、1名大赞（司仪）、1名配赞主持祭祀仪式。大赞和配赞站立在两张方桌上，向诸礼生发号施令，在鼓手伴奏下，礼生分两组沿祠堂两侧毕恭毕敬巡走，按礼仪参拜。礼生一色长袍马褂，个个文质彬彬，虔诚有余。

最后，由程怀康跪在花朝老爷前朗读祭文："惟中华民国三十五年……伏维尚飨。"

一次花朝会，七塔名声大振。家家户户宾客如云，吃了一批又一批，村人忙得不亦乐乎，大家都很高兴。正所谓"徽州土地老儿肥，朔望开荤受祷祈。接祝生辰二月二，炒香麻豆换新衣。绩溪独作花朝节，保障功犹祀越公。羊大如牛人共论,平台纸扎费多工。邨邨赛社为春祈,四五百斤猪透肥。摆祭般般相赌赛,乡人好胜世间稀"。①

附录:绩溪仁里花果会(花朝会)

余年二十有五,应徽州绩溪克明府之招,由武林下"江山船",过富春山,登子陵钓台。台在山腰,一峰突起,离水丈余,岂汉时之水竟与峰齐耶?月夜泊界口,有巡检署。山高月小,水落石出,此景宛然。黄山仅见其脚,惜未一瞻面目。

绩溪城处于万山之中,弹丸小邑,民情淳朴。近城有石镜山,由山弯中曲折一里许,悬岩急湍,湿翠欲滴,渐高,至山腰,有一方石亭,四面皆陡壁。亭左右削如屏,青色,光润可鉴人形。俗传能照前生。黄巢至此,照为猿猴形,纵火焚之,故不复现。

离城十里,有飞云洞天,石纹盘结,凹凸塵岩,如黄鹤山樵笔意,而杂乱无章。洞石皆深绛色。旁有一庵甚幽静,盐商程虚谷曾招游,设宴于此。席中有肉馒头,小沙弥耽耽旁视,授以四枚。临行以番银二圆为酬。山僧不识,推不受。告以一枚可易青钱七百余文,僧以近处无易处,仍不受。乃攒凑青蚨六百文付之,始欣然作谢。他日,余邀同人携榼再往。老僧嘱曰:"曩者小徒不知食何物而腹泻,今勿再与。"可知藜藿之腹不受肉味,良可叹也。余谓同人曰:"作和尚者必居此等僻地,终身不见不闻,或可修真养静。若吾乡之虎丘山,终日目所见者,妖童艳妓;耳所听者,弦索笙歌;鼻所闻者,佳肴美酒;安得身如枯木,心如死灰哉!"

又去城十里,名曰仁里。有花果会,十二年一举,每举各出盆花为赛。余在绩溪适逢其会,欣然欲往。若无轿马,乃教以断竹为杠,缚椅为轿,雇人肩之而去。同游者唯同事许策廷,见者无不讶笑。至其地,有庙,不知供何神。庙前旷处高搭戏台,画梁方柱,极其巍

---

① (清)吴梅颠:《徽城竹枝词》

焕；近视则纸扎彩画，抹以油漆者。锣声忽至，四人抬对烛，大如断柱；八人抬一猪，大若牡牛，盖公养十二年始宰以献神。策廷笑曰："猪固寿长，神亦齿利；我若为神，乌能享此？"余曰："亦足见其愚诚也。"入庙，殿廊轩院所设花果盆玩，并不剪枝拗节，尽以苍老古怪为佳，大半皆黄山松。既而开场演剧，人如潮涌而至，余与策廷遂避去。未两载，余与同事不合，拂衣归里。

  余自绩溪之游，见热闹场中卑鄙之状不堪入目，因易儒为贾。①

四、仁里村的民间信仰

  历史上，仁里村的民间信仰尽管十分丰富，但主要还是信仰汪华和忠壮公二位徽州乡土之神。除花朝会和清明节外，每当干旱、水灾等天灾和保安保苗时都去祭拜，欲求保佑。

  明清时期，仁里村有新兴寺和尼姑庵，前者住有多位道士，后者则住有尼姑。村民有的信道教，有的信佛教。

(一)打狲

  打狲为清道光年间流行于登源河上游的伏岭下村和下游的仁里村的民间盛会。传说两村皆因面朝恶山不吉利，于元宵节舞狲(古兽图腾)以镇邪保安。

  狲是依据星卜先生的指点，用麻布缝制而成的一种似狮非狮、似虎非虎的凶猛动物。伏岭下村的打狲先是在街上舞狲，而后到祠堂演舞，最后上戏台演出。仁里村的打狲只是在戏台上表演。通过年复一年的活动，逐渐成为一种经常化和规范化的民俗活动。

  仁里村的朝山位于登源河对面，相传山势起伏犹如露尸形，遍山都是裸

---

① （清）沈复：《浮生六记》卷四《浪游记快》，南京：江苏古籍出版社，2000年，第53～55页。

露的石头,路过的风水先生告知,此山不吉利,需种青叶树遮掩。因此,程氏宗族成员挑土挑水上山种树,历经数代,终于满山都是青叶树木,郁郁葱葱。为正神压邪,于是通过打狲以祈保一方平安。

民国时期,每年正月十三至十七日,是仁里村打狲的日子,为时五天。方圆数十里乡邻,纷纷赶来仁里村的万年台观看打狲。

打狲的演员都是从村里挑选的富有表演才能的青少年,年龄为8~16岁。演出的剧种是传统的京剧,剧目有《空城计》《武家坡》《捉放曹》《打棍出箱》《活捉张三郎》

图6-6　绩溪县仁里村的土地庙

等。二十世纪二三十年代,给人印象深刻、较为知名的演员有程源鹏(演《打棍出箱》)、王安(演《武家坡》)、程源立(演《空城计》中的孔明),这几位演员都是当年演打狲的能手。

在打狲演出期间,仁里村如同繁华闹市,各地前来赶集看戏的人熙熙攘攘,路边摊位云集,卖小吃、卖水果的商家以及其他杂货商贩等蜂拥而至,家家户户客满,村里村外人员川流不息,场面壮观。

(二)扮地戏

仁里村历史悠久,民俗文化丰富多彩,其中扮地戏是诸项民俗活动中起源较早的。

早在明代,每年的农历八月初一,仁里村都要举行别开生面的"扮地戏"活动,以纪念华佗悬壶济世的恩德。扮地戏的演员都是从程姓子弟年龄在

8～10岁的孩童中挑选。被选中的演员,勾画脸谱,穿上戏服,扮成戏剧中的人物,但演出时只做动作,不开口说词唱戏,俗称"哑戏"。地戏不在舞台上表演,而是穿过村中正街向东南西北"打四角"巡行。

"扮地戏"活动由二三十位男女儿童参加,并分别扮演古代戏剧人物,但参加者需要严格遵守长辈告诫,不管扮什么角色,都不得强争,因为角色是菩萨安排的。戏中最吸引人的一组人物是刘备和五虎将,这是孩子们最熟悉和最景仰的,人人喜欢扮演,抢着扮演。扮演刘皇叔的儿童,身着锦绣大袍,头戴龙冠,脚踏高靴,挥动马鞭,威风凛凛,俨然是一个"小刘备"。身后还紧跟一个小女孩扮演"孙夫人",她怀抱木头仿制的"小阿斗",好不神气。扮演关羽、张飞、赵云、马谡和黄盖五虎将的孩童,身穿铠甲,头盔上插雉毛炮(翎子),摆上架势,舞枪弄棒,个个都似小英雄。

农历八月初一,天气依然炎热,扮演帝王将相的孩童,穿着厚厚的戏装,在热闹的大街上摩肩接踵游四门,个个大汗淋漓。锣鼓喧天,旗幡招展,"帝王将相"鱼贯而行,大街两旁观者如潮。村民看着孩童嘴上挂着长胡须煞有介事的滑稽样子,笑得前仰后翻,非常开心。

(三)华佗会

明清时期,仁里村北建有华佗庙,供奉三尊菩萨:右首为华佗菩萨,左首为李王菩萨,中间为土地菩萨。华佗庙虽然不大,但"庙小乾坤大",常常是人来人往,香火旺盛。此处华佗菩萨与其他地区不同,它可以为人看病开方,而且非常灵验,声名远播。

旧时农村缺医少药,人们生病大多听天由命。仁里村村民在外经商者众,是一个远近闻名的富裕之村。于是,有人想出一个办法,搜集精选一百多条治疗常见病、多发病的良方,编成签书,并在华佗庙中设有签筒。患者家人先往华佗庙拜菩萨求签,根据求得的签号,再到街上广福堂药材店翻签书配药。而广福堂药店老板有丰富的医药知识,接签后问清病情,如签上药方对卯就照撮,不对卯就加减或改动。经过这一细心处理,效果较佳,远近信者越来越多。病愈后,患者及家人高兴地到华佗庙烧香磕头,重病痊愈的患者酬谢华佗菩萨的仪式更为隆重。

每年八月初一日是华佗的诞辰和忌日。相传华佗当年为曹操治病,因曹操脑袋里生乌金(肿瘤),需做动刀开脑手术。曹操怀疑华佗欲谋害自己,随即派兵捉拿。华佗情急之下逃亡,躲入水塘。不料水塘中有许多白鹅,乱叫乱飞,致使华佗被官兵发现并捕捉,最后遇害,故民间即杀鹅祭祀华佗。仁里村养鹅人家很少,患者就拿白鸡代替,杀鸡时把鸡血洒在墙上。后来不少人家干脆买纸扎之鹅来祭祀华佗,相沿成俗。年长日久,华佗庙内能挂之处,都挂满了纸鹅。庙外有棵大柳树,枝条上也挂满了纸鹅,随风摇曳,远望如无数只真鹅在柳荫下凫水,很是壮观。

民国年间,有位信士弟子汪良琪,为感谢华佗菩萨救治其长子之病,花重金请歙县著名楹联大家鲍鸿泰举人撰文、歙县著名书法家许承尧翰林书写了一副对联,雕刻在木板上,悬挂于华佗庙大柱子上。内容是:"国岂难医,统一良方,怎奈纵横三足鼎;人宜勿药,无双妙诀,但须检点五禽图。"

传说早年胡适到仁里探望亲友,看到这副楹联,仔细端详半天。友人请其再撰一副,胡适发自肺腑地赞叹曰:"这副对联做得极好,大到医国,小到医人,没有人重做得了。"

第七章 瀛洲村之传统经济、宗族与民俗文化

本章所指的瀛洲村,仅系瀛洲自然村,不包括今之瀛洲行政村所辖其他诸多自然村。

一、瀛洲村之地理、历史与村名来历

(一)山清水秀,浙沪通衢

瀛洲村位于国家历史文化名城——绩溪县城华阳镇之东约9公里。华(阳)龙(川)公路始于县城杨柳村桥,自西向东,从村前而过。绩溪县第一大河——登源河,水从东来,沿村南向西经临溪至歙县注入新安江。二十世纪六十年代中期,上海"小三线"厂——光明机械厂,在瀛山岩背后之油坑兴建,由此开通了公路。此前,从县城步行要上丁岭至川源出口,走梧村到达瀛洲,是一条石板大路,古称驿道,全程15华里。瀛洲是绩溪人前往浙江、上海的主要通道之一,也是登源河上游一带村民进城的必经之路。

瀛洲村处于瀛山岩和伏山之间,两山都是天目山的祖山——鄣山西脉,先向西南再转向正南逶迤而至,到瀛洲地界已属余脉,所以两山都不高,海拔不到200米,地势就显得平缓了,因此形成了一块较为宽阔的盆地,便于人们在此筑室、耕作、养家糊口。瀛洲村的祖先为何将村庄建在登源河之右而不

是登源河之左呢？主要是依据"河右为吉，河左为凶"之风水理念来择定的。何谓"河右"？何谓"河左"？它是指人横跨河流，水从背后流向前方，右首为"河右"，左首为"河左"。"河右为吉，河左为凶"的道理，源于"河图"和"洛书"。"河图"揭示了宇宙气旋顺时针左旋气场的阳性气息规律，"洛书"则揭示逆时针右旋的阴性气旋规律。瀛洲村居登源河右，河水自东向西，恰与顺时针左旋气场向前、向上同方向，不会干扰阳气的存在，有利于瀛洲村人能够长期在此安居乐业，生生不息。① 再说，万物生长靠太阳，山村村民不论生活、生产都离不开光照。瀛山岩朝阳，伏山背阴，瀛洲人的祖先自然要求朝阳避阴，选在瀛山岩脚下兴建村庄，聚族而居，繁衍生息，人丁兴旺。

瀛洲村东朝龙须山，西凭凤形山，南傍东源水，北靠瀛山岩。龙凤呈祥，山清水秀，地形开阔，阳光普照，是一块风水宝地。绩溪硕儒舒顿（1304—1377年）在其撰写的《瀛川章氏重建宋郇国公昼锦堂记》中，就赞誉瀛洲村"东南山水，钟灵毓秀，至是而极"。一言以蔽之，瀛洲村之地理位置乃是"天人合一"哲学理念的物化表现。

(二)千年古村历史悠长

瀛洲村始迁祖章运（1103—1175年），小名幼祖，字运之，原籍浙江昌化览村（今属浙江省临安市）。览村始祖章元方，仕宋，授承议郎，历任大理寺评事、朝请大夫、仓部员外郎，其子孙也多有官职，运公系元方公之曾孙。北宋宣和二年（1120年），方腊（？—1121年）在青溪（今浙江省淳安县）率众举事，矛头直指朝廷，势如破竹，在很短时间内就攻陷了歙州、杭州等6州52县。昌化位于歙州与杭州之间，显然在起义军与宋军交战的范围之内。出身官宦世家的运公，自幼聪颖，多谋多智，深感全家命运岌岌可危，随即偕祖母刘夫人、母徐夫人逃到群山环抱的绩溪县油坑口。油坑口是一个理想的避难之地。

---

① 转引洪树林：《瀛洲村的美学特点》，见章亚光主编：《徽州古村落——瀛洲》，2003年，第23～24页。

运公究竟何时从油坑移居到山外之油坑口的呢？目前尚未找到史料佐证。考虑到方腊从举旗造反到被朝廷镇压只有一年时间，我们猜测运公应当是北宋宣和三年(1121年)或稍后一点就落户油坑口了。

(三)多个村名，各有来历

瀛洲村初称"油坑口"。始祖运公迁居至此时，油坑口既指一个地名，又指一条小溪。溪水源于岩井，因水面浮有一种矿物油而得名。运公后移居油坑出口处，故称其地为"油坑口"。又因

图 7-1 绩溪县瀛洲村的门楼

图 7-2 绩溪县瀛洲村始迁祖章运公墓

溪水是沿瀛山岩南麓流至油坑口入登源河，所以该溪也称"瀛川"，瀛川一度又成为油坑口的别名。

元代,绩溪全县按逆时针方向旋转划分为十五个都,瀛洲属十二都。所以,十二都又是瀛洲的代称。

瀛洲这个村名的来历,则有趣得多。《史记·秦始皇本纪》:"海中有三神山,名曰蓬莱、方丈、瀛洲,仙人居之。"因为有此一说,唐代"诗仙"李白在《梦游天姥吟留别》一诗中有"海客谈瀛洲,烟涛微茫信难求"之句,"瀛洲"由此而得名。

明清至民国时期,从绩溪县城华阳镇沿驿道走来,很远就能看到下财神庙门楣上的"瀛洲"两个大字。笔者幼时听老人说,明成化年间(1465—1487年),瀛洲村中有一书生将唐诗宋词背得滚瓜烂熟,但对科举考试的八股文章,则十分厌倦。书生对李白的诗"海客谈瀛洲,烟涛微茫信难求"之"瀛洲"二字情有独钟,便决定不再走"学而优则仕"之路,苦练书法,咬住"瀛洲"不放松。他开始以笔练于纸,后无纸可练,改以用秃了的扫帚,蘸石灰水练于墙。他天天练,月月练,日也练,夜也练,练到了痴迷的程度,直到用尽全村家家户户的扫帚,写满了家家户户的外墙,自觉满意,方告停息。时有村人章仲润出资兴建瀛川桥和下财神庙,书生毛遂自荐,大笔(帚)一挥,"瀛洲"二字赫然落笔于专门烧制的约3.5尺×1.5尺的平面青砖上,经雕匠精心阳刻后,嵌于下财神庙西向门楣。这是一件书法艺术作品,行家评论用笔浑厚苍劲,字形雍容华贵、庄重甜润,十分耐看,堪称徽州书法之精品,令多少文人墨客驻足欣赏,流连忘返。如今,"瀛洲"二字依然在老地方熠熠生辉。瀛洲村虽有500多年的历史,但本村和附近村庄的长者仍称瀛洲为"油坑口",官方和年轻人则一律称其为"瀛洲"了。

二、瀛洲村的传统经济

(一)农耕经济

瀛洲村的村民多以务农为生。登源河南岸有两块较大的田畈:上为白石碣(碣是一种拦河坝,它是先在河中深打一排松树桩,再用称为"旱铁"的茅草隔花夹进去,然后取上游之砂堆积而成,瀛洲人称为"堨"。其水用来灌溉附近的水田),下为佛殿圩。今穿村公路及路南、村西社庙周围和油坑附近地区,有三处面积较小且连片的水田;还有几处山坞,也有少量梯田。据《1965年农业生产统计年报——瀛洲大队》的资料,除掉堨头生产队的数据,瀛洲村当年年末农业户数为355户,1370人;可耕地为1480亩(其中水田999亩,旱地358亩,社员自留地123亩),人均可耕地为1.08亩。① 上列可耕地的总亩数,不论在什么年代,一般变化都不大。民国及以前时期,因种子质量欠佳,改革开放之前又搞"大呼隆"作业,故水稻平均亩产不过500斤上下,大、小麦和黄豆的产量也不高。按上列年报资料,瀛洲村1965年粮食作物(夏粮和秋粮)总产量为806770斤(包括村民自留地的粮食产量,下同),平均亩产为594.5斤。二十世纪八十年代初,农村经济体制发生了根本性变革,废除了"一大二公",实行包产到户,极大地调动了农民的生产积极性。加之又推广杂交稻等优良品种种植,瀛洲村粮食产量稳步增长,如今亩产已超过千斤了。不过,瀛洲村的可耕地面积却在不断减少,如油坑的水田早年就成了厂房、护村大坝北向的水田被修成了公路、路南又建了一排商店。

  瀛洲虽然被大小山峰包围着,但山场却没有大的收益。瀛洲最大的山是瀛山岩,其山体是岩石,泥土层很薄,生长的多是灌木丛,成材林极少。村西的凤形山、村后的来龙山及村头的水口一带,松树、杉树、枫树等树木粗壮高大,可谓古木参天。因凤形山是一世祖运公的墓地,所以墓葬林、来龙山林和水口林,按照章氏宗族《祖训》规定是不能砍伐的。从传统观念来看,如毁了这几处林木,村民就要遭到报应;从现代生态学理论来看,它有利于生态环境保护。不幸的是,在1958年的"大炼钢铁"运动中,它们都被一砍而光了。此外,还有少数几处山场,有一定数量的成材林,除去林主自用外,主要是供本村人维修房屋之用,外销情况几乎没有。茶、桑、麻及油料作物,基本上也是村民自家消费,没有多大的经济效益。

---

① 绩溪县档案馆馆藏档案:全宗号95,目录号1,案卷号49。

图 7-3　绩溪县瀛洲村的稻田

养猪是村民的重要副业,农家每年出栏少者 1~2 头,多者 3~5 头,仅可以维持日常生活开销。

从农耕经济的角度上讲,瀛洲村村民现还处于温饱状态,以农致富者为数极少,但真正贫困人口的绝对数量也极少。二十世纪四十年代末期,血吸虫病肆虐瀛洲,由下村逐步扩散到中村乃至上村,来势凶猛,令人胆战心惊。当时是三天两头死人,像是到了"万户萧疏鬼唱歌"的地步。可以说,这是瀛洲村继"咸同兵燹"之后遭受到的又一次严重打击。尤其是在下村,有多户出现了家破人亡、人去楼空的凄惨景象。好在新中国成立后人民政府迅速采取防(消灭钉螺)治(收治病人)措施,血吸虫病很快得到了有效遏制,这场灾难才没有更加恶化。

(二)瀛洲徽商,两地辉煌

"七山一水一分田,一分道路和庄园"。这句俗语集中反映了包括绩溪在内的徽州山区的地形地貌,瀛洲村也不例外。

在山多田少、人众地寡的背景下,为了求生存,求活路,瀛洲村民一部分在家乡或亦农亦商,或弃农经商;相当一部分人则走出大山,或投亲靠友,或自行闯荡,奔向水陆码头、大小都市,融入徽商队伍,逐渐成为徽州商帮的重要一员。多数学者认为,徽商起源于宋,鼎盛于明清,民国时期逐步衰落。绩溪徽商是否如此,笔者不敢武断,但笔者认为瀛洲徽商在民国时期依然辉煌,其消失是在二十世纪五十年代中期对私营工商业的社会主义改造之后。

民国期间,瀛洲人不论是在本土,还是在外地从事商业活动,都十分活跃,特别是在抗日战争爆发之后至新中国成立初期,堪称是瀛洲商人最为活跃的时期。

瀛洲村有两条东西走向纵贯全村且相对平行的古街道:一曰前街,一曰后街。前街自上财神庙(今已不存)至下财神庙,长约500米,基本笔直,少有弯曲。街道全部横铺约85厘米×35厘米的麻石板。两侧店铺鳞次栉比,大小商号、摊点50余家,土布洋布、南北杂货、五金百货、糟坊、酱坊、油坊、豆腐坊、肉店、挂面店、饭馆、客栈、澡堂、理发铺、铜铁锡匠铺、药店、纸札店、棺材店等店铺字号应有尽有,吃喝穿用、生老病死所需商品,一应俱全。街面行人如梭,有卖有买,购销两旺,十分繁荣。民国时期之所以繁荣,客观原因是日寇入侵,京、沪、杭相继沦陷,瀛洲及周边村庄的旅外商人纷纷回家避难;加上国民党军黄维兵团的67师一度驻扎登源河两岸,师部设在离瀛洲仅5华里的南观,人口剧增,军民生活都需要商业来调节。从外地回来的商人,不乏既有头脑又有资金者,他们抢抓机遇,或开店铺,或设摊点,促进了前街的繁华。抗日战争胜利之后,繁华景象并没有很快衰退。后街长约700米,与前街相比,狭窄得多,且弯弯曲曲,石板横铺,仅有卖肉、卖酒、卖豆腐的少数几家商店,严格地讲还算不上是街道。

瀛洲商人大体沿着两条线路外出经营:一条是安徽的宁国、宣城、郎溪、广德至江苏的溧阳、溧水、南京一线,郎溪居多;一条是沿新安江至浙江淳安、严州、金华、兰溪、衢州、杭州、宁波和上海一线,其中淳安县城乡诸商埠瀛洲人较多。尤其是港口镇,民国后期至新中国成立初期,瀛洲人(包括家属和小孩)有近百人之多。在港口镇街上,绩溪岭南话是人人能听能说的通用语言,连街后的许多农民也是如此,这是一种十分罕见的现象。

"陈同益"是港口镇最大的商号,可能也是淳安县最大的商号。它经营官盐,附设两爿油坊,一爿蜡烛坊,一爿火腿坊,员工有一百多人。老板是杭州人,打油的是遂安人,做蜡烛的是绍兴人,做火腿的是金华人,炊事员及杂工是当地人,但经理、账房、头柜、一柜、管事、店倌、学徒等今称之为"白领"者,基本上是瀛洲人,这又是一种十分奇特的现象。陈同益自抗日

图 7-4　绩溪县瀛洲村中的商业街

战争期间起,一直到新中国成立后的"私改"摘去金字招牌,三任经理章丽川、章杰生、章虎生都是瀛洲人,三人之先父章灶庭是上油坊的管事(相当于今之部门经理)。正因为该店规模大、名声大,所以民国中后期淳安县商会的三任会长均由该店经理担当。据政协淳安县文史委1991年2月编辑出版的《淳安文史数据》第七辑收录的方月桂《漫忆港口》一文载:"民国十九年(1930年),同益章丽川任第七届县商会会长;民国二十八年(1939年)同益章杰生任第八届县商会会长;民国三十二年(1943年),章杰生又任第九届县商会理事长。"章杰生在港口街上也开了一爿较大的布店,附设染坊,但主事的是其夫人方芹香。当老板的瀛洲人还有章社山、章熙德、章松年、章观奎,以及泰华药房的两个股东老板章渭鹏、章虎生叔侄俩。"前世不修,生在徽州,十三四岁,往外一丢",这是徽州各地老幼皆知的民谣,也是徽州商人的真实写照。笔者就是新中国成立前夕去港口"一大"商号学生意的,当年虚岁十四,我们店里也有4个瀛洲人。

说到瀛洲徽商,必然要提及两家三兄弟,即"三川"与"三社"。"三川"是

指章丽川、章仲川和章季川。老大章丽川前已提到；老二章仲川在杭州做水客，生意做得很大，赚了不少票子。老三章季川在本村开天源栈，经营糟坊，批发和零售烧酒，还兼营南北杂货。据章仲川之次孙章绍雄介绍：其祖父去世后，由章季川去杭州接手水客生意，家乡的天源栈交其父亲章夏生经营。"三社"是指章社政、章社金和章社山。老三章社山上文也提及；老大章社政在村中开了章源泰，杀猪卖肉，兼营百货、布匹，鼎盛时期有8匹骡马，往返宁国胡乐镇搞贩运。如今，172号房子的门楣上，"章源泰"三个字还清晰得很呢！老

图7-5 绩溪县瀛洲村的徽商古宅

二章社金在后街也是做杀猪卖肉的生意。不论是在家乡的瀛洲徽商，还是旅外的瀛洲徽商，从瀛洲村现存的物质文化遗产看来，他们最大的贡献在于：

一是支持公共事业。全县现存规模最大的章氏宗祠，二十世纪初期重建时耗银洋16000余元，村南的护村大坝和村西的护村坝，前、后街的石板大路，众多的桥梁，还有村西的下财神庙和社庙等，哪一样都少不了他们的鼎力相助。何况，还有许许多多被毁掉的公益设施呢！近日听章锡华老人说，他小时候曾看到下村的道路铺石板，是邻居章本涛在宁波开馆子店赚了钱后回来铺的。

二是留下了许多古民居。旅外徽商赚了钱之后，头等大事就是回家兴建住宅，既为了改善家中妻儿老小的住宿条件，也为了自己年老落叶归根时有一个颐养天年的优美环境。目前，瀛洲村清代和民国初期兴建的大体完整的古民居，尚有七八十幢。其中值得一提的是，"三川"豪宅和上、下两钱庄。所谓"三川"豪宅，即章丽川、章仲川、章季川三兄弟建的私宅，即现在瀛洲村的

229号、227号、223号房屋。三幢房屋均坐落前街下首北侧,连成一片,唯227号与229号间隔一条巷道。粉壁、黛瓦、马头墙,三间两过厢,四水归明堂,二进通转楼,属典型的徽派建筑;前有院坦,院外一律八字门,里外大门门楣上的砖雕和室内的木雕也十分了得!尤其是227号,面积最大,占地古称5角,相当今之833平方米。其后进过厢栏板的木雕"八骏图",八马形态各异,有的卧地憩息,有的低头吃草,有的四蹄奔驰,有的昂首长啸,真是惟妙惟肖;前进窗门上的木雕"三元报喜"和"蟾宫折桂",雕技精妙,妙不可言;八字门庭下还摆了一对麻石鼓。223号院内大门门楣上的砖雕,房主有文物保护意识,"文革"期间用泥浆、白灰涂抹,并书写"敬祝毛主席万寿无疆"覆盖其上。据主人介绍,砖雕共雕了108将,因至今未除去覆盖的泥灰,我们还不能窥其庐山真面目。再说上、下两钱庄。所谓"两钱庄",是村民对这两幢房子的称谓。瀛洲村并没有钱庄,村人为何称它们为"钱庄"呢?这要追溯到运公二十五世孙章钟尧,他于清咸丰年间(1851—1861年)在浙江衢州创办了震大钱庄,经营得红红火火。钟尧公仙逝后,由其子章渭杰、章渭祺继承父业。章渭祺命薄,成家不久就去世了,钱庄由章渭杰独自撑持下来。章渭杰生了一对双胞胎:本甡、本堃。他俩长大成人并承接祖业后,分道扬镳,各展宏图,哥哥章本甡仍经营震大,弟弟章本堃另设庆大。二人勤奋有加,业绩卓著。二十世纪二十年代末,两兄弟几乎同时回老家前街建房,章本甡的房子建在六荣堂上首,即"上钱庄",现为瀛洲村159号。章本堃的房子建在六荣堂下首约100米处,即"下钱庄",现在为瀛洲村161号。这两幢房子非常气派,规格旗鼓相当,但在规模上,"上钱庄"却逊于"下钱庄"。"下钱庄"房主章本堃之子章熙瑜生前告诉我,他家院内门楼上的砖雕,雕了戏文,两班雕匠拼台,一班是歙县南乡人,一班是本县人,各雕一半,雕好后拼到一起,不差毫厘。两班师傅,平分秋色,支付雕匠工钱,银圆用掉千把元。该房曾几次易主,近日,我特地去看这幅砖雕,发现不在了。"上钱庄"房主章本甡之孙章基嘉是中国工程院院士,绩溪县人民政府于2005年7月将该房子列为县级重点文物保护单位。目前,村中文物价值较高的古民居,除上列60号(老房子)、229

号、227号、223号、159号、161号外,尚有138号、157号、162号(系明代官厅,只存后进)、163号、178号、199号、200号(全村唯一一幢砖木结构的三层楼)、283号、330号等。这些古民居,都是瀛洲商人建造的。

此外,私立瀛洲村小学自民国二年(1913年)创办,至1952年下学期转为公办,历时40年的运转经费,主要来自旅外瀛洲商人的赞助。在这40年中,私立瀛洲小学培养了大批人才。

综观瀛洲村之传统经济,我们推测,全村总收入中,农业收入约占30%,商业收入(含老板利润和店倌工资收入)约占70%;人口比例恰恰相反,务农人口约占70%,从商人口只占30%。由此看来,不论本地、外地的瀛洲徽商,对瀛洲村方方面面的发展功莫大焉。诚然,旅外徽商对家乡的贡献更多一些,这是不容置疑的。

图7-6　绩溪县瀛洲村的古民居

三、瀛洲村的宗族结构

宗族者,谓同宗同族之众也。宗族是历史上形成的以父系血缘关系为纽带的社会人群共同体。清代学者、徽州休宁人赵吉士在《寄园寄所寄》卷十一《故老杂记》中说:"新安各族,聚族而居,绝无杂姓搀入者,其风最为近古。出入齿让,姓各有宗祠统之。岁时伏腊,一姓村中,千丁皆集。祭用文公家礼,彬彬合度。父老尝谓,新安有数种风俗胜于他邑:千年之冢,不动一抔;千丁之族,未尝散处;千载之谱系,丝毫不紊;主仆之严,虽数十系不改,而宵小不敢肆焉。"①赵吉士的这段文字,高度概括了徽州宗族之共同形态。瀛洲村虽有其自身特点,但也是大同小异而已。

(一)聚族而居,人丁兴旺

聚族而居是宗族的基本特征,瀛洲村就是章姓聚族而居的古村落。

相传,章氏宗族是炎帝之后,出自姜太公一脉。历史上确有姜太公此人,据《辞海》第819页载:他是"周代齐国的始祖。姜姓,吕氏,名望,字尚父,一说字子牙,西周初年官太师(武官名),义称师尚父。辅佐武王灭商有功,后封于齐。有太公之称,俗称姜太公"。由于姜太公受封于齐,是齐国始祖,所以又称齐太公。姜(齐)太公在位时,将收来的附庸国分封给子孙,有个名叫穆虎(乙)的孙儿,被封在郸国,穆虎及后裔就以国(郸)为姓。郸国大概在今之山东省东平县地带,那里现在还有个郸城村。《左传》有"齐人伐郸,同宗相残"的记载,说明郸人与齐人同是姜(齐)太公的后代,不知何故而大动干戈。《左传》是对史书《春秋》的注释。《春秋·庄公三十年》有"秋七月,齐人降郸"的记载,是说郸国于庄公三十年秋七月被齐国灭了。"庄公三十年"为公元前664年,故《辞海》第522页亦有郸国于"公元前664年降于齐"的释义。此时,郸国君主是郸胡祥,因国之不存,其子鞠将"郸"之右边"阝"字去掉,立姓为章,并从东平迁徙河间(今属河北),时间应为公元前664年。鞠公是华夏章氏大宗族的立姓元祖,河间是华夏章氏大宗族的最初发祥地。关于章姓的起源,史书上还有几种说法,但笔者见到的多部《章氏族谱》,皆从上说。

经过1400多年的风雨沧桑,到了唐太和年间(827—835年),章及出任康州刺史,落户福建浦城,是为浦城章姓始祖。公之长孙章仔钧育有15子、68孙,致使章姓人口迅猛增长,成为江南许多地方的望族。绍兴人章贻(1853—1918年)竭三十余年之力编就的《章氏会谱》,是目前江南章姓人公认的权威族谱。据该谱世系图可知,浦城始祖及公是章氏四十七世孙;觅村

---

① (清)赵吉士:《寄园寄所寄》卷十一《泛叶寄·故老杂记》,合肥:黄山书社,2008年。

始祖元方公是章氏五十五世孙;瀛洲始祖运公是章氏五十八世孙。运公后裔在瀛洲村已发展到三十三世字辈,是章氏九十世孙。

运公自宋宣和二年(1120年)从昌化览村迁徙至绩溪,经过近千年的繁衍,人丁兴旺,子孙遍布全县各地,全县章姓子民绝大多数是运公一脉,闯荡县外、省外、海外者也不计其数。县内大姓,群众习惯称胡、汪、章;县内大村,瀛洲名列第五或第六。古时,瀛洲是一姓村。如今,虽有客姓,但章家人仍占全村总人口的80%以上。

(二)创建宗祠,追本溯源

追本溯源,尊祖敬宗,莫过于建祠。"无祠则无宗,无宗则无祖"。祠堂是供奉祖先神主的地方,是宗族祭祖、集会、活动、议事的场所,是宗族的枢纽与核心。

瀛洲村何时建了章氏宗祠?笔者查阅《瀛洲谱稿》,其始迁祖运公名字之旁注曰:"宣和六年,重建'昼锦堂',以奉先祀。"其实,"昼锦堂"就是祖祠,或者称"家庙"。因为浦城老祖宗建有"昼锦堂",运公迁来瀛洲开疆辟土,念念不忘祖先,第四年即宣和六年(1124年)就"重建昼锦堂,以奉先祀",应该说这是瀛洲最早的章氏祖祠。前文已述及舒頔曾写有《瀛川章氏重建宋郇国公昼锦堂记》,说明元末明初时"昼锦堂"还依然存在,但建于何处,现已无从查考了。清嘉庆《绩溪县志·人物志》中,有三位瀛洲人与建祠相关的记载:一是列入《学林志》的章杲,字宾阳,"公议倡修祖祠,杲理事十一年";二是列入《孝友志》的章良勋,为太学士,"倡建宗祠,竭力经营,历时七载";三是列入《乡善志》的章铫,字子泰,"建宗祠,修祖坟,合族称道"。杲公是运公二十二世孙,生活于1700年至1800年间,但只是"修祖祠",而不是建祖祠,良勋公和铫公是"建宗祠"。据此分析,良勋公和铫公在明朝即公元1500年前后的某个时间,在村中心即现章氏宗祠旧址兴建了祠堂,后由杲公等对该祠进行了长达十一年的大规模改造。可惜该宗祠于"咸同兵燹"中被毁。

民国四年(1915年),瀛洲村一批士绅出面主持,成立组织,广集资金,精选良工,在原宗祠的废墟上,重建了章氏宗祠。前后历时四载,耗资 16000 多块银元,于民国八年(1919年)竣工。该祠主建筑 1200 平方米,三进七开间,进深 60 米,开阔 20 米;上首的附属建筑约 300 平方米(部分已坍塌),总面积达 1500 余平方米,是绩溪县现存规模最大的古祠堂,已于 2005 年 7 月 4 日由县人民政府批准列为县级重点文物保护单位。大门原是一座石牌坊,恢宏壮观。如今祠堂的四根引柱还在,上层不知何时倒塌了。进门是一个院落,中间大部分铺了麻石板。第一进为五凤楼,仪门两侧为一对青石抱鼓,鼓面平滑,光可鉴人;底座及两边附衬的三块青石栏板,雕有麒麟、凤凰、鹿、鹤、燕、喜鹊、鸳鸯和梅花、兰花、葵花、荷花等吉祥动植物。这组石雕,雕刻精湛,栩栩如生,实是徽派石雕中的上乘之作,这在徽州古祠中亦很难见到。东西两头,各开书卷式券门,门楣砖雕,东曰"源远",西曰"流长"。这座章氏宗祠不仅反映了章氏宗族的悠久历史,而且彰显了章氏宗族深厚的文化底蕴,这也是该祠与其他地方众多古祠的不同之处。仪门上端,原悬挂有"章氏宗祠"白底黑字的巨大匾额,但此匾现已不存。五凤楼后,中间是个宽大宏敞的明堂,地面全用石板铺就,四周竖有二十二根石柱,东西两侧是庑廊。第二进为享堂,它是祠堂的中心,是用来祭祖和进行其他重要宗族活动的场所。享堂轩敞、庄严,轩敞是人丁兴旺之所需,庄严则是祖宗威望之凸显。该处圆木竖柱就有三十根,正中两根外围达 1.63 米,其高大宽敞程度可见一斑,这在其他古祠中也很少见。以前柱上有楹联,梁上有匾额,"文革"中毁于一旦,享堂左、右、后三面的皮门也未能幸免。第三进为寝室,是存放祖宗牌位的地方。章氏宗祠从大门至寝室,取逐进递高的建筑风格,由院坦至五凤楼,要上三档踏磡(绩溪方言,"踏磡"即台阶);由庑廊至享堂,要上二档踏磡;过里天井至寝室,要上六档踏磡。这种建筑风格蕴含了"步步高升"的意思。章祠屋顶,五凤楼、享堂、寝室之上都有飞檐翘角,蔚为大观,可惜在"文革"时也大多被敲掉了。尽管章氏宗祠在"文革"中受到破坏,但因新中国成立前后一直被机关单位占用着,所以总体结构基本完好。

与瀛洲毗邻的龙川胡氏宗祠最大的特色是木雕,专家、学者赞誉其为"木雕艺术殿堂",1988年就被国务院列为全国重点文物保护单位。但它主建筑面积只有1100余平方米,稍小于瀛洲章氏宗祠。就祠堂的高度而言,前者也低于后者。而从内在轩敞和外观气势上,尤其是从两侧恢宏的外墙来看,瀛洲章氏宗祠不逊色于龙川胡氏宗祠。

图7-7　绩溪县瀛洲村章氏宗祠

除了宗祠之外,瀛洲因十二世祖章仲坚生有六个儿子,形成了六房(支派),我们称其为"六凤"。各个支派都建有自己的支祠,这些支祠我们称之为"老屋"。他们还合力在前街建了规模相当大的总支祠——六荣堂。此外,还有新三凤祠和老三凤祠。坐落后街的新三凤祠,规格与章氏宗祠大体相当,唯规模不及章祠。同样,六荣堂和其余老屋,以及新、老三凤祠也都在"文革"时期先后被毁掉了。

瀛洲村现今的章姓村民,绝大多数属五凤(始祖是仲坚公第五子振祖公)、六凤(始祖是仲坚公第六子禄祖公)和新三凤(始祖是运公十二世孙仲昱公。仲昱公生三子,老二、老三均外迁,故属老大以明公之后)三大支派。

2015年底,绩溪县委、县政府为弘扬传统家风、家训,决定由县财政拨款100万元,对章氏宗祠进行大修。2016年10月16日,举行竣工典礼,俗称"开祠堂门"。瀛洲章氏宗祠现为绩溪县传统家风、家训教育基地。

(三)纂修族谱,源远流长

族谱是联系宗族血缘关系的纽带,是继承、弘扬祖先艰苦创业、崇文重教、尊老扶困的载体。"徽州人认为,'族之有谱,犹国之有史也。史以纪一代之始终,谱以叙一姓之源流,其体一也。始终备而是非有焉,源流具而亲疏别焉,其用同也。是故国无史则千载之下无公论,族无谱则百世之后无定伦。无公论而公理之在于人心者,犹不可泯也;无定伦则礼教不兴,人心螭,而风俗日偷,其弊有不可胜言者矣。甚哉,谱之不可不作也'。"①理学大师、徽州婺源(今属江西)人朱熹(1130—1200年)说得更干脆:三年不修谱,即为不孝。

瀛洲前辈人高度重视纂修族谱,早在南宋期间(1127—1279年)就修有章氏族谱了。前述《章氏会谱》中,收有南宋重臣、最后背着末代九岁皇帝赵昺跳入南海而壮烈殉葬的楚州城(今属江苏)人陆秀夫(1236—1279年)和绩溪县元末明初大儒舒顿分别写的《瀛川章氏族谱序》。可惜,这两部族谱都不曾留下来。现存的是清乾隆五十九年(1794年)世系谱(俗称"挂线谱")稿本和民国三十一年(1942年)基本完整的谱稿。2006年4月,瀛洲各村、各县的一些运公后裔相聚一起,议决续修族谱,成立组织,确定主事、主编人员,随即着手募捐、收集数据等项事务,纂修工作全面启动。经过两年的努力,族谱现已编就。2008年版的瀛洲《章氏宗谱》,分上、下卷,16开,精装本,约600页。上卷是以乾隆谱和民国谱为底本,缺失部分上门抄录各户的挂钱簿,经整理而成;世系表自章氏立姓元祖鞿公始,至福建浦城始祖及公、昌化览村始祖元方公,再至瀛洲始祖运公共二十五世钟字辈;1942年以后出生的钟字辈以下

---

① 转引自赵华富:《两驿集》,合肥:黄山书社,1999年,第411页。

者,放到下卷,以求统一。下卷的新编部分,经编制表格发给本村、县城和寄给外地运公子孙填写,收集整理,由钟字辈延续至三十三世烨字辈。早年从瀛洲直接迁往各地的运公后裔,只载各地之始迁祖。上、下卷均收有一定数量的相关文字材料。此次修谱,众人积极参与,不少人慷慨解囊,二十八世孙旺维捐资 10000 元,29 世孙慕维(章飚)捐资 5000 元。新版瀛洲《章氏宗谱》已于 2008 年 9 月面世。

笔者为瀛洲《章氏宗谱》(下卷)作《序》,文末写了:"吾想,《瀛洲章氏宗谱》的出版发行,既可以加强族内人群之联络,增强凝聚力,为稳定瀛洲村的社会秩序,发展瀛洲村的公共事业产生有益之作用;同时,也可以起到教育后代,提高自尊心、自信心,敬老爱群,为国家为社会多作贡献,为章氏宗族光宗耀祖之作用!族谱更是中华民族大家庭相互联系的纽带,涵养族人爱吾中华、爱吾祖国的高尚情操。在此,吾更希望瀛洲村全体村民,不论章姓、他姓,和睦相处,为建设一个'生产发展,生活宽裕,村容整洁,乡风文明,管理民主'的社会主义新瀛洲而团结奋斗!为中华民族的复兴作出新贡献!"

(四)传承祖训,警示后人

瀛洲章氏宗族的祖训,沿袭福建浦城三世祖、曾任太傅的章仔钧(868—941 年)所立,题为《太傅仔钧公家训》(载民国版《瀛洲谱稿》),全文内容如下:

> 传家两字,曰耕与读;兴家两字,曰俭与勤;安家两字,曰让与忍;防家两字,曰盗与奸;亡家两字,曰嫖与赌;败家两字,曰暴与凶。休存猜忌之心;休听离间之语;休作生愤之事;休专公共之利。吃紧在尽本求实,切要在潜消未形。

> 子孙不患少而患不才,产业不患贫而患非正,门户不患衰而患无志,交游不患寡而患从邪。

> 不肖子孙,眼底无几句诗书,胸中无一段道理。神昏如醉,体懒如瘫,意纵如狂,行卑如丐。败祖宗之成业,辱父母之家声;乡党为

之羞,妻妾为之泣。岂可立于世而名人类乎哉! 岂可入吾祠而葬吾茔乎!

戒石具左,朝夕诵思。

这是一篇极好的散文诗,一篇言简意赅的德育教材,一篇中华传统文化的经典之作。全篇 196 个字,前 48 个字,对传家、兴家、安家、防家、败家、亡家,都是各用两个字来阐释,陈其要害。紧接着 4 个"休"字至后面的"从邪",一共 74 个字,则是从多方面表达对子孙的忠告。随后 66 个字,是对不肖子孙的心态形容和严厉谴责。末句 8 个字,是要求后人将《家训》作为座右铭,日夜诵读,铭记在心,认真对待。通读全篇《家训》可知其内容贯穿了儒家思想,与徽州文化一脉相承。

(五)制定排行,尊长爱幼

何谓"排行"?"排行"也称"排辈""行辈",俗称"辈分"。它是同姓同宗的前辈人在撰修族谱时,选择含义美好的字、词组成若干句善言吉语,供后辈婴儿(习俗是男丁。妇女也有取排行名的,但少见)出世时依序命名的规则(矩)。它是族谱的重要组成部分,也是界定同姓人是否同宗同祠的标准。既然是规矩,当然不可逾越,不可乱套。排行名要有两个字,第一个字为辈分,第二个字及以下才是各人的名。笔者是运公二十八世孙,出世时家父不在家,目不识丁的母亲请人为我取了个排行名叫熙年。不久,离我家很近的一户人家也生了个儿子,同是熙字辈,也取名熙年(该熙年新中国成立初殁于血吸虫病)。家父次年回家知道此情后,顿觉不当,认为会给家庭生活带来许多麻烦,就为我取了个学名叫"亚光"。为什么不另取个排行名呢?我长大后才知道是不允许的,因为婴儿头年出世,次年初就将排行名报进了祠堂,一般是不能更改的。所以,我的排行名几乎无人知晓,但清明节写"纸角"(装冥银的纸袋)还是写排行名而不写很新潮的学名。

前述《章氏会谱》中,收有《百代歌》。据说,《百代歌》是我们章姓最早的排行歌,5 字一句,有 20 句,共 100 个字,一字为一代,所以称为《百代歌》。因为浦城六世祖章得象(977—1047年)曾任宋朝工部尚书,封"郇国公",故史书上又称《百代歌》是当朝仁宗皇帝(赵祯)御赐的。笔者曾见到多种版本,但发现各地章姓人并未按此来取名。

下面是民国版《瀛洲谱稿》上所载的排行:

国为自培钟,渭本熙基锡。泰朴帚垂镇,汉标烈址铭,清懋焕增錞。

以上也是5字一句,5句共25个字,代表25代。但首个"国"字是二十一世,最后的"錞"字是四十五世,这说明二十一世之前瀛洲章姓没有制订排行。

排行是一种文化现象,是道德文化的载体。排行的形式也各种各样。下面是绩溪几个宗族的排行:北村程氏排行是一首五言旧体诗:"家训维存厚,经邦在秉忠。仁修敦正本,德立树勋名。"荆州胡氏排行却是一副对联:"世效忠良,学能成,其名广达;家传孝友,本先立,斯道大生。"上庄胡氏的排行为:"天德锡贞祥,洪恩毓善良。明经承肇祖,世泽振同光。"著名学者胡适(1891—1962年)是"洪"字辈,排行名为"洪骍"。专为女性制订排行的少见,绩溪岭北戴氏族谱却有记载。

不难看出,以上诸宗族排行的用字、造词、造句,无不闪耀着道德文化的光芒。字里行间,或勉励后人忠厚传家,或期望后辈报效国家,或劝导族众和睦相处,等等。例如,荆州胡氏排行中有"家传孝友,本先立"一句,是希望下辈要以孝、以友为传家之本;上庄胡氏排行中含有"泽"字,意为恩泽于人,德泽于人,惠泽于人。瀛洲章氏排行中有个"培"字,这当然是培养、培育、培植人才之义。这更能说明编撰排行的先贤、先哲们推崇儒家思想,重视伦理道德教育,主张从娃娃抓起,寓教于名字之中,天天喊叫,日复一日,潜移默化,培养后人成为孝父母、友四邻、效国家的栋梁之才。

长期以来,排行、辈分一直是同姓同宗人的称呼规范,上辈、下辈、长辈、小辈,礼法有序,尊长爱幼,蔚然成风。同一辈分,不分家贫家富,不分官大官小,人人平等地受下辈人尊敬。你再富有,职位再高,在长辈面前也得称其伯公、叔公或伯、叔,辈分高一等,见官高一级。婚丧宴席,同宗人共桌,谁坐上位,谁坐下位,各人都自觉地按辈分入座,东家不可以按大款、小款或大官、小官来排座次。否则,东家排错了席位,不仅被骂为"狗眼看人低",更有甚者会怒掀酒桌,扬长而去,东家还得上门赔礼道歉。徽州受朱熹思想影响很深,对这些世俗情有独钟,代代流传,历久不衰,这又从另一侧面证明徽州是名副其实的礼仪之邦。

瀛洲村章氏排行的 25 个字,个个都是好字眼,但组成的句子却没有很确切的意义,这是一个特点。另一个特点是从第一句至第五句,基本上都嵌有"水木火土金"的偏旁,排列有序,一句不乱,这在徽州乃至全国的汉民族姓氏排行中是极为罕见的。

还值得探讨的是,章氏排行第一句的"国为自"三字,只有"为"字的繁体字含四点水,但顺序不对,此处应为"木"。后面的"培"字含土,"钟"字含金,顺序倒是不错的。

(六)修葺祖坟,不忘祖宗

人死后入土为安,这是汉民族的传统,徽州人尤为重视。历代为祖坟、茔地而诉诸官府之事,不胜枚举。古时,损人家祖祠,挖人家祖坟,是最不道德之行为,官府也是要追究的。

瀛洲人历来看重修葺祖坟之事,清嘉庆版《绩溪县志·人物志》载,前已提及《孝友志》中的章良勋,"修理祖坟,自一世至十二世,共十七冢,皆勒石树碑";《尚义志》中的章良辅,字道南,太学生,"欲置义冢,一时未觅得善地。病中嘱其子曰:'此我志未逮也,汝等勉之。'后择买晏公亭后地,置为义冢,行石之碑";《乡善志》中的章焕文,由诸生监考州同,"生养没葬者,有为之";同为列入《乡善志》的章连宗,"见有坟茔坍塌,其子孙又无财力,尽自己所有帮助修复,或力所不及,亦耿耿于怀,临终前,还嘱咐其子成全此事"。

运公墓坐落于凤形山,今之光明公路西侧,距华龙公路 100 米稍多一点。二十世纪五十年代中期,凤形山还是古树参天,运公安息于此,遮阳蔽日,异常清静,庇佑他的子子孙孙能够生生不息、平平安安。但五十年代后期,随着"烧木炭炼钢铁"运动的开展,凤形山的参天古树被一砍而光。清道光丙戌年

(1826年),运公子孙又对该墓修葺过,同穴还有运公续夫人胡氏、其子瑕公及夫人何氏。以往,凡逢春节、清明节,本村和外村的章姓长辈、士绅等头面人物,都要到此举行盛大的祭祖活动,这种活动一直延续到新中国成立初期。二十世纪六十年代兴建光明公路时,整座坟墓被泥土覆盖了,部分墓体也低于路面,村民栽上桑树,形成了桑园。2003年秋,一些在村、在县的章姓离退休人员自筹资金,在村长、村支书支持下,动员村民移栽桑树,彻底清除堆积的泥土,使埋在地下40年之久、面积约40平方米的章氏祖墓重见天日。因坟墓整体完好,坟面砖文字清晰,根据"修旧如旧"的文物保护原则,只对墓壁、坟面墙加以修整,并在坟面墙之上加筑一道上架横额,额枋上砌了砖质栏杆,望板粉白,四根望柱上端刻荷花纹饰。墓顶加浇水泥,呈球状,外围加砌护墙。坟明堂铺鹅卵石,外加砌稍高于公路的长方形护体,并用水泥抹平,筑六档踏磋下到坟明堂。为防止坟明堂积水,又在公路下埋设排水沟。坟墓上首新竖一块大理石墓碑,正面刻"瀛洲村章氏始祖运公之墓",背面刻《章运公墓重修记》,碑面黑色,文字添金。修复后的运公墓,显得庄严、古朴、典雅、大方,吸引了外村,甚至外县、外省的运公子孙纷纷前来瞻仰和祭拜。

(七)崇文重教,人才辈出

徽州有"东南邹鲁"之誉。所谓"邹",孟子之故乡也;所谓"鲁",孔子之故乡也。古代两大圣人的学说,构成了孔孟之道,其核心内容之一就是崇文重教。"学而时习之,不亦乐乎""学而优则仕"等说教,历代徽州人都是铭刻在心的。"十户之村,不废诵读""邑小士多,绩溪为最",这又是史书上对绩溪崇文重教之风的赞颂。

运公在瀛洲定居后,曾嘱其子瑕公回原籍搬来一只颇富文化内涵的石狮(今收藏在章氏宗祠),标志着章氏宗族的崇文美德。运公出身书香门第,世代为官,崇文重教,形成家风。旧时,清明节祭祖发胙,就规定学历高低,多寡有异。它虽有不公平之嫌,但却凸显了老辈人鼓励后生认真读书的良苦用心。"三代不读书,养了一窝猪",瀛洲人基于这种认识,凡富裕人家,对教育事业极舍得投入,开蒙馆,办私塾,聘请文人来家坐馆授课,促使子孙成才。历代自学成才者,也不乏其人。民国二年(1913年),瀛洲创办了私立瀛洲小学,校址在宝敕堂,即"五凤祠"(该祠后改成新校舍。瀛小一度搬到章氏宗祠之余屋,今门阙上还隐约可见"瀛洲小学"的字迹)。笔者外曾祖父章钟焘曾在该校执教,时有学生30余人。私立瀛洲小学一直运转到1952年改为公办,长达40年之久,其运转经费除部分校产收入外,大部分则由旅外瀛洲商人鼎力资助。这又从一个侧面说明瀛洲人向来有崇文重教之优良传统。新中国成立前,村中的男孩子,再穷的人家也要供他读几年书,真正的文盲微乎其微。稍富裕一点的人家,女孩子也能读几年书。

正因为历代瀛洲人崇文重教,所以它又是历代人才辈出的村庄。嘉庆版《绩溪县志》卷七《职官志》和卷十《人物志》中,明确为瀛洲人的竟有63人(含烈女15人。两卷皆有名者计其一。还有许多不明确原籍为瀛洲的章姓人不计)之多。其著名者有:

章瑞,明弘治己未(1499年)进士,授行人,擢御史。明正德初,太监刘瑾专权,许多大臣避刘而去,章瑞毫不畏惧,不买其账。章瑞出按苏州、松江等郡,刘请托私事,被章瑞严词拒绝。章瑞刚直不阿,廉洁奉公,所到之处,皆有政绩。

章钊,章瑞之子。章钊任云南曲靖军民府通判时,安南(时越南称"安南")贼人骚扰我边境,十分猖獗,守御者闻风丧胆。章钊奉命亲督兵进行反击,三战三捷,斩贼首杨春等一千有余,投降者不计其数,收复失地。后升为山西太原府同知,以军功叙加太仆寺少卿,赐金蟒袍,食一品俸。章钊性爱吟咏,有《筹亭稿》。

章淮,明嘉靖乙酉(1525年)乡荐,授浙江太平县教谕。任上,章淮大兴教育,捐俸救济贫困学子。屡奉同考山东乡试,不久升长沙推官,秉公而断。又奉令盘查湖南、湖北13郡案牍,所至发奸摘状,庶民呼其为青天。后卒于任,百姓为其撰写《全楚遗哀录》。为官两任,不携家室,两袖清风,屡受朝廷表彰。

嘉庆版《绩溪县志》中，还记录了著书立说的瀛洲章氏人物。如章上松著有《鹤屏文稿》、章昊著有《泉鉴居文集》、章定鉴著有《爱吾庐文集》、章树逵著有《四书辑注》和《可仪堂文稿》、章为悌著有《云邬山房稿》、章之蕃著有《伴月轩稿》等。

在瀛洲近现代名人中，除了前已提及的淳安县民国后期三任商会会长章丽川、章杰生（蝉联一任）外，最值得一提的还有：

章渭煊（1911－1999年），民国二十一年（1932年）从安徽省立二中毕业后，一直从事教书生涯，迄至1953年，有二十余年之久，可谓是桃李满天下。期间，曾担任过绩溪初中、浙江严州中学等多所学校的教导主任，兼任过私立瀛洲小学校长。他虽然不在瀛洲小学教书，但时刻关心着瀛洲小学，尤其心系着学校的活动经费。每逢寒暑假，他都要亲往淳安、杭州、上海一带求人捐助。他在乡亲们的心目中有很高的威望。如今，瀛洲小学的墙壁上还嵌有"中华民国三十一年十月十一日奠基"的奠基石，这是当年他用募集来的资金，在村人协助下兴建校舍的标志。章渭煊于1951年加入中国民主同盟，1953年经组织选派到华东革命大学政治学院学习，同年9月专职从事民主党派工作，先后任民盟浙江省支部筹委会宣传部副部长，民盟浙江省第一届委员会常委、副秘书长、秘书处处长，为民盟浙江省委的建立和发展流了汗水，立了功劳。1957年的"反右"运动时，章渭煊被错划为"右派"。1979年3月获得平反，恢复名誉。同年8月，到九三学社杭州分社工作，次年加入九三学社，曾担任九三学社杭州分社秘书长、浙江省工委秘书长、浙江省第四、第五届政协委员。他长期主持九三学社浙江省委机关工作，至1989年退休，为九三学社浙江省委的健康发展呕心沥血，成绩显著。

章基嘉（1930－1995年），瀛洲"上钱庄"房主章本甡之孙，在瀛洲和绩溪县城读完小学、初中后，即往浙江读高中，后考取上海交通大学。1951年，组织上决定他提前毕业，加入部队，成了一名气象兵。他一生勤奋好学，得到组织的器重，1955年被选派到苏联列宁格勒水文气象学院深造，获博士学位回国。曾担任中央气象台长期天气预报组组长、南京气象学院副院长、北京气象学院院长、国家气象局第一副局长、全国政协委员等重要职务。他编著的《中长期天气预报基础》填补了我国这一领域的空白。由于他在气象学科作出的卓越贡献,1994年当选为中国工程院院士。

章熙康,1936年生,乃陈同益商号最后一任经理章虎生之子。瀛洲小学毕业后到县城读初中,高中就读于杭州一中,1953年考入哈尔滨工业大学,1958年毕业。他一生工作在中国科学院上海冶金研究所,从助理研究员,到副研究员、研究员,再到研究室主任、博士生导师,一步一步走来,成为我国冶金领域的著名科学家,属有特殊贡献而享受国务院津贴的国家级专家。他撰写了大量学术论文,北京科技出版社曾出版他的专著《非晶态材料及其运用》。退休后,还担任多家中资和外资企业的技术顾问。

章飙,排行名基仁,乳名慕维,1942年生,运公二十九世孙。毕业于合肥师范学院艺术系(合肥师范学院后并入安徽师范大学),国家一级美术师。曾任中国美术家协会理事、中国版画家协会常务理事、安徽省美术家协会主席、省政协委员,现任安徽省美术家协会名誉主席、中国文史馆书画院安徽分院执行院长。曾获"当代中国画杰出人才奖""优秀人民艺术家"称号。

(八)章姓客姓,和谐相处

宗族势力,是把双刃剑,对内有亲和性,对外有排斥性。瀛洲章氏宗族,自然也不例外。

古时的瀛洲村,有"七星捧月"之谓。何来"捧月"？出典有二:一是瀛洲村是一个半月形状的村落。如今村庄拓展了,半月形状依然如故。一是村后的来龙山也是半月形状,故名为月形山。何来"七星"？那时的瀛洲村,登源河左边散居着七个姓氏的小村庄,即下塘坑山口庄屋庄姓、江山屋口江姓、佛殿圩赵姓、黄连树下刘姓和孙姓人、何家门前何姓、汪里桥头汪姓,所以有"七星(姓)"之说,故形成了"七星捧月"之势。此后,随着章姓人口的膨胀,宗族势力的排他性,几个小村庄的外姓人逐渐离去了,但"七星捧月"之说一直流传了下来。

新中国成立前,也有少数几户做"下等事"的客姓人,如刺头、抬轿、吹鼓手、补铜壶的。对这些人,章氏宗族是可以容纳他们的。新中国成立后,宗族势力受到冲击,瀛洲村的客姓人渐渐多了起来,现有方、王、韦、叶、江、吕、刘、汪、余、许、杜、周、洪、李、吴、邵、高、胡、张、程、俞、钱、雷、潘、楼、戴、韩、徐等近 30 个姓氏。

如今,章家人仍占全村总人口的绝大多数。瀛洲村的章姓与客姓能够和睦相处,互帮互助,实际上已经融为一体。

图 7-8　绩溪县瀛洲村居民使用的古床

四、瀛洲村的民俗文化

民俗是民众认同的、约定俗成的、长期沿用和遵守的风俗习惯。这些风俗习惯大体是围绕节日寿庆、婚丧嫁娶、祭祖拜佛、祛邪避灾等而开展的有序活动。它是一种文化现象,内涵十分丰富,民间十分看重。对于伤风败俗的事,行为人轻者要受到民众的谴责,重者则要开祠堂门接受宗法的惩罚。一般来讲,乡村的风俗习惯纷繁复杂,有的还夹杂着不少迷信成分。新中国成立后受到了批判和抵制,健在的老人也很难全部说清楚。民谣:"油坑口,不相同,三社、两清明。"(东源口音:"同"和"明"二字同音);"油坑口人,天天做粿,夜夜烧年。"这又说明瀛洲村的民俗有不少与众不同之处,我们只能择其要者加以叙述。

(一)正月半跳狮

农历正月十五是元宵节,瀛洲村有"跳狮"的风俗,从正月十五跳到正月十八。跳狮是瀛洲人的叫法,城里人称"舞狮"。

瀛洲正月半跳狮,有两台:一台在上村,跳的是青狮,地点在六荣堂外;一台在下村,跳的是五彩狮,地点在新三凤祠内。大狮要由2人组成跳,小狮由1位少年跳。跳狮是非常消耗体力的活儿,没有强壮的身体是跳不下来的。穿狮衣之前,要脱掉棉袄棉裤,只留单衣;跳完结束从狮衣中钻出来,已是全身透湿,此时就有人赶快将棉衣披到他们身上,以免冻伤。正因为跳狮是吃力的行当,所以上、下村都准备了几班人马,轮换着跳。

跳狮的戏台是提前两天搭好的,前沿两侧各挂着一只用铁丝编成的火篮,装了用松树桩劈成的小木棒(瀛洲称其为"松醚油")。在这些日子里,天色微暗后,台下人山人海,松醚油点燃,一片通明,锣鼓一响,狮子就从幕后跳出来了。跳的花样很多,有摇头摆尾,有昂首直立,有前扑后翻,有欢蹦乱跳,有昏昏欲睡,他们将兽中之王的各种形态表演得惟妙惟肖。最难的动作是在八仙桌上翻功斗(此为瀛洲方言,即"翻跟头"),高手可以在两张叠起的桌子上翻下来,落地还要再翻2个筋斗。这时,台下掌声雷动,台上鼓声震天,一片欢腾。跳狮跳到中场,狮子突然作出很痛苦的样子,并慢腾腾地趴下身来,一动不动。稍许,当它起身时,身子下面多出了1只小狮子,原来它生仔了。小狮子开始不会爬动,大狮子则用爪子拨它,用嘴巴舔它,小狮子终于站了起来。随后大狮子、小狮子共同嬉闹,直至终场。接下来,还要加演村民自编自演的小节目,如《叫花子拾金》《小放牛》《种麦》《孟姜女哭长城》《十八摸》等。

演完节目,观众才能尽兴而归。散场后,跳狮的、演戏的、敲锣打鼓的、添松醚油的等,都去当值人家吃半夜餐。

因时值春节之后,凡来瀛洲拜年的亲朋好友,主人都要留他们看跳狮。在此期间,瀛洲街上人特别多,商贩的生意也特别好,确有皆大欢喜的氛围。

正月十五这天,还有一套重要活动,就是向祖宗还愿。新婚夫妻在第一次拜祖宗的时候,要向祖宗许愿,来年生个儿子,正月半在祖宗面前点多少斤两的蜡烛。旧时,富裕人家生了儿子,是要到淳安港口"陈同益"去定制好几斤重的一对蜡烛。再穷的人家,也要在当地买斤把重的蜡烛,用来还愿。在许愿、还愿活动中,也有男女不平等的现象。传说有家富户点了每支10斤重的一对蜡烛,还特地做了架子,燃烧到十八朝("朝"音"焦",即正月十八)仍未烧完。笔者出生的第二年,先父因在"陈同益"做事,听母亲说是定制了每支3斤重的一对蜡烛还愿的。当然,还愿少不了摆供献,烧香跪拜。笔者家系"六凤",蜡烛在六荣堂后进存放祖宗牌位的前面点燃,里面专门摆放了好几排插蜡烛的架子,蜡烛全部点燃起来,夜晚看上去可谓蔚为大观。所以,正月半看跳狮,人们又多了一项内容,就是看谁家的蜡烛最大。为了祛邪避灾,有人丁不旺的人家在十八朝那天,还要请跳狮者一班人马白天上门跳狮,主人要将有病痛亲人的衣服包成包袱放进狮子的大口中含一下,以示压灾祛病。同时,还要放鞭炮、发红包,围观的人倒也不少,多数是小孩子。

跳狮有一定的艺术性。它要求狮头必须摇得威武,狮尾必须摆得动人,筋斗必须翻得干脆利落;一招一式,一摇一摆,必须与锣鼓配合默契。如果达不到这个要求,那就塌台了,会引起台下的一片笑骂声。其实,这是一种群众性的文化娱乐活动,有利于构建和谐社会和精神文明建设,但新中国成立后受"左"倾意识形态的影响,只持续几年时间就消失了。近年,瀛州人又开始跳狮了,县里举办民俗文化节,瀛洲人跳狮又跳到城里来了。

(二)闰年观音会

每逢农历闰年,瀛洲村都要做观音会。

沿光明公路往山里行走,快进山的左侧有一条小路,里面那个地方叫"窄背"。距公路约30米处,在巨大的、向外倾斜的石壁之下,原来有座观音娘娘庙。观世音菩萨直立于石壁下,其背后有个水池,水是从石壁中滴下来的,清凉得很,善男信女称其为"圣水"。旧时,这里的香火很旺,尤其是农历二月十九、六月十九、九月十九,烧香拜佛的人更多,"圣水"被善男信女又喝又装回家。据说,二月十九日为观音娘娘诞生日,六月十九日为成道日,九月十九日为出家日。窄背的观音娘娘庙,传说是瀛洲一户有钱人家梦见歙县潜口的观音娘娘从天上降到窄背来了,所以,他家就在此处建了庙宇,再去潜口将观音娘娘的神像请来。

观音会的主持人叫"斋官"。在每届观音会结束之日,都要用抓阄的办法确定下一届的斋官。竞争"斋官"这个角色的人选,一是要有一定的财力;二是对观世音菩萨有所期望。第一条最重要,因为请歙县徽剧班来演三天三夜的戏,招待县、乡头面人物及邻村士绅等贵宾,要用一大笔钱,这是要斋官自掏腰包的,所以没有财力者是不敢报名抓"斋官"这个阄的。参与抓阄的还有搭戏台的、抬菩萨的、理财的、陪侍宾客的、维持秩序的等人马,确定下来后,一并记录在案。当然,只有男丁才能参加抓阄,抛头露面的事轮不到女人去做。

庆典开始前,先由新任斋官领着大队人马,去窄背将观世音菩萨请进章氏宗祠。这是一次盛大的游行,前面是鸣锣开道,随后是撑牌、撑旗的长队伍。山门铳的轰响声震耳欲聋,锣鼓的铿锵声响彻云霄,鞭炮、双响不绝于耳。观者如潮,万人空巷,好不热闹。游行队伍从下财神庙沿前街至上财神庙,再绕到后街,最后将观音娘娘郑重地供奉在祠堂中。观音娘娘面前的供桌上,摆满了丰盛的供献,点着巨大的蜡烛,香火缭绕,昼夜不息。游行者由斋官带头,手持香火,向观音娘娘行三跪三拜礼,期望观音娘娘保佑斋官和村民平平安安,消灾免祸。从二月十九到二十一的三天,有徽班日夜唱戏,外村来看戏、凑热闹的亲戚非常多。本村村民会主动带着他们到观音娘娘面前一起跪拜,向观音娘娘讨个"利市"。到了二月二十一这天,又要在菩萨面前进行抓阄活动,定下下一届观音会的斋官和其他勤杂人员名单,然后再热热闹闹地将观音菩萨送回窄背的娘娘庙,直到晚上看完戏,演出人员吃了夜宵,这一届的观音会才算结束。

1949年是农历闰年(闰七月),二月十九日,绩溪尚未解放,观音会如期举行,笔者是看了此届观音会后才出门(外出学生意也称"出门")的。我还记得下一届是笔者老师章鸿翼抓阄抽到了"斋官",因下一个闰年是1952年,观音会显然做不成了。

2007年,有村人在原址上修复了庙宇,请来了观世音菩萨。此处又有了香火,每逢农历三个十九,香火更旺,喝圣水、兜(淘)圣水者络绎不绝。

(三)三社两清明

"油坑口,不相同,三社两清明",这都是祭拜祖宗和菩萨的节日。所谓"三社",是指春社(春分)、秋社(秋分)、冬社(冬至)。严格地说,春社是立春后的第五个戊日,秋社是立秋后的第五个戊日。春社和秋社,一般是到近年去世的至亲坟墓上祭拜,至于远祖坟墓是不去的。绩溪人有个共同的习俗,叫"新坟不过社"。凡新坟在三年内,不能等到清明节才上坟,而是赶在"春分"之前上坟祭拜,谓之"新坟不过社"。瀛洲人并不完全如此,对父母辈等至亲,新坟也罢,三年后的老坟也罢,春社、秋社皆要去祭拜,这就是不相同之处。如今,这种大孝者已不多见了。

冬社是在冬至之日,到村西的社庙去祭拜社公、社母。这天,家家都要做类似年糕的圆形"寿条粿",将它叠成五六寸长宽的立方形状,添上三寸左右见方的"刀头肉"和"圆包",一般是这三样供品,再带上香、金银纸箔、鞭炮前往社庙,在社公、社母两个菩萨面前跪拜,祈求菩萨保佑。同时,各家还要带祖宗簿去,跪在菩萨面前宣读,大概是祈求菩萨庇佑阴间的先祖吧。在笔者印象中,这项活动只有下半村人参与,笔者家在村中央,记得不曾参加过。同样,冬社在新中国成立后也消失了,但社庙仍在。

所谓"两清明",是指清明节前几天的上坟祭祀远祖(不含始祖)活动,称

"小清明";清明节当天上午祭祀始祖,下午上坟祭祀近祖活动,称"大清明"。瀛洲村规模最大的祭祖活动,莫过于祭祀始祖了。据《瀛洲谱稿》记载,清明节的祭祀始祖活动,上辈人制订了一套完整的规矩,即一置办祭产,二确定祭户,三规定祭期,四明确祭物,五分配祭胙。除祭产逐年添加、祭户上年确定之外,其他均照此规矩办理,如有违规,则要受罚。

图 7-9　绩溪县瀛洲村油坑口观音庙

那天上午,本村的长辈、士绅、官员、诸生(新学以后规定为初中生),以及县城西关、湖村的章氏宗族之长者,聚集在运公墓前,举行隆重的祭祖仪式。供献是全猪、全羊,先是主祭者虔诚地敬香、跪拜、读祭文。祭文读完,鼓乐齐奏,燃放爆竹,焚烧纸钱。在此同时,参祭者一一敬香、跪拜。祭完始祖,再到章氏宗祠祭拜众多先祖,仪式大体与前者相同。祭祀结束,由当年祭户向参祭人发胙,以往是发肉,后来改发肉票。县城西关和湖村人也要向参祭人发胙饼、圆包。这一仪式也延续到新中国成立初期,不久就无声无息了。运公墓于 2003 年年底修整完毕时,大家曾议定,每年清明节前一天下午,以自愿原则,到此集体祭拜。如今,每逢清明,运公墓前香火缭绕,炮声隆隆,好一番热闹景象。

过清明节时,妇女们最忙。因为清明节日大家要吃艾草馃,妇女们提前几天就得上山采艾草。艾草,又称"艾蒿",茎、叶含芳香油,可作调香原料;叶可入药,性温,味辛苦,可用于散寒止痛、温经止血等。艾草采回家,将嫩叶摘下来,然后拌上石灰沤几天,再用水漂清。将漂清后的艾草叶放到石臼里捣烂,然后和入米粉中,做成元宝形或圆匾形的艾草馃。前者系咸的菜馃,后者是甜的,包赤豆沙。咸甜搭配着吃,甜甜蜜蜜,有滋有味。艾草馃是绿色的,绿色意味着良好的生态环境,意味着直通平安大道。小小的艾草馃,真是将药理、哲理都融合到一起了。上午,妇女们忙着做馃、做包,男人们有资格的去了运公墓地,余者在家为女人当助手,孩子们是等着吃馃、吃包了。妇女们不能忘记做上坟用的挂钱。这种挂钱可以是绿色的艾草馃,也可以是白色的纯米粉馃。制作方法是底层做一张直径约 4 寸的皮,边沿压上花纹,再做直径 1 厘米的球形小馃,然后将小馃摆到皮上,叠成宝塔状,还要把花纹压到底层的小馃上。这是供品之一。另有一块煮熟的、3 寸左右的方形刀头肉等。其实,男人们也要忙几天的,先要买白纸、彩色纸、火纸、锡箔、香、鞭炮,次是糊纸角、写纸角、装纸角、剪挂钱纸,这些物品都要在节前准备好。所谓"纸角",其实就是一个三角形大信封,封面写上受纳人的世系、名字(妇女只写姓氏)、墓址及祭拜人的称谓、名字等,再装上用锡箔折成类似元宝的东西和火纸,最后再封口。

清明节上坟扫墓的目的在于感恩先人,寄托哀思,祈福禳灾。早些年受"文革"影响,祭祖活动冷清了许多,但不曾断绝。改革开放之后,清明祭祖,又时兴起来了。如今上坟烧给祖宗的东西,不限于金银纸了,冥品店里卖的有别墅、轿车、电视机、太阳能、热水器、手机、电脑、沙发等纸扎货,世上有的,阴间都有了。

(四)安苗节跳旗与呼龙

瀛洲的安苗节,没有固定的时间,一般选在农历六至七月水稻抽穗的某个日子。确定日期的人,是村中公认的种田好手,即由有丰富经验的老农在白石竭、佛殿圩两处较大的田畈中巡视水稻生长情况,然后定下日子,张榜公布。

到了这一天,上午由威望很高的老农手持香火,带着一班后生敲锣打鼓、放爆竹,去社庙请社公老爷。抬着社公老爷游田畈,先游社庙周边,次游白石竭,后游佛殿圩,再将社公老爷摆放在乌竭(浇灌佛殿圩水田的拦河坝)北侧的河滩上。当然,社公老爷面前要摆供桌、供品和插上香火。为什么要请社公老爷巡视田畈呢?传说社公老爷就是神农氏,是管五谷收成的;而神农氏就是炎帝,炎帝又是章姓最早的老祖宗。看来,瀛洲村的先祖造社庙,为社公老爷塑像,安苗节请社公老爷出来巡视田畴,是考虑到了多层关系,很费了一番心思的。下午是跳旗和呼龙。

跳旗的大旗是纸糊的,还要画上龙、凤等吉祥图案;小旗是用红绿纸糊成三角形状,头天就要准备就绪。当天上午,大小旗子已插在河滩的泥沙中,待下午呼龙后跳旗。

呼龙,是将一只大肥猪先赶到来龙山顶,再由两个身强力壮的汉子各扯着一只猪耳朵,从山顶笔直拖下山来。肥猪因受惊吓,又被柴草刺痛,故大声嚎叫,以此将龙神唤醒。拖猪的人,也要不断换班,将猪沿祠堂巷一直拖到河滩上戳刀。此时,有人准备一个盆子接点猪血,将其洒在旗上,肥猪任其乱跳乱闯,直到流完血自行倒地。就在肥猪戳刀的同时,锣鼓声、爆竹声大震,旗手们将手持蘸了猪血的大旗和小孩子手撑的三角旗,在河滩上跳来跳去,尚未倒地的肥猪也在他们中间乱奔,场面十分壮观。跳旗结束,要将大小旗在社公老爷面前烧掉,再将老爷送回社庙。杀倒的肥猪,则是主事者和旗手们等人的丰盛晚餐了。瀛洲章氏宗祠,有相当丰厚的祠产可以用来开支。这天,家家户户都要做安苗包,还要请附近地区的亲朋好友来吃包、看跳旗。

瀛洲安苗节的跳旗、呼龙活动大概有两重意义:一是祈求社公老爷、龙神保佑村民平安,水稻丰收;一是趁农闲时候,改善一下生活,增加一些娱乐活动。个中虽然不乏迷信成分,但村民的心愿和期盼还是很善良的。

(五)八月半跳火龙

农历八月十五中秋节,瀛洲村作兴跳火龙。它同样是自发的群众性的文化娱乐活动。那天,家家都要做餜、做包。中秋节的包,除平常的菜包、豆腐包、水馅包之外,因此时有老南瓜了,故又有南瓜包。

跳火龙,自然要扎火龙。八月半之前好几天,村里一些活跃分子就动手了,龙头比较难扎,龙身、龙尾好扎。先用竹篾扎成龙的骨架,再在骨架上糊白棉纸,一定要服帖,然后画上龙的鳞片、尾巴、牙齿、角、须,龙头中间扎个小竹筒,作为龙鼻,最后是画龙点睛,红、绿、黑、白诸色协调搭配,使其栩栩如生。瀛洲的火龙,龙体特别大,但龙身不可太长,不然在人家的堂前难以转身,由4至5个人跳,龙头、龙尾各1人,龙身2至3人。龙头、龙身、龙尾内要扎十余支小灯,点上蜡烛,使整条龙体大放光明,显得威武、凶猛、好看。最难的工作算是扎这十余支小灯了,火龙任意舞动,蜡烛都要与龙体保持垂直状态,才能避免烧着火龙。全村要扎3至4条火龙,也就是有3至4班人马,跳火龙的,敲锣打鼓的,还有一个重要人物,就是领头喊叫吉利话的,一应俱全,待时出发。

到了八月半这天,夜色降临,跳火龙的队伍手撑通明的火龙,在锣鼓铿锵声的伴奏下来到村口,举行接龙神仪式,由领头人烧金银纸,朝天叩拜,然后将手中的一炷香插到事先安装好的竹筒里。香的多少必须与竹筒的空间大小相一致,防止跳火龙时跌出来。仪式结束,火龙开始在村中逐家逐户地跳。每进一家,在领头人的带动下,齐喊"火龙进门来,一年四季大发财""龙头摆一摆,生个儿子当老板""龙尾摇一摇,生个姑娘好细腰""龙脚颠一颠,儿子生个添"等吉利话。跳者兴奋,主人高兴。多数人家都备了红包,也有人家还燃放鞭炮。当主人放鞭炮时,跳者不可躲避,必须一边跳,一边忍受鞭炮炸裂时带来的轻微疼痛。遇到个别人家不肯给红包,跳火龙者则要做"出客"(绩溪方言,有损人的意思),即龙尾先出大门。这种情况一般不会出现,因为村民都认为火龙进门来,意味着带来了吉祥、好运,所以持欢迎态度。

瀛洲人跳火龙还有一个忌讳,即两条火龙不能在同一条路上相遇,相遇了就不得转身,只好相互打斗,将龙体斗得四分五裂。所以,每一班人马在初跳时都要尽可能地避免出现相遇的情况,只有到收了一定数目红包时,才有好惹事者恶意地去寻找对方打斗,打打闹闹之后,各自高高兴兴地回去吃半夜餐、分小伙(要扣除工本费用)。这种情况很少出现,一般都能在全村跳结束后,回到村口烧火龙,谢龙神。

八月半跳火龙,是瀛洲村历史最悠久的民间文化活动,一直还保持到20世纪70年代。

(六)天天做馃,夜夜烧年

烧年,是绩溪方言中"过小年"的意思。

所谓"天天做馃,夜夜烧年",是指瀛洲村每到农历腊月,从初十做馃、十一烧年开始,直到二十二做馃、二十三烧年为止。逢双日做馃,逢单日烧年。做馃中午吃,所以叫"天天做馃";烧年是晚上吃,所以叫"夜夜烧年"。绩溪其他村庄过小年一般都是在腊月二十四日,而瀛洲却要过那么长时间的小年,这又是瀛洲的与众不同之处。

为什么要"天天做馃,夜夜烧年"呢?大概是瀛洲章姓支派多,各房各派错开时间,让老祖宗天天吃馃,夜夜过小年吧。做馃也罢,烧年也罢,都是要请祖宗的。笔者家是"六凤","六凤"也有不同支派,轮到我们这一房是十六做馃,十七烧年,在这两天,母亲都要带着我们到"六凤祠"(老屋)去祭拜祖宗。

馃,是米粉馃。米粉,由籼米、糯米按比例搭配而制成。米粉馃做成元宝形状,内要包馅心,多数人家是杀了年猪的,除蔬菜、豆腐、干笋一类素馅外,还要加瘦肉丁,这叫加馅。以往的烧年,只是比平常多做几样菜,全家人借此改善一下伙食而已。

瀛洲人过去的"天天做馃,夜夜烧年",与现时的日常伙食比也好不了多少。改革开放之后,农民生产积极性空前高涨,剩余劳动力外出打工,农村面貌发生了翻天覆地的变化,农民的荷包逐渐鼓起来了,如今的生活,那才叫"天天做馃,夜夜烧年"呢!

第八章　竹里村信仰空间的建构与民众祭祀生活

明清以来的徽州社会是一个宗族的社会,民众的岁时节庆、婚丧嫁娶等日常生活无不打上深刻的宗族烙印。"徽俗,士夫巨室多处于乡,每一村落,聚族而居,不杂他姓。其间,社则有屋,宗则有祠,支派有谱,源流难以混淆"①。聚族而居也就成为徽州村落最基本的特征,围绕宗族所开展的活动对村落的空间建构产生了非常重要的影响,"相逢哪用通名姓,但问高居何处村"。② 王振忠先生曾指出,村落与宗族是明清时代徽州的两种最基层组织,前者是地缘的自然存在,后者则是血缘的结合。但在不少村落,由于血缘和地缘相重合,村落实际上也就表现为同姓血缘的结合。③ 本章所要考察的绩溪县家朋乡竹里村便是一个典型的具有同姓血缘关系的村落。自南唐周因迁居此地后,世代繁衍,虽然没有走出显赫的达官显贵、富商巨贾,但是在千余年的漫长历程中,却始终保持着家风不坠的发展态势。周氏长期的稳固发

---

① (清)程庭:《春帆纪程》,见(清)王锡祺辑:《小方壶斋舆地丛钞》,杭州:杭州古籍书店,1985年影印本。
② (清)方士度:《新安竹枝词》,见欧阳发、洪钢编著:《安徽竹枝词》,合肥:黄山书社,1993年,第50页。
③ 王振忠:《徽州村落文书的形成——以抄本〈新安上溪源程氏乡局记〉二种为中心》,见《明清以来徽州村落社会史研究——以新发现的民间珍稀文献为中心》,上海:上海人民出版社,2011年,第20页。

展,对竹里村落空间的建构影响深远,在村西水口槐花墩,分布着观音阁(大士阁)、关帝庙(红庙)、汪公庙、土地庙、五猖庙、社屋等庙宇;在村东,以云路庵为中心,则有奉先祠、准提阁、大佛堂,新中国成立前香火比较旺盛。① 本章即根据田野调查所收集到的民间文献与口述史资料,对竹里这个偏僻山区村落的信仰空间结构及民众祭祀生活进行考察,并着力探讨宗族在村落信仰空间建构中所起的作用。通过学术史梳理可以看出,走进田野,利用民间文献和口碑进行以姓氏或县域为单位的个案考察,是推动徽州宗族研究走向深入的重要方法。

徽州当然不乏强宗大族,但构成徽州社会这个庞大共同体的仍然是众多的普通宗族。当我们刻意去寻找具有典型意义的宗族时,也更应该去关注一下由于种种原因而无法进入我们视野的普通宗族。或许通过剖析这些看起来并没有多少代表性的宗族,更能触及徽州社会的真实形态。

---

① 笔者关注竹里,缘于2009年5月17日与劳格文先生一行到绩溪县家朋乡竹里、梅干、松木岭做田野调查时,在梅干一农户家中发现了一批文书,随后参与劳格文先生主持的《徽州的宗教、社会与经济》项目时,便决定选择竹里村作为考察点。这批文书共有90余件,各类单据包括上下限完粮执照、便民易知由单、丁漕上下忙串票、验契附捐收据存照、印花税票、买契执照、尾契等;8份结婚礼单,记录了聘礼、盒礼、节礼、期礼、笄礼、舆礼等婚俗中各类仪节的开支;5份族谱类资料,包括康熙、民国时期的两部《周氏重修族谱正宗》和《嫡派一脉世系》《周氏支谱》草谱以及《周宗祠祖谱》;10份进行堪舆、占卜用的"福书";180余份契约,这也是该批文书的主体部分,共有议墨、典约、卖契、买契、便契、合同、批约、阄书等各式契约。笔者与安徽大学社会与政治学院的刘目斌博士曾先后4次到竹里作田野调查,分别是2009年8月13至15日、2010年5月16日至19日、2010年8月11日至15日、2011年10月4日至8日,对10余位老人作了比较深入的口述史访谈,受访者是:竹里周光熙(86岁,已于2011年8月去世)、周国发(73岁)、周来宝(76岁)、周春(74岁)、周海福(74岁,新中国成立前在云路庵做过和尚)、周来义(77岁)、周光模(63岁,原村支部书记)、周光模母亲(86岁)、梅干周冬权(86岁)、周永水(74岁)、周明金(90岁)。另有新中国成立前在云路庵做过和尚的周全寿,虽然只有74岁,但已经完全失聪失明,终日躺在坎头敬老院里,无法再作访谈,殊为憾事。需要说明的是,受访者的年龄是笔者于2011年11月撰写此文时根据笔记整理的,其后虽多次修改,但年龄没作变动,截止2011年。

一、竹里村的地理环境

竹里，以其地水竹丛生而得名，属绩溪县家朋乡。家朋位于绩溪东北部，距离绩溪县治所在地华阳镇40余公里，东与荆州相邻，为山区地形，东南高，西北低；东南与荆州交界，有九龙戏珠、荆磡岭等山峰，海拔均在1200米以上，大小溪水皆由东南流向西北，戈溪河是农田灌溉的主要河流。境内山多田少，土地贫瘠。① 竹里所处山脉属天目山西段大鄣山麓的门前岩脚，村子坐落在群山交汇处的山间谷地，村前有黄龙山、旗山、飞凤山、门前山、鼓山，村东南有莲花峰，村后有铁巾山、牛栏坞山、大小钟形山、来龙山、云路山，村人称村后群山呈五马奔槽之势，周氏始迁祖囷公之墓即位于槽嘴处，向东南望去，视野开阔，能俯瞰全村。村落周围的山势棱嶒峭拔，险峻万状，"其村之形胜，九龙郫其东，天马环其西南。望山云则甑峰玉屏，回峦而耸秀，北枕大皋，则貔貅狮子倚伏尔。间尝一至其地，遥见莲峰耸秀，天宇嶙峋，云踞探奇，楼台相望"。② 村落外围有海拔1349米的饭甑尖、海拔1278米的黄茅尖、海拔1109米的门前岩，以及山云尖、台炮尖等山峰。竹里赖以为生的水源来自村东南方向约四公里处的麻果塌，蜿蜒曲折的水流进入竹里后沿着山势穿过

---

① 《绩溪县村都》，见绩溪县图书馆藏，绩溪县地名办公室编：《绩溪县地名录》，1988年铅印本，第95～97页。
② 民国《周氏重修族谱正宗·序》，民国刻本。

整个村子。① 据周光熙等人介绍，新中国成立前竹里村内外散落着36口井、72口塘，既满足了村人的生活用水需求，也能够灌溉农田。周氏依山筑舍，就势建房，房屋分布在水流两边，村落布局南北扁平、东西狭长。村东为入口处，近看村落山岭环伺，松杉茂美，绿竹浓荫，但离开稍远看，村子便掩映在满目青翠之中，与周围山体融在一起。村西的地势比较平坦开阔，与霞水村咫尺相望，现在通往霞水的乡间公路开在半山腰中，坐车穿过竹里时，整个村子尽收眼底。

由于竹里处在群山之中，对外交通非常不便，东南方向，翻越山岭经和阳、荆州，过昌化，到杭州。西北方向，可从戈溪河（水阳江正源，属长江水系）到今三十八号桥，与金沙河汇合入西津河，至宁国入水阳江，再顺清弋江到长江，转向上游的汉口和下游的南京、苏州等地区。到县城华阳镇，要经霞水，翻伏岭，过胡家、龙川，步行40余公里才能到达。山限壤隔的地理环境，虽然不利于竹里人的外出，但也带给竹里天然的屏障，使得竹里能够依山阻险以

---

① 村人一再提及麻果堨是竹里和松木岭共用的水源，即使到现在，村里所用自来水亦从麻果堨引来，是竹里人的主要饮用水源。竹里与松木岭还因水源问题产生多次纠纷，其后演化成争水传说。相传竹里周氏最先迁居此地，从麻果堨引水灌溉田地，时隔不久，松木岭迁至距离水源不远处，双方发生矛盾，一时僵持不下，上讼至官府。县太爷无奈出了一招，将一双铁制的靴子烧红，看双方谁敢穿，竹里中门太公穿上靴子，牺牲了性命，水遂判于竹里。竹里周姓便建堨引水灌田，但因松木岭人偷水，周姓太娘每天在此看水（2010年8月13日，在绩溪县家朋乡竹里村周国发家中的访谈）。麻果堨由周氏第二十三世祖寰宇公周应爵修浚，陈宏谟曾作《麻果堨记》，详细记录了麻果堨的地理形势及周应爵修浚的情况，收录在康熙《周氏重修族谱正宗》中。兹抄录如下：丙申孟冬，余尝偕周君懋公游山云寺，眺莲花峰、一线天诸胜。自竹川东行，由横山经云路馆前，度大岭，有山涧焉，从高而下，白练二泓，逶迤曲折，俨如瀑布，大可运硙。余始异之，及度岭而南，沿山蓦磝，或横山腰，或逾冈阜，约五六里许，将近莲花峰麓，则巨石嶙峋，犬牙相错，或出石罅，或伏石底，通沥不常，要无渗漏。又进数里，则垒石无数，如鳞次相比，此水大都皆由暗度，天巧不足，则以人工济之，有一堨焉。路旁石壁，有大书石刻数行，岁久石泐，字多漫灭，不可尽识。询之懋公，则曰："此予先太祖寰宇公所筑，田亩资其灌溉，子孙世食其利，曾载志书，今壁间所志者即其事也。"予作而叹曰："甚哉！水之为利也，昔禹平水土，先尽力于沟洫。秦人作郑谷渠，关中遂成沃野无凶年。视此堨之筑，虽利之大小不同，要其为利，于民一也。"盖此水之源出自莲花峰前界石山顶，余至山云寺处半山中殿前，天井水皆平满澈底，澄泓游鳞可数，流注山麓，积而成涧，若非此堨，则顺流而西注于他乡，竹川之涸可立而待。于此见公之浚此堨，为力甚劳，为虑甚长，为利甚溥，而不宜不记。

自安,保持着相对平静的发展局面。唐末周因初到此地,"以山水清幽,翠竹翁郁,徙居其地,以为避乱桃源也",时至清末政体变革之时,竹里依然"俗尚朴僿而淳古,多业农林务耕作,不事游惰,有宗祠有会社,室庐栉比,道路修整,田尽辟而山不童,是一自治雏形也"。① 竹里周氏就在这种相对封闭的环境里世代相沿,香火不绝。

图8-1 民国时期绩溪竹里村图

二、竹里周氏宗族的发展与演变脉络

新安周氏的始迁祖是周垚,唐僖宗中和元年(881年)任歙州刺史,其自署府门云:"三十六莲峰,此邦大好山水;五千石俸米,吾民多少脂膏。"时人称为妙对。周垚上任时,正值黄巢起义,立即开仓赈济穷民,操练州兵,使乡民守望相助,州境以安。周垚因喜爱绩溪山水清幽,便从庐江迁居绩溪周坑,徜徉于泉石之间终老其生,门生故旧感戴其盛德,立祠以祀之。② 周垚生固、国、因三子,后长子周固徙居歙县小路口,次子周国留守周坑,三子周因在南唐年间徙居绩溪遵化乡的竹里。周因性情淡泊,不慕荣利,以诗书自娱,最爱竹,尤好山水游,"偶至遵化乡,以其地山水清幽,爱悦之,遂由周坑迁其地,种竹赋诗,以为乐,名其地曰'竹里'"。③ 周因先后娶程氏、饶氏,生子德正,周因死后与程氏合葬竹里玉壬山,成为竹里周氏的始祖,从此周姓子孙绵延不

---

① 民国《周氏重修族谱正宗》卷十二《周懋和·竹里图记》,民国刻本。
② 民国《周氏重修族谱正宗》卷十二《汪铉·始祖唐歙州刺史孝惠公传》,民国刻本。
③ 民国《周氏重修族谱正宗》卷十二《周赟·竹里始祖季爽公传》,民国刻本。

绝,支分派别,以数十世计。周因后代也屡次外迁,第四世周寿迁居宁国周湾、周建茂迁居宁国北岸,第五世周必发、周必达迁居宁国蔷薇坑,第七世周彦才迁居绩溪大石门,第十三世周荣一迁居绩溪下水村,第十九世周琏迁居绩溪梅干,第二十世周伏宁迁居昌化县北坞,第二十一世迁周远嵩迁居绩溪墈头。在所有外迁的族人中,与竹里始终保持密切关系的当属迁居梅干的周琏一支。村人提及,梅干地界原为竹里周姓人的田地,竹里人为了方便做农活,就在此地造房建屋,渐渐定居下来,繁衍成新的聚落。在周氏宗祠遭到破坏之前,①梅干人过世之后均要到竹里周氏祠堂内安放神主——"进牌",即俗称的"梅干死人,竹里进牌"。梅干人死后在山上下葬的当晚,孝子怀抱一只公鸡,家人便点着火把引路,来到竹里总祠进牌。总祠内存放着书写周氏全体男丁名的布簿,进牌时,在公鸡冠子上挤出一滴血,在亡人名字下方按一血迹,表示此人已亡故。此外,在竹里周氏宗祠破坏前,梅干人每年春节、清明均要到竹里祭祀祖先。时至今日,凡祖坟在竹里的梅干人依旧要到竹里上祖坟。由此可见,从竹里迁出的梅干人与竹里之间深厚的渊源关系。②

图 8-2 绩溪县竹里村景

在竹里周氏宗族的发展史上,有两个时期非常重要,其对宗族制度的建设乃至竹里村落信仰空间的建构影响深远,一是明末清初,二是清朝咸丰、同治年间。我们从康熙《周氏族谱正宗》的世系表中能够清楚地看到,在第十八

---

① 即周氏总祠,竹里另有上、中、下、南四个支祠,即老屋,上门祖是积公、荣公,中门祖是琏公,下门祖是文公,南门祖是鉴公,查阅谱系,得知他们都是第十九世人(据 2010 年 8 月 12 日,在绩溪县家朋乡竹里村周光熙家中对周光熙的访谈)。

② 据 2010 年 8 月 13 日,在绩溪县家朋乡竹里村周国发家中对周国发的访谈。

世道兴之前,记录都非常简略,仅有名字、娶氏、墓葬及生子情况,但是到道兴时,对其之下的记录明显详细起来,多数人甚至用简要的语言概括了其生前事迹,也正是这寥寥几笔给我们提供了丰富的历史信息。

表一:明末清初竹里周氏主要人物一览

世系	名号	排行	生卒年	生子情况	主要事迹
十八世	道兴,字国器		生于明宣德八年(1433年),卒于明弘治二年(1489年)	生子六:积、荣、鉴、琏、瑄、文	任湖广辰州府崇赢仓太使,再任象山县主簿
十九世	琏,号龙泉	道兴四子	不详(享年89岁)	生子四:永才、永英、永富、永福	风度雍容,处事应变,恩例寿官,娶坑口御史廷召公胞妹章氏
二十世	永贤,号金溪	荣公之子	生于明成化十七年(1481年),卒于明嘉靖十六年(1537年)	生子一:万	公正明达,乐善好礼
二十世	永隆,号菊园	鉴公长子	不详	生子四:邦、郡、郊、祁	雅好宾客,善饮能歌,谨慎谦让,嘉靖时尝修谱牒
二十世	永昌,号兵山	鉴公次子	不详	生子四:严嵩、祥嵩、寿嵩、兴嵩	国学生,好礼尚义,爱众亲仁,修造阳司岭内外石路,乡间称善
二十世	永芳	鉴公四子	不详	生子三:淳嵩、汉嵩、汴嵩	习诗、经,邑庠生
二十一世	万,一名万嵩	永贤之子	生于明弘治十二年(1499年),卒于明万历十五年(1587年)	生子三:仲仁、仲伦、仲俊	习书、经,邑庠生,持己以诚,接人以礼
二十二世	仲伦,字仁叙	万公次子	不详	生子三:应辉、应碧、应列	刚毅正直,立身忠信,督造宗祠,三年不懈
二十二世	仲俊,号竹庵	万公三子	生于明嘉靖十六年(1537年),卒于明崇祯二年(1629年)	生子三:应禄、应爵、应贡	割股疗亲,捐资赈济,恩诏寿官,公之齿德俱尊,巍然一乡之望,邑令屡请大宾。丁卯年(1567年),阖族宗祠虽建,尚未落成,有大喜庆,则捐助益之门前石鼓,实公所助称觞之日

续表

世系	名号	排行	生卒年	生子情况	主要事迹
二十二世	仲甫,字遐宁	严嵩长子	生于明嘉靖十年(1531年),卒于明万历二十一年(1593年)	生子四,应乾、应祚、应朝、应参	由国学以修书入监,授湖广岳州府澧州通判,署临湘县事,粮道王委解粮至华阳顺义,王念其多能,奖之曰"彭泽高风",复奏闻神宗皇帝,明万历六年(1578年)予以诰勅,称其为政谨法,勤慎弗懈
二十二世	仲立,字建宁	严嵩次子	生于明嘉靖十五年(1536年),卒于明万历二十年(1592年)	生子一:应试	爱莲花峰高插云汉,秀绝华阳,筑东风书屋,以为子孙肄业之所。凡仲甫公勤劳王事,无内顾忧者,以公为之左右也。嘉靖十年间,创建宗祠,即慨捐百金,为众率先,以妥先灵。笔者注:此处所指嘉靖十年间应当不是指具体年份,否则便是有误,因嘉靖十年,仲立尚未出世。上文提及丁卯年(隆庆元年,1567年),阖族宗祠虽建,尚未落成,可以推测周氏宗族建立宗祠当在1567年,如果考虑到宗祠建设需要时日,则比较难以确定宗祠具体开建时间与最终建成时间,惜乎无其他史料可以佐证
二十二世	仲吉,字迪宁	严嵩三子	生于明嘉靖十八年(1539年),卒于明万历元年(1573年)	生子三:应凤、应林、应鳯	(仲立公捐建宗祠),仲吉亦如之,复修阳司岭路履如平坦,至今利人往来。公绝羡丰姿,望如芝兰玉树,裘马翩翩,里中一切,人争羡之,不减潘岳当年。性复巧慧,凡人物鸟兽虫鱼花卉,摹画如生,祠中梁楣斗拱皆其手画,授工雕镂,栩栩犹有生气
二十三世	应爵,字寰宇	仲俊次子	不详(享年71岁)	生子五:嘉宾、嘉谏、嘉臣、廷献、廷标	岁饥赈米,潴果堨,开石岭路,有不能婚葬者捐资助之,恩例寿官

续表

世系	名号	排行	生卒年	生子情况	主要事迹
二十四世	嘉宾,号云都	应爵长子	生于明万历二十四年(1596年),卒于清康熙十年(1671年)	生子四:文冕、文景、文煜、文遥	习书、经,国学生,居家孝友,捐米济荒,慷慨伟略,都人德焉。尝建云路禅院,置产延僧,设建支祠,春秋享祀。生女一,适大坑口少保胡宗宪之曾孙,习书、经,郡庠生胡赓先
二十四世	嘉谏	应爵次子	生于明万历二十六年(1598年),卒于清康熙十五年(1676年)	生子二:文歧、文显	聪明俊雅,才略过人
二十四世	嘉臣	应爵三子	生于明万历三十五年(1607年),卒于清康熙二十二年(1683年)	生子四:文雅、文友、文素、文世	资性颖悟,工于操琴
二十五世	文冕,字元甫	嘉宾长子	生于明天启三年(1623年),卒于清康熙十六年(1677年)	生子三:思兼、思昭、思式	年嗜学博览,几无遗书,作文自出心裁,应戊子试,文宗得其卷,大为鉴赏,入邑庠生。筑云路山房以适其(注:其父嘉宾)志,而温清定省无废仪。嗣是百务缠身无虚日,公懼箕裘失坠,乃督诸季四人共理家政,举前业而恢张之,是以守而兼创者也。至其居躬谦退恂恂,不以贤知先人,以故乡党人多称之
二十五世	文景,字景文	嘉宾次子	生于明崇祯二年(1629年),卒于清康熙四十七年(1708年)	生子二:思熊、思喜	习诗、经,郡庠生,躬行孝友,敦尚信义,周恤乡邻,人皆推重。好闲静,嗜书籍,管别业于横山路,以课诸子

续表

世系	名号	排行	生卒年	生子情况	主要事迹
二十五世	文暹,字无疆,号介石	嘉宾四子	生于明崇祯六年(1633年),卒于清康熙四十八年(1709年)	生子五:捷、拔、揆、擢、挺	郡庠生,秉心忠直,乐善好施,乡里间有贫不能自给者,恒倾囊以济之,至借贷之家,人有负者,亦不计其偿,仍焚券示之,且多行隐德,凡里中有桥梁修造诸善事,辄资助之
二十五世	文歧,字圣生	嘉谏长子	生于明天启二年(1622年),卒于清康熙三十五年(1696年)	生子一:思睿	精地理,善诗词,正直厚道,笃实君子也

资料来源:康熙《周氏族谱正宗》卷九《囷公下世系》,卷十三《传·竹里》;民国《周氏族谱正宗》卷三《囷公下竹里世系图》,卷十二《传记》。

从上表可以看出,周氏宗族至第十八世周道兴时,开始出现转机,虽然我们无法确知周道兴任湖广辰州府崇赢仓大使,再任象山县主簿时,家庭经济状况如何,但从族谱记载来看,其子孙已非普通民众。四子周琏开始在梅干定居,如果其六个儿子尚无较为突出的表现的话,到了其孙子这一代,则明显强于父辈,如永贤"公正明达,乐善好礼",永昌"好礼尚义,爱众亲仁,修造阳司岭内外石路,乡间称善",俨然是地方上颇具声望的乡绅。此后,其家声渐扬,每代皆有可圈可点的人物出现。如其曾孙,第二十一世周严嵩,家财已相当可观,人称"公家甚饶裕,财产甲一乡"。[①] 随着家道中兴,周氏开始在地方社会公共事务与宗族建设上有所作为,如二十二世周仲立筑东风书屋,以为子孙肄业之所;周仲吉捐资重新修造司阳岭内外的石板路;二十二世周仲甫"岁饥赈米,浚果竭,开石岭路";二十五世周文暹资助里中修造桥梁诸善事,都是周氏族人投身地方社会公益事业的例证,由于周氏是聚族而居,这也在一定程度上团结了族人,推动了周氏宗族的发展。

更为重要的是,在这些族人的努力下,周氏宗族的制度建设得到了发展。首先是修纂族谱。明嘉靖二十年(1541年)正月,"我周父老子弟以宗会,谓

---

① 康熙《周氏族谱正宗》卷十三《传·竹里》,清康熙五十五年(1716年)刻本。

宗法久废,谱牒宜纂",推举周仲弘担纲修纂宗谱,当年七月完成,共 7 卷,用费 100 缗有奇。① 清康熙五十四年(1715 年)十月,意在统合新安周氏始迁祖垚公之子固、国、囷三公支,具有统宗谱性质的周氏族谱开始编修,次年腊月告成付梓,此次修谱共计板 1100 块,印成 84 部,除科丁银外,囷公派下共捐银 133 两,其中竹里捐输 60 两。此次修谱,首倡者为竹里的周思式和湖里的周善达,总理为竹里的周思老、周思宣和昌溪的周齐贤,竹里担任司事者 35 人。② 其次是建造祠堂。明隆庆元年(1567 年)前后,周氏宗祠开始建造,二十二世周仲俊捐助宗祠门前的石鼓。二十二世周仲甫慨捐百金,其弟周仲立"亦如之",并亲手画出宗祠中的梁楣斗拱,交由工匠雕镂,"栩栩犹有生气"。由此可知,周氏宗祠的建造主要是由明代嘉万时期的二十二世族人负责。

这一时期对竹里村落空间结构产生重要影响的人物是二十四世的周嘉宾。周嘉宾,号云都,自幼颖异,器量过人,奉亲至孝。崇祯年间,因"才略迈众,兼善陶白术""邑宰知其能,辟为委吏,谨盖藏,慎出入,而仓库丰盈,克称职"。后坚辞不就,专习举子业,于明崇祯十六年(1643 年)被补为国子监生。江山易代之际,退居乡里,"延名师集益友,严立课程,以训诸子,而诸子皆联翩而起"。周嘉宾遇乡里穷者周之,乏者恤之,救荒赈饥,"歌声几遍道路"。

---

① 康熙《周氏族谱正宗》卷一《旧序·仲弘公叙》,清康熙五十五年(1716 年)刻本。
② 修谱难,守谱更不易,周氏宗族鉴于宋元以来谱牒虽有修辑,但距时不远即零落散弃,难寻宗族脉络的现状,专门对领谱作出了详细规定,严禁族人冒领、盗卖族谱,对各派领谱的数目登记在册。《领谱小引》称:"谱之作,将垂诸奕禅,以昭示来兹也。然时异势殊,保无有饱于蠹鱼,污于鼠雀者乎,有侵于风雨化为灰烬者乎?是故修谱诚难,守谱亦不易,而有感焉。子孙而贤,什袭藏之以毋忘今日也,苟其不贤,保无有贪婪贿赂鬻之,非种献之豪右者乎?盖后之视今,犹今视昔,宋守座公尝谱族矣,其谱已失传,元约山公又谱族矣,惟世系一编仅存竹里,明景晟公、文化公、永隆公又谱族矣,领归者几满百,今惟昌溪、竹里、湖里者存焉。而市西周坑者则已售之旌阳,而旌阳之人且改固公为朗,乱我宗祧矣。噫!今幸有昌溪、竹里、湖里之谱存也,如皆狼藉,不几巢夺之鸠,泾流于渭乎?愿与诸同谱约,自领归后,宜珍之如拱璧也,宜敬之如祖考也,毋饱于蠹鱼,毋污于鼠雀,毋侵于风雨,毋化为灰烬,而更毋鬻之非种,毋献之豪右。计领谱共一十六处,取诗词一十六字每处各编一字,每字各编数目,如无所编字号,即系伪谱,察出,邀同统族公议究治。凡我同谱,宜共念之。其诗曰:'昭兹来许,绳其祖武。亿万斯年,受天之祐。'"

其后,"有积蠹计欲侵其余润,公以理拒之,遂怀忿,会巡按公驾临徽郡,蠹胁乡棍之无知者罗织其词,以诬害之"。① 周嘉宾长子周文冕"奋不顾身,百计求释,凡辨诬呈词,皆出其手,黑白既分。巡按公深知其枉,立洗其冤"。② 此次事件之后,周嘉宾厌世道崎岖,人情险恶,便与方外者游去,出家为僧。周冕见无法阻止,便建造云路山房以适其志。③ 不过,据族谱中周嘉宾的传记称,周嘉宾"居里许营魏殿于云路山,殿后建准提阁,阁西造奉先祠,祠之前曰'云路馆',馆之右曰'望月楼',而居其中焉。谢宾客绝往来,日以饭僧奉佛为务,终其天年,享寿七十有七"。云路庵、准提阁、

图 8-3 绩溪县竹里村《周氏族谱正宗》

奉先祠、云路馆、望月楼,构成了竹里村东一个颇为壮观的建筑群,人称此处"梵宇庄严,楼台相望,名花异卉,并峙其间"。④ 云路馆可以视为周氏的家塾,是周姓子孙的肄业之所。奉先祠主要供奉周氏上门分祠的祖先。此后,云路庵香火渐盛,和尚不断增多,周氏族内也有数位出家为僧者,如二十六世思三、思寿,二十九世社五。民国年间,云路庵和尚因内部不和,分为东西两边,不过两边还是合资在庵后建造了大佛堂,置有大鼓、大钟,前来烧香的信

---

① 康熙《周氏族谱正宗》卷十三《传·竹里》,清康熙五十五年(1716 年)刻本。
② 康熙《周氏族谱正宗》卷十三《传·竹里》,清康熙五十五年(1716 年)刻本。
③ 据周光熙、周国发、周海福等人的口述,周嘉宾是因与霞水村的胡寿亭打官司失败,无颜回家,便到尚村出家做了和尚,周嘉宾之子就在竹里建了云路庵,买了几个和尚,请周嘉宾回来住持,上门子孙并捐了十八亩山、十八亩田、十八亩地,作为寺里的财产,即竹里人世代相传的"三个十八"。
④ 康熙《周氏族谱正宗》卷十三《传·竹里》,清康熙五十五年(1716 年)刻本。

士络绎不绝。据周海福回忆,云路庵为三间,中间是庙,供奉佛像,两边是和尚住处,有四五个和尚,香火比较旺盛。

道光、咸丰年间,在周氏宗族发展史上出现了几位比较有影响力的人物。道光三年(1823年),四世淳、渊、涛三公后裔联合起来重修囷公墓。① 道光四年(1824年),经商起家的三十世周顺春捐资倡建云都公祠,并亲领其事,始终不怠。后来祠内重要的器物被盗,窝藏在势豪之家,族人不敢索要,周顺春挺身讼于县宰,最终追回了失物。云都公下又有山业被许姓占去,周顺春捐资执据告到邑宰,退回原业。② 另有三十世周顺升因家贫而从贾,他利用竹里山脉绵延、杉木产量丰富之利,往来贩卖木材,并研究种植之法,乡人渐次仿效,森林业日见发达。③ 三十世周顺定少年失怙,常以未读书为憾事,便改习贾业,奔走他乡,在宁国港口镇经营商业,家资渐裕,遇族中贫患求告者,无不资助。④ 其他如周启煌"乐善好施,岁饥捐米赈济贫民",⑤三十世周顺岐"热心公益,邑尊委任经董,奖赠八字:老成稳重,办事实心"。⑥ 他们因从商而起家,积极捐资支持宗族建设,帮助贫困族人,特别是太平天国战争结束以后,他们更是捐钱捐物,支援宗族重建,推动宗族重新步入正轨。

咸丰九年(1859年),太平军攻进徽州境内,绩溪县因地处徽州府与宁国

---

① 《重修囷公墓志》云:"常人之情,□不同里则相遇比疏,生不同时则相思不切,此自然之势也。虽然古之忠臣孝子处君父之变,云山万里,不惮其劳,上下千秋不忘其本,又何况乡党宗族一脉之亲哉。我周氏二世祖囷公始迁竹里,卒葬竹里,迄今三十余世矣,公之裔由竹里尔分迁者且数十余族,乃旧岁既合修三世祖德正公墓,今遂上及囷公之墓而续修焉。力役者无所逡巡,输金者不待怂恿,此仁孝诚敬之至,追远报本之情,所不容自己者。公讳爽,官歙州太守垚公之季子也,孺人程氏、饶氏,程氏与公合墓,饶氏别迁葬于周村。子德正公,官江夏教谕,今居新安及宁之西浙之东,凡属淳渊寿三公派下者,皆其裔也。皇清道光三年壬午科岁进士三十四世侄孙启盈顿首敬撰。淳渊涛三公后裔全立。"此墓志在竹里囷公墓前,至今保存完好。
② 民国《周氏族谱正宗》卷十二《传记》,民国刻本。
③ 民国《周氏族谱正宗》卷十二《传记》,民国刻本。
④ 民国《周氏族谱正宗》卷十二《传记》,民国刻本。
⑤ 民国《周氏族谱正宗》卷五《囷公下竹里世系图》,民国刻本。
⑥ 民国《周氏族谱正宗》卷五《囷公下竹里世系图》,民国刻本。

府之间的通道上,太平军出入绩溪数次,地方民众"几无日不在风声鹤唳,水深火热之中,琐尾相连,死亡枕藉"。① 僻处山区的竹里也没能逃脱战火的蹂躏,咸丰十年(1860年),周氏族人仓皇躲入山间,其后又有一股太平军由昌化、荆州翻山越岭而至。为抵御太平军,周顺春和三十一世周兴霖、周兴维等人在竹里组织了团练,"择里骁勇子弟训练成团,依山为卡,贼至不得逞,里人重赖之"。② 即使如此,竹里受到的破坏依然非常严重,许多房屋被焚毁,太子庙、周氏宗祠也荡然无存。战争结束后,周氏宗族开始进行村落重建。梅干的二十九世周启岐约其宗人倡议复建周氏宗祠,终使"兵燹后竹里祠之得以妥先灵,举祭事"。③ 周启岐之子周兴维担任修祠工程的出纳,谨慎从事,受到族人的称赞。宗祠初步修复后,对原先毁坏的祖先牌位重新进主,并邀请分迁各处的囷公支下子孙捐牌费,四世可二公自竹里迁居石歇,其子孙接到邀请后,考虑到自身也要修复祠堂,用钱甚多,只捐钱 50 两,为"二十二世祖社顺公及孺人徐氏、俞氏、程氏于老祠进一神主,配享血食,其余群昭群穆皆无从安置"。④

由于周兴维在宁国港口镇经商,家资富,他对竹里造桥梁、饰亭舍、修道路等公共事业也莫不慷慨解囊。⑤ 周氏族人还用小石子铺了三条人字巷,规范了河道塘井。今天竹里仍存的太子庙也是在当年重建的。民国元年(1912年),周顺升以宗谱年久失修,发起续修,与宗人启海总其事,订立规程,慎重行事。前几次修谱都是周氏始迁祖垚公支下三派统修,此次续修由竹里一方单独发起,他们称"凡由竹里分迁各派愿来合修者,皆统系之,示统宗也"。此次续修,响应者寥寥,只有大石门、鱼龙川两处族人态度较为积极,参与进来的其他各处多是支单势薄者,这从颁谱统计的数目可以看出,竹里、梅干领27 部,北岸 1 部,墈头 1 部,霞水 2 部,北坞 1 部,富岭 2 部,大石门 12 部,鱼

---

① 胡在渭:《徽难哀音·自序》,绩溪县图书馆古籍部藏。
② 民国《周氏族谱正宗》卷十二《传记》,民国刻本。
③ 民国《周氏族谱正宗》卷十二《传记》,民国刻本。
④ 宣统《绩溪仙石周氏宗谱》卷二《祠堂记》,清宣统三年(1911 年)刻本。
⑤ 民国《周氏族谱正宗》卷十二《传记》,民国刻本。

龙川3部。上文提到的石歇则单独进行了修谱,他们称竹里修谱首事周启海、周凤歧曾相劝合纂,他们考虑到"石歇村名与岨夷堂名,实属鄙俗不雅,欲独修,为之改易",后与竹里在同一年完成了修谱工作,并改石歇为"仙石"、岨夷堂为"善述堂"。

图 8-4　绩溪县竹里村残存的周氏宗祠

三、竹里信仰空间的建构与会社活动的开展

在周氏族人的世俗生活中,除了日出而作、日落而息的农业劳作外,烧香祈神、祭祖祀墓等也是重要的活动事项,太子会、大年会、施孤会等名目繁多的会社活动,成为他们日常生活中须臾不可分割的一部分。通过梳理周氏宗族的脉络,可以看出竹里村落的开发与其发展同步进行,竹里逐渐形成了一个比较独特的信仰空间格局。村东以云路庵为中心,有奉先祠、准提阁、大佛堂,村西水口处则有关帝庙、汪公庙、社庙、五猖庙、观音阁、土地庙环伺在槐

花墩附近。周氏宗祠坐落在距离水口约200米处,自宗祠向东约百米处为南门支祠,太子庙位于支祠后面。

尽管没有直接的文字记载可以确定上述庙宇的建立时间,但是在康熙《周氏族谱正宗》卷十四中,收录了"大宋故处士囡公同孺人程氏之墓附晓公同孺人胡氏壬山丙向"墓图,该图实际上也可以视为竹里的村落图,图中绘有村落周围的山水、道路与村内的宗祠庙宇。图上明确标示着今天的水口处有关帝庙和大士阁,关帝庙左后首也画着几处建筑。据周国发等人实地指点,并结合现在竹里人在槐花墩修复起来的关帝庙、观音阁、土地庙等庙宇,基本上可以确定,在水口处,自东向西依次是土地庙、五猖庙、社屋、关帝庙,大士阁(观音阁)、汪公庙在关帝庙背后约20米的山腰处,其中汪公庙在左、大士阁在右稍居上,该处地势平坦,汪公庙规模较大。① 竹里人一般在二月十九、六月十九、九月十九拜观音,新婚者或求子者前来烧香的比较多。到关帝庙烧香的时间是在七月半、八月半,过年时也要过来烧香。

汪公庙又称大帝庙。汪公庙建于何时,因史料所限,无法得知。目前留存有两份汪公会文书,一份是清乾隆五十四年(1789年)琏齐公派下为保护会产而立的合同议约,另一份是清乾隆五十八年(1793年)因抢收会产而起的禀状,从中可见在乾隆年间,汪公会是周氏族人中比较重要的一种会。不过上面提到的墓图中并没有标出汪公庙,而关帝庙、大士阁、云路庵却明显标出,作为竹里影响比较大的一座庙,如果在康熙之前已经修建,则墓图中应当会有显示。所以,结合现存文书记载,可以推测汪公庙大约在乾隆年间建造。

土地庙除了槐花墩一处外,墓图中还明确标示出在玉屏山和大钟形向里延伸的地方有一座土地庙,其具体位置大致在今天从竹里囡公墓后的山岭翻越过去可以抄近路到坎头的山顶处。还有一处土地庙在今天周国发门前,供

---

① 民国时期,汪公庙被改为竹里小学堂,庙宇改作大会堂,观音阁辟为教室,菩萨像没有毁掉,而是用竹帘遮住,庙前空地成为操场,霞水、尚村、坎头等附近村落的适龄儿童皆来就学,胡家、和阳等稍远处的学生全部住校,因教育质量高,学生由四五十人增加到九十余人。1944年被改为戈溪乡第二中心小学,名誉校长是周德之,教师有周明尘、周光熙、唐和鸣、唐加华、汪则纲等。

奉着木头形的老爷。村东也有一座土地庙。

社之起源甚早,中国作为农耕文明古国,"封土立社,示有土也"的信仰也由来甚古。到了明代,民间立社有"始于洪武,成于嘉靖"之说。① 明洪武三年(1370年),朱元璋"诏天下乡民立社"。② 所谓"洪武礼制,每里建立里社坛场一所,就查本处淫祠寺观毁改为之,不必劳民伤财,仍行令各乡图遵行"。明嘉靖五年(1526年),明朝政府重新申令地方立社,要求将各处立社处所等情况"备造文册,各另径自申报,以凭查核",并以此作为衡量"有司之贤否"的依据。③ 在官方的鼓励下,徽州之社的兴立,在明中期以后更加普遍。郑力民曾指出,徽州的社屋,自建之初即奉有神,但也奉祖。至明朝中期,随着祠堂的出现,它在被独立建造后,亦即成了神的专楼之地。④ 可见,竹里的社屋最晚在明嘉靖以后出现。嘉庆《绩溪县志》载:"二月戊日,祀社,春祈秋报,岁凡二举,里自为域,献联醉酒,尚遗古风,社神为男女二像,庞眉皓首,呼为社公社母,社前有雨谓之社公雨,言社神不食宿水。"竹里村的老人至今仍称社屋为社公、社母。

综合以上分析,我们可以推知,竹里村西水口处的信仰空间的形成应该早于云路庵。

据周光熙等人介绍,新中国成立前槐花墩处除了槐树,还有一棵非常大的枫树,后来遭到破坏,现仅存槐花树和银杏树。竹里还流传着有关槐花的传说:杭州发生瘟疫,汪公老爷前去卖槐花,治好了瘟疫。因为汪公老爷卖槐花不要钱,杭州人知道绩溪县十五都竹川有座汪公老爷庙,为感念他的恩惠,很多人前来烧香。⑤ 在今天观音阁的修造处,保留着用石头垒起的簸箕形的台阶,竹里人称为"垫阕口"(译音),其主要用处是把从上面流下的泥土砂石

---

① 乾隆《橙阳散志》卷十《艺文志上·重建慈化西社记碑》。
② 乾隆《橙阳散志》卷六《礼仪志·祭祀》。
③ 乾隆《橙阳散志》卷十《艺文志上·建立社坛示碑》。
④ 郑力民:《徽州社屋的诸侧面——以歙南孝女会田野个案为例》,见赵华富编:《首届国际徽学学术讨论会论文集》,合肥:黄山书社,1996年。
⑤ 据2010年5月19日,在绩溪县家朋乡竹里村周光熙家中对周光熙的访谈。

聚集起来,意为留住财富不外流。关帝庙建在槐花墩上,向南正前方对着两座山的豁口处,抬眼望去,满山绿色,水口之下流水潺潺,田畴横列,蝴蝶纷飞,景观殊为宜人。许多路人及卖药材、卖水果的经过这里都会在此处歇歇脚。

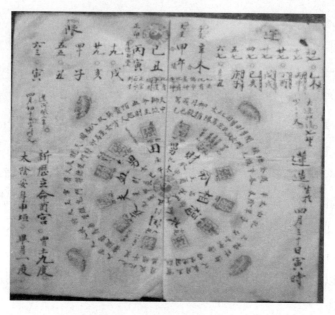

图 8-5　绩溪县竹里村保存的命相术数类专书——《福书》

竹里还有名目繁多的祭祀祖先和神灵的会,如大年会、太子会、汪公会、清明会等,作为适应一定社会群体的祭祀、互助、娱乐等需要而结成的组织,会既在一定程度上满足了村落、宗族与部分群体的祭祀需要,又能在一定程度上满足他们的经济需求乃至文化需求。

大年会。又称"保安会""龙舟会",定于有闰月的年份举行,一般三年一次。因俗称闰年为大年,所以称之为大年会。是为了纪念因保护百姓、守卫睢阳城而殉难的唐代忠臣张巡、许远及雷万春、南霁云两员大将而举办。该会从正月中旬到十月在绩溪县乡村轮流举办,各村之间或明或暗地进行比赛,具有一定的赛会性质。闰年时,竹里和周边的坎头、尚村、霞水等村在农历二月依次举办大年会,等霞水开始办会时已经到了三月。每次会期不固定,一般为五到七天。具体负责大年会的主事者称为"斋官",从家境较好、德高望重的富裕人家中拈阄确定，在确定斋官的同时也定好再下一届的斋官人选，称为斋尾。斋官确定后，由斋官选取若干名合适的人作会首，协助办会，斋官、会首饲养会猪，以备会上宰杀。办会的经费主要由斋官筹集，周氏宗祠给予少量补贴，有时亲戚也会资助一点钱与粮食。因办此会耗资大，有些斋官负担不起，①为缓解经济压力，斋官多开设赌场抽头，在大年会开始之前就有人陆续前来赌博。到清末，大年会上赌博、吸鸦片的风气愈演愈烈，斋官的

---

① 嘉庆年间，因做会费用难支，无人肯做斋官，为维持大年会的正常运转，周氏宗族应望公派下决定将祠中助祭执事和做总房首搭配起来，规定如要做执事，必须兼做头首。

  立议约，应望公派下裔孙思栢等，今因善会总头首支用实繁，陪费甚多，是以无人肯顶，为此特议将助祭执事控头首合做，做头首者兼做执事。自议之后，倘有不做头首强做执事者，众议罚银六两，抵还做头首者陪做总头之费。恐口无凭，立此议约三纸，各执一纸，永远存照。

  嘉庆四年十二月　　日　立议约人　长房　绍铨（押）
           二房　绍兆（押）　绍玥（押）
           四房　思栢（押）　　绍富（押）
           中见　金久（押）　绍洪（押）
           代笔　尚文（押）

同治年间，迁居梅干的周琏之子永财、永富二公派下对做斋官者贴补扇谷 1200 斤。

  立议据人荃太、启交等，缘我祖龙泉公所生四子永财、永富、永福、永英四公，福英二公流后无传，逐年祭祀均归祠内支当，至清道光二十九年分到祠内抽出田租二十钌零以作二公清明，财富二公派下各领，一公各领租十钌零。今为合社善会头名斋官九次轮，我派应当二次，每次约费钱百余两，均系苦丁，难以支持。因此阄派相议，仍将抽出之租及二公祭祀照古归祠，以图聚少成多，轮遇我财富二公派下做此斋官者，议定贴公秤扇谷 1200 斤，并议派丁，会场内点有执事者准入总房吃饭，如无执事者不准，毋得希图口腹，争长论短，以坏祖制。今欲有凭，立此议据四纸，各执一纸，永远存照。

  同治九年三月　　　日立议据　荃太（押）
           启交（押）
           有富（押）
           启明（押）
           金沛（押）
           启富（押）
           大礼（押）
           社太（押）
           水法（押）
           大和（押）

收入很大一部分来自开赌场的抽头。① 也正因为大年会规模大,需费多,竹里在民国时很早就停办了。据1925年出生的周光熙称,他出世后就没有看过竹里办大年会,只是在坎头看过。据新修《绩溪县志》记载,大年会从定坛起会,相继有登舟、安圣、安五方、唱船、抢载、禳星、设粥(祝)、收圣、禳火、收火、祭旗、待宴、送圣等活动程序。因口述、访谈所获有限,此处仅能复原竹里所办大年会的梗概。

会前请纸扎匠制龙舟和旗。龙舟用纸扎制,染成黄色,画水浪、鱼虾,分24仓和36仓两种。大旗由斋官负责制作,四面小旗由周氏四门各制一面,制好后用五颜六色的纸包裹起来。同时要定下办会的具体日期,请和尚。会前由斋官组织打扫村落,清理河塘。会期第一天起土,安土,小和尚到村里每一户人家伙房,把写有字的纸条用面糊贴在灶爷头上。登舟是大年会的主要活动之一,各神像在前一日装饰完毕,放在板台上,任人观瞻品评,夜间把神像移入宗祠。第二天清晨,由扎纸师傅点光成神,受人祭拜。和尚做法事,名为"出先锋接主帅",主帅登坛,开始跳大王、小王,在村中游行

图8-6 绩溪县竹里村保存的清代道光时绩溪县正堂告示

三圈后登上龙舟,龙舟用竹编纸糊绘图彩精制而成,首尾昂翘,长2丈许,宽约7尺,装在木架上。雷万春、南霁云两员大将脱下战袍露出铠甲,花团锦

---

① 清末绩溪县民情习惯称:"绩多迎神赛会,风俗表详言之矣,若论多数人之目的,其愚者不外祈冥福被不祥,其黠者借此敛钱肥己,聚赌抽头而已。""剧场会期,赌棚林立,棚或数十人或数百人,宝摊、骰牌,色色俱全。秋成后,无论大村、小村,不啻以赌场为其俱乐部,通宵达旦,习以为常。然开赌之先又必于佐贰、衙门说费,纳则略无顾忌,成年子弟因此倾家破产者有之。"(刘汝骥《陶甓公牍》卷十二《法制科·绩溪民情之习惯·丁·从团体上观察民情·子·集会结社之目的》;卷十二《绩溪民情之习惯·己·从道德上观察民情:犯罪以何项人为最多》)。

簇,威风凛凛,雷万春俗称"大王",手执荷叶兵刃,立于舟首;南霁云俗称"小王",手执令旗指挥,立于舟尾。还有众多小神像。舟中设两个官座,张巡、许远相对而坐。舟舷有"水兵"10 余名,各执船桨,或吹号角或击鼓催舟,或鸣锣督促进退。游行完毕,放置在龙舟上的神像按座次而固定下来。抬舟移动神像,换地停下,村民撒花钱、放爆竹设祝祭拜。斋五帝,是设五帝神像,即东方青帝、南方赤帝、西方白帝、北方黑帝、中方皇帝,按东南中西北顺序,安置于周氏宗祠中进,神像前铺琼碗。襀火,夜间民众举一火把,斋官以大红公鸡为前导,抬着神像绕村游行三圈。祭旗,是竹里大年会最为热闹隆重的一项活动。在村外水口与宗祠之间的空地设祭旗坛,主帅登坛,号令开旗,旗杆长约 3 丈,外面包裹的纸去掉,旗子瞬间打开,一时间彩旗飞舞,猎猎作响,总旗最后放开,由身高力强者做旗手。此时杀猪宰羊,取血祭旗,至此全村终止素食,开始吃荤。大、小王去掉铠甲穿上服袍,和尚做过法事,祭拜后,龙舟抬出绕村游行九圈,其间由斋尾收圣,九圈完毕,龙舟封口装袋,也就是把纸钱、锡箔收起来,连同圣像、大小王甲胄等物件一起装入船舱。随后举行待宴,神前摆满山珍海味、鲜果佳肴,24 副杯筷斟满米酒,上三轮香,敬三次酒。待宴完毕,把龙舟抬至水口外的田地里烧掉,即送圣。祭旗、送圣、出水口皆由斋尾负责。

太子会。竹里的太子庙现址仍存,只是庙内已无神像,仅保留着一张清道光十二年(1832 年)的石制长方形香案。据周国发等人回忆,原先的太子庙为一间大房屋,坐北朝南;签簿挂在西边墙上,原有两块牌匾,分别书写"太子堂"和"善恶分明";太子菩萨由木头雕成,大太子在中间,二太子在左边,三太子在右边。太子会会期定为每年农历八月二十三至二十五日三天。八月二十三日上午开始,第一天上供品、烧香。第二天是供奉献祭之日,和尚说祝词祭拜太子菩萨,云路庵一般派出四至八名和尚参加。村人将各家做好的米粿整齐地排列于蒸笼中,敬奉于神像前,米粿要做得越小越好,同时燃放鞭炮、上香、烧纸钱,各家依次进行。第三天是太子会正日,太子老爷出会,就是太子老爷坐着轿子出会。出会时,将太子老爷先从柜子里抱下来,穿上新衣服，戴上新头盔。大太子（即老太子）后面还有只虎皮，披在椅子上一同扛过去，放在轿子里。太子老爷的新衣服提前做好存放在周氏宗祠里，轿子也放在里面，到八月二十五这一天才拿出来。三位太子乘坐的珠辇轿是木制的，为圆顶，镂空，雕刻龙、凤图案，制作非常精美。出会时，太子老爷领十八般武器，有山门铳、旗鼓、响器，燃放鞭炮，放铳三声，抬着太子老爷绕着竹里村巡游三圈。转的路线都是固定的，就是从太子庙里抬出来，抬到村东头入口处的大路上，然后往下走，走到村西头再从大路上下来，转到村前面的小路，顺时针来回转三圈，再回到太子庙里。太子会上出游不到水口，至周氏宗祠即返回。竹里的太子会是民国时期办的时间最长的一种会，新中国成立初还办过两次，2011年时值63岁的周光模犹记得小时候在太子会上抱过太子像。

施孤会[①]，又称"三元会"，即盂兰会，源于儒、佛、道三教。会期有三至七天之别。1921年，绩溪县十三都水村南坛社《三元会谱》载：由江南徽州府僧纲司绩溪县会司出榜晓谕信士，于社坛设水陆道场，置亡人堂，供众神牌。竹里的施孤会举办时期不定，村里出现问题、人不平安或死人太多的时候就办一次，村里组织富家出钱出物，由斋官、会首主其事，有时从族田收入中出，多在天气较冷，或农闲时的下元节举办，一次二到三夜。主要活动是施粥、请和尚做法事、挂亡人榜、演目连戏、放焰口。办会之日，先树幡竿，施粥济贫，乞讨者可坐桌而食。然后挂亡人榜，血亲上溯五代，姻亲上溯三代的亡人一律列名上榜，历代元勋及榜上无名的孤魂野鬼均在超度之列。书榜张挂后，各户及在外村的亲戚皆来看榜，有遗漏者补书更正。在香坛请和尚诵《金刚经》。做完法事后，派出三路施食队伍，沿途烧香、撒饭，给孤魂野鬼吃，施食

---

① 嘉庆《绩溪县志》卷一《风俗》对施孤会有所描述："十月后，各乡并立施孤会，召僧设斋祀无主后之鬼，谓之放蒙山，又曰放赈口，因即以所设食分给孤贫者。"

路线外到闻钟岭（西坑上去5华里）、戈溪界牌石,里到云光岭。① 晚上从昌化请来的目连戏开始演出。

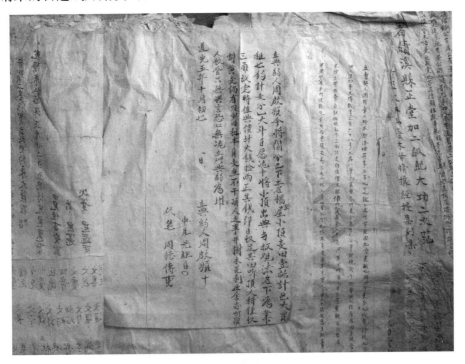

图 8-7　清代竹里村文书

汪公会,是竹里人为纪念越国公汪华而举办的一种会社活动。据周光熙

---

① 因资料所限,目前笔者对施孤会所包含的佛道内容还没有完全理解,现转抄一份坎头许氏举办施孤会的一份祭文:

太乙救苦天尊:今据徽州府绩溪县十五都信士许△△通家眷等,兹以中元令节,济度之期,谨设斯筵,先伸召请值日奏士功曹谨虔忱百拜,奉请南无大慈悲救苦难观世音菩萨、三元三品三官大帝、北极真武仁威玄天上帝、本家安奉长生香火土地门丞、本社社令大神,同赴香筵。盖因下元赦罪之期,谨遵道力荐拔九幽鬼子,一切无祀孤魂,或因觅利而亡其躯,或遇天时遭其疫,或遇刀兵之变而亡身,或以旨寇迫俸而遭厄,或因分娩而殴伤,或服食而遇毒,又有自缢,又有自刎,又有不能自忍而赴河塘之变、蛇虎之难、痛恨之故,种种多伤,不能细述甚矣,天意难知,人心恻悯,今具香灯、冥衣、经券神荐,有酒在樽,满斟三献,祈愿诸幽趁此超拔之期,速离苦海之地,早登极乐之天,永处逍遥之景,无负太乙救苦天尊拔度之至愿也。火化冥仪,欢喜受纳。

资料来源:《墈头志》(中卷),载《风土人情》,内部刊物,2000年,第365页。

访谈，称每年中秋是越国公忌日，同时为庆丰收，将汪公大帝抬着游行，打着送葬时用的长钱。有关汪公会举办的具体场景，因其停办较早，竹里的绝大部分老人都已经不知道了。目前有关汪公会的记载仅是上文提到的两份文书，现抄录于后。

文书一：

  立合同议约，琏、齐公派下思延、绍韬、有谟等，今有汪公会内所置有炉瓶一副，铜锣二面，大盘一对，桌帏四个，和议置办公匣盛贮一处，粘（拈）阄经管，通仝封锁，无许检出，有公事检出公用。再者，二分之内倘有喜事，向经管人告借，无许失落损坏，倘有损坏，必系借人重修重换赔偿，公议不恕，并仝经管人须要耽心收检面验勿怠，倘若遗失损伤不知，必致经管人赔偿亦不轻恕。再者，所有借项有典处银本一两，绍富处银本四钱，永才公分下谷本三秤半，永富公分下谷本三秤半，绍来处银本一两五钱，比即交出入众生放，一同经管，公匣人上首交下首，倘若置买田产、家伙、物件，公议公置，不得肥私入己，挂欠不清，倘有此情，公议公罚。恐后无凭，立此合同议约一样三纸，各执一纸，永远存照。

乾隆五十四年九月初五日立合同议约琏齐公派下

      裔孙 思延
          绍来
          绍韬
          绍富
          绍玥
          绍基
          本海
          启年
          有谟

  汪公会大议立合同一样三纸，琏齐公派下各执一纸文书二：

  具禀状人周绍龄

  禀为抢收不遂，挺身插讼事。身缘有汪公神会，身于乾隆五十八年十二月向会内领借七数千十二两，众议定递年包谷五秤，五十九、六十年，身交会谷，会收无异。至元年有会外族棍周荃前、绍保恃族长之子侄向身突收会谷，伊系会外之人，焉得收会内之谷？身坚不肯，伸明会友，会内相议，伊可抢收，会将不保，权搁不称，暂存身处。今会友周绍玥、金久等到身家，称当入会，伊复扬言向身兴讼，不思身会内止有九股，合同载明，与伊毫无名目，前欲抢收，今复插讼，恃棍行强，罔顾理法，不得不叩宪大老爷恩赏讯究，以杜讼端，以保神会。戴德上禀。

  清明会。与上述祭祀神灵各会有所不同的是，清明会是祭祀祖先的一种会，同时也是徽州较为常见的会，"清明标挂，祭祀祖先"。① 康熙年间，十九世周琏公派下子孙各出纹银一钱，赎取水田一亩半，其田租用于琏公清明标挂之用，由值年头首收取，买办标挂，照丁散胙。

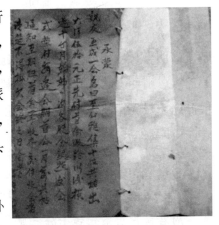

图 8-8　绩溪县竹里村周氏宗族中的至公雅集会书

  立合同人周琏公派下三分子孙周大全、梅老、文嘉等，今因琏公土名周家墓，于三十六年与胡姓改路霸占，官司缺少使用，将土名枧头水田一亩半变卖，琏公清明失祭，□□□（引者注：文书此处残损）照丁领过粮者各出纹银一钱凑价，托中取赎入琏公□□□□标挂，其有未领粮者，上墓众议出银一钱，

---

① 《咸丰八年至同治四年清明会簿》，南京大学历史系资料室藏。

其田租并火食山租,当年头首收取买办标挂,照丁散胙,日后三份子孙毋许生□□卖,倘有此举,甘罚纹银五两,为不破此合约,恐后无凭,立此合约一样三纸,各存一纸,永远存照。再批,以上有名者各领钱粮八厘,又出银一钱赎田,领者日后子侄准顶散胙,内有大全年老未领粮出银,日后毋许子侄承顶,再,内有火食山租,照田收取。

  合同一样三纸,各执一纸

  康熙四十一年六月初四　　　立合同人　　周大全　梅老

文嘉	文俊	大节	尚老	大爱	朝志	京老	社德	文庆
文德	文略	思生	思孝	道举	文伦	文谏	文班	文讲
文宣	文顺	观弟	文长	文常	文谓	文谈	文烿	文勺
文湛	文迢	观长	道享	文注	文滋	文社	思隆	思俊
思远	兴伯	思泰	思高	社伦	兴侣	兴伴	满伦	思烿
丫头	思训							

清明会设立后,族内子孙因家庭急用无措而将田或典与或卖与会内者代不乏人。清明会将田出租给族众耕种,每年收取租息,以作清明祭祖、标挂、散胙之用。无论清明会是买田、租田,还是典田,都只是族内产权的一种流转,不涉及外族。

文书一:

  立便契,派下周唐氏同男和尚,因夫早故,子年幼,祖遗合九甲周君甫户正条三钱七分三厘节(结)欠数年,奉差催追,无处所出,托凭亲族将合身山场地坦屋基尽行归祖仕宁公清明执管,身得受清明内计大钱八两二钱正,其钱当日收足代纳完粮,其合身股法尽是清明执管,其钱粮嗣后清明内递年完正三钱五分仍正二分三厘,本家填出守户完纳,自后子孙倘兴隆之日归清明钱八两二钱正,其产业钱粮退身执管完纳,两无异言,今恐无凭,立此便契为用。

  道光二十一年六月初二日

        立便契人　派下周唐氏(押)

第八章 竹里村信仰空间的建构与民众祭祀生活

```
        同男    和尚（押）
凭  亲侄  三宝（押）
        寿佔（押）
        寿正（押）
凭  族叔  天贵（押）
        华玉（押）
代笔    章惟坚（押）
```

文书二：

立增找契。裔孙有镜原卖到仕宁公清明，今将土名野岱脚水田一亩半，计租九勺七升半，计税一钱二分正，凭中出卖与仕宁公清明，面议计钱二十四两正，其前几日收足，其田听清明管业收租，其税与本甲周瑚户内过割无阻。先前并无重复交易，日后无人等阻当，如有此情，俱身支当，不干受人之事，倘有字号差讹，税额多寡，听凭查明改政，恐口无凭，立此增找契为用。

道光十年二月廿五日立增找契人有镜（押）

父绍瑚（押）

亲笔

契证 今日领到契内价银一并收乞，再不另立推单，又照。

文书三：

立当约人周启邠，今将土名长坵田小顶麦田一亩，计包大买租六钧，计包麦分一大斗，自愿凭中立约将小顶出当与周永福公清明名下为业，三面议定时值，当价计大钱四两五钱正，其钱当日收足，其钱利每年秋收交付，另屠秤三十斤以作钱利，不得短少，如有短少，听凭管业耕种无阻。先前并无重复交易，亦无亲房内外人等阻当，如有此情，俱身支当，不干受人之事，今欲有凭，立此当约为用。

咸丰九年三月十七日立当约人周启邠（押）

代笔中弟启根(押)

文书四：

　　立租批人周思应，今租到望公清明内土名际墈上下路长降脚、双溪口二处共田三角，计实租二秤，又小顶租半秤，本身租来耕种，面议递年秋收交还，只不短少，立此租批为用。

　　乾隆四十三年三月廿日立租批　裔孙　思应(押)
　　　　　　　　　　　　　　　　　执笔　思宪(押)

至咸丰年间，族人进一步明确了进行宗族祭祀时拜节、标挂、给胙的各项规定：

　　立合议绍铃公、有凤公、有景公派下，启镐、启城、启安、三德等缘绍铃公所生二子有凤、有景二公，先是有景公承祧绍丙公，而有凤公之次子启棠、三子启城大复呈祧有景所以镐等兄弟四人承有凤、有景二公，此三公清明所由立也，自有凤公谢世，至今二十余年，咸丰二年以前清明租账均算清，三年以后账皆未结，兼之启棠之子三德癫狂数年，而镐等兄弟年皆老迈，诚恐标挂发胙挨首收租，一切规条未曾酌定，日后清明散败，祖宗血食莫保，则镐等兄弟生员不孝之罪，死无以对祖宗于地下，为此浼凭亲戚酌定规条，□各处租息田亩以及租制灯油租项尽行开列于左，嗣后各房子孙照例遵行，毋得违抗，如有故违即以败祖不孝罪论，革出清明，惟愿后嗣子孙各存保祖之心，毋挟肥己之念，则是祖宗之厚望，亦派下之大幸也。

　　合议一样四纸，每房各执一纸，永远存照

　　拜节标挂给胙各定例列后：

　　一、拜坟年。坞井塝，大节公、绍铃公暨孺人，纸箔各六百，双响三个；下水村，有凤公，纸箔各二百，双响三个；对面山，有凤孺人，纸箔各二百，双响三个；对面山上穴老坟，纸箔一千，双响三个；竹里支祠，纸箔各四百，双响三个，下秋田祖坟，纸箔各二百,双响三个。以上祖墓六穴,每处拜坟年给胙钱二钱,共计胙钱一两二钱,照到坟人丁分派,斯文老人加给颁发,其下秋田胙钱归对面山老坟总发。

一、标挂。坞并垰,大节公、绍铃公暨孺人,纸箔各一千二百,双响三个;下水村,有凤公,纸箔各四百,双响三个;对面山有凤孺人纸箔各四百,双响三个;对面山上穴老坟,纸币各一千六百,双响三个;竹里支祠,纸箔各八百,双响三个。

一、磡头,祖坟,纸箔各六百,双响三个;下秋田祖坟,纸箔各四百,双响三个;黄甲塘,祖坟,纸箔各四百,双响三个。以上祖坟九处,除磡头、下秋田、黄甲塘三处不发胙,仍五处,每处发钱六钱,对面山老坟发胙钱一两八钱,均照到坟人丁分派,斯文、老人加倍颁给。

一、启城、三德两房俱承有景公,后继母许氏在堂百年后拜节标挂发胙纸箔,俱照有凤孺人墓前办理,其膳产均归清明头收租。

一、祖遗灯油租产坐上头碓之租九勺,今折硬租六勺半,麦分四斗,面议将租三勺贴童生考费,照童生人数分派,仍租归生员收执,目下未有生员,贵清明头收租。

一、挨年清明头首先办祭发胙后,收租纳粮不得违误,钱粮务要年清年款,不得滞欠。

一、山神烧年分岁迎喜神,爆竹、香灯、纸箔、三牲以及都图年例,均系值年清明头承管支当,不得推诿。

  咸丰七年九月 日立合议,三公清明派下启镐、启城、启安、三德
     凭亲友方珍齐、唐广妹、兄 启郎、方杏邶

需要交代的是,上述文书所涉及的永富、仕宁、应望、有凤、有景俱是十九世琏公支下子孙。

最后要提及的问题是,在这些会社活动中,有一股力量无法回避,就是云路庵的和尚。自云路庵建造后,庵里的和尚一直保持10余名,民国时,云路

庵因内部不和,分为东西两边,还是住在云路庵内,只是分开吃饭,出去做法事也是合在一起的。东边的和尚为修成、德善、暗藏、来德、信和、海元,住持为德善;西边的和尚为永辉、云和、全寿,住持为永辉。新中国成立前夕,云路庵和尚暗藏迁到观音阁,未几还俗。随后来德去当兵,永辉、云和还俗。剩下的和尚开始卖田卖地,无人愿做法事。新中国成立后,全寿也去当了兵。

云路庵做法事的范围是在尚村以东的村落。绩溪县的风俗是亡人出殡前夕要"做大夜",亲人敬香,鼓手伴奏,富户请和尚吟经做佛事,男丧"安树灯",女丧"破血湖"。据新中国成立前曾做过小和尚的周海福介绍,"安树灯"的具体做法是中间立一根柱子,四周布满灯盏,和尚围绕柱子走动,念经伴唱。仪式比较简单,结束得也早。女丧"破血湖"则复杂一些,费时较多,具体是把面盆放在凳子上,用红纸染成血水,用纸做成船,置于盆中,四周用纸扎成高约一米的城墙。和尚唱十月怀胎,诉苦情,每个月都要唱到,需一个小时左右,其间纸船在不停转动。唱毕,用禅杖将"城墙"捅破,子孙将血水喝掉。和尚出去做法事,要带上袈裟、龙袍、锣鼓、喇叭、木鱼,做什么法事带什么行头,一次至少要4个人,不然就会忙不过来。他们半天算一个工,晚上一个工,费用视主家家境而定。有时和尚也给村中刚出生的小孩开咽喉,意味着以后不会哑巴。

因是周氏上门支派捐出田、地、山维持云路庵的运转,所以云路庵和上门保持着一种类似主仆的关系。云路庵在以下几方面对竹里周氏特别是周氏上门支派进行反馈:

1. 大拜年。每年正月初三早上,东西两边各派1名僧人向全村家家户户拜年,村人赠送糖之类的点心。

2. 撒腊八饭。每年腊月初八早上,云路庵煮上腊八饭,送给周氏上门子孙,男丁60岁以上每人两碗,60岁以下每人一碗,如家中有考取功名的发给两碗以示奖励,而且男丁还可以另外到庵内吃一餐素饭。

3. 撒乌饭:每年四月初八,云路庵用一种乌树叶的汁水蒸成糯米饭,同撒腊八饭一样,男丁60岁以上每人两碗,60岁以下每人一碗,如家中有考取功名的发给两碗,相传人们吃了乌饭可以避瘟疫。

与徽州其他地方屡屡发生的守视僧侵盗祠产不同的是,竹里云路庵与周氏之间始终保持着一种良性互动,或许因资料不足,我们还不能这么轻率地下结论。不过,云路庵的运作及其所反映的僧俗关系却值得进一步思考,其背后所隐藏的丰富内容需要深入挖掘。

四、结语

绩溪县竹里是一个地处山区的偏僻村落,从南唐囧公迁入此地后,竹里便一直保持着稳定发展的势头,周氏宗族的脉络也一直没有中断。竹里周氏仅是徽州上千个村落中极为普通的一个宗族,与汪氏、程氏、胡氏等徽州其他大族相比,无论是经济实力,还是政治地位都无法相提并论,但即便如此,周氏却能保持千年基业。检视竹里周氏的发展过程,不难看出,周氏曾出现了对宗族制度建设作出一定贡献的成员,他们对竹里村落空间的建构出力尤多。这样一个并不具有代表性的村落或许代表了徽州湮没在历史深处众多村落的发展轨迹。历史并不是全部由宏大叙事构成,真实的历史往往在琐碎的平凡中。

在明清徽州宗族社会中,宗族会社扮演着无处不在的角色,它广泛而深入地介入其地方各种物质的、制度的、精神的社会活动之中,并代代赓续,相沿成俗。竹里数量繁多的庙宇和会社活动,与周氏宗族的日常生活息息相关。可以看到,随着社会的发展,社会秩序趋向多元,社会关系趋于流动,宗族血缘关系不足以维系宗族组织的现实基础。在这种情势下,在宗族内部通过互相合作而结成徽州社会。透过徽州文书,我们不难看出,频繁的会社活动实际上已经成为周氏沉重的经济负担,但他们却通过种种变通方法维持会社活动的正常开展,在现实而琐碎的日常生活中,会社活动往往彰显了宗族实力,巩固了宗族的社会位置。另一方面,周氏宗族在处理对外关系上是作为一个整体出现的,而在其内部,却明显地存在房派观念,周氏清明会实际上是中门祭祀本派祖先的会。可以说,宗族发展到一定阶段,族内支分派别,各支子孙在贫富程度上、身份地位上难以一致,有能力的支下子孙,墓祭自己的支族,实际上是对祭祀始祖、始迁祖祭祀礼仪的一种突破,这往往也是宗族分析的前兆,亦是宗族普及化和平民化的一个必然过程。

第九章　蜀马村的传统经济、宗族与民间佛教信仰

蜀马村位于绩溪县板桥头乡北部,距绩溪县城36公里,西邻旌德县不到10公里,北接本乡蜀水村,东接本乡校头村,南与本乡尚田、玉台两村相接,是一个山清水秀的田园山村。现全村总面积为18平方公里,共288户,1000多人,水田面积为1125亩,林地面积为7000多亩。该村1949年前后属于绩溪县第三区,1952年至1955年,曾改为乡建制,称蜀马乡,属尚田区。1956年并入校头乡,改属扬溪区。1958年建立蜀马大队,属尚田公社。1961年改属校头公社。1983年农村体制改革以后,属校头乡,至2001年校头乡撤销后,并入板桥头乡,仍称蜀马村。且将原校头乡的田源、上村干两个村整体并入。

一、蜀马村的陈氏宗族与人文

位于绩溪岭中的蜀马村,系陈氏聚居村落。至于建村于何时,史料无考。但从现有的志乘及文物遗存来看,该村应有千年以上历史。现存于蜀马村西北后山上的觉乘寺道光重建碑记云:"觉乘古刹,创于后梁……夫自后梁以来,其间人事之变迁,村落之灭没,何可胜记?而独兹古刹千有余年,犹能后先相继而存之,且加宏壮焉。"后梁至今,已历1100余年,这还是建寺的历史。若论建村时间,恐应更早于后梁。又据《陈氏宗谱》云:南朝陈文帝第4子伯

固封新安王,举家迁居新安。陈亡,伯固子陈监避难匿居绩溪(时为歙县之华阳镇)上溪山,即今绩溪上庄镇上金山中。唐末,陈氏后裔徙迁蜀马。南朝自陈武帝陈霸先即位,至陈后主陈叔宝祯明三年(589年)亡国,共历33年。按辈分算,伯固子陈监应是陈后主的叔祖。那么,陈监于590年前后迁来绩溪上金山,到唐末哀帝天祐元年(904年)前后迁绩溪蜀马,其间历390多年。由此看来,今蜀马陈氏迁蜀马定居时间在觉乘寺建寺稍前的唐末,则有可能蜀马觉乘寺并非陈氏所建。也就是说,在陈氏来蜀马之前,已有他姓先在此建村了,不过不知是何姓氏罢了。陈氏在来蜀马前,已在上金山定居数百年,即使是王室之后,也扛不住数百年深山匿居的磨洗,大户之家也变成了贫穷之门了。因此不可能在迁居蜀马的短短时间内建起辉煌的觉乘寺殿宇来。此说虽无史据可依,但有几则历史传说可以说明伯固后人后来确实是比较贫穷的。直到宋以后,陈氏后人四处徙移,并在外籍发达起来。

  据绩溪县余川人汪彪、汪家鑫、汪志秋等介绍:绩溪八都余川石鹤山上有座天字坟,从山脚下去金山村的路上有座天字坟桥,桥东有座逼真的大石龟山。嘉庆《绩溪县志》载:刘宋安成太守陈猛墓在八都石鹤山。旧志但云陈太祖祖墓,今有墓碑,名猛。《陈书》云:猛为陈太祖之曾祖,刘宋安成太守也。① 陈太祖灭梁建陈称帝于公元557年。因为是陈太祖的曾祖墓,所以称"天字坟",意思是最大最高的,是天字第一号坟墓。陈猛为何安葬在余川石鹤山呢?民间传说谓陈猛被南朝宋兵追杀,逃匿绩溪上金山(时称"上溪山"),后病故于此。其儿子、儿媳搭棚于石鹤山中,以种山卖柴度日。当时临安有一地理先生发现钱塘江内有一股水特别清澈,浪花雪白,就沿着这股水往上追溯,入新安江,到练江,涉大源河、常溪河,一直追到常溪河源头石鹤山下,夜晚借宿在陈猛儿子的山棚内。陈猛的儿子、儿媳对先生的到来十分热忱,杀鸡招待。但当晚吃的都是鸡头、鸡脚、鸡壳。先生见无一块好肉,心里不悦,第二天一早即辞行。陈家给先生打了饭包作午餐。先生过金山到白地,正是

---

① (唐)姚思廉撰:《陈书》卷一《高祖本纪》,北京:中华书局,1972年。

午时,打开饭包一看,鸡腿等好肉全在包内,先生顿生感激之情,赶回石鹤山陈家山棚。主人问先生何故返回,先生告诉他们,我本风水先生,见钱塘新安之源地气隆隆,后必生贵,故特前来探访。今见尔心地善良,待人至诚,故特返回尔处,告诉真相。尔山舍前平坦处是风水宝地,真龙脉也。你们可将父墓移来安葬,今后定有发迹之日。并又对他们说,今后遇到家猪夜不归栏,你们便可举家随它迁移,猪到哪里停下,你们就到哪里安家。一日傍晚,猪果真不入栏,夫妻二人赶紧收拾行李随猪而行,一直走到三都蜀马。从此,他们就在当地山场搭舍安家。某日,已怀孕的妻子为种山的丈夫送饭,不慎失脚,饭碗打成两半,而其丈夫则打了个喷嚏,裤带断下,于是割了根葛藤做裤带。突然,他们想起先生所言:"当你们苦到用碗片吃饭,葛藤系腰时,就要转运了。"不久他们生下一子,夫妻俩倾心培养,供儿读书,其子天性聪颖,步入仕途。子又生子,即陈太祖霸先也。陈猛的儿媳死后安葬在三都,当地称之为"娘娘坟"。后来,陈家又有一支迁往浙江海宁和江苏宜兴定居。

图 9-1 绩溪县蜀马村远眺

朝代更迭,春秋代序,传说清朝雍正时期,朝中有一阁老叫陈仕宦,是浙江海宁人,而他的上辈人则是绩溪蜀马的陈氏。据说有一天早朝,陈阁老未到。后雍正皇帝问是何故,陈阁老不敢怠慢,忙跪奏道:家中生一犬子,事急耽误,故未上朝。雍正皇帝下旨,要陈阁老抱子入宫一看。陈即速抱子入宫,雍正皇帝见男婴哭声洪亮,气宇不凡,就说抱入后宫给皇后娘娘看一看。雍正皇帝用了调包计,将婴儿抱出交还陈阁老,陈回家后见是个女婴,顿觉大事不好,可对皇帝又不敢明言。雍正皇帝看出阁老的心事,幽默地说:"陈阁老,君是你家,臣也是你家,你该满足了。"之后,雍正皇帝又给陈阁老封官晋爵,可以说陈仕宦在当朝是官封极品。可雍正皇帝却在背后起着暗杀动机。几年后,差人将陈阁老杀害。陈的家眷得知噩耗,立即逃匿民间,隐姓埋名。弘历即位,改号乾隆。他多次南巡,在海宁建造行宫,暗中私访自己的亲人。尽管乾隆知道自己是汉人的后代,或有光复汉室江山之心,但来自满清皇室的压力很大。雍正在位时,就立遗诏,大意是乾隆欲要反清复明,八旗中实力最强的红、黄、蓝三旗兵力足以对付乾隆,导致乾隆只好改变初衷。乾隆南巡也被清皇室有所察觉,遗诏又由皇后保留,皇后暗地监视乾隆的行动。故后来汉人创立的红花会,利用陈家洛与乾隆是亲兄弟的关系,派陈家洛去京城,悄悄疏通乾隆。乾隆犹豫再三后派兵镇压红花会,又火烧皇室中宫,把皇后连同雍正皇帝的密诏付之一炬,一箭双雕,既消灭了劲敌,又解除了后顾之忧,安安稳稳做皇帝。尽管天字坟是陈氏的祖坟,但千百年来无人问津,原始的墓葬,已淹陷于泥土之中,只有残碑尚在,依稀可辨,其文为:"先祖猛公陈氏之墓。"

  民间传说与谱牒资料在陈氏来绩溪的时间问题上,相去甚远,一说是陈太祖曾祖父辈即来绩溪,一说则是陈太祖曾孙(陈监)匿居绩溪;一说有陈猛墓碑为证,一说有史籍可查,今两说并存,容后细考之。

  据蜀马村的陈志和、陈煜钧、陈仲仁、陈明灶、陈兆水、陈笑珊、陈松年、陈国跃、陈家贤等先生介绍,蜀马村历史上是陈氏聚居地,至今仍以陈姓为主,他姓如胡、刘、汪、高、李、何、吴、张、葛、程等均占很少比例。据村中老人介绍,蜀马周围的上村干、横田、浪舍、高山半岭、上岭下、南坑、下蜀水、大溪及长安镇的高山、荆州乡的沙坝以及泾县茂林、江苏宜兴、浙江昌化、海宁等地的陈姓,均发自蜀马,计有108祠,足见人丁兴旺。太平天国以后,蜀马陈氏遭劫严重,迅速衰败了。蜀马陈氏祖先从上金山迁来后,先居住于村后边名为"里屋"的地方,也叫"里三家",以后随着人丁的不断繁衍,逐渐向南、向西、向东发展。清咸丰之前,该村规模曾盛极一时,千灶万丁,为绩旌(德)边界之通都大邑,但现在难以找到当年商业经济的历史资料了。由于陈姓祖先本系帝王之后,故向来重视文化教育。据新编《绩溪县志》介绍:"明崇祯辛未科状元,翰林院修撰陈于泰(裕泰、大来),在故里三都蜀马建谦如书院(又名大来书院、蜀马书院),供附近学子读书。"至今蜀马村西的梅山脚下一处地名仍叫"书院子"。民国二十三年(1934年),蜀马村又创办了私立前进小学。因此,蜀马村仅明清两朝有史可查的官宦儒林人物就有陈一教、陈于泰、陈于鼎、陈于廷、陈大勋、陈大中、陈大猷、陈原享、陈秉文、陈轩、陈秉谦、陈宏谟、陈丁童等。陈煜钧等老人向我们讲述了村中下门水井边的"三尺皇墙"故事:据说当年明太祖朱元璋兵败,来到蜀马村下门的水井处躲藏。此时正在睡觉的村中陈姓农人梦中忽见黑龙盘井,意欲飞腾。农人醒来后,赶紧到水井边一看,见一身穿盔甲的军人卧在井边草垛下,陈姓农人连忙把他让进自己家中,给他换了衣裳,又给他一把锄头,跟在自己后边,上山做事,逃过了追兵后,又供他吃宿。后来,朱元璋当皇帝后,给蜀马村下门水井这个地方封了一块"三尺皇墙",见墙,文官下轿,武官下马。又赐金匾和黄马褂。三尺皇墙和黄马褂现在没有了,但是那块金匾,他们都曾亲眼见过。另外,下门还有一座状元府,村中还有状元及第牌坊,据讲是为陈于泰立的。

  陈于泰,字大来,号谦如,生于明神宗万历二十四年(1596年),少时聪明,倜傥不群,胸有大志。15岁时便精通经史,明天启七年(1627年)中举之后,买宅京师,攻读三载。在明崇祯四年(1631年)举行的"辛未科"殿试中,崇祯皇帝在陈于泰的卷子上硃批"第一甲第一名",成为明代历史上第85位状元。陈于泰考上状元时的籍贯是江苏宜兴,也就是说陈于泰的祖、父辈已在江苏宜兴定居了。而据当地人介绍,江苏宜兴陈氏后人中,有不少是从绩溪蜀马因商定籍的。陈于泰高中状元以后,按照惯例进入翰林院为修撰,掌修国史。其时,陈于泰的弟弟陈于鼎、同宗陈于廷同在朝廷为官。而陈于鼎则与其兄于泰同时供奉翰林,其门父子四进士,兄弟同为翰林,这在绩溪历史上也是绝无仅有的。陈于泰与姻亲周延儒过从甚密。周延儒,《明史》列为奸臣,又与当朝另一权奸温体仁明争暗斗,败于对手,从而牵连陈于泰,致其晚年凄凉,故绩溪当地史书语焉不详。一说陈于泰曾三次直言时政,被当作忤逆不道,而被革去官职。明崇祯十三年(1640年),国家急需人才,谕吏部开列天下废官姓氏进览,唯独不见陈于泰名字,后经交涉亦无结果。明灭之后,回乡(宜兴)待在家中,不再外出。清世祖顺治六年(1649年)去世。大来书院即其退居山林,返回故里时所创。蜀马村水口右边山坞里有其书院遗址,地名"书院里(子)",并有许多"书院田"。另据《明史》记载:崇祯"四年春,延儒姻娅陈于泰廷对第一,及所用大同巡抚张廷拱、登莱巡抚孙元化皆有私,时论籍籍。其子弟家人暴邑中,邑中民爇其庐,发其先垄,为言官所纠。兄素儒冒锦衣籍,授千户,又用家人周文郁为副总兵,益为言者所诋……已而延儒令于泰陈时政四事,宜府太监王坤承体仁指,直劾延儒庇于泰。给事中傅朝祐言中官不当劾首揆,轻朝廷,疑有邪人交构,副都御史王志道亦言之。帝怒,削志道籍,延儒不能救。"①云云。周延儒,字玉绳,也是江苏宜兴人,明万历四十一年(1613年)会试、殿试皆第一。周为人乖巧,善揣圣意,后为权奸,与陈于泰是姻亲关系,故陈受牵连。明末党争几近惨烈,一批又一批的朝廷重臣在党争中倒台,陈于泰也逃不出这个厄运。他多次遭人弹劾,开始还有周延儒庇护,后因周延儒被人弹劾,托病乞归,陈于泰也就失去了保护伞。陈于泰三次抗疏直言时政,被认为忤逆不道,终被革去官职并永不录用。《明史》中关于"已而延儒令于泰陈时政四事"似与故里关于陈"抗疏直言时政"有关,温体仁与周延儒不睦,拿周延儒姻亲陈于泰说事,这种可能是存在的。"宣府太监王坤承体仁指,直劾延儒庇于泰",便是事实,陈于泰成了两大势力派系斗争的牺牲品了。

---

① (清)张廷玉等撰:《明史》卷三〇八《奸臣传·周延儒传》,北京:中华书局,1974年。

见诸明清两代史乘记载的蜀马人还有：

陈原享，字文会，蜀马人，明洪武十四年（1381年）举秀才，后任化州（今广东化州）石城主簿。

陈秉文，字彦忠，蜀马人，明洪武十九年（1386年）举孝廉，后任金溪（今江西省金溪县）知县。

陈轩，明洪武十七年（1384年）举明经，授湖广荆州府（今湖北荆州）学教授，明洪武二十六年（1393）秩满，再任本府教授。致仕归，著有《荆南小稿》《郁蓝琼室记》。

陈丁童，府学，字原达，蜀马人，河南彰德府（今河南安阳市）临昌县丞。

陈一教，明代蜀马人，陈于泰之父，明末进士。

陈于廷，明代三都蜀马人，客籍江苏宜兴，明万历二十三年（1595）进士，陈于泰族兄。

陈于鼎，明代三都蜀马人，客籍江苏宜兴，陈于泰胞弟，明末进士。

陈贞慧，陈于泰族侄，明末复社重要成员。

陈荣寿，字伯福，明末三都人，家贫失怙，抚弟成人，为姑侄婚娶，推己产均分之。

陈维崧，清初人，陈于泰族孙，是清代阳羡词派领袖人物，曾在清康熙十八年（1679年）应博学宏词科考试，名列一等，授翰林院检讨，参与编修《明史》，卒于任上。遗著有《湖海楼集》54卷。另有《陈检讨四六》20卷和《两晋南北集珍》等诸多著作，其中有许多吊怀祖、父辈的词文，读来令人感怀。

陈浩，字鲁庵，清道光二十六年（1846年）举人，博览群书，尤嗜《毛诗》。著有《云庵诗钞》4卷、《凤山文集》8卷。

陈应期，不详。

陈铎，拔贡，字蔚起，三都人，霍邱（今安徽霍邱县）教谕。

陈森，字君沃，三都人，岁贡。

陈钛兴，三都人，母病，医药不效，刲股疗之。又尝给田六亩为侄读书费。后钛兴病，子文永亦割股以愈其病，人以为孝。

陈怀仁，字育生，三都人。族有母死，无棺卖殡母者，代赎还之。又有□氏年二十四，腹有妊而寡，每年给米二石赡之，后生于力为扶持。

陈有志，蜀马人，生平严正，人有过辄相诫曰："慎勿令某知之。"尝捐资修砌村外险道四十余丈。

陈永桂，蜀马人，淑躬砥行，毕生不入公门，里有善举，竭力输资，接朋友以信相守。

陈之学，南坑人，荷担为生。为江西信客挑担，半途客死，学为棺殓。检视箱中，有银信数十封，清单一纸，计数百金，学荷至江西，照单觅送。人感其诚。

陈宏谟，蜀马人至今犹念念不忘的先贤，字与谐，颖村（今颖塘）人，由岁贡选扬州训导，未赴卒。今将陈宏谟所作《翠眉亭赋》录于后，以供读者品评。

翠眉亭赋
陈宏谟

茫茫宇宙，大块无垠。人随境往，地以人名。华阳旧邑，北野新城。溪回如绩，山列如屏。稽贤令于宋代，首屈指夫颖滨。德泽施于庐中，风雅冠乎古今。寄乡心于千里，托遥思于孤亭。尔其税驾西郊，徘徊城畔。双岭遥连，平分中断。秀若列眉，翠来几案。望翠岭兮云端，想峨嵋兮天半。构一椽以高标，览四时之代换。尝抚景以抒怀，搁抽毫而梁翰。若夫青阳初扇，翠芳吐妍。政平讼理，民物熙恬。骑云慢卷，细雨苔鲜。蛙鸣涧底，蝶舞花前。呢喃燕乳，睍睆莺迁。萍花点水，秧针绣田。协风甫至，戒令频宣。念东作之伊始，冀西畴之有年。知民事之方殷，不可得而缓焉。迨夫黄浪翻而麦秋，绿阴浓而昼永，雨过而风送荷香，云开而日移竹影。石披碧叶之浦，波泛紫茎之荇。憩长松以就凉，酌清泉而自冷。越陌而稼满千畦，纵目而禾铺万井。看举锸之如云，引车而接轸。惟耕耨之以时，羡农夫之克敏。若乃金飚乍转，玉露方溥，彩霞高映，霜华正繁。丛桂馥郁，江枫欲殷。茱萸宜佩，黄花可餐。听蟋蟀于户外，感砧声于花间。时登以舒啸,临皓月以盘桓。幸南亩之有秋,畏授衣之将寒。至于元宴司令,万宝告成,潦水尽落,木叶飘零。塞向墐户,饮蜡吹幽,催科不扰,鸡犬无惊。登斯亭也,风威冷冽,气肃萧森。睹花飞之六出,疑玉积于千林。梅听傅粉,石发凝冰,竹腰似揖,松盖如攀。屋缀琉璃之瓦,地铺云母之茵。涪光万顷,鹤唳一声。思挟纩之温语,怀卧塞之高人。几胜赏之足如,屡载酒而呼朋。于是簿书余间,风日清美,雅爱兹丘,流连未已。东披大鄣,雄镇斗牛之虚;南临石照,光灿乳溪之水。且夫北枕丛山,一夫扼塞;西眺鳌峰,仙人是宅。七姑窈窕而绰约,梓潼端拱而特立,苍龙深远而潜踪,飞凤翱翔而展翼。举同邑之胜概,俱一览而可得。嗟乎哲人所处,山川效灵。兰亭以右军著胜,新亭以伯仁垂称。岘山堕叔子之泪,甘棠留名伯之阴,匪荣名之可幸,实直道之未泯。慨美人之不作,与时代而俱陈。邈兹亭之遗构,委颓址于荒榛;视唐宫与汉寝,等高峰而深陵。然而来苏有渡,景苏有亭,清流激湍,当年之遗迹尚在;丰林邃壑,令旧之流风犹存。更千秋与万世,知历久而逾新。仲前微之如昨,托下里之巴吟。歌曰:山高兮水长,阅世变兮沧桑。我思古人兮恩普德洋,一亭高寄兮时徘徊以徜徉,惟兹丘之不毁兮民不能忘。

我们从《翠眉亭赋》中,可以看出陈宏谟的确才华横溢,文思出众。蜀马村果然不同凡响,出了这么多的名人巨宦(还不包括当地人回忆及民国后的),这可能与蜀马陈氏历来崇文重教分不开。据新编《绩溪县志》记载:"明崇祯辛未科状元,翰林院修撰陈于泰(裕泰、大来)在故里三都蜀马建谦如书院(又名大来书院、蜀马书院),供附近学子读书。"陈氏后人得山水之钟灵,受儒文之教化,故能于明清两代涌现出许多杰出人才。据蜀马村委会主任陈国跃先生介绍,他们村的能干祠,就是为祭祀陈氏祖先中的能人所建立。祠前原有上马石、下马石,大家都看到过。此处朝山,风水颇佳,朝山东尖西平,中间一凹,有小山峦,贮于其中,形似元宝。当红日初升于岩山平凹之上,就是一个吉旦的"旦"字,天工造化,人事巧合,怪不得陈先生说,他们家祖上官宦文人如芝麻、粟米一样多,是后来岳飞来徽州后,将他们祖上的龙脉斩断,所以才差了下来。虽然这只是一个传说,但站在蜀马能干祠前,是真的能够感受到那种钟灵毓秀、人文荟萃的氛围。据村中多位老人介绍,陈姓后人建有108座祠堂,现在安徽泾县茂林新四军军部纪念馆,就是蜀马后裔陈氏大宗祠。浙江海宁陈氏后人,前些年曾到上金山和蜀马来寻根。现在蜀马本村已没有宗祠了,91岁的陈观顺老人说,蜀马的陈氏宗祠早在民国初期就倒得只剩一个后进寝楼,后来住进一些要饭的流浪人,结果失火全部烧掉了。能干祠则在"文革"后被全部拆掉改建了。蜀马的陈姓,共分七八份,即七八个支派。上门四份,下门三份,中门一份。每一份或二份建有支祠老屋,全村有五六幢这样的老屋,其中上门就有三处,但现在都没有了。

二、蜀马村的自然地理环境与传统经济

旧时,蜀马村为绩溪三都,位于绩溪岭中(绩溪县以徽翚岭为界,徽岭之北称为"岭北",徽岭之南称为"岭南",介于岭南岭北之间的尚田、板桥头、校头称为"岭中",旧时为二、三、四都地面,蜀马属三都,后隶属校头),为三都首村。东望百萝源群峰;南拥庙王山;西偎梅王尖,翠岱如螺;北倚大鳌峰,崇山来龙。近村四面又有岩山、前山岩、蜀马岭、上村干岭等山峰拱护。山间盆地,东西狭长,北与下源、燕窝形相交;南接横田、浪舍;东连校头、东山;西与张家、上村干毗邻。四周均有山岭拱护,因此村东南西北各有岭洞:曰接贤岭洞,在东面;曰浪舍岭洞,在南边;曰上村干岭洞,在西方;曰下源岭洞,在北向。现仅存西边的上村干岭洞,余均圮毁。村东的接贤岭洞虽已不存,但有一则关于接贤岭来历的传说却至今传诵:清康熙年间,蜀马村民打着旗幡,抬着轿子,雇了八个吹鼓手,齐奏喜迎门,敲锣打鼓,放着三门铳,到板桥头通向蜀马的路口,迎接荣归故里的贵人陈宏谟。蜀马人为偏僻的小山村出了这么一位名贯江南的大贤儒而自豪,所以当他回乡时,村民便至此迎接。从此,这地方便被称为"接贤岭",卷洞也就跟着叫"接贤岭洞"了。蜀马村为什么四周均有岭洞呢?据说蜀马村形因四周山势合来,形似一牢状,故须在四周山岭

上打洞,以破解避邪。牢有四门,便能走人,故牢不为缚也。经过风水先生做法并指点、破解之后,蜀马村便人丁兴旺,人才辈出了。村西水口左为鹤形枫山,右为虎形梅山,盘踞于水口。鹤舞于蜀马村前,虎卫于古道之门。村水口有一圆墩,形似蜘蛛,故名蜘蛛墩,墩上古树参天,浓荫蔽日,传说以前常有妖精来此作祟,被鹤仙闻知报与老虎、蜘蛛,为了保护村人安全,老虎、蜘蛛联合拒敌于村水口之外,保住了蜀马村人的千年平安。因此,蜀马村人至今犹津津乐道他们的水口是如何如何的神秘有灵。去村二里之外的村西桥亭,虽然历经风雨,显得有些沧桑,但依然显现出当年人们往来蜀马的艰难与络绎不绝。清吴文明有联云:

路转峰回比蜀道难易几许?
山峤野店看马蹄迎送如何!

此联巧妙地将"蜀马"村名嵌于其中,天衣无缝,既向过路行旅介绍了蜀马山道的遥远难行,比于蜀道,又描述了蜀马当年的人来人往、熙熙攘攘、络绎不绝的繁荣。虽然路转峰回,山道难行如蜀道,但在山道边的野店里闲看马蹄接着马蹄,嘚嘚而来,又匆匆而去,作者的心境依然很闲适,让人一扫登攀羁旅之辛苦,倒有欣赏移步换景之妙。据地方志乘记载,古时蜀马村道路崎岖,有一官员在此走失了坐骑,便称此地为"失马"。后至清朝乾隆年间改称蜀马,既取谐音,又含该地山路险如蜀道之意,增加了文化的意境。此处桥亭建于清光绪年间,亭内面积约 10 平方米,两边墙下安装于柱上的坐凳,可并排坐 4 人,屋顶脊桁上写着"龙辰年光绪十三年巧月颍川郡重建"字样,亭口两山墙虽然仅 3 米多高,却仍然精心建成马头墙式,那副楹联书于墙口面上,依然清晰可辨。

蜀马四面环山,水源较为丰富,多为自流水、发源水。村东数里有西冲庵水库、莲塘口水库,发源于大鳌山和校头的尚田河支流分别从蜀马村西北和村南流过,蜀马村的大部分农田和村民生活用水,均依靠从村南流过的那条河。村之南北两侧山上还有丰富的山泉水可供利用,所以,蜀马虽然海拔较高,但除特大旱年外,一般情况下,无缺水之忧。沿村前河从东至西有草舍下堨、上里堨、进沟堨、社屋堨、上门碓堨、中门碓堨、下门堨、六亩堨、茶亭下堨、大竹山堨、马踏沟桥堨、窑子堨、如来柱堨等14处灌溉堨；有上里桥碓（2处）、上门碓、中门碓、下门碓、斜斜水碓、香粉碓7处水碓，有上里桥、方家桥、社屋桥、尼姑庵桥、碓桥、茶亭桥、马踏沟桥、如来柱桥、卷拱桥9座，其中卷拱桥4座。足见此地历史上就是产粮区，田多堨多，粮多谷多，才有如此之多的水碓。

蜀马村海拔400多米，气候与平原地区有差别。年平均气温14摄氏度，最高气温36摄氏度，最低气温零下10摄氏度。年降水量1500毫米左右，无霜期不足200天。其地土壤为红壤性扁石土，境内有金矿、石英砂等矿藏资源。可耕地均在海拔400米以下，山林地在400米以上，植被覆盖率较好，达百分之九十五，林木主要有松、杉、竹、板栗及枫小叶栎和毛竹等。农作物以水稻、小麦、玉米、高粱、油菜、豆类、薯类为主，丘陵坡地以茶、苎麻、小园竹为主，房前屋后，村舍四周，道路两旁一般为菜地和燕竹园。全村坐北朝南，后有来龙山，前有长流水，东高西低，东水西流，经村西水口，潺潺而入尚田河。

蜀马村的传统经济历来以农业为主，以牧副渔和林业、茶叶为辅。农业一直沿袭古老的耕作制度，一年两熟，午季小麦、油菜，秋季稻谷、苞芦（玉米）。主要农作物为水稻、小麦、苞芦（玉米）、糯稷（高粱）、油料、薯类、豆类等。农田施肥用石灰、人畜粪或沤制绿肥、草木灰等。由于海拔高，日照短，气候寒凉，亩产在三四百斤，除畈田外，边远山坞的冷水田都收不着。但由于这里田地多，广种薄收，所以人均粮食生产量和占有量还是要高出其他田地少、人口多的地方。所以旧时有"一都柴，二都米，三都姑娘四都被"的说法。二都、三都指板桥校头及蜀马等岭中地区。蜀马

图9-2 绩溪县蜀马村古民居

为三都,不仅出美丽姑娘,而且是旧时绩溪的米粮仓之一(1949年后蜀马与岭中其他地区一样,栽桑养蚕,种植吊瓜和中药材,改变了旧时的农业产业结构,增加了农业以外的收入)。蜀马的畈田(优质丰产田、旱涝保收田)有六七百亩(最好的田亩产谷也有六七百斤),占全部农田收成的一半以上,基本分布在村庄四周。也有边远坞的冷水田、低产田和半种半收田,这些田块路远、山高、面积小,土质又差,又不蓄水,稍遇上点旱涝等自然灾害,也就基本上颗粒无收了,是那种"只见种子撒下去,不见粮食收进来"的劣质田地,但不种又可惜,所以就半种半荒着耕作罢。

蜀马的土地制度,民国以前也与绩溪县其他地方差不多,也实行大卖小顶的土地制度,村中还存有旧时的文书证明。土地为私有,可以自由买卖。书院有书院田,专供书院支出;宗祠有祠田;众家有"清明田",这种田是公益性的,轮流种植,其收入专供清明节宗祭用,与祠堂田用途不同;寺庙有寺田,叫"和尚田",耕者不一定有其田。但这里田地多,真正无田无地依靠佃田耕种维生的纯佃农和雇农不多。由于蜀马旧时觉乘寺香火旺盛,据传灵应四播,所以觉乘寺的田产颇多,甚至不是本地的外乡人也到蜀马买地捐献奉佛,这在后文中要提到的《觉乘寺捐土地香火碑》和《陈氏捐产崇祀碑记》中可以窥见一斑。还有一些无嗣无子的人家,也将自家良田捐入庙中,供奉菩萨。这样一来,觉乘寺的田产就更多了。而一些无田地或劳力多、田地少的,或刚刚分家独立门面的人家,就去租庙田来耕种。

水稻,蜀马一带种植的传统水稻品种有铁杆籼、金棵银、白谷、花谷等。糯谷有毛糯(即圆糯)、长糯、草鞋糯(稻草编制草鞋,糯米酿酒极佳,但产量很低)。历史上也从旌德更换一些"三溪早"之类的品种来当地种过。

小麦,传统的老品种有白头麦、红头麦和芒尖头麦几种,这些老品种耐瘠、抗病、稳产,但秆易倒伏,亩产在100~150斤。

油菜,主要种植白菜型和芥菜型的地方土种。其特点耐寒、耐瘠、早熟、易发病、产量低,通常亩产只有六七十斤。

玉米,清代后期引种,逐渐增多,成为当地的主要旱粮作物。如遇干旱年景,水稻已临节气不能落种,即改种玉米。老品种有黄、白两种。

高粱,当地人称糯稷,有甜糯稷和米糯稷两种,甜糯稷像甘蔗一样,可以吃秆,可以产粮,但产量很低;米糯稷,秆子无甜味,不能吃,但可像玉米秆一样用于喂牛,它的产量很高,一亩要打到三四百斤。高粱除了裹粽子、焖饭吃以外,主要用于酿酒。后来甜糯稷逐渐减少,米糯稷至今还有大量种植。如今提倡回归自然,吃糯稷、苞芦的反而多了起来。

薯类,即山芋,俗称藩芋,历来皆有种植。绩溪自五代时就有人从西番引种,故也称"番芋"。马铃薯,俗称洋芋头,种植历史较短。毛芋头,有水芋和旱芋两种,水芋种于田角边或水洼地,旱芋种于潮湿的旱地,产量均比较高,旧时也充作粮食。

豆类,豆类品种繁多,有冬夏之分。越冬豆类有蚕豆、豌豆;夏播品种有黄豆、绿豆、赤豆、黑豆。作菜食的有豇豆、刀豆和兼有药用功效的白扁豆等。

花生,历来多有种植,且蜀马因地质较宜于花生生长,故种得多而且产量也不错。

蜀马的传统农业耕作工具亦系犁锄耖耙、刀斧箩筐、畚箕扁担等,千年来,均无较大改进。耕作方式也是人挑肩扛、牛背驴驮,原始落后。但由于田地、山场多,且精耕细作,所以蜀马成为旧时绩溪的"米粮仓"之一,平时虽日用紧张,但吃米还是有富余的。田大部分是旱涝保收的丰产田,所以,对于当地佃农来说,租田种反而比去开荒田种还要划算得多。所以庙里也就不愁田租不出去或谷租收不上来了。这样一来,连附近山上的尼姑庵也跟着沾光,不仅租田大卖,还能在秋收时化到许多谷缘呢。

蜀马所种农作物除稻谷与小麦外,均自种自食,不作交易。由于粮食(主要指稻谷)多,蜀马村人便在农闲或春耕之前,舂成白米,挑出去卖,也有直接挑谷出去卖的。所以蜀马这个不算很大的村子,历史上却有那么多水碓。据村中老人回忆,旧时村中还有酿酒的糟坊,遗址就在下门河边,如果挖下去,兴许还可能挖出东西来。

旧时,蜀马人每家每户都比较重视家畜家禽的饲养。主要养牛、猪、鸡、鸭和鱼类。蜀马农民对养牛十分上心,除了养耕牛以外,也养菜牛。所以今天,岭中一带包括蜀马在内,成为绩溪县菜牛(高山黄牛)养殖基地,也就不足为奇了。这里养牛,除圈养外,大部分野养,即放在山上饲养,像野牛一样,尤其是冬天,更是十天半月不去管它们,待需要时,才上山去赶回来。而在这种牛群中,有头牛护着带着,晚上在山上过夜时,圈成一圈,公牛、大牛在外层,小牛在里层,头牛则在最外面负责保卫,群体性生活,有着良好的动物组织系统。养猪则习惯圈养,建有猪栏,铺垫稻草、青草或秸秆,每头猪一年可积肥1500~2000公斤。饲料则多为野菜、粗糠和杂粮、剩饭、洗碗水之类,到中秋后就开始上食(料),即给它们吃一些精粮,如玉米粉、麦麸、山芋甚至谷粉等,使其膘肥体壮,以备过年之用。蜀马山塘也不少,大部分均养鱼,有草鱼、青鱼、鲢鱼、胖头鱼、鳊鱼和鲫鱼等,村前河中则有石斑、大头鲂、鳗鱼及鳝鱼、泥鳅等野生鱼类。由于这里土质好,养的是清水鱼,所以其味不腥且特鲜。

蜀马村民国以前的工商业,本地以粮食加工为主,前文介绍过,蜀马由于粮多,所以加工粮食的水碓特别多,区区千把人的一个山村,居然在不到2里长的小河上,建了七座水碓,这就足以证明旧时蜀马粮食加工业的发达了。至今在蜀马村西水口上还有一座较为完整的水碓,一方面说明蜀马村旧的加工粮食方式退出历史舞台的时间很迟,至少在二十世纪七十

图9-3 绩溪县蜀马村封山育林公约

至八十年代这处水碓还在哼着老调工作;另一方面也说明了以前蜀马的确是一个产粮颇多的地方。除了水碓以外,蜀马村最大的一户商家,就是"汪义兴",老板名叫汪志道,绰号"中华老板",是从梧村招亲来的。"汪义兴"是杂货行,不仅有商业百货、豆腐店、肉铺、药铺、糟坊(即酿酒坊),还赶牲口、开当铺,非常兴旺。据说每次蜀马做会,他家都出大头,民国十二年(1923年)《重修觉乘寺碑记》中记载,汪志道便是这次重修工程的发起人。土改时家中还

有3000多大洋,用牲口驮去充了公。该"汪义兴"老房子现仍基本完好,住户为土改后进去的,室内建筑格局尚保留原来样式,只是一些建筑构件被拆掉了。如果能得到及时修复,应该还算是一处较为不错的古民居。村中还有一处古民居,保存完好,室内建筑构件雕刻精美,虽然有少数遭到破损,但大多数仍是原汁原味,这在绩溪各地乡村已经是不多见了。从该民居建筑装潢来看,户主的上两代在清末民初时,应是本地的商户人家。此外,从现存的蜀马残存古民居及一些民居遗址来看,该村在清末民初甚至更早一些在太平天国以前,其农商业应该是颇为发达的。因为,一是这里距旌德县很近,只有一二十里路;二是这么多的较为豪华气派的古民居及其遗址说明,当时蜀马村有一部分人是比较富裕的。那么是怎么富裕的呢?在农耕社会中,只有两条途径,一条是种田致富,一条是经商致富。蜀马的这条峰回路转山道,旧时应该就是一条商道,如果没有繁华的商业,哪来的"马蹄迎送"之景呢?所以,笔者推测,蜀马村在清嘉庆期以前和清末民初期间一定是相当繁荣的。后文要谈到的蜀马佛教现象,也可以说明这一点。在本地的,是经营日杂百货、针头线脑、酿酒制酱、杀猪卖豆腐、开药铺、赶牲口、贩粮食、做瓷器生意等;那么,到外地做生意,恐怕首先便是做粮食买卖了。前文提到江苏宜兴陈于泰一家,其祖上也许就是从蜀马村走出去的粮商。还有浙江海宁、昌化、安徽泾县茂林等地的陈氏宗族,其上祖均系从蜀马走出去的生意人或学徒匠人之后代。据老人们回忆,民国时期,村中有一位叫陈陶庵的先人,抗战前到芜湖开电镀厂,抗战爆发后到屯溪开报馆,既是个大商人,又是个政客。

三、蜀马村的民间佛教信仰

关于蜀马村的民间佛教信仰问题,我们采访了蜀马村的陈观顺、陈仲仁、陈筱山、陈四社、陈志和、陈煜钧、陈兆水、陈明灶、陈承根等老人,其中陈观顺老人已经91岁高龄了,他们均一致认为,在他们的记忆中,蜀马人的佛教信仰并不重,除了隔三岔五的做会活动要到庙里请和尚外,本村几乎没有什么信佛的。但是,嵌在觉乘寺东向屋墙中民国十二年(1923年)的《重修觉乘寺记碑》的文字,却又明证了这里的人们在灾难深重的时代对佛法光明、启悟众生、心向和平的渴望,通过拜佛获得心理安慰。为了能够说明三都一带村民对佛教的崇信,兹将遗存于蜀马觉乘寺大殿屋墙中的五块碑刻文字抄录于后,以供后来学者进一步对此地的佛教问题作进一步研究。

图 9-4　创建于后梁时期的绩溪县蜀马村觉乘寺

碑一　胡文泰偕妻捐产碑记

绩溪系宣政乡居仁里吴村坛蜀马社奉佛喜舍,信士胡文泰偕妻陈氏泰音,男俨昌、伦昌、位昌、保昌、满昌,男媳陈氏俨容、陈氏伦容、陈氏位容,孙男应灯。上侍母亲陈氏细弟,通家眷等,发心塑造土主越国汪公大帝一尊、捧印执钑二尊、奏事土地一尊、福禄判官一尊,香桌一张,香炉一座,并砖座栏杆文舍。土名社屋前,水字七百六十四号,四六分三厘;九百号,田乙亩四分一厘六。土名境坑,金字三十四号,四八分四厘二毫。土名横山路,出字二百一号,田地共八分六毫。土名婆园。

以上田地共三亩六分九厘四毫,喜舍入于觉乘寺,永远供奉。祈保夫妻偕老,子嗣团圆;家道兴隆,人财两旺,福有攸归者。

皇明万历二十七年己亥岁八月初一立。

住持:性皛、性曜谨题。

塑师:王齐岩、程仲福、李奇柏。

此碑高35厘米,宽60厘米。原碑现嵌于安徽省绩溪县校头乡蜀马村小学大堂东向房墙中,距地面约1.2米。碑石赭黄色,有残缺。碑文行楷阴刻,字体并不规范。碑文共22行269字。宋时宣政乡辖扬溪、斜溪、归仁三里,吴村即今吴川、梧外一带,胡文泰是归仁里吴村人。碑上"居仁里"就是"归仁里"之误。所谓"宣政乡居仁里吴村坛蜀马社"相当于现代的"板桥头乡归仁行政村吴村村民组蜀马自然村",这个地方的"坛",意思是佛教活动区域,蜀马社属于吴村坛管辖。这块碑文的意思很好理解,胡文泰一家十二口为祈求菩萨保佑夫妻偕老、子孙团圆、家道兴隆、人财两旺而给觉乘寺捐田地、塑金身。从这个碑文中我们可得知三方面的信息,一是胡文泰一家确实是家道兴隆、人财两旺,仅捐良田就有3亩多,还给庙里塑了5尊金身菩萨,捐了其他财产,如果不是一个家道殷实的人家,岂能捐得出这么多财产?二是这一家虔诚信佛,是信士;三是当时觉乘寺香火旺盛,人们觉得灵应远播,且住持僧办事严谨,连塑师都刻上了名讳。

碑二 陈氏捐产崇祀碑记

天启七年春,表弟陈尚爵谒余而言曰:"念吾二伯,讳豪万,字伯清。生子尚愈,不幸夭寿,未有嗣息。伯思年老无后,将南坑浪舍珠、巨、露字等号腴田五亩壹厘零,批契入觉乘寺。三伯,讳俊万,字伯治。伯母汪氏,生子尚恭,亦因早逝无后,将土名二都南坑露字等号腴田二亩二分零,契批入寺。"二各俱为香灯之产。其僧性皛、性曜感其高谊,思恩图报,刻其形像,供奉香灯,四时享祭。每岁清明,丰洁祭仪,临墓标挂,至今无异。诚恐世远人亡,住持僧徒贤愚不一，不无饮水忘源、罄产湮祀、虚负批田之盛心。是以表弟坚意立碑，俾日后僧徒触目兴怀，供奉无斁，垂厥有永。浼余作文以记之。余曰："然。施田入寺，善果也。勒碑刻铭，远图也。况豪翁之在世，吾尝亲炙其休矣。其为人也，敦庞浑朴，德行无亏，家世丰裕，性甘淡薄，不尚侈靡。邑侯汪公乡宾之请，诚圣世之耆逸，乡邦推重，声闻四驰。且子出类拔萃，拟其孙枝繁衍，奕叶传芳。岂虞皇天不眷，竟罹伯道之惨，良可悲悼。至若汪孺人，吾素最仰其贞淑之风矣。早失所天，守节抚孤，供养祖母，送其终年。恪敦闺范，节孝两全，媲美其姜齐名。令女及子沦亡，营其石室，安葬夫子。天年令终，完璧归墓。魂游地下，乾坤共老。名在人间，草木馨香。是宜咸当镌铭碑石，揄扬后裔，千古遐思，享祀万年，以昭不朽。遂为记。"

万历二十七年，豪万公批田亩步各字型大小，并土名开列于后：

露字乙千乙佰十七号，田乙亩四分零，土名塘冲硔；

五佰四十七号，四六分乙厘七毫，土名枫木下；

九佰五十一号，田四分三厘九毫，土名庄前；

珠字乙千二佰六十二号，田乙亩八分二厘七毫，土名茶头山。

万历二十五年，俊万公、汪孺人批田亩步各字型大小，并土名开列于后：

露字九佰二十九号，田四分七厘一毫，土名砂丘；

五佰四十三号，田乙分三厘五毫，土名横里处；

五佰四十六号，田四分二厘六毫，土名枫木下；

五佰四十九号，田二分乙厘二毫，土名枫木下；

五佰十三号，田三厘二毫，土名庄前。

巨字六佰三十号，田乙分七厘七毫，土名社屋岭。

露字五佰四十五号，田七分五厘，土名枫木下；

九佰三十四号，田四分二厘七毫，土名砂丘；

九佰四十八号，田四分二厘八毫，土名庄前。

皇明崇祯四年岁在辛未桂月吉旦，孝侄尚爵顿首百拜立。

住持僧性皑、性曜等仝立。

眷侍教生程登用顿首拜撰，刻字姚国宾。

此碑高167厘米，宽70厘米。原碑现嵌于安徽省绩溪县校头乡蜀马村小学大堂西向房墙中，上部为半月形，厚度不清。褐色大理石，刻工较为规整，文字基本完好。这是蜀马村人陈尚爵为其二伯、三伯捐田给觉乘寺所立的功德碑。其内容是讲陈尚爵的二伯陈豪万、三伯陈俊万因为子嗣早夭无后，将两家良田共计7亩多捐给寺庙，陈尚爵与寺僧性皑、性曜等，共为立碑，记其盛事。就连"邑侯汪公"即绩溪知县汪若水，也称豪俊二公为"乡邦推重，声闻四驰"的"圣世耆逸"。7亩多田，4700多平方米，计13块之多，全部捐给了庙，这是一笔不小的资产。这在边远乡村，是一件了不起的大善事。所以僧性皑、性曜才给他们刻像供奉，并与陈尚爵共同为之立碑。另外，从汪若水知县的评价来看，陈氏二公在当地应该是素享名望的"耆逸"，即使不是非常富有之家，也是较为殷实"丰裕"的人家。出于对佛家的信仰，便在生前将田产捐给寺庙，这在旧时，是农村人家对财产的最好处置。既无财产纠葛，又能"揄扬后世"，千古不朽。

碑三　陆排碑记

重兴觉乘碑记

古刹之以名胜者，莫出于觉乘。狮峰岩镜参其前，石□小鳌倚其后。殳关其键者，□更有汪公锅剑之遗□焉。溯其本末，始于梁，历汉、唐、宋，迄明之万申多艰，僧□、圣宇几颓。六排过而群侧请广化之。僧性皑、性曜以住持，一乃心力甘焦薄而日兴无遑。越万历十六年凶荒，课食两困，赖六排相周。明年，时和嘉登，日足益□□，觉乘遂兴。由是观之，则觉乘之以名胜甲者，虽曰天造，而人力益可风。不有六排，二僧无以成其高；不有二僧，六排无以名其美。故从而歌曰：觉乘兴兮恢前光，古迹遗兮启后祥。胜概天留兮眷四方，二僧之德兮，业建名扬。六排之功，□海悠茫，遥望嗣□配无疆。敬书之,以垂世云。

　　康熙三年孟冬月　吉旦　六排置买阙字型大小田八分,土名大头丘。递年收租散酒。

　　排年:陈茶应、尚廉、玄住、文昂、尚义、重成、文千、陈言、永义、福义、陈闰寿、□明积、叔亨、全寿、正大、正德,住持僧性皑、性曜立。

此碑高152厘米,宽70厘米。原碑现嵌于安徽省绩溪县校头乡蜀马村小学大堂东向房墙中。上半部分为半月形,厚度不清。在觉乘寺5块石碑中,唯此碑剥蚀破损最厉害,除了碑身斜裂外,文字已大多蚀平不见,只见少数几十个字了。恐怕再过几年,这几十个字也将被风化而彻底磨平。该碑文字刻工水平很高,从现有的"后祥胜概"几字看,字形优美、线条流畅,如果不是风雨剥蚀而残缺不全,这还是一块很好的书法碑刻呢。

这块《陆排碑记》与《陈公捐产崇祀碑记》前后相差33年,与明万历二十七年(1599年)的《胡文泰捐产碑》则已去61年时间了。这个时候,僧性皑、性曜已经七八十岁了。"六排",排,即排行,六排,谓行六,同一辈分的人。排年,同一辈分而又同年生人。此碑记载六排的十二位同仁群请性皑、性曜二僧仍为住持,他们将鼎力相助。而二僧此时年事已高,不遑寺事,但在六排众人的支持下,觉乘寺还是得以"恢前光""启后祥"而"遂兴"。故六排众人之功与性皑、性曜二僧之德终能垂于后世。六排众同仁不仅助觉乘寺重辉前光,而且又置田"八分",给庙里专用于每年"散酒",可谓用心缜密矣。

碑四　重建碑记

　　觉乘古刹,创于后梁,历今凡九世。国朝康熙三年,先人葺而新之。大殿在前,僧房数落,环抱殿后。至道光壬午,佛屋凋颓,爰议重建。敛得捐金二千余缗,遂拓其制,大殿立于中央,僧舍徙于左右,东之北构凌空阁,东之南驾文昌楼,取东南文明之气,以钟毓人才。去东南十数武,又建面西之东狱庙、伽蓝祠。惟西南太子堂,仍其旧,而添修焉。总计工程阅十六寒暑。顾斯寺也,背吴山,临狮峰。四面林峦旋绕周匝,两派清流锁于山口。春、夏之朝,雪月之夕，岚光变幻，不可为状。其后多竹木，更有奇松如盖，怪石累累，隐伏其下。即谓据一方之胜，其亦可矣！夫自后梁以来，其间人事之变迁，村落之湮没，何可胜纪？而独兹古刹千余有年，犹能后先相继而存之，且加宏壮焉。岂释氏之教果高于儒耶？抑斯地之灵使然耶？己亥告竣，于是乎书之。

今将陈姓捐输名目列左：

开泰捐钱贰百两，昌言捐样（洋）乙百四十员（元），加熙捐钱乙百四十两，加煊捐钱乙百两，贞积乙百零贰两，贞格公捐钱七十两，永祥公捐钱五十两。

加拈公、永多，以上各捐钱三十两。

元灿、永柏、捷公，以上各捐钱二十两。

贞圣捐钱十六两。

贞杰捐洋钿十员（元）。

贞松、加椿公、加喜、加玉，以上各捐钱十五两。

贞楫、加旺，以上各捐钱十六两。

贞锦、贞洁、永□、永隆、永旺、贞汤、加厚、永武、永院公，以上各捐钱十两。

贞恒、贞友，以上各捐钱八两；贞皓、永鹤、永亨、永则、永定、贞众、贞炳、之多、永善、贞炎，以上各捐钱七两；永珍、永桂、元本公、贞良、元大、会起、贞敬、永淳、克济公、贞守、永府、永楷、加顺公、元深，以上各捐钱六两。

永林、永杨、加週、士兴公、贞恒、贞校、永元、永宝、元灶、元顺、永桃公、贞济、贞椿、贞金、元德、贞钜、加林、之喜、加大、永连、贞华、卓公、永谓、贞杰、加谦、永盛、永鉴、永陆、道三、贞福、永润、贞尧、永福、永宁、加涝、永丰、永祥、加文、贞恺、永枢、加寿、贞祐、永钟、永贵、永寿、之玉、贞贵、永陆、永培、贞柏，以上各捐钱五两。

元长、元柏、贞禄、元服、贞寿、贞榴、加造、贞炘、永铭、永钧、永寿、贞型、贞芳、贞培,以上各捐钱四两。

　　加桂、永万、贞凤、元应、元材、贞铎、贞玉、贞辉、贞训、永和、承裕、永杏、贞连、贞明、永治、永然、贞喜、加极公、加灶、加添、贞灶、贞茂、永厚、永逮、永钟、永勤、永银、永铎、永名、元钦、周氏铭端、加招、永钰、永二、永银、永煌、永灶、贞梅、永恕、加福、贞玉、永宪、贞谈、灶高,以上各捐钱三两。

　　天富,捐钱五两。

　　法喜、永钦、贞长、贞炳、国顺、贞尹、贞藻、贞华、贞颖、贞焰、贞科、贞寿、观□、生财、元锦、元煜、洪长、元定、三庆、元坤、天泽、福妹、瑞星、瑞荣、汉文、玉源、永□、永喜、贞炎、贞惠、元凯、元福、元进,以上共捐洋钱五十三员(元)。

　　贞谕、燕五公、元启、加燮、贞魁公、贞庆、永德、元祝、贞槐、天春、元宝、万春、细法、永春、贞守、永煦、永宁、永水、加享、永联、贞紫、加钦、元启、永鉴、贞相、有元、之宾、永灶、永祐、加全、永钱、永海、贞兴、永治、元有、元林、永隆公、贞梅、贞度、永炀、永元、元淮、贞喜、贞钱、加敬、永文、元楷、贞社、永鉴、永二、贞长、元长、贞祥、贞士、贞寿、元寿、元有、永柽,以上各捐钱二两。

　　永桃、永铭、贞淡、杨寄、贞治、贞绍、贞币、永德、永顺、长寿、贞贵、元和、永交、元贵、元江、贞高、贞垂、兴妹、贞典、元榜、贞玺、贞会、贞仁、加祥、加炳、贞鉴、加福、贞和、贞林、贞煌、贞筠、张氏圣金、贞吉、贞水、之赏、贞富、贞凤、贞大、永银、永仙、贞长、加销、富寿、贞德、元灶、永顺、永欢、永治、永俭、贞荷、永明、加亮、贞惠、永炳、永钐、元根、贞吉、永亮、加添、永诚、永礼、永贡、永灶、永旺、贞喜、加斐、永余、联宝、贞顺、贞沛、加时、永兴、加积、加月、永九、永松、贞主、永灶、永敬、永多、永元、元高、贞提、元金、葛氏焕肃、贞元、加海、贞建、永景,以上各捐钱壹两。

　　永章捐钱乙两。

永忠。

泽寿祖公捐大松木十二株，贤德公捐大松木五株，贵孙公捐大松木五株，海应公捐大枫木三株，永悦公捐大松木乙株，福生公捐树三株，金寿公捐大松木乙株，文成公捐大松木壹株。

各姓捐输名目列左：

葛缘公、钱仲惠公、加钧，以上各捐钱十二两。

钱加业、何学辉、葛惇煊公，以上各捐钱五两。

吴世铎捐钱四两。

钟国祥公捐钱三两。

张邦喜捐钱二两。

吴世隆、吴伯□、吴世福、吴世元、吴伯圻、吴世週、葛士添、葛士煌、葛士高、葛士法、葛启福、吴世梁、吴世粧、吴宗林，以上各捐钱乙两。

何太进、钱昌福公捐□□乙株。

胡文泰公捐石□两对。

□姓董事人名目列后：

加煊、荣、永冕、永武、永府、永魁、永隆、真钜、真华、开泰、永林、加涉、永培、贞极、云同、元润、细三、加□、贞□、永谓、加时、贞松、贞恺、永杨、永拈、元铫、贞锦、永德、加玉、贞校、永宾、贞□、道三、元大、永旺、贞□、贞□、永多、之多、贞熙、永润、贞香、元灶、贞杰、瑞有、贞柏、贞墉、永福、贞守、贞椿。

大清道光十四年于逢执徐季夏月　　谷旦立。

弟子陈廷熙顿首拜撰并书。

持住僧了灿、□□和尚。

此碑高 135 厘米，宽 84 厘米。现嵌于安徽省绩溪县校头乡蜀马村小学大堂东向房墙中。青灰色大理石，上部为"⌐"形，碑文完整，刻工良好，虽经岁月风雨，仍然能够较为清楚地看清碑文，由村人陈廷熙撰书，住持僧了灿等树立。此碑文是一篇非常美好的写景散文,文辞优美,而且较为详细地叙述了当时的盛况。一是觉乘寺到清道光十四年(1834年)已历九世,也就是说,从后梁元年(907年)算起,已经过去900多年了(碑文记千余有年);二是追述清康熙三年(1664年)村人修庙情况;三是从清康熙三年(1664年)到道光十四年(1834年),其间历170年历史风雨,故寺庙又"佛屋凋颓"而不得不修了。这一次是大规模扩修了,前后经过"十六寒暑"才修好,使觉乘寺成为"一方之胜",真是了不起。据史乘载,县境内到这个时候,各处寺庙均倒圮不成样子,而只有觉乘寺,"犹能后先相继而存之,且加宏壮",怎么能不让人发出"岂释氏之教果高于儒耶?抑斯地之灵使然耶"之慨叹呢?从碑文记载的捐献人员名单看,有379人之多,加上董事人员及碑文书写和僧人在内,竟有400多人!所捐银钱银1800两,洋钱203元,各种树木33株,还有胡文泰捐的石(狮)两对。这些数字说明了什么呢?一是蜀马村人当时对觉乘寺重修扩建的重视,对于佛教的崇信。二是当时蜀马村人财力可观,1800两银子,这不是一个小数目,如果当时实力不够,恐怕早已半途而废。其中一些大户,居然捐了200两,还捐树木,这说明,这几个大户人家,绝非种田人家。三是捐款人数三四百人,不仅说明蜀马当时人丁兴旺,而且对于扩修觉乘寺是众志成城,全村参与。按照捐款人数测算,蜀马当时应有1500人左右的规模。而且有钱捐献,说明各家生活都还过得去。四是扩修工程经过16年方告竣,诚如碑文所载,重修后的觉乘寺确实是"一方之胜",其人力、财力之支持,其对佛教圣地的崇信毅力,诚为"释氏之教高于儒教",诚为"斯地之灵"矣。五是碑记中有女性施主,说明此地无论男女均信佛不移。六是扩建班子庞大,有50人之多,说明工程量之浩大繁杂。七是除陈姓以外,各姓人均参与扩建及捐款,达到和谐共建的局面。八是碑记中有"东之南驾文昌楼,取东南文明之气"的说法,说明蜀马村不仅重视佛教,同样,也希望以佛的禅力,来不断地培育人才,这是儒释同应的证明。至于释氏与儒氏孰高孰低,抑或是天地钟灵的问题,人们只要看一看这座千年辉煌的梵宇就心知肚明了,还用得着人们来议论吗?

碑五　重修觉乘寺碑记

觉乘寺建于后梁,规模颇大,中为佛殿,太子堂位其西,东狱、伽蓝二祠傍其东南。环境皆山,景殊幽迥。历宋、元、明、清,以迄于兹,时代迭更,沧桑屡易。其间佳官观、名寺宇,有保存之力,卒不获见于今日者。匪特一国之大,难以偻指,即一邑之小,亦所在有也。梁安十景之苍龙山,原以慈云院著,今则遗址莫辨矣。华阳门外之太平寺,夙崇一邑佛宇,今则不堪寓目矣。独斯寺也,经有清圣祖辛丑、宣宗壬午先后修葺,越千余年而犹存。岂山灵之呵护欤,抑心之善保存耶！民国癸亥,汪君志道,陈君元满、显华、立庭、显钧、潴锦等,以寺风雨侵蚀,梁栋佛像俱形颓坏,惧其湮没埋灭,慨然倡义重修。佛心共抱,协力经营。自夏到冬,阅时七月,鸠工庀材,需费千金。岁十月既望,工竣。简请于,咸曰"愿有记"。咸思我国晚近佛教潮流,日即澎湃。尽以人心险恶,杀伐频仍,冀欲借以匡救万一,非迷信其教也。诸君适于此际兴修古寺,新其佛像,其亦有心提倡,启焐乐生之善□□。至寺名觉乘,姑乘论觉其小与大、实与实,循名责实,佛法光明,庶有望焉。

捐输芳名列左：

汪志道捐大洋四十元；陈承荣公捐大洋三十元；陈显钧、胡广柱各捐大洋廿元；陈时能公捐大洋十五元；陈永荣、陈钰德、葛柏寿各捐大洋十元；陈元茂捐大洋八元；陈元祥、陈瑞根、葛金□各捐大洋六元；陈元满、陈显槐、陈潴重、陈显平、陈显洪、陈元发、陈潴财、何增木、何德泰以上各捐大洋五元；陈承诺、陈显金、陈社桂、陈金海、陈瑞芳、陈显凯、陈显达、吴永全、吴永寿、陈瑞松、葛德金、程汪继以上各捐大洋四元；陈元琳、陈承业、陈鉴云、陈瑞敬、陈瑞安、陈森安、陈承玉、葛观和、张枝锦、何德炳、汪根富、吴永顺、吴文高、吴永仁以上各捐大洋三元；陈瑞钧、陈秋煜、陈瑞生、陈显奎、陈增寿、陈菊林、陈瑞柏、陈显东、陈瑞枫、陈高富、陈元绍、陈贞烜、陈桂杏、陈瑞鉴、陈元铨、陈观祥、陈元彩、陈元生、陈显福、陈金仓、陈显德、陈显铭、周桂娥、汪金梅、汪桂生、程玉应、葛法和、张枝泰、张枝和、何增启、何德淳、周桂香、吴社全以上各捐大洋二元；陈显鸿、陈濬泉、陈永武、陈濬洪、陈承亮、陈三海、陈瑞鉴、陈金贵、陈显运、陈哲生、陈承铨、陈承贵、陈水海、陈瑞钲、陈瑞兆、陈元本、陈文德、陈观土、陈瑞炎、陈显海、陈瑞桂、陈鸿云、陈观法、陈显荣、陈显通、陈显□、陈瑞道、陈显名、陈显堂、陈瑞良、陈显旺、陈天海、陈显恒、陈瑞昌、陈显福、汪金山、何德镕、何增椿、何增福、何增保、何增进、何增达、何增仁、葛社祥、陈长根、程非福、程振元、程朝旺以上各捐大洋一元。

  陈有相公捐正梁松树一株

  以上总共收捐洋四百三十元正。经募人：汪志道、陈元满、陈显槐、陈立庭、陈显钧、陈濬锦。

  中华民国十二年岁次癸亥十一月二十日吉立

  同里倪威敬撰周公援拜书

原碑现嵌于安徽省绩溪县校头乡蜀马村小学大堂东向房墙中。方形，碑高 162 厘米，宽 70 厘米，厚度不清。碑石亦为褐色大理石，字体为隶书，碑身四周饰以云纹，较为精致。由于年代不远，碑文比较清晰，连落款计 24 行，碑刻于民国十二年（1923 年），与道光碑相去头尾九十年。从明万历二十七年（1599 年）到民国十二年（1923 年），其间 300 余年，共立碑 5 次，后 3 次均为重修（建）所立。那么从清康熙三年（1664 年）到民国十二年（1923 年）的 359 年，两个朝代修了 3 次，平均 120 年修一次。此前的千余年中修了几次不得而知。但从觉乘寺一直到民国时期都很辉煌完整这一点来看，也一定是修缮过不少次，倒是从民国十二年（1923 年）以后的这 80 多年里，尤其是后五六十年时间，觉乘寺非但再无人修，而且已经濒于颓败灭迹了。怪不得蜀马村七八十岁的人都说不出该村人是否信佛，或与觉乘寺相关的佛事来。因为最后一次修庙立碑时生下的当地人，现在也已经是八十四五岁了，这八十多年是中国历史急剧变化的时期，前一半为战乱灾祸时期，后一半为扫除迷信时期。觉乘寺至今还能看到一点遗迹,已经是很不容易的事情了。这一次参与捐修佛寺的共有156人之多,洋钱430元,经理6人,前后历7个月始告完工,实为不易。1923年前后,正是北伐战争时期,中国大地军阀混战,列强割据,外扰内患,哪有一方净土。故碑文中说"咸思我国晚近佛教潮流,日即澎湃,盖以人心险恶,杀伐频仍,冀欲借以匡救万一,非迷信其教也"。其苦心孤诣,光明佛法,于此可见一斑。而且参加兴修古寺人员有150多人,虽然较道光时人少些,但也是举村参加了。这也说明,蜀马村在民国时比清道光时人口要少多了。另外从捐钱数量来看,该村的经济实力已大不如前了。上一次是重建,这一次是重修,一字之差,却反映出蜀马村的历史变迁来。

图9-5　嵌在绩溪县蜀马村觉乘寺墙壁中的碑刻

蜀马村的陈观顺,现年91岁,陈仲仁,现年71岁,二位老先生向我们介绍了该村民国期间的会事情况。据他们说,那个时候,即他们年少时,觉乘寺规模很大,面积有10多亩,庙宇很辉煌,庙中菩萨很多,和尚人数也不少,有几十人,到1949年前夕,还有好几个和尚。由于捐产的人多,所以庙里富裕得很,光良田就有几十亩,都是旱涝保收的好田,再加上化缘和做法事的收入,觉乘寺和尚日子好过得很。蜀马三年两头做庙会,都要到庙里请菩萨、请和尚,大年的菩萨要请较长时间,小年则当天抬回庙里。当时有句口头禅形容蜀马会是"岩寺头,蜀马尾,越到后越有味",意思是做会是从岩寺先做起,最后是蜀马收尾,但蜀马的会做得最好,最热闹。蜀马的会一般在阴历三月或九月,均在农闲期间进行,而且附近各处都没有会,所以五村八处连旌德人都赶来看,人山人海。搭台唱戏,敲锣打鼓,挑担卖货,走亲访友,拜佛烧香,什么都有。从十三做到十九,那热闹劲,连过年都比不上。如果是丰年的大年会,那就更不得了。田有田租,寺有寺产,家家都有点余粮余钱来支持做会。由牵头人也就是斋官按人口收齐,然后统一开支。会的内容与本县荆州的太子会类似,也要到荆州去学习,并请纸扎匠来村扎纸扎、扎龙舟,到处发请帖请人,还要上青阳九华山去请大和尚来,本地和尚全力以赴。按照大年会规矩,一般七月半就要请老爷,放到觉乘寺大殿里,开始进贡上香,各家就要做准备工作,收钱、请人,确定龙舟24个水手,褙纸扎做龙舟,龙舟用木头,头尾用竹篾扎大王、小王。为了壮声色,把上村干、横田、浪舍等附近几个村的陈姓人氏都邀请来参加。斋官和信士则七月半后就要开始吃素了。龙舟巨大,舟上有36个窗口,每个窗口都有一个菩萨,跳菩萨时从船上移下。陈观顺曾经参加过跳菩萨,也即水手头。那时他跳的是二脸菩萨。什么叫二脸菩萨呢?就是阴阳面嘴的菩萨,半边红、半边青或者半边白。实际上就是大、小王。二脸菩萨最大,乡下把它们叫作"二脸太子"。陈观顺因年轻个子大,长得好,故叫他跳二脸太子。当时蜀马也分东南西北中五隅,五隅五个菩萨也可以跳,东隅秦叔宝、南隅盖苏文、西隅薛仁贵、北隅尉迟恭、中隅李世民,加上二脸太子和其他有名有姓的菩萨,如南霁云、雷万春、五虎上将等,有几十个。一般九月十五出会不跳,十六跳,十七跳。十八晚上不准睡觉,要通宵。直到天蒙蒙亮时,众人把龙舟和菩萨悄悄抬到蜘蛛墩水口外烧掉,才算结束。而九月十四则是跳大、小王,跳一遍下来要半天时间,体质不好的是吃不消的。所以,村里选水手、选跳菩萨的时候,也是选那些身强力壮的青壮年人。实际上,这也相当于开一场体育运动会。1952年,村里还做过一次船会,当时陈观顺的哥哥陈观照当农会主任,陈仲仁父亲陈亚庭当村长,那年正好陈观照当会首。传闻区里要把他抓走,结果他跑掉了,没抓去,船会照样开了。不过,规模声势都比不上从前了。现年86岁的陈四社和82岁的陈兆水等老先生介绍说,觉乘寺当时菩萨总共有几百个,有十殿阎王、无常判官、地藏菩萨、太尉老爷、汪公老爷,等等。庙大菩萨多,一般的人白天都不敢进去。但是村里有人害病打摆子,就要叫他躲到地藏菩萨肚子里去(地藏菩萨有1丈多高),讲这样打摆子鬼就不敢去害他,病也就要好了。他们还说,在他们20岁左右时,庙里有个叫福兴师的和尚京戏唱得特别好,还教过他们戏文,其中陈四社、陈兆水、陈月其、陈志桃、陈根水都跟着福兴师学过戏。如陈四社学过《孔明收姜维》《程晋士》《打金枝》等戏文,扮演花脸。民国后期开学堂,福兴师等几个和尚就搬到尚田前山寺去了。

蜀马村与绩溪县其他聚族而居的村子一样,风俗礼仪差不多。只正月半挂灯时,要到觉乘寺请老爷,而且下半村三房老屋还轮流请。灯不是挂在自家门前,而是挂到祠堂老屋里去。有八角灯,有长圆灯,不一而足。一直挂到二月二裹粽子吃糊汤时才拿下来。除了八角灯外,其他灯都比较简单,上面并不画画。这种风俗大约在民国中期以后就逐渐式微了。

旧时代的蜀马村,也同县内其他村一样,沿袭着一些迷信的风俗,如"叫魂""端夜饭""做十保驱病魔"等。今皆不存。但作为一种历史上的文化现象,亦不访采录之。

叫魂:小孩或大人突遭惊吓,谓之"吓塌魂",胡言乱语,神志不清,甚至于高烧不退。其家人便在晚上夜深人静或黎明时分,由家人(女眷)或雇请两名女性,手提事先准备好的茶叶米袋到"失魂"之人受惊处,或者村外三岔路口,焚香烧纸,撒茶叶米后,再由一人在前边一面撒茶叶米,一面口中念念有词:"××哎,来家吃饭饭了"或"××哎,来家做太公(做太婆)啊!"后面一个跟着接应:"哦,来了。"一直叫到"失魂"者家门口,再大喊三声后,叫进"失魂"者房内,站在床前叫三声,用手摸摸"失魂"者的前额说:"不吓了,不吓了,来家吃

第九章 蜀马村的传统经济、宗族与民间佛教信仰

图 9-6 绩溪县蜀马村觉乘寺碑墙

饭饭了或来家做太公(太婆)了。"再把茶叶米袋放在病人枕头边。如遇孩子小,讲不出受惊地点,则就在自家门口呼叫后进房,操作如前。

端夜饭:旧时迷信,同时也因缺医少药,故有的人家有人生病,时间较长,不能痊愈时,便请巫婆、神汉,查问原因。经查,说是有个饿鬼要来讨吃,要猪肉若干(或 2 斤或 3 斤不等)、米饭若干(或 2 斤或 3 斤不等)、酒若干(或半斤或 1 斤不等)。病家如数准备齐全,并一应香纸等,请这巫婆、神汉或两位老成稳重的男子汉,待夜深人静时,开始"端夜饭"。其程式是先在病人床前把香点着,在其头上绕 3 圈,并讲:"××客人,不要再烦了,要吃要用跟我去端。"然后拿着香纸、供品,点燃火把,把屋内所有灯火一关,出房门,出大门,出一道门关一道门,要拴住。走到偏僻的三岔路口,先把香纸点着,再把供品倒到路边,然后悄悄从另外一条路返回原地。也有胆大者,并不把供品全倒

掉,只倒一部分,然后两人吃了半夜餐后返回。

做十保驱病魔:旧时村中有人如生大病或恶疾,久治不愈,危及生命,便要请先生算命看相,破解病魔。如算命先生讲是被恶鬼所捉,病家于是请十名青壮男子汉,写具保帖,内容为:"××客人,请勿再行缠绕××,尔所需之物,今谨由吾等十人联名具保献纳勿误。具保人签名。"帖子写好后,各人签名,很神圣。待到夜深人静之际,众人拿着准备好的香纸、供品,到村头关帝庙内,跪求保释,由一人虔诚地诵念保帖内容后,再开始做法。如果是男的病了,就由其母亲或老婆手拿菜刀,口中咬着头发,跪摸庙里正厅竖柱,每根柱上都切一刀,表示切断绳索,祈求保释(女病则由其父或夫行事)。然后焚烧香纸,敬献供品,一人在前提着灯笼,其余结队而返。走在前面的第一个人,拿着茶叶米袋,一面走一面撒一面叫:"××哎,来家做太公(太婆)啊!"后头一个跟着答应:"哦,来了!"一直叫到病人房中,对病人进行言语安慰,抚摸其额后离开。病人如果后来好了,就要办酒水表示感谢。

第十章 绩溪民俗撷英

一、绩溪乡村的水口

绩溪古村落,依山傍水,村庄进出口处,往往山环水抱,古树参天,浓荫蔽日。流水潺潺的小溪上,石桥横卧,亭榭庙宇,点缀其间。青石板铺成的道路,蜿蜒曲折,沟通村庄与外界的联系,这就是未入村来先见景的乡村水口。

水口,顾名思义,是指流水在村庄里的入口与出口,入口一般多从山上或地势较高处流来,故成开敞之状,只需稍加疏理或节制即可自然通畅;而水流出口处常与村之入口方向一致,故显得重要。按照风水理论解释,村庄里水流入口处称"天门",出口处称"地户"。天门开,地户闭则村庄的风水好,人丁兴旺,财源茂盛。水口位置依山势、山脉的走向而定,一般多选在山脉转折或两山夹峙、清流左环右绕之处。绩溪的乡村,大多四面皆山,形成较封闭的完整空间,水口也就自然成为村落的咽喉,被人们认为村落人丁、财富兴衰、聚散的关键。同时,水口还具备防卫、界定、象征、实用、导向等功能。于是水口位置的选择、水口的建设,在村落的选址中,有着至关重要的作用。由于人们的重视,水口在发展中形成了村落的独特花园式景观,水口文化也显示出深刻的内涵。

水口的位置一般距离村庄里许,也有远至二三十里、六七十里的。据《入地眼图说》记载:"自一里至六七十里或二三十里,而山和水有情,朝供在内,必结大地;若收十余里者,亦为大地;收五六里、七八里者,为中地;若收一二里,不过一山一水人财地耳。"在绩溪,一般村落的水口大多在村头或离村一二里处。绩溪县城的水口则在离县城10余里的曹渡桥,此处山环水抱,扬之河水在这里回环西流,低山横亘,故建桥以锁水口,造塔抬高山势,平衡自然景观,满足人们视觉的平和感。荆州河谷盆地的水口在铁釜潭,距最大村庄也就是荆州乡政府所在地的上胡家村约10里,铁釜潭两岸峭壁对立,河流拐弯处有一石山,巨石高达39米,上尖,中半圆,下长,宛如一柄关王刀。从这些水口的位置,我们可以看出水口位置离村庄或城镇的远近,反映水口锁地的大小。按风水术语来说,就是"地气"大小。据此可以决定村落、城镇的发展规模,用今天的话来表述,也就是"环境容量"的大小。

山是筋骨,水是灵魂,树是衣衫,山、水、树是构成水口的三大要素。

绩溪多山,村落大多依山傍水,四面环山,前有朝阳山,后有倚龙山。人们认为,山脉即龙脉,其山脉走势要蜿蜒起伏如行龙,龙脉好,村庄就会兴旺发达,故认为"来龙为一村之命脉"。村落水口按山脉的走势、厚薄、顺逆、形状而定,古有"山肥人肥,山厚人厚,山瘦人饥,山清人秀,山浊人迷,山顺人孝,山逆人亏"的说法。清代朴学大师戴震曾写道:"吾郡少平原旷野,依山而居,商贾东西行营于外,以就口食。然生民得山之气,质重矜气节,虽为贾者、咸近士风。"可见地理环境对人的影响。村落水口山大多选择有象形意义的山峰,与村中的来龙山、朝阳山相连、相呼应,形成五行中的金、木、火、土形,或成龙、凤、龟、蛇、狮、象、马状,寓意村庄富贵吉祥,神灵护卫。

家朋乡尚村,依山傍水,呈一船形,左有"青龙山",右有白虎墩,前山朱雀溪水回流,象征聚财发家。瀛洲村,村南永口有座凤形山,古树数棵,修竹茂林,称"凤山公园"。梧村是汪姓发祥地之一,村西南有座石山,呈"金"字形,名唐金岩,登源河水至此回流,称十里回头水。山麓又有汪氏显祖司马公汪叔举之墓地,汪姓后裔居住登源河两岸,子孙绵延,兴旺发达。家朋乡坎头村,溪水穿村北流,村内地形复杂,地平高差竟有四五十米,云岭山脉绵延至村,形成村内文笔墩、狮子墩、塔顶墩、八卦亭墩、东山营墩,五墩散列,号称"五墩六桥八景"。民居大多是明清建筑,是省级首批历史文化保护区之一。扬溪镇大石门村南有狮,像两座石山夹峙,形同石门,于是建亭庙于旁,"大石门村"因此得名。

水是玉带。《阴阳二宅全书》认为:"山水之气以水而运。"水又是财源和吉利的象征,也是村民生活之必需品,饮用、洗涤、灌溉,缺其不可。绩溪大河不多,常见小河溪水蜿蜒曲折,环绕抱村。为了扩大流域,提高水的利用率,于是人们常常在河中筑坝,拦截取水,村中开渠引水,凿塘蓄水,筑堤坝导流,护村护田。村庄水口的水流出口处往往相对隐蔽狭窄,水势平缓,并建桥关锁。

上庄镇的水口叫杨林,杨林桥在村口锁住了常溪河水。常溪河水是大源河的上游,在上庄村的东南面绕村而过,村南杨林水口古树参天,树影婆娑,倒映在河水中。河中有一引水拦河坝,引水灌溉农田。坝下河谷巨石如斗,水流漫坝而下,在乱石中穿过,平时潺潺有声,汛期水吼雷鸣,涛起浪涌,至桥下缓缓出村,是上庄八景之首。胡适先生曾引用宋人杨万里的诗来赞美家乡这一景观:"万山不许一溪奔,拦得溪声日夜喧。到得前头山脚尽,堂堂溪水出前村。"上庄镇旺川村,昆溪河水自西向东南穿村而过,沿河建有德寿桥、凤栖桥、德贷桥、中渡桥、瑟希桥五座桥梁,以锁财气。由于造桥者的匠心,这五座石桥不仅方便了村民的交通,而且达到了一桥一景的效果。瀛洲乡南川自然村,村东有一条自南向北而流的小溪,源于村南天榜山,水流不足 2 里,上游拦坝开塘,下游建三道单孔石拱桥关锁财气,蓄文风。南川村仅 20 余户,不足 120 人,过去村人耕读持家,经商致富,是远近闻名的富裕村。1926 年,村人汪老允曾独资举办登源"花朝庙会"。村人重视读书,自 1949 年以来,已走出大学本科毕业生 15 人,大专、中专毕业生 7 人。

树木代表生气,村落在青山绿水、茂林修竹间,不仅风景优美,而且象征村落欣欣向荣、生气盎然。"乡之有树木,犹人之有衣服,稀薄则怯寒,过厚则若热"。这是《阳宅会心集》对"种树说"的生动比喻。"乡中有多年乔木,与乡运有关,不可擅伐"。乡规族谱中多见这样的条文。水口古树参天,枝繁叶茂,绿荫如盖,是村庄生气的集中表现,是聚集村中旺气所致,显示村落历史悠久、人才济济、生机勃勃。绩溪水口林木树种有银杏、楮树、松树、沙糖树、樟树,临河护岸堤坝水口,多植杨树、柳树、槐树。

图 10-1　绩溪县上庄镇扬林村水口

上庄镇瑞川村,村头护村坝水口,古树林立,其中一棵数人合围的大银杏树,经历了数百年的风雨,树心已成能容小孩活动的空洞,但仍枝繁叶茂,生机盎然。伏岭镇湖村,村口河边水口,古树成排,绿荫浓密,鸟啼蛙鸣,一派田园风光。绩溪县城城北水口是一片槐树林,绿荫扶疏,古树挂藤,河水映衬,风光宜人。上庄镇宅坦村离河较远,只有小溪经村,无法在溪水上建水口,根据五行水中生木、木旺水足的道理和村庄功能需要,营造人工水口林,以林木旺盛代表该村地下水气充足,并调节村中气的流动,构建适合人居的环境条件,使村庄兴旺发达。该村的水口林是两条东西走向的绿色长廊,村北植树于人工垒砌的护坝之上,林木高且密,树种为香榧、白果、柏树、柞树,这道绿色屏障,有利于阻挡寒冷的北风;村南长岭横亘,水口林木相对稀疏,不影响夏秋南风吹拂,调节气候的功能十分明显。

桥、亭、堤坝、楼、阁、寺庙,是水口景观中常见的建筑物,它不仅具有村落风水障空斗缺的意义,而且有着深刻的人文内涵,是我们先辈在水口营建中的艺术珍品,是一份宝贵的历史文化遗产。

图 10-2　绩溪县上庄镇瑞川村水口

在绩溪乡村,桥、亭、堤坝、寺庙等水口建筑物到处可见,其中桥最为普遍。水口桥在村落风水上不仅具有关锁水口的作用,而且是沟通河、沟两岸的必要交通设施,"桥梁使得人占有河流空间成为可能",它将进出村落间两个区域的通道连结起来。亭,古同"渟"字,指水停滞不流。河边建亭,是希望水流停滞,有留水聚财之意;路旁建亭,是供行人途中休息,减轻旅途的疲劳和寂寞;同时也是一个村庄的标志,有亭就有村,山重水复弯弯路,石桥古亭又一村。

堤坝是沿河的防水建筑,引导着河水、溪水的流向,起着护村护田的作用。在村口的堤坝上植树、栽花,杨柳拂岸,桃花绽放,与岸边的亭、阁、关锁水口的石桥,组合成村头小景,是绩溪乡村常见的水口景观。建在河中的拦水坝，是拦河引水的水利设施，它不仅为村落提供了饮用水和灌溉用水，还抬高了河床，使河水在流动中起伏跌宕，形成人工小瀑布，水流生动有变化，富有美感。

寺庙是供奉神、佛、祖先或圣贤的建筑，绩溪常见的寺庙有天王寺、灵官寺、药师寺、观音庵、关帝庙、大尉庙、二王庙、五猖庙和遍布全县的汪公庙。寺庙是人们祈求平安、财富的精神寄托，是宗教信仰的产物。村落水口建寺庙，用风水理论说是有钟灵气和镇煞、避邪的作用。宝塔是佛教特有的多层建筑，绩溪

图10-3　绩溪县家朋乡梅干村水口

县境内不多见，仅有一座在县城水口曹渡桥南头、扬之河南岸的小山上，毁于二十世纪五十年代，现存遗址。

楼、阁常见于人文层次较高的村落水口，往往冠以文昌、魁星、听泉、凤凰等雅称。绩溪乡村现存的水口楼阁，保存完好，有着深厚人文内涵的有两处，即听泉楼和魁星阁。

"听泉楼"在家朋乡磡头村，位于村中云川河东岸祠堂桥东侧，建于明嘉靖三十五年（1556年），后遭洪灾，清咸丰九年（1859年）重修。楼东靠许氏宗祠，骑街傍河，三面凌空。楼基长方形，占地17平方米，徽派木结构，雀替、驼峰、斜撑均有雕饰。楼下东西

图10-4　绩溪县伏岭岭脚水口和观音庙残存建筑

置美人靠。有梯可登楼,顶歇山式。楼腰飞檐出跳,檐牙高啄,腾蛟起凤,角悬风铃,铃声随风向而易,闻铃声可知天气变化。楼上除东向外,三面装有隔扇窗。临河檐下悬"听泉"匾额,为清咸丰年间绩溪县令王峻所书。登楼凭栏,流水潺潺,铃声悠扬,故名"玉泉鸣",为"古云川八景"之一。

图 10-5　绩溪县家朋乡磡头村水口建筑——听泉楼

桥、亭、堤坝,楼、阁、寺庙,在村落水口营建中与自然山水有机组合,是先辈们顺其自然、利用自然、改造自然、装点自然的杰作。绩溪乡村的水口,依据村落山水的特点和风水观念要求,设计合理,建造精美,具有独特的个性,体现了"天人合一"的思想精髓,达到了人与自然和谐共处的境界。

长安镇冯村,坐落在群山环抱中,呈瓶形,长约 1 华里,宽半里。槐溪水自西向东穿村而过,溪上建石桥 13 座。入村处,有两峰对峙,左峰名狮子峰,右峰名象麓山,为"狮象把门",村后龟墩、蛇山,称"龟蛇二将",为"龟蛇关锁"。其水口建造因地制宜,"辟其墙围于安仁桥之上,象应天门,筑其台榭于理仁桥之下,象应地户"。这里的"天门""地户"是界定整个村落的外部区域,再衬以四周的龟、蛇、狮、象四座山峰,极为强烈地烘托出村落的安全感,并映衬了村中流水的美感，优化了人居环境。

瀛洲乡龙川村，村落依山傍水，东临登源河，为船形村貌。村落有两处水口，一处天然水口，在村南的石笏山下，由悬岩、古树、寺庙组成。另一处在村东，为人工营造的排衙水口，排衙水口建在人工改道的龙川河口，改道的龙川河从龙川胡氏宗祠门前流过，经河口石桥汇入登源河。河口交汇处，有一奇观，每当洪水来临，登源河水来势凶猛，水位高过龙川河水位时，却不会发生大河水倒灌小河的现象，这是水口营造中的奇迹，是人们改造自然、装点自然又遵循自然规律的和谐之作。

伏岭镇胡家村，群山环抱，水口幽静，潺潺的溪水边，建有五猖庙和富有特色的廊桥，既方便交通，又可供玩赏，使水口的品位得到升华。上庄镇余川村水口有古庙、古亭、古祠、古树、古桥，其中环秀桥建于明代，三孔石拱桥，长30米，宽6米，高8米，是现存保护完好的古桥之一。家朋乡坎头村四周高山屏列，云川河自南向北穿村而过。自许姓建村以来，由于人口发展，村域扩大，村落水口曾两次北移。明嘉靖年间，首建水口在今祠堂桥；清康熙年间，水口北移至狮子墩下，造聚秀桥为水口桥；清道光、咸丰年间，水口再次北移300余米，造"汇南第七桥"（今"新桥"）为水口桥，形成了六桥八景之村落景观。坎头村水口的变化，不仅增添了村落的人文景观，而且记载了村落人丁兴旺、宗族发达的过程。

绩溪乡村水口格式多样，内容丰富，有着厚重的文化底蕴，是徽州水口的重要组成部分，是徽派园林的雏形，为徽派园林的发展提供了丰富的素材，积累了宝贵的经验。品味绩溪乡村水口，如同欣赏一幅山水画，吟诵一首抒情诗，聆听一曲高山流水。水口虽然不大，但有着丰富的文化内涵，是古徽文化的结晶，是天人合一思想的体现，是生态和谐的象征，是环境保护的创举。

走进绩溪乡村水口，置身于山水之间，仿佛人与青山绿水融为一体。凝视水口的古桥、古树、古亭、古庙，情思悠悠，水口浸透着历史的悲欢，沾染了近世的风尘。如果没有这神奇的水口，风景会流于单调，青山会缺少生气，绿水会失去活力，聚族而居的村落历史会被尘封。

品味绩溪乡村水口,如同诵读一部古老的乡村史诗。

二、溪水西流村北向:石家村水口

在绩溪众多的水口中,石家村的水口别具特色。

石家村,又名"棋盘村",位于绩溪县西部,距县城 34 公里,现属上庄镇管辖,是宋代开国元勋石守信后裔聚族而居的古村落。石家村枕南山,临芦水,负阳抱阴,一村向北。村中巷陌纵横交错,方正直通,形同棋盘。村前溪水西流,村西山水相依,桥、阁设计精巧,水口营造别致。整个村落有着独特的个性和深厚的文化内涵,是徽州乡村的"闺秀",是村落建造的奇葩。

芦水,源于大会山脉北向支脉金岭南麓,南流至破塘尖山前折向西流,在石家村前绕村而过,此段河水又称"桃花溪"。溪水似村庄的襟带,又是棋盘格局的楚河,桃花溪堤坝则是棋盘上的汉界,出村水口建有石桥。芦水出村后南流,汇昆溪水、常溪水,入大源河,属新安江水系。

南山,又称"旺山",是石家村的靠山,属大会山脉南向支脉竹根尖东延的余脉。南山不高,在村后显弧形,有怀抱村庄之势,村西山头向北,如狮如象,立在溪水之南,守卫着村口,是石家村的水口山。

图 10-6　绩溪县石家村内的巷道

南山上有古松、古墓、古井。古松历经千年风雨苍霜,至今依旧卓然挺立,虬枝盘舞,风姿雄健。据说这株古松的枯荣关联着石氏宗族的衰盛,是石家村人在浩劫的年代用生命保护下来的祖松,是石氏子孙顶礼膜拜的神树。

树下古墓已有600余年历史,墓主人是石家村始祖石荣禄的父母石尚信夫妇。墓前的古井是石荣禄结庐守孝时开凿的,井水至今冷冽甘甜,四时不竭。

石荣禄,祖籍金陵,元至顺二年(1331年)生于歙县,其祖父石迁,元初登进士,至元中期任歙州主簿,全家从金陵迁至歙县。石迁生有4子,其中第四子石尚信即石荣禄之父。元至正年间,石荣禄父母同月双亡,石荣禄悲痛不已,视为大忌,遂请风水先生四处寻觅风水宝地,安葬父母,最后选定在绩溪七都旺山山麓。于是,石荣禄于百里之外,运双亲灵柩来旺山安葬,并结庐守孝。后将全家迁来旺山脚下定居。以孝义为家训族风,世代相传。石荣禄逝后,后辈尊其祖父石迁为一世祖,先父石尚信为二世祖。明万历年间,石家村人丁旺盛,逐步发展成中等村庄,于是开始建祠、排行、分辈。明末清初石家村进入鼎盛时期,石氏子孙科考入仕,经商累财,兴旺发达,村落已具规模,棋盘格局定型。

现在的石家村,古貌保存完好。村庄在山水的拥抱中坐南朝北,呈椭圆形。村内巷道一律平直伸展,排列有序,纵巷九条,横巷五条,为"经九纬五"之状,酷似棋盘定格,这是为纪念、隐喻石氏显祖石守信当年常与宋太祖赵匡胤对弈场景而设置的。村中宗祠前人工矩形池塘中,有长2丈、宽1丈的"印墩"小岛,象征着石守信的帅印和显赫的身份。同时,在纵横平直的街巷两旁,所有民居三五幢一组,排列方正整齐,家家门朝北,户户种石榴,榴花似火,有如军队列阵,火把通明,威武雄壮,显示了石守信后裔不忘先祖布阵列兵的军人风度,更显示了石氏后人效法先贤、意志统一的宗族遗风。

石氏宗族选择"坐南朝北""负阳抱阴"的理念营造村落,看起来是违背了传统堪舆风水理论中"坐北朝南""负阴抱阳"的观念,但其实际上却又有着深刻的宗族文化内涵。石家村始祖石荣禄是宋代石守信的15世孙,因结庐守孝,举家从歙县迁来山下定居,依山建舍,与墓同为朝北方向,后人营宅建村,也同为坐向,故一村朝北。另有一说是石氏先祖原居北方,后辗转南奔,流离异地,但不忘根源,追思缅怀北方远祖,故不随流从俗,而标新立异地采取坐南朝北的方位,构建个性化的石姓村落,表现了强烈的宗族一体化意识。

尽管尚未发现石家村的选址和建村的文字资料,但可以肯定,该村是经过风水高人或石姓宗族中有精通阴阳学说的人士指点,应用阴阳变化之术,破解"负阳抱阴"的地理缺陷的。阴阳家认为,阴和阳不是绝对的,是相互依存而又相互转化的。"阴中有阳,曰少阳;阳中有阴,曰少阴"。太极图中的阴阳鱼,就是这样表示的。"阳盛阴衰,阴盛阳衰",说明阴阳之间的相互转化。石家村位于南山北麓,属阴,但阴中有阳,南山不高,村址相对平整开阔,阳光充足,为"少阳"状,符合"山地属阴,平洋属阳,高起为阴,平坦为阳"的风水理念。村落外围呈椭圆形,具阴柔之质,是从阴到阳之间的建筑区分标志,是阴阳互补、相互变化、过渡的中间地带,是外柔内刚的和谐统一。村落内部的棋盘式方正建筑,代表阳刚之气,纵横交错的直巷,有利于采光和气的流动,是扶阳抑阴之举,促进了阴阳之间的相互转化,使村落阳气旺盛、生气勃勃,历数百年不衰,人才辈出。同时,石家村外圆内方的设计,不仅体现了圆曲属阴柔、方正属阳刚的风水理念,还体现了内刚外柔的处世之道,体现了刚柔相济、阴阳互动的古典哲学思想和审美情趣。这就是石家村棋盘形村落的深厚人文内涵。

村前,桃花溪碧水潺潺,蜿蜒抱村,堤岸上桃花盛开,艳红的桃花,欣欣向荣,象征着阳气上浮,与村后南山上苍松翠竹遥相呼应,构成了一幅和谐对应的天然画面。

桃花溪水经过两道人工拦河坝的跌落,缓缓西流,来到村西水口处。水口石桥是两孔的,水口又在村西,这种情景,在绩溪乡村实不多见,但在坐南朝北的棋盘式村落里,却显得和谐、协调,是自然造化和人工雕琢相结合的瑰宝。

水口桥横卧在桃花溪上,是一座造型古朴的三墩两孔石梁桥,桥面石栏杆上刻有"南山桥"三字,字迹斑驳可辨,为族人石如壁捐造。石桥关锁水口,沟通南北两岸交通,桥头南端建有一座飞檐翘角、古雅秀致的魁星阁。魁星阁西有石砌土墩一个,其规模大小与村中宗祠前矩形水池中的印墩一致,象征石守信的兵符印信。印墩上植有柏树一株,代表印把子。印墩东侧石墙上安放石碑,碑文记录魁星阁维修经过和捐资人名单。印墩南端至南山脚下,辟有200余平方米的花圃,植树栽花,与古桥、秀阁、土墩一起,组成富有特色的村头水口花园小景,是村人纳凉、劳作歇脚之处,更是游客首选的景点。

魁星阁又称"文昌阁",始建于清乾隆十六年(1751年),为石守信27世孙国子监大学士石承模独资兴建,"以励族中子弟,以兴村人文风"。这座造型美观的徽派亭阁,有着极丰富的文化内涵,它不仅是石家村祖祖辈辈重教重文之风的标志性建筑,是棋盘村宗族聚落文化的象征,而且隐匿着"贬清褒明"思想,体现了石氏宗族在清朝受到排挤和歧视的怨恨情绪,激励族人在逆境中发愤图强、奋起拼搏,以真才实学振兴宗族。

魁星阁座基由花岗岩砌成,占地4平方丈,高2.5尺。阁顶为歇山式造型,瓦塑飞檐,花砖压脊,脊中葫芦顶,脊背天马麒麟,对称排列。脊背两端鳌鱼翘角,四角悬挂风铃,风摇铃动,铃声悠扬。阁身青砖粉墙,正面安装八扇雕花槛门。阁四周青石立柱上置雕梁、狮托各四件。阁门外梁悬横匾一块,匾额题词与众不同,为了和溪水西流村向北保持一致,特将"山溪览胜"四字书为"胜览溪山"。阁内有神龛两层,上层安放贴金魁星神,下层中间供"至圣先师"牌位。两边排放自建阁至清末有功名的石氏儒生牌位数十块。神龛外两侧木柱有柱联一对:"十里西流溪水绕青襟翠带,一村北向山峰环凤阁龙楼。"

魁星阁的建筑尺寸耐人寻味:阁基高2.5尺,每边长2丈,阁基比阁楼屋顶矮2.5尺,寓意明上清下,明大清弱;同时,阁顶大于阁基的非常规做法,也是一种标新立异,与溪水西流村向北的村址相呼应,显得整体协调;楼顶用7分水法,四面落檐,显示明朝7代最强盛时期;落地檐水17尺,象征明代17代皇权;楼顶八戗角离地19尺($19 \times 4 = 76$),每向用椽50根($50 \times 4 = 200$),两数相加,正合明朝统治276年。如此数据,形同密码,不加指点,无法解读,真可谓用心良苦。

作为石家村的风水园林式建筑之一,魁星阁蕴含着丰富的人文信息,是石家村崇文重教的有形标志。

图 10-7　绩溪县石家村水口建筑——南山桥和魁星阁

三、登源庙会赛琼碗

登源河在县内自东北向南流，在临溪汇入扬之河，流向歙县新安江。登源河流域两岸村庄统称"登源"。登源庙会又称"花朝会"，是一种民间举办的大型庙会，据汪村《汪氏家谱》记载，由汪村、梧村、南川、仁里等登源十二社轮值祭祀越国公汪华，以祈祥免灾。

汪村，位于登源河东岸，龙川村下游5公里处。汪村是汪华故里，是汪姓聚族而居的古村落，始于南朝宋武帝年间（420—422年）。汪华（586—649年）是古徽州最显赫的人物。他幼年家贫，喜习武，武艺超群，隋末爆发农民起义，汪华率众起义，占据歙州，相继攻下宣州、杭州、睦州、婺州、饶州，建号吴王。此时天下大乱10余年，汪华所据六州，境内政治清明，安定太平。唐高祖武德四年（621年），汪华上表归唐，为唐朝的统一大业作出了重大贡献，受到唐高祖表彰，任命总管六州诸军事、歙州刺史，封越国公。此后政绩卓著,又受封忠武将军,于唐太宗贞观二年(649年)病故,享年64岁。死后又受到唐太宗及历代皇帝追封,称誉他"生为忠臣,死为明神",包括徽州在内的江南六州各地均立庙祭祀,香火不断,被尊为"汪公菩萨""汪公老爷""汪公大帝"。

登源汪公庙位于登源河畔唐金岩山麓,与汪村隔河相望。因此,汪村又称"大庙汪村"。汪公庙建于宋代太平兴国五年(980年),据其封号,又称"忠烈庙"。庙址依山傍水,风景秀丽;庙前绿水回环,三山朝供;庙后山形靠椅,树木葱茏。庙左绿照潭碧波荡漾,庙右鞍马山意欲腾空。明代嘉靖年间,胡宗宪曾重修汪公庙为三进七开间,占地1500余平方米,规模宏大,建筑豪华。清同治五年(1866年),汪公庙遭遇特大洪灾,前两进被毁。据笔者少年时所见,汪公庙为殿宇结构,三重飞檐,大栅栏门。庙内左钟右鼓,6尺见方的"忠烈"二字,分别书写在东西墙壁上。正中供汪华坐像,像高8尺,由整根园木雕成,造型生动,形象逼真。像前两根大梁柱上,各有一条金龙盘柱而下,两龙头相对。像后供汪华列祖和汪华9子像。另有汪华遗像,称"花朝老爷",供庙会时请出,抬着巡游。

花朝会的祭祀仪式,规模盛大隆重。敬神供品有:蜡烛大如断柱,要4人方能抬起。肥猪要公养2年,大若牯牛。其供奉的南北果品、山珍海鲜、徽菜面点,莫不精雕细琢,十分精致。果品、菜肴的盘、碟、碗、盏,全是名贵瓷器。菜肴、果品由汪氏各地居住族裔挑选名厨制作,有108碗盘,号称"赛琼碗"。又因二月十五乃百花生日,故称"花朝会",各种盆栽花卉、古树盆景都拿到庙会上陈列,以争奇斗秀。特别是作为供品的猪、羊、瓜果、蔬菜、奇花异草、树木盆景都是举办庙会的村民自行种植饲养的。用今天的话来说,花朝会又是当地农副产品的展览会、物资交流会,民间徽菜品尝会。在花朝会期间,还要搭台演戏,一般都要搭两座"花台",聘请两家戏班,唱"对台戏",两家戏班演员在百人以上。演戏从正月十八日起,一直演到二月十五日,日夜连续不断,热闹非凡。

民国十五年(1926年),汪村的南观自然村举办花朝会。虽然南观是一个仅百十余人口的小村,但在祭祀汪华举办花朝会时却单列一社,因村中富户居多,有经济实力举办盛会。这期花朝会由村中首富汪老允(名顺成,号老永)当"斋官"。汪老允经商江苏,富甲登源,时又兼任都董,在民间有一定威信。汪老允家房屋有数十间,在村中心地带,自东向西,连成一片,占全村的四分之一。楼房砖木结构,格调高雅,是典型的徽派建筑。其砖、木、石雕刻,乃高薪聘请徽州名匠制作,极尽雕、镂、镌、刻技艺,历时十载,始得完工。

图 10-8　2005年绩溪县美食文化节上的赛琼碗

　　汪老允家房屋多而不乱,布局合理,功能齐全,除三幢主房外,还有书房、水厅、水池、花台、磨碓房和杂物房。水厅有三间房,建于水池之上,以便夏季纳凉住宿。水厅楼上有当时罕见的阳台,站在阳台上沿口西望,可见远处红墙黛瓦,飞檐翘角的汪公庙。当年南观花朝会时,村中年迈之人,便登上阳台,观看庙会期间人们抬着汪公菩萨巡游的情景。

　　南观村举办花朝会时,全村人都到汪老允家帮忙,长辈和读书人接待宾客,青壮年干重杂活,妇女在灶下(绩溪岭南方言,即厨房)帮厨。汪老允为人慷慨好客,不论亲戚朋友、乡邻远客,熟悉与否,一律免费供餐,远客还留住宿。正餐开桌吃饭,六大碗菜肴,荤素齐全,散客随到随吃,其中每人一份米粉蒸肉是必不可少的,连过路要饭的都不例外。灶下整天烟火不断,两个大饭甑里轮流蒸着米饭和米粉肉,大锅里肉菜飘香,就餐人络绎不绝,历时月余,耗米千余石(一石约合180市斤)。

花朝会隆重异常,于正月十八日(汪公忌日)先在汪公庙内举行祭拜仪式,然后请出汪公塑像,由16人抬着汪公塑像游行。游行队伍中,旌旗猎猎,锣鼓喧天,更有24门朝天铳(一种铁铸礼炮,以长木柄支于地上,炮筒高出人头,炮口朝天,装填黑色火药,用信子点燃,轰鸣声响彻云型霄)不时发出惊天动地的鸣响。游行结束后,将汪公塑像供奉在祠堂中,祭祀仪仗整齐排列在两边厢廊,各种供品特别是108大碗精选徽式菜肴、面点,极尽蒸、煮、煨、炖、烧、炒、爆、熘等烹饪技艺,色香味俱佳,并用名贵瓷盘碗碟盛装,摆满了祠堂正厅。与此同时,村中搭台演戏,聘请休宁老徽班"新阳春"和本县伏岑下的"舞狸班"唱起对台戏。伏岭下"舞狸班"组建于清光绪元年(1875年),有7至17岁的少儿演员80人,文场12人。该班原学徽戏剧目,后又从上海引进一批京剧剧目,为参加花朝会演出,特在苏州置办了全新服装行头。"舞狸班"从正月十八起,和"新阳春"轮日对台演出《火烧连营》《长坂坡》《八阵图》等18个京、徽剧目,轰动整个徽州。汪老允特别喜欢"舞狸班"小演员,10岁以下儿童一律用轿接送,花朝会结束,还发赏银,赠送衣服、四色果品厚礼,于是伏岭下"舞狸班"名声大振,享誉全县,京剧也从此风行绩溪。

花朝会期间,汪村南观宾客云集,游人如织,家家座上有客,户户门前迎宾。上村上街头店铺生意兴隆,下村十字街口货郎、小贩叫卖声不绝于耳。宗祠老屋竞相开放,陈列供品。名门豪宅更是高朋满座,游人不绝。

规模盛大、热烈隆重的花朝会,提高了千年古村的知名度,促进了当时当地经济的发展。品种繁多,颇具农家特色的"赛琼碗"活动,培养造就了一批批优秀的民间烹饪家,也为我们今天研究、挖掘、创新徽菜,提供了丰富的宝贵资料。

四、荆州的大年会

荆州位于绩溪的东北部,距县城 75 公里,与浙江昌化接壤,是绩溪最边远的山区。四周众山环绕,沟壑纵横,超千米的山峰就有 9 座。荆州无临海擅舟之利,古时外出要走高山险道,交通闭塞。但它是一块具有神奇魅力的土地,景色秀丽,山紫雾绕,宛如桃花源。早在一千多年前,荆州先民就栖息于此。现发展为 49 个自然村、7000 余人的山区古乡。蜿蜒全境的荆阳(石门亭)河两岸有一块狭长的盆地,两头小,中间大,状如船。历史上习惯将全乡分为上节、中节、下节。现在的上胡家、下胡家 2 个行政村、19 个自然村,位于中节。

旧时的荆州人多田少,居民人均仅有 3 分田地,难以饱腹。相当一部分人只好弃乡在外,做篾匠和木匠等,赚点辛苦钱维持生计。据统计,新中国成立初期,仅 5000 多人的荆州,篾匠就超过千人。经商人员也不多,物产山核桃也卖不上好价格,经济长期处于落后状态。这里高山僻壤,在明清和民国年间多战事,成为兵家相争之地。在清朝,皖浙两省共管 200 余年,疆域纷争使人民饱受其害。特殊的环境,使生长在这块土地上的人们,形成了既勤劳善良又倔强刚毅的性格。这里历史悠久、乡情昌盛、民风淳朴。荆州有一千多年前地藏王在此结庵苦修之所、佛教圣地——小九华;有星布于全乡的祠堂庙宇,各村每姓都有宗祠,并有安邦庙、关帝庙、观音庙、太子庙、忠烈庙等;有名目繁多的庙会,如"大年会""目连会""大旗会""观音会""八老图会""十帅会""四帅会""祠堂会""同龄会""祭殡会"等。

其中,最为热闹的当数在闰年举行的"大年会"。

大年会,也称"保安会""善会""大王会""龙舟会"。大年会主要是祭奠历史上安史之乱中死守睢阳孤城、保卫江淮百姓的张巡、许远、雷万春和南霁云,每逢闰年,大村或几村结朋举行。张巡(708—757 年),蒲州河东人。开元末,举进士第三。天宝中,为真源令。安禄山之乱起,张巡起兵讨贼,后至睢阳,与太守许远守城经年,乏食,城陷殉难。许远(709—757 年),字令威,杭州新城人。唐天宝十四年(755年),官拜睢阳太守。安禄山谋反,与张巡援兵共守睢阳。许远自以军学不及张巡,将所属权统交张巡指挥,自己专管军粮战器,二人同心共御叛军。后来贼众势大,睢阳被困数月,弹尽粮绝,不久城破,两人被俘殉难。南霁云,魏州顿丘人。安禄山反,巨野尉张治起兵讨贼,拔以为将。其击汴州贼李廷望,以为先锋,遣至睢阳,与张巡计事。雷万春,事张巡为偏将。他们同张巡、许远在睢阳战斗中被害。大年会从正月初九即张巡、许远殉难日开始举行。自绩溪茶田寺(今属临安市)开始,依次在全县各地举行,10月结束。大年会也因各地不同的风俗习惯而各具特色。荆州是全县整个大年会的第二站,约在正月中旬举行。荆州的大年会,除纪念张巡等四位英雄以外,还融入颇具特色的"跳五帝"活动,时间、内容、规模堪称绩溪庙会之最。

在中国传统文化中,"庙"是追远祭祀的机构,是安息阴灵的场所。庙会,是祭祀神灵、娱人娱神的聚会。它最能体现民间性、集体性和群众性。荆州的大年会,虽然是纪念睢阳之战的英雄,但因由农民自发组织,又有跳菩萨的比赛内容,堪称农民运动会。参加大年会的是中节范围内的19个村庄,他们共分五隅。东隅有坑里、下胡家、寿仁庵、老屋下、洪家庄5村;中隅只有里庄村,人口最少;南隅有铁钨、铁钨庙圩、东山、石桥头、塘钨口、石壁山脚、横钨、柯子山8村;西隅为上胡家、里杨村、外杨村3村,人口最多;北隅为钱家钨、凹圹里、下村塝3村,人口与南隅相差无几。大年会每隅轮流举办一届,轮到中隅时,因人数很少,只好五隅联合。

大年会虽是民间活动,但整个活动都有组织机构实施严密的领导。会首也称"总斋官",是大年会的主持者,其主要职责是处理庙会期间打架斗殴等大事,由五隅推荐一名德高望重之人担任。新中国成立后的前几届年会会首都是由上胡家老医生胡华桃担任。每隅都要推荐一些辈分高且有能力的人(一般为各门、各份的当家人)组成理事会,主要负责办会资金的募集、跳搏人员的选拔、庙会菩萨的定做和后勤等。理事会由头名斋官负责。轮到本隅主持做会,就在上届大年会的正月初三日,全隅各户集中到太子庙中抽签,确定斋官 20 余名，其他的均为信士。正月初六，全体斋官又到小九华复签，确定前 1～6 名为筹备下届大年会的主事人员，并承担饲养畜禽之责，那就是：头名猪，二名羊，三名鸡，四名鱼，五名鸭，六名消福猪。1～5 名饲养之物都在做会时宰用，消福猪是给做会前的正月初三、初六、初九三日，各隅会首在新庙里商量做会之事时食用。抽签完毕，这些斋官就要着手畜禽的饲养。

庙会畜禽的饲养十分讲究，尤以猪、羊为最，需精心饲养。猪要挑选漂亮的仔猪，荆州人称"猪条"，关在栏里进行圈养，要使它吃得好、睡得好。大家都把猪奉为神，那时粮食困难，自己吃不饱都要先给它喂饱、喂足，每年都得准备上千斤的玉米。有的猪不守本分，也经常破栏而出，不小心掉入茅厕，这就吓坏了主人，赶紧把它洗净，并烧香叩头，以祈神猪原谅。羊是放养的，它的颈上挂块牌子，写明"某某村大年会羊"，不论走到哪里都受到照料，并及时送回。吃了哪家庄稼不用赔偿，据说被"神羊"吃过之地会比他处庄稼长得更好。更神乎其神的说法是临近宰杀期，羊会自动回家来的。据了解，五隅共养会猪 200 头以上，羊、鸡、鸭、鱼就难以计数。会猪（羊）也要评比，看哪隅大。据说，有次北隅的会猪一根肋骨老秤称 20 斤重，真可谓是"猪王"也。

荆州的大年会于农历闰年举行一次。按我国置闰时间 19 年 7 闰的安排，约 3 年举办一次。尽管大年会仅 10 天时间，但各隅村民都把庙会时祭祀英雄、跳菩萨作为民间比赛之盛事，如同一场战斗，准备工作做得十分充分，早早地安排了一切。第一要筹足资金。大年会也称"人丁会"，每个丁都自愿出钱，家境好的和做三十、四十岁生日的人还多出一些。后来，由于经济日渐充裕，大年会的形式也日见繁华，哪一隅遇到值年，该村的旅外商民，都必须早早寄上钱，且到时从千里外赶回家参加盛会。第二是扎菩萨、制道具。每

图 10-9　绩溪县荆州八景图

隅除要按照规格制好本隅的菩萨、屏台和大旗外,还要制龙舟上的菩萨:东隅是观音菩萨和三太子;南隅是小王菩萨;西隅是东屏王;中隅是前信王;北隅是大王。值会的隅还加制龙舟。第三是选人才。就是选拔参加跳菩萨的40名选手。选拔形式是跳木柴。庙会前一年秋收结束后,各隅均准备几扎约20公斤重的杂木捆,放在村口田中,让男性青年自动结伴训练。尽管此时已值冬季,温度很低,但他们一律赤脚。哪怕脚被稻桩戳破,都得坚持训练,以培养脚力和耐力。到了年底进行选拔,选出身体棒、脚力好的青年参加比赛。选定后,除减少繁重的劳动以外,还增加营养和服用补品,并集中在祠堂住宿,派老者管束,禁止嬉游熬夜、耗费精神,以达到养精蓄锐之目的。

大年会,既是跳菩萨比赛,也是纸扎工艺的竞技比赛。各隅请来的纸扎匠在腊月初就开"作场"。这些纸扎匠大部分是上胡家人,他们各为其主倾尽技艺,把庙会的菩萨、龙舟、屏台、大旗等都装扮得栩栩如生、富丽堂皇,使万千观众叹为观止。仅以龙舟和五帝为例,足见纸扎工艺之精美。龙舟长2丈余,宽5尺余。有"十二仓""二十四仓"两种。"十二仓"就是扎12个菩萨,分别是东屏王(张巡)、守信王(许远)、大王(雷万春)、小王(南霁云)、观世音、三太子、五瘟、和尚、道士、瞎子先生、4个水手、2个鼓手。"二十四仓"除以上人物外,还增加5个瘟神、3个吹唢呐者、4个鼓手。东屏王和守信王还坐在天圆四方的轿里。龙舟上的菩萨排列顺序是:大王打头,小王押尾,中间东屏王、守信王,其他菩萨分别居两边,形成凯旋回军之势。龙舟需24人抬,并在游行中"荡",除龙架扎得结实以外,12个菩萨都扎得形同活人。五帝的头是用木头或泥做成模型,身体及坐骑都是用竹篾扎成,手和脚及兵器都用稻草做成模型,外面敷数十层绵纸,干后就形成坚硬的身躯,并给菩萨涂彩开脸,配以巧手加工的丝织服饰、彩色纸及各种珠翠。这里讲的"五帝",又称"五天帝"。所谓"五天帝",就是以金木水火土五行和红黄蓝白黑五色来代表五个天帝神明。东方苍帝,神名灵威仰,精为青龙;南方赤帝,神名赤熛怒,精为朱雀;中央黄帝,神名含枢纽,精为麒麟;西方白帝,神名白招拒,精为白虎;北方黑帝,神名叶光纪,精为玄武。民间说法:这五帝泛指唐朝李世民征东的五个重要人物,那就是东为秦叔宝,南为盖苏文,中为唐太宗,西为薛仁贵,北为尉迟恭。

图 10-10　绩溪县荆州村上胡家明经胡氏宗祠内景

尽管一个菩萨纸扎工资仅有 1 块银元,但他们图的是荣誉,每个纸扎匠都不敢怠慢,夜以继日地劳作一个月才能完工。在他们的手下,神态各异的五帝威风凛凛,活灵活现。东隅的天帝,蓝脸青甲,两眼圆睁,双手紧握大刀,身子微向前倾,作冲杀状,坐骑是头青狮;南隅的天帝,浑身赤色,面目狰狞,两耳后侧还有小头,如鸡蛋大,左右腿下还有小手,小手也执兵器,计三头六臂,握流星锤,飞击前方,坐骑是不知名的赤色奇兽,张口作噬人状;中隅的天帝,黄袍金甲,右手按住佩剑,左手抬须,温文端庄,态度持重,坐骑是黄马;西隅的天帝,素铠白袍,雄姿英武,右手后伸执戟,戟柄从左肩斜出,坐骑是白马;北隅的天帝,乌脸黑甲,右手执着节鞭,左手伸开做抓人状,坐骑是犀牛。各坐骑的腹部,制作时都放一根铁条,一直通到天帝的腹部,使两者紧密相连。每个菩萨的手足均是活络的,在跳菩萨前需卸下,以方便比赛。

每届大年会都有固定时间,那就是从闰年的第三个节气——惊蛰的第二天寅日起会,戌日登舟,戌日祭旗,前后整10天。庙会地点位于下村墡对岸的新庙(旧称"安邦庙")。此庙于清道光年间为纪念张巡等睢阳诸烈而建,面积上千平方米,是荆州境内规模较大的建筑。庙内分上、下堂,有丹墀、两庑,左廊建有戏台。上堂中间有多个高超2米的大菩萨,朱漆描金,十分威武。两廊和戏台房内的菩萨小一些,也没有描金涂彩。庙会期间,各隅在庙内设有办事房、炊事房和供守夜的住房。

大年会举行之前,各地要进行"净街",即清扫街道、路道。安邦庙是大年会的活动场所,各隅都派人打扫,庙内也要精心布置,四周都挂满了灯笼和彩旗,门口一根大旗杆上挂着一面黄旗,迎风招展。戏台是大年会发号令、做和尚戏的地方,它的布置更煞费苦心,装点得富丽堂皇。10天的庙会分为菩萨进庙、斋五帝、游龙舟、跳菩萨、安五帝、祭旗、待宴、送圣等环节,把当地大部分的民俗活动都融入其中。

起会的当天,各隅在新庙内做一些准备工作。第二天上午五帝入庙,随即各隅派壮士把菩萨抬着,循着跳菩萨的比赛线路游行,每日游一圈,历时2天。第四天为斋五帝,请小九华的和尚做法事,吃正堂斋。第五天为游龙舟、跳菩萨。这一天,先进行菩萨登舟,12个或24个菩萨神像依次扎上龙舟,形成睢阳诸将奋战驱敌之阵营。但龙舟上面还扎着与睢阳诸烈毫不相干的观音菩萨、瘟神和瞎子(俗称"长布先生"),令人费解,或是融入了佛教信仰与民间信仰。相传大慈大悲、普济天下的观音菩萨,能为十万战死睢阳的孤魂饿鬼施舍,解其苦难。只有她作法,才能镇住龙舟,否则就有覆船之危险。五瘟神,亦称"五厉""五瘟使者"。据传,中国古代尧称帝时,有五方力士凌空。他们在天为五鬼,在地为五瘟。分别是春瘟张元伯,夏瘟刘元达,秋瘟赵公明,冬瘟钟仁贵,总管中瘟史文业。帝立祠诏封五方力士为将军。后匡阜真人游至此祠,即收服五瘟神为部将。

登龙舟一结束,跳五帝正式开始。"跳五帝"也称"跳搏",荆州方言称跑为"跳",称赛跑为"跳搏"。跳五帝,就是驮着五帝赛跑。荆州的大年会,久负盛名，荆州人"余事不做"，连"出门客"也不远行，以便一睹盛况。还有很多从浙江、岭外前来赶庙会的。他们都是荆州人的亲戚朋友，早早就受邀在此等候。此时，在新庙门口偌大的空场上和庙两边的麦田里，旗幡如林，锣鼓喧天，人山人海，聚集人数竟达数万，把新庙围得水泄不通，连跳五帝的路线两边和山上都站满了围观的人群。

跳菩萨前在戏台上举行简短仪式，接着在小九华寺院的和尚上台做法事，到了规定时刻，法师一声号令，早已整装待发的选手驮着神帝一起冲向庙门，庙外接搏的人摆开架势迎接菩萨，不是接搏的人也来帮忙，好一阵实力的较量，五个神帝伴随着吵闹声被壮士驮着飞跑。道路崎岖不平，时而下坎，时而涉河，穿着短裤、光着脚板的健儿快疾如飞，沿着荆州河东岸田畈，往上跑到石桥头村，经西岸各村村前田畈返回新庙，最快也要一个多小时。途中每隔 36 人在固定地点接搏，故称"36 搏"。荆州的正月，还是寒风刺骨，人们都穿着棉袄，唯独选手们都单衣短褂、赤着双足，汗珠如雨、泥注全身。沿途路口，都有壮士值勤，疏理赛道。"三门铳"、爆竹声和沿途观众的吆喊声响彻天空。综观赛事，多数选手还是遵守规则的，也有不轨之人，抄近路和推拉他人而引起打架纷争，最后得会首出面调停。由于西隅人丁较多，选手跑得较快，冠军非他们莫属。亚军总是在南隅和北隅之间相争产生。中隅人口最少，又是驮着皇帝李世民，落后不要紧，但他们还是奋力追赶。有时西隅见中隅落后，赶紧派人帮着跳，以示薛仁贵救主之状。

下午，龙舟出庙，由各隅的斋官组成游行队伍，旗伞、锣鼓、三门铳、鞭炮在前引路，头名斋官牵着龙须，浩浩荡荡地沿着跳菩萨的路线前行。龙舟所到隅属范围，各隅派 24 名斋官接抬。到各村口的宽敞空地，斋官们即扛舟旋转，俗称"荡龙舟"，好一派壮观景象。龙舟所到之处，广大信徒都摆供烧香，以求神灵保佑。

第六天，跳 13 搏。从中隅里庄村起跑，称"出坛"。经阳溪濑、东山麓、老屋下、下胡家的村前田畈，进庙。接搏 13 次，每搏跑路程百余米。全程是 36 搏的一半，但三天的比赛也是大年会的重头戏。午后，各隅会首擎着各自的天帝举行巡乡。其排列顺序是：青帝在前，其后依次是赤帝、黄帝、黑帝，白帝殿后。之后到里庄，穿村而过到村东小溪，过桥，将天帝交给跳搏者。跳搏者不准上桥，按顺序接过天帝起跑时，青帝最前，各帝紧挨着。到第3搏的阳溪濑，这里沙滩宽阔，春初无水，是奋不顾身、尽力角逐的好场所，跳搏位次发生了变化，一般来说，白帝领先，赤帝、黑帝紧挨着争夺亚军，青帝、黄帝落后。五帝进庙归座后，各跳搏人员回到了自己的厨房，用新婚之人送给他们的新盘、新毛巾洗澡，厨房也给他们准备了热气腾腾的糯米酒和油豆腐，大家饱食一顿。第九天，安五帝。各隅敲锣打鼓，到新庙把自己的菩萨请回，放在各村的村口供人们敬香祭拜，晚上送回。

大年会的最后一天内容较多，那就是祭旗、侍宴、送圣等。首先是龙舟出庙，同五帝一起沿着跳菩萨的路线游一圈。龙舟入庙，五帝就直接跳上新庙背后的祭旗坛，绕坛3圈，然后跳到十里庵边的"五帝潭"烧毁。各隅早有专人在此等待，菩萨一到迅速用快刀切开坐骑腹部，取出铁条，接搏跑回庙里，交给会首，此举叫"跳铁条"，也称"跳九搏"。先到者为冠军，主事斋官进行授奖，奖品是他早已酿好的一坛米酒和一盘油豆腐。其二是祭旗。大年会共有6面大旗（每隅各一面，大会一面），青色代表东隅，红色代表南隅，白色代表西隅，黑色代表北隅，黄色代表中隅。旗用绵纸褙成，形成三角，每面旗面积约10平方米。旗上彩绘攻战克敌之戏文：青旗绘盖苏文大将持大刀作战场面；红旗绘关公挥刀战敌情景；白旗绘周瑜、赵云交锋或赵云救阿斗的场面；黑旗绘张飞长坂坡喝退八万兵情景；黄旗绘黄忠定军山逞豪之场面。每面大旗都有二丈余，旗制毕后紧卷，由几位壮汉抬着，到祭旗坛再打开。本届头名斋官的会猪也随之抬到祭旗坛，一边和尚举行佛事，一边宰猪，猪血溅在大旗上以祀拜天帝神灵，并拿一碗猪血急速跑到新庙倒入龙舟口中。此时，各村集中地点的人们听到祭旗顶上的猪叫声时同时宰杀会猪，有的还将血送到新庙倒入龙口。祭旗坛上祭旗活动一结束，各隅就收大旗送至五帝潭烧毁。其三，晚上举行赛琼碗。荆州属高山冷水之地，物产丰富，生长在悬岩峭壁上"石耳"和小溪深潭中的"石鸭""石斑鱼"，是远近闻名的"三珍"。还有笋干、蕨干和高山蔬菜以及黄牛、黑猪,都是制作琼碗的上乘原料。制作的琼碗有当地宴席盛行的"九碗六盘",即"粉丝、猪肉、包、焖粉、水积饼、角豆干、黏圆"等,人称"土菜"。此外各隅都请本乡在上海、武汉等大城市开饭店的师父,精心制作名目繁多的美味佳肴,有的形似鸟兽,有的形如花草,人称"洋菜"。还配以山核桃、青皮豆、瓜子,共数百盘(碗),把张巡菩萨前用数只桌子拼成的案桌,摆得严严实实,令人目不暇接,以慰劳这些曾经饿死疆场的将士们。各隅此时才大开荤戒,都在新庙的自己厨房内饱尝美食。半夜,进行送圣,大家抬着龙舟,敲着锣鼓,将其送至五帝潭火化,整个大年会活动落下帷幕。此时,上胡家、下村境等大村,早已请好了"戏班",演出三天三夜,以贺大年会的成功举办。

附录

附录一:绩溪宅坦村龙井胡氏宗族文献和文书叙录

徽州古村落是徽州文化的物质载体,在徽州六县(歙县、休宁、婺源、祁门、黟县和绩溪)的地域范围内,现存较为完整的文化古村约有1000处。在这些古村中,被列为世界文化遗产的有黟县西递和宏村2处,被列为全国重点文物保护单位的有21处,中国历史文化名城2处,中国历史文化名村6处,列入省级历史文化名镇、名村和街区的更有24处之多。至于没有被列入各级保护单位的历史文化名村名镇,徽州还有很多。绩溪县的宅坦村就是这些未被列入保护单位的众多底蕴丰厚的文化古村之一。

宅坦村位于安徽省绩溪县西部,胡适故乡上庄镇的北部,地处东经118度20分、北纬30度10分之间。西部和北部以竹峰山和观桃岭为屏障,东部和南部为开阔的上庄盆地。整个村域位于大会山南支——竹峰山下,境内海拔千米以上的山峰有2座,山势陡峭。村庄地貌以丘陵为主。村中无河水通过,仅有一井被称为"龙井","方形,深可三尺,水从石出,味甘而冽。旁有石兔二,骈形而立,作回头状。土人聚族而居,虽甚旱食用不竭"。① 所以,该村历史上又被称为"龙井村"。村域面积为5.2平方公里。

宅坦村建于北宋开宝末年,时任绩溪县令的胡延进送儿子胡忠(957—1026年)来此就读,后遂定居于此,成为宅坦村的开基祖,即明经胡氏宗族龙井派的始迁祖。宅坦村文化底蕴厚重,文风昌盛,宗族控制牢固。安徽省最早的书院——桂枝书院即于北宋景德初年(1004年)建于该村。随着人丁的自然繁衍,约于明宣德、景泰年间,龙井胡氏宗族开始分为5个房派,即上门派、前门派、中门派、后门派和下门派,各派分别建有豫格堂(上门)、澳瞻堂(前门)、敦睦堂(中门)、继序堂(后门)和笃伦堂(下门)等支祠。龙井胡氏宗祠始建于明天启二年(1622年),名"亲逊祠"或"亲逊堂",前后历经5年,至明天启七年(1627年)方才告竣。该祠堂规模宏伟,占地面积达1722平方米,若将桂枝文会和坦场计算在内,总面积达7451平方米。该祠于二十世纪九十年代被拆除,宗祠的所有印章现仍被保留下来,成为亲逊祠的历史见证。

由于包括绩溪在内的徽州民间向来有保存文字、敬惜字纸的传统,记载宅坦龙井胡氏宗族历史与文化的各种谱牒文献和账簿文书等被大量保存至今,成为我们研究明清以来绩溪乃至徽州传统宗族社会、经济和民俗文化最为珍贵的第一手资料。

为给学者提供方便,我们谨将该村龙井胡氏宗族的文献和文书资料目录整理于下。对部分重要的文献和文书,我们着重以叙录的方式,加以说明和叙述。

一、谱牒类

(一)《龙井胡族谱》,3卷,首1卷,全1册,明嘉靖三十五年刻本

龙井胡氏裔孙胡东昇等编纂。该谱卷首有明嘉靖三十五年(1556年)胡

---

① 乾隆《绩溪县志》卷一《舆地志·山川》,清乾隆二十一年(1756年)刻本。

东升、胡东济、胡东溢3人撰写的《龙井胡族谱序》3篇。卷1录有南宋嘉定甲申年(十七年,1224年)龙井胡氏12世孙胡俊卿、13世孙胡子春《龙井胡氏族谱旧序》2篇,明洪武丁丑(三十年,1397年)福建按察司佥事柯文彬《龙井胡氏宗谱序》1篇,明宣德七年(1432年)张尧清《龙井胡氏族谱序》1篇,并有《龙井胡氏分支统谱凡例》附《戒约》4条和《胡氏历世渊源图》。卷2至卷3分别为龙井胡氏宗族各派世系表。

该谱内容简略,但因未见国内各大公共藏书机构著录,应为孤本谱牒文献。其学术和文献价值弥足珍贵。

该谱《戒约》内容丰富,体例独特,谨录全文于下:

戒约:

一、世道不古,人心滋伪。不待亲尽,已若途人,恶乎可哉?辑修谱系之后,凡亲疏交接之间,当明尊卑之礼。有德业则相劝,有过失则相规,有患难则相恤,不失故家之遗俗也。

一、谱所以别尊卑也,凡称呼当正名分,切勿以富欺贫,以势凌弱。妄诞称呼,贫弱虽不能与较,岂不见哂于贤哉?

一、自今而后,凡生子嗣取名者,务以行序称呼,勿以缪错紊乱班次也。

一、吾因以前取名者未有规则,是以隔房疏远,不知尊卑所以相接,称呼未免错乱,名分何由而正也。取字五十个,拟作五字一句,句法不拘意义,惟同宗后之取名者,世世务可将此五十字依次□取,以成班列。虽居隔远,房分亲疏。路途相接之间,得其名,则知其或父辈,或子辈,昭然明白,称呼自然,便当不至卑逾尊、尊降卑也。若不遵依,非吾之族也。谨示:

伯世希光大,贞忠志士成。天昭昌应德,邦祥允可清。廷献弘嘉瑞,克继本奇荣。文行英贤俊,信善尚时中。恭敬惟良厚,思正永承宗。

右自忠公及今二十五世之裔孙取名者,宜以伯字为始也。

一、每岁祭扫祖墓,老者引幼者,同往某共公、某妣之墓,逐一指示之,使子孙相继记之,不致遗失,实为敬祖保墓之要也。

一、今后,凡无嗣者,当就亲房摘继。国有正法,不可摘养异姓及赘婿,紊乱宗族。①

(二)《考川明经胡氏统宗谱》,10卷,首1卷,全28册,清乾隆二十四年刻本

明经谱局编修,徽州婺源考水胡天衡、胡奎文、胡德文、胡涟等主修。该谱系徽州明经胡氏宗族的统宗谱。按汪薇《明经胡氏重修族谱序》云:"胡氏望出安定,而吾徽婺邑明经胡氏,则李唐之胄更姓避乱于考水,至今号曰'李胡'。"②《新安名族志》云:婺源考水(一名"考川")胡氏,"其先出陇西李唐宗室。朱温篡位,诸王播迁,曰昌翼者逃于婺源,就考水胡氏以居,遂从其姓。同光乙酉,以明经登第,义不仕,子孙世以经学传,乡人习称'明经胡氏'。"又清乾隆二十四年(1759年)吴炜《考川明经胡氏统宗谱序》云:"(考川)胡氏本李唐嗣,避难依胡三公,因冒其姓,名昌翼。寻以明经举进士,隐居考川,笃生三子,远徙近迁,四方散处,而考川实为明经故址。文学之懿,人物之盛,甲于郡邑。"③

乾隆《考川明经胡氏统宗谱》共10卷,首1卷,按照28星宿的顺序分别将10卷内容列于星宿之下,如角部为卷首上、亢部为卷首下。而氐部则由卷1、卷2和卷3组成。该谱以徽州各县明经胡氏宗族为主线,几乎囊括全国各地明经胡氏宗族各派的迁徙和变迁,其谱表部分共28分卷,占据了该谱的绝大多数篇幅。许多重要事件都标注于该派的世系中,如对于绩溪明经胡氏宗族的杨林派和龙井派之纷争而与两支宗族聚居的上庄村和宅坦村中间竖以"分胡亭"事件,即标注于龙井派谱系之下。

该谱按千字文编号,自"天"字号始至"字"字号止,其中荒、昃、火、帝、皇

---

① 嘉靖《龙井胡氏族谱·戒约》,明嘉靖三十五年(1556年)刻本。
② 乾隆《考川明经胡氏统宗谱》卷首,清乾隆二十四年(1759年)刻本。
③ 乾隆《考川明经胡氏统宗谱》卷首,清乾隆二十四年(1759年)刻本。

字号空,实际共刷印79部。宅坦村所收领和保存的《考川明经胡氏统宗谱》系"羽"字号,谱中业已注明,且每册封面均印上"羽字号"标记。该谱卷首《凡例》云:"谱刊成印给毕,即毁其板,以千字文编号于各谱图下,庶通族知散谱之数、领谱之名。另刻字号条记,与谱同给,俾于所领谱装钉处,并于其本房图系一一钤印,庶私鬻与盗窃者不得行其奸,而亦不得各私有改变。凡领谱者,宜各知宝重云。"①

图附1-1 绩溪县上庄镇宅坦村村委会收藏的乾隆刻本《考川明经胡氏统宗谱》

① 乾隆《考川明经胡氏统宗谱》卷首,清乾隆二十四年(1759年)刻本。

(三)《明经胡氏龙井派宗谱》,9卷,首1卷,全12册,民国十年刻本

据胡钟毓在《跋续修宗谱后》中云:《明经胡氏龙井派宗谱》是在清同治年间胡宝铎纂辑《龙井胡氏宗谱》的基础上编纂而成的。清同治十三年(1874年),时任兵部主事的宅坦进士胡宝铎(1841—1896年)假归故里,致力于《龙井胡氏族谱》的编纂,他"搜罗散佚,厘定讹谬,直身任而弗辞。时编摩更四寒暑,始得属稿"。但因朝廷催促北上,"不果付梓","宦京廿余年,恒惓惓不忍释。假归完辑,有志未逮"。不久,宝铎病重,临终前,仍谆谆告诫从弟胡宣铎完成未竟事业。宝铎逝世后,宣铎"仰体(宝铎)苦心,耄犹不倦,爰于民国庚申,踵其事以成之。与萧规曹随无异,并汇临近各派,集为龙井宗谱。印费不赀,又得伊侄辈懔遵遗命,输款以为之倡"。[①] 最后终于编成并刊行。

胡钟毓在《跋续修宗谱后》中云:"吾族之谱,在乾隆甲戌为一大和会,在同治甲戌为一大接续。和会之役,子承父志;接续之役,弟步兄尘。一门之内,无独有偶,何不谋而适合耶?抑尤有进焉者?前清纂修方略及通志,先正宝铎与焉;近今续修邑志,前辈宣铎为公所推。兹于是谱修辑,事更数十年,犹更此两人之手而成,是亦难得之机会也。"显然,民国《明经胡氏龙井派宗谱》的编修和出版,实际上是胡宝铎和胡宣铎兄弟二人之功。至于参加编纂的人员,清同治年间主要有胡如绚、胡道升等。民国年间则创设谱局,"董斯局者,编次校订,不辞劳瘁,时则有若族侄广、汝霖;会计保存,因应庶务,各殚厥职,时则有若族经维屏分途集款,先之以身,时则有若族侄成基、成焰、成义,而族弟士毅等随在参详,相助为理,复借以集思而广益"。[②]

该谱共计9卷,外加卷首1卷,合为10卷,每部计12本,分为12支,以地支编号。其具体篇目是:(一)子部。卷首:述略、跋、记、祠规录、例言、总目、领谱人名字号、原序、原跋、梅岩省墓序、论明经书院赐额缘由、建德军考、原例、统宗六甲图、续编六甲图、排行五十字、阳址图、祖墓图。(二)丑部。卷

---

① 民国《明经胡氏龙井派宗谱》卷首《跋续修宗谱后》,民国十年(1921年)刻本。
② 民国《明经胡氏龙井派宗谱》卷首《跋续修宗谱后》,民国十年(1921年)刻本。

1为一世至五世龙井总派;卷2为六世至十世龙井宅坦派、寨里派、南陵管胡塘派;卷3为十一世至十五世龙井宅坦派、寨里派、上田冲派、后宅派、管胡塘派;卷4为十六世至二十世龙井宅坦派、寨里派、上田冲派、江塘村派、杨林派、后宅派;卷5为二十一世至二十五世龙井宅坦派、寨里派、江塘村派、歙竹园派、慕前塘派、上叶村派、下叶村派、汪前塘派、横塍头派、白塔路派、后宅派。(三)寅部。卷6上为二十六世至三十世龙井宅坦派;卷6中为二十六至三十世龙井宅坦派。(四)卯部。卷6下为二十六至三十世龙井宅坦派、寨里派、江塘村派、歙邑竹园派、慕前塘派、上叶村派、下叶村派、汪村前派、歙邑洪川派、横塍头派、白塔路派、旌德沙园派、玉山东津桥派、杨桃坑派、旌德东山派。(五)辰部。卷7-1为三十一世至三十五世龙井宅坦派。(六)巳部。卷7-2为三十一世至三十五世龙井宅坦派。(七)午部。卷7-3为三十一世至三十五世龙井宅坦派。(八)未部。卷7-4为三十一世至三十五世龙井宅坦派。(九)申部。卷7-5为三十一世至三十五世尚廉村派、旌德东山派、江塘村派、歙邑竹园派、上叶村派、下叶村派;卷7-6为三十一世至三十五世歙邑洪川派、旌德沙园派、杨桃坑派、旌德高家地派、旌德上洪派。(十)酉部。卷8-1为三十六世至四十世龙井宅坦派。(十一)戌部。

图附1-2 绩溪县上庄镇宅坦村村委会收藏的民国刻本《明经胡氏龙井派宗谱》

卷8-2为三十六世至四十世龙井宅坦派。(十二)亥部。卷8-3为三十六世至四十世龙井宅坦派;卷8-4为三十六世至四十世旌德东山派、江塘村派、歙邑竹园派、上叶村派、下叶村派、歙邑洪川派、旌德沙园派、旌德上洪派;卷9为四十一世至四十五世歙邑洪川派。①

该谱编成后,一共印刷60部,按乾隆《考川明经胡氏统宗谱》至"字"字号

---

① 民国《明经胡氏龙井派宗谱》卷首《明经胡氏续修龙井派宗谱总目》,民国十年(1921年)刻本。

止,以千字文之"乃"字编号始,至"方"字号止,共60字,"所编字号,仍照旧谱以千字文为识,即直接'字'字递推而下,自'乃'字至'方'字止,以示界限"①。中间"吊""伐""罪""伏""戎""羌"和"王"字号为空。② 因此,民国版《明经胡氏龙井派宗谱》实际上只有53部被族人购领,这就是《族谱便览小引》中所说的"民国辛酉,吾族宗谱告成,捐资购领者凡五十余部"。③

(四)《明经胡氏龙井派族谱便览》,不分卷,全1册,民国刻本

民国十年(1921年),在九卷本《明经胡氏龙井派宗谱》编就付梓之后,绩溪县宅坦村龙井胡氏宗谱编纂局专门编纂了一册简明扼要的《明经胡氏龙井派族谱便览》(以下简称《族谱便览》),它是《明经胡氏龙井派宗谱》的普及本,旨在以较为低廉的价格出售给族人,普及宗族知识、厉行宗族教化。

该书前有《族谱便览小引》,云:

> 民国辛酉,吾族宗谱告成,捐资购领者凡五十余部。然吾族大人众,势难普及。领谱者各自珍藏,又不轻与人翻阅,未领者依然向隅,岂非恨事?爰

图附1-3 绩溪县上庄镇宅坦村村委会收藏的《明经胡氏龙井派族谱便览》

复撮其大要,集为一卷。工省价廉,可以家置一部,随时翻阅一览,

---

① 民国《明经胡氏龙井派宗谱》卷首《明经胡氏续修龙井派宗谱例言》,民国十年(1921年)刻本。

② 民国《明经胡氏龙井派宗谱》卷首《明经胡氏龙井派领谱字号》,民国十年(1921年)刻本。

③ 民国《明经胡氏龙井派族谱便览·族谱便览小引》,民国刻本。

而知族谱之大略,更留空白以备各家填写近代祖先并生人名氏年庚,为后日修谱张本,庶于世系之奠不无小补云。①

这部《族谱便览》并不仅仅是对《明经胡氏龙井派宗谱》的简单摘录,而且从篇目和内容上看,它应是编纂者们精心类辑并经过认真系统加工而最终编成的一部普及族谱读物单行本。

《族谱便览》由以下篇目组成:祖系纪略歌、男排行五十字、通冥赋、明经胡氏诸贤事略、祭文录、诗文摘录、附居家杂仪一条、旧谱规条、明经胡氏龙井派族谱便览。

(五)龙井胡氏《亲逊堂聚神谱》,不分卷,全1册,清光绪三十年九月立,抄本

龙井胡氏宗族亲逊堂祠谱,是一种不按排行只以去世时间先后登录族人神主及上堂经过的宗祠草谱。该册系登录清光绪三十年(1904年)九月至民国六年(1917年)龙井胡氏亲逊堂前门、上门、中门、下门、后门5个门派去世先人祠堂牌位的名录,并根据具体情况分别于名字前钤有"校对""特进""春分""冬至"等印章,另钤有"龙井亲逊祠印",盖于逝者名字之上。其中"春分"和"冬至"是指牌位进祠的时间,即在春分和冬至祠祭时上堂。"特进"则是指上牌位

图附1-4 绩溪县上庄镇宅坦村村委会收藏的清末民初《聚神谱》

时间是宗祠特地安排的,隐含着牌位主人拥有一定社会地位的因素。还有少数钤有"对"字印,系校对印章,证实宗祠约主或修谱时,已将聚神谱与《奉先录》进行过核对。

---

① 民国《明经胡氏龙井派族谱便览·族谱便览小引》,民国刻本。

(六)龙井胡氏《亲逊堂聚神谱》,不分卷,全1册,民国十一年秋月立,抄本

龙井胡氏宗族亲逊堂祠谱,是一种不按排行只以去世时间先后登录族人神主及上堂经过的宗祠草谱。该册系登录民国十一年(1922年)八月至民国二十五年(1936年),龙井胡氏亲逊堂前门、上门、中门、下门、后门5个门派去世先人祠堂牌位的名录,并根据具体情况分别于名字前钤有"校对""特进"

图附1-5　绩溪县上庄镇宅坦村民国十一年龙井胡氏《亲逊堂聚神谱》

"春分""冬至"等印章,另钤有"龙井亲逊祠印",盖于逝者名字之上。其中"春分"和"冬至"是指牌位进祠的时间,即在春分和冬至祠祭时上堂。"特进"则是指上牌位时间是宗祠特地安排的,隐含着牌位主人拥有一定社会地位的因素。还有少数钤有"对"字印,系校对印章,证实宗祠约主或修谱时,已将聚神谱与《奉先录》进行过核对。

(七)龙井胡氏《亲逊堂聚神谱》,不分卷,全1册,抄本

龙井胡氏宗族亲逊堂祠谱,是一种不按排行只以去世时间先后登录族人神主及上堂经过的宗祠草谱。该册系登录民国年间龙井胡氏亲逊堂前门、上门、中门、下门、后门5个门派去世先人祠堂牌位的名录,并根据具体情况分别于名字前钤有"校对""特进""春分""冬至"等印章,另钤有"龙井亲逊祠印",盖于逝者名字之上。其中"春分"和"冬至"是指牌位进祠的时间,即在春分和冬至祠祭时上堂。"特进"则是指上牌位时间是宗祠特地安排的,隐含着牌位主人拥有一定社会地位的因素。还有少数钤有"对"字印,系校对印章,证实宗祠约主或修谱时,已将聚神谱与《奉先录》进行过核对。该谱登录截止时间最迟者为民国三十七年(1948年)。

(八)《亲逊堂奉先录》，不分卷，全 44 册，清末至民国抄本

系龙井胡氏宗族亲逊堂宗祠谱，计 44 册，封面以粉红色底纸隶书书写"亲逊堂奉先录"题签。该书收录了自始祖胡昌翼至四十世辞世族人的神主名录。每一神主名上都钤有胡亲逊祠篆字印章，其下还盖有"入圹"字样的印记，即神主牌位在越主时从牌座上取下成捆放入类似棺椁的砖圹中。因老祠谱于"咸同兵燹"中毁失殆尽，现存《亲逊堂奉先录》系清同治十年（1871 年）重新编辑而成。

图附 1-6　绩溪县上庄镇宅坦村龙井胡氏宗族《亲逊堂奉先录》

按：太平军与清军在徽州进行长达 10 年的拉锯战，致使徽州损失惨重。宅坦亲逊祠亦于清咸丰十一年（1861 年）毁于战火。兵燹结束后，族人对亲逊祠重新加以修缮，至清同治十年（1871 年）方告竣。战乱还使龙井胡氏宗族老祠谱全部遗失或毁亡，总牌位亦损失过半，宗祠寝堂中专门供奉百世不迁神主的牌位全部丢失，像牌亦仅存 3 块。清同治十年（1871 年）越主时，依上门、前门、中门、后门、下门 5 个支祠的支谱底本另书总牌，并重制新主奉安中座，以应越主之急需。

《亲逊堂奉先录》第一册之首，记录了"咸同兵燹"对龙井胡氏宗族亲逊祠谱毁坏及清同治十年（1871 年）迁主重新登录总牌的情况，内容详尽，价值弥珍。谨照录于下。

自遭兵燹,祠谱无存,总牌亦失遗大半。辛未年迁主之役,只得照各门支谱誊作底本,另写总牌。惟仓卒蒇事,多有未惬心之处,更望下次迁主详加斟酌,以臻妥善。兹将各款开列于左:

祠内寝室,中间一座,均系百世不迁之主。自遭兵乱,存者寥寥(尚存木主五个),其建祠总首二十余人,另有牌总首可证。其上世不迁之主,系何名目,无可稽查,因照澳瞻堂例,自分门以前,一世至二十世祖,皆另制新主,奉安中座。后观祠内所存第一块总牌(另录有谱),以四世祖昉公为始,又十六世祖景公亦未列名。细加思索,始知从前不迁之主,二十世内,只此四公,故不入总牌,盖总牌本为迁主设也。且以义断之,明经公为始祖,延进公为分派祖,忠公为始迁祖,景公以德,总首以功,故同在不迁之列。今二十世以前,概邀此典,未免过多。此事下次迁主,似须详审斟酌。又今次总牌,其不迁之主,亦俱写入,亦觉于义未合。盖总牌皆系迁主,其不迁者,似不宜重列于中。又所存木主五个,内有东洋公,查支谱、族谱,东字行俱无此名,并存之,以备稽考。

祠内能干,本有五人,今只知光代公一位,已经另制新主。其四名,俟后查补。

祠内像牌,只存三块(俱系总牌),缺失尚多,另得像谱数本,俱已补录(此外仍有缺遗者,因总牌与谱两无,故未曾补)。后又闻此数本内,恐有角单(角单者,于祠谱外另抄小本,为春分、冬至做纸角而设也。历代俱有角单、像牌,于正祭后多设一祭,另有角单,样式相同,故恐有误)。急思取谱查核,而此谱只存二本(抄录像牌,另系一人经手。据云抄毕时,将此谱存澳瞻堂西房架厨上,后不知移存何处),其余俱已遗失,屡查未获。故像谱未曾抄录。

此次迁主,既以各门支谱为本,并将所剩总牌互相校对,间有总牌已录、支谱未登者,又有总牌有公有氏、支谱只一名,支谱有公有氏、总牌祗录一名者,此类最多,恐有重复,惟当乱后,清理甚难。佥议以为恐有同名者,宁可重复,不可删并,因附写各行之后,于上面另缀"存疑"二字,以俟下次迁主,再行斟酌定夺。内有总牌已登、祠谱未录者(共十余位),因核对族谱,实系重复,故为删去。另有存疑,谱均以注明。

宗祠至二十四世,始行创造。前所存总牌,凡在造祠以前,其绝嗣者,俱未收入。此次迁主自廿一世至廿六世,俱照族谱抄录,与从前挂线之例,两不相符。窃思此等名字增入,虽无大碍,但与历代祖先同列,揆之于义,亦献稍无分别。其伯世两代,写总牌,只照支谱。至写祠谱时,另对族谱,有名字(于下注有"照族谱增"数字,俱未写入总牌)希光以下,总牌及祠谱俱照支谱抄录,未将族谱核对。

宗祠于咸丰十一年被贼毁坏,至同治十年修理始竣,内有将祖先上支祠。至辛未迁主后始进宗祠者,俱已照支谱录上总牌,另于入圹下写"辛未进"数字,下次迁主,只将单牌入圹,不必再上总牌,以免重复。

自咸丰二年至十一年,祠中所上单牌,亦缺大半。但既入宗祠,支祠想已先上。内有祠中尚存单牌,支谱转无名字者,恐支祠亦或有遗失,另于上面写"单牌"二字,以待查核。其单牌已失者,各家多于辛未年补牌入圹,内有端音公、士涵公、似顺汪氏、仕姒冯氏、松姬鲍氏数名,为支谱所无,不知何故,亦不知系何门。当时未曾录上总牌,下次迁主,望为补录。又有大福公、福音叶氏(上门)、贞富公(中门,配富顺黄氏)、顺姒江氏(中门,配细顺公)、洋顺王氏(后门,配志洋公),因支谱脱写,未录总牌。下次迁主,并望补之(仕姒系汪氏补牌入圹时误作冯氏,其汪氏配志仕公,已照支谱录入总牌,下次不必再录)。

辛未迁主,所誊各门支谱共九本。前所存总牌,共录草谱六本,单牌录草谱一本。存疑者,另录草谱三本。下次迁主时,如有留意斟酌者,或遇疑难处,须将各谱互相核对,方有头绪。

同治甲戌年重修族谱,将此谱互相核对,其已登族谱者,于名字上加红点;未登录者,不加点,以示分别。有公已登族谱、孺人未登,此次补入者,于名字旁加红△。其于姓旁加红△者,缘姓与族谱所载不同,另于下一格载明族谱,作某氏。

——《聚神谱》载明某某公配并氏配某某公者。查《奉先录》并无某某公、某某氏,想系遗失,如志邻公谅姬石、志寿公,皆不见于《奉先录》,此类甚多。又族谱有某某氏,而《奉先录》亦未录入者,似应概行查补,附记于此,以谂来者(均已补入)。

——将族谱核对《奉先录》,有公已登《奉先录》而氏未登者,有氏登《奉先录》而公未登者,有数氏而只登一氏者,前条族谱均已粘条注明于《奉先录》中。今照原条写正,并用红对字识别。①

(九)《像牌谱》,不分卷,全 4 册,民国抄本

龙井胡氏宗族亲逊堂《像牌谱》全 4 册,依仁、礼、智、信次序编排。收录了自北宋景德四年(1007 年)至民国三十七年(1948 年)为捐资建祠修谱、收族等而设像的龙井胡氏宗族族人 1567 人,自宅坦龙井胡氏宗族始迁祖胡忠始,至民国三十七年(1948 年)最后一次越主止。另有民国三十五年(1946 年)准立像牌的 16 人和民国三十七年(1948 年)越主列入拟立像牌谱的名单 46 人。

(十)《殊荣谱》,不分卷,全 1 册,民国抄本

系龙井胡氏宗族亲逊堂拥有"百世不迁""能干""配享"等特殊荣誉的族人祠谱,全 1 册。"百世不迁"系指在宗祠寝堂牌位中间一排且百代不入圹、不搬迁的神主牌位。龙井胡氏宗族自始祖胡昌翼至士位止,共 129 名。民国三十五年(1946 年)新入"百世不迁"牌位的有成义、文骐、文骦等 14 人,民国三十七年(1948 年)候选待决的 9 人。"能干"是指对宗族发展有突出贡献和

---

① 同治《亲逊堂奉先录》第一册《始祖至廿五世》,清末至民国抄本。

重大建树的辞世族人的尊称。龙井胡氏宗族设有专祠即能干祠,供奉能干者的牌位,新近之能干者有光代、希书、宝铎等10人。民国三十五年(1946年)新入能干祠的有蕴玉、宣铎等9人。配享系指于龙井胡氏宗祠中配享的神位。共有58人,民国三十五年(1946年)新入配享牌位的有士毅、维垲、昭度等23人,民国三十七年(1948年)越主列入待决配享牌位的有成训等9人。

(十一)《(龙井胡氏亲逊堂)会议录》,不分卷,全2册,民国抄本

系民国二十三年(1934年)至民国三十六年(1947年)宅坦村龙井胡氏宗族亲逊堂宗祠会议记录簿。第一册封面题有"亲逊堂第四班民国二十二年七月立会议录"字样,第二册封面题有"亲逊祠会议录民国三十三年十月廿日制附三十四五年"字样。会议录记录了抗战前民国二十三年(1934年)至抗战后民国三十六年(1947年)前后共15年龙井胡氏宗祠亲逊堂各类会议事项,第一册记录自民国二十三年(1934年)始,至民国三十一年(1942年)止;第二册记录自民国三十三年(1944年)始,至民国三十六年(1947年)止。缺民国三十二年(1943年)记录。2册会议录总共记录了29次会议,记录项目包括会议日期、地点、出席者、会议主席、会议记录者、讨论事项、议决7项,内容涉及宅坦村和龙井胡氏宗族祠堂修理、宗族祭祀、土地陈报、抗战、祠堂管理、农民负担、砍伐树木纠纷和平粜等一系列重大事件,是研究民国时期徽州乡村社会结构、社会问题和宗族管理等问题的最为珍贵的第一手资料。

二、收支平粜簿籍类

(一)《收支流水》,不分卷,1册,胡亲逊堂民国二十四年八月立,抄本

封面署"胡亲逊堂民国二十四年八月立收支流水后抄有纸角谱廿六年抄"。该册账簿记录了宅坦胡氏宗族亲逊堂民国二十四年(1935年)八月中秋实物和现金各种收支账目,后抄有《民国二十六年抄纸角谱》。该册账籍是研究宅坦龙井胡氏宗族亲逊堂祠堂经济管理与运行的第一手资料。

(二)《收支誊清》,不分卷,1 册,胡亲逊堂民国二十五年七月立,抄本

封面署"胡亲逊堂民国二十五年七月日立收支誊清"文字。该册文书系宅坦龙井胡氏宗族亲逊堂祠堂接班值事者于接班值事期间记录宗祠各类收支实物和现金的账簿。记录时间始自民国二十五年(1936 年)七月初一日接班始,中经民国二十六年(1937 年)七月初一日连班、民国二十七年(1938 年)正月续记、民国二十七年(1938 年)七月初一日接班、民国二十八年(1939 年)续记、民国二十八年(1939 年)七月初一日接班、民国二十九年(1940 年)正月接记、民国二十九年(1940 年)七月初一日接班、民国三十年(1941 年)正月接立、民国三十年(1941 年)七月初一日接班、民国三十一年(1942 年)正月接立、民国三十一年(1942 年)七月初一日连班、民国三十二年(1943 年)正月接立,最后至民国三十二年(1943 年)七月初一日连班等共计 8 年的亲训祠详细的收支账目。其中既有平时的收支项目,又有全年收支的统计数字,且项目具体,数字清晰。是研究民国年间绩溪宅坦胡氏宗族经济状况最有价值的原始资料之一。

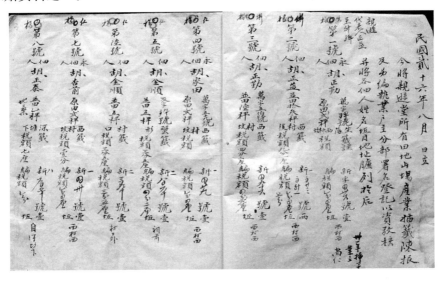

图附 1-7　绩溪县上庄镇宅坦村龙井胡氏宗族《收支誊清》

(三)《收支总录》，不分卷，全1册，胡亲逊堂民国三十一年七月立，抄本

封面题"亲逊堂民国三十一年七月日立收支总录"文字。该册文书系宅坦龙井胡氏宗祠——亲逊堂民国三十一年(1942年)七月连班和民国三十二年(1943年)接立的分月记录宗祠各类收支的原始账簿，是徽州宗族史和乡村社会经济史中研究不可多得的第一手资料，它使我们研究徽州宗族的运行时态成为可能。

(四)《收租支用》，不分卷，全1册，胡亲逊堂民国三十三年八月立，抄本

封面题为"第壹班民国三十三年桂月立"文字。该册文书系绩溪宅坦龙井胡氏宗祠——亲逊堂民国三十三年(1944年)秋收后分月记录祠堂地租收入和祠堂开支费用的账簿，是研究徽州宗族和社会经济史不可多得的珍贵原始资料之一，具有十分重要的个案学术研究价值。

附1-8　绩溪县上庄镇宅坦村胡亲逊堂民国三十三年《收租支用》

(五)《粜谷簿》，不分卷，全1册，胡亲逊堂民国三十二年三月立，抄本

封面题有"亲逊堂民国三十二年三月立粜谷簿"文字。该册文书是绩溪宅坦龙井胡氏宗祠——亲逊堂民国三十二年(1943年)三月初九日向族内成员粜谷的原始记录簿，账簿内容收领粜谷按名字为序，次第书写名字、粜谷人口数及其收洋多寡数字，在名字和收洋数字之间还专门盖有"清"字印鉴，作

为该户已收领之凭据。按该文书粜谷名录之前有"每洋市秤一斤,每口规定三斤,余粮之家不在此数"之文字,作为粜谷的基本规则,意义重大。它实际上是龙井胡氏宗族社会救济的一项重要的举措,是研究徽州宗族内部社会保障与社会救助制度最有价值的第一手资料。

(六)《平粜米总》,不分卷,全1册,胡亲逊堂民国三十二年三月立,抄本

封面题名"亲逊堂民国三十二年七月日立平粜米总"。该册文书是绩溪宅坦龙井胡氏宗祠——亲逊堂民国三十二年(1943年)三月订立的平粜宗族成员救济粮款的原始账簿。该次平粜按"每人贰升,每升四元"为标准,详细记录了收领平粜者的户名、人口数和收洋多寡的数字。该册文书是龙井胡氏宗族社会救济的一项重要的举措,是研究徽州宗族内部社会保障与社会救助制度最有价值的第一手资料。

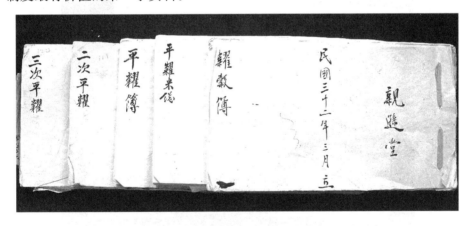

图附1-9 绩溪县宅坦村村委会收藏的民国《平粜米谷》文书

(七)《收支总录》,不分卷,全1册,胡亲逊堂民国三十三年七月立,抄本

封面题名"亲逊堂民国三十三年七月日立收支总录"。该册文书系绩溪宅坦龙井胡氏宗祠——亲逊堂民国三十三年(1944年)七月按日连班记录的收支账目簿。该册文书是研究龙井胡氏宗族祠产运行和管理的重要的原始资料。

(八)《收支总登》,不分卷,全1册,胡亲逊堂民国三十三年七月立,抄本

封面题名"第壹班亲逊堂民国三十三年七月日立收支总登"。该册文书系绩溪宅坦龙井胡氏宗祠——亲逊堂民国三十三年(1944年)七月初一日至民国三十四年(1945年)正月初三日接班记录的收支账目总登簿,后有民国三十三年(1944年)全年收支总登账目。计全年共用币36760元,全年共收入借垫币36834元,两相抵消共存币74元,移交下手接收,此为现金收支情形。又有租谷收支总数,计民国三十三年(1944年)共收租谷351秤4升,计上仓干谷8215斤。该册文书是研究民国时期徽州宗族管理与运行制度的不可多得的第一手资料。

图附1-10　绩溪县宅坦村村委会收藏的民国《收支总登》

(九)《收支杂登》,不分卷,全1册,胡亲逊堂民国三十二年八月立

封面署"胡亲逊堂民国三十二年八月立"。该册文书系民国三十二年(1943年)八月后至三十三年(1944年)八月宅坦村龙井胡氏宗祠——亲逊堂民国杂项收入和支出的流水账目,如用于买灯草、桐油、火纸、酱油和鸡蛋等

日常用品及食品的开支。

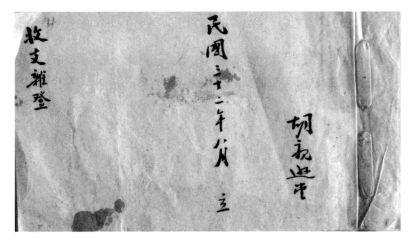

图附 1-11　绩溪县宅坦村村委会收藏的民国三十二年《收支杂登》

(十)《器具簿》,不分卷,全 1 册,胡亲逊堂民国二十六年冬月立,抄本

封面署"胡亲逊堂民国二十六年冬月日立器具簿"。该册文书系民国二十六年(1937年)宅坦龙井胡氏宗祠——亲逊堂新办祠堂器具的项目清单,如"新办义乌花碗玖拾陆只""新办铁瓢拾个"等。另有民国二十九年(1940年)春分点存器具存祠的记录,如"庆连大玖只存祠"。该文书是研究民国时期宅坦龙井胡氏宗族亲逊祠经济和宗族活动的原始记录,价值弥珍。

图附 1-12　绩溪县宅坦村村委会收藏的民国二十六年《器具簿》

附录二：绩溪宅坦村龙井胡氏宗族亲逊堂会议录

一、亲逊堂第四班民国二十二年七月立《会议录》

第一次会议

时期：七月十一日下午七时

地点：非缨宅上

出席者：涵生、子屏、发昌代来昌、非缨、进益、根茂、玉辉代越兴、笃生代达生、细成代炳钧

所议事项：

一、祠堂寝室正梁损折，如再被风雨侵蚀，必有倾圮之虞。应如何修葺以图永固案件。

议决：于十三日下午一时，由本班司事约同灶祥、棣生诣祠，考察修理应需木工若干，砖木若干，然后召集大众筹款修理，择日开工。

二、余川祠山树木是否出拼案。

议决：定于本月十六日，由本班司事邀同管山者汉元，同赴该山视察，估计拼价，然后出拼。十六日，到山者涵生、发昌、笃生、非缨、进益、棣生。

三、本祠租谷历年短少，应如何设法加增案。

议决：由本班司事临田察看，究竟有无虫旱等伤，并布告各佃户，原田统收三分，并（顶）田统收五分，不得短少。否则，起佃夺租。《启事》列后：

本祠秋收启事

本祠秋收租谷，历来逐渐短少。推究原因，此中不无荒旱之岁，以故原情减让，奸猾佃户因之以发其奸，伪言荒旱，希图短纳。每有援以为例，因循以往，非特逐年短少，将来必至颗粒无收。本班执事洞鉴于斯，缘集大众，公同议决：原田统收三分，并顶田统收五分，不得短少。倘有荒旱情事，仰该佃户先行诣祠报告，由本祠派人察看，再行斟酌减收。如有刁狡佃户，故意短交，

并顶田即行起佃,原租用一律多租,决不宽贷。仰各佃一体知照。

特此告白。

七月廿九日下午一时召集大众会议,其布告如下:

本祠后进年久失修,以致梁损栋折。倘再迁延时日,倾圮堪虞,合族同仁无不洞鉴。但应如何修葺及筹款等方法,理宜协力同心,方期事半功倍。兹特定月之廿九日下午一时在祠集议。仰派下宗子、三总及绅耆人等届时出席,以收集思广益之效。

特白。

第二次会议

地点:亲逊祠

时间:七月廿九日下午一时

出席者:万兴、家祺、玉辉、观杰、根茂、发昌、谦太、昭万、文浩、昭度、华茂、美章、笃生、松华、连元、顺茂、品辉、兆西

一、修理宗祠,应如何派人经理案。

议决:除本班司事外,并推定笃生、赞如、谦太、杏钧、金顺、双二、文浩、淦如、松华、连元、苑甲、振铎十二人帮同办理,并于八月初一日开工,各司其职,以免推诿。

本日,特请诣祠第二届议事诸君列后:

景金、灶祥、笃生、赞如、丙钧、杏钧、谦太、灶寿、金顺、双二、文浩、宝根、鉴如、振铎、松华、正文、顺茂、连元、观福、苑甲、昭度、景祥、玉辉、助前、夏祥、杏清、连太、学勤、善飞、荣浩、效驹、柏鹏、广祺、家元、品祺。

第三次会议

时期:八月初一日下午七时

地点:冠英处

出席者:笃生、赞如、谦泰、双二、金顺、正益、文浩、淦如、根茂、连元、万

兴、棣生、玉辉、家祺、发昌、观杰、昭万。

所议事项：

一、修正办事章程及细则案。

（一）主持修理人员，定名为"宗祠后进修理委员会"。

（二）本会同人宜协力同心，务期修理完竣，以安祖先精英兼维持原有建筑为宗旨。

（三）修理经费分丁口捐、特别捐两次，丁口捐每名四角，先收半数，特别捐以捐数之多寡，遵照本祠原例，享给百世不迁、配享及像等名目。

（四）凡经费之出入，务求各项公开。如有私心，祖宗共鉴。

（五）本会分下列各股，担任一切事宜。

（甲）总务股：设主任一人，经理一切事务。凡捐簿收条及各项账簿折据，均由本股发出，并总核各股账目及事务。另设文牍一人，管理一切文件及书信；助理员四人，助理一切事宜。

（乙）经济股：设正、副主任各一人，管理银钱之出入，并得随时考察工程股及募捐股之账目，副主任帮同办理，倘正主任缺席时，由其代理其任务。

（丙）工程股：设正、副主任各一人，布置工程，管理工匠，并发给工资及工程应用物之支付，副主任帮同办理，遇正主任缺席时，由其代理之。

（丁）募捐股：设委员八人，经募丁口捐、特别捐，并须随时将经募之款缴纳经济股应用。

（戊）事务股：设事务员二人，采办工程上应用之物品。

（己）监察股：设监察员二人，监督工人之勤惰，并抄对公账，逐日报告工程股。

（六）各股委员均属义务职。

（七）本细则如有未尽事宜，得随时会议修正之。

二、各股委员应如何推定案。

议决：推定总务股：主任昭万，文牍观杰，助理员发昌、致中、达生、根茂；经济股：正主任家祺，副主任松华；工程股：正主任文浩，副主任玉辉；募捐股：

委员振铎、连元、笃生、双二、金顺、杏钧、谦泰、苑甲;事务股:委员正益、华章;监察股:淦如、赞如等二十二人。

三、募捐时期,应规定何时开征案。

议决:待总务股制订捐簿、收条后,即行布告通知,实行征收。

四、以前存款,应如何追缴案。

议决:由总务股布告存款数目,并通知存款者,限一月内交清,以便修理之用。

八月二十八催缴存款启事

兹启者。查本祠最近八年来,各班经管均有存项,瓜代之期,并未清交。缘因修理后进需款固巨,曾经第三次大会议决,前存各派下之款,限一月内缴清,以便应用。除另函通知外,特此告白。仰各存款派下一体遵照。此启。

致振铎下催缴大中堂函

迳启者。敬公众当在本祠大中堂四幅,前由尊处保管,现三班业经完全交卸,理应随同移交,以清手续。查该画虽为敬公派众产,既经当四本祠,其所有权即归本祠执掌,任何人不得非法取去。仰即检出,交本班司事验收,万勿因延。至为盼切。

又致蕴玉下函

迳启者。前函谅邀洞鉴,未蒙答复,殊深怪异。风闻该画早已由尊手私授与人,弃本祠所有权于弗颜。按诸祠规,殊属不合。揆之国法,应论授受同科。因再致函,望即设法缴回,以免人言啧啧,毋任盼切之至。

二、民国二十三年夏冬月十一日接录

一次会议

本班第五班人名列左:

品珈(子群代)、双二、细成、成德、品桃、礼达、昭度、炳祺、效华。

兹为冬至令节,本祠祀先之期,荒年歉收,政费不足,有所叨论,敬请派下诸君于夏历冬月十一日下午一(小)时至四(小)时驾临亲逊堂,共同决议,幸

勿吝至。是所至祷。（逾时不候）

亲逊堂执事人同启

出席者：蕴玉、正一、金慎、文浩、宝根、佐寿、谦泰、灶祥、笃生、观杰、文杰、兆禧、旺华、苑甲、玉辉、品辉、弁甲、昭万、永祥、永利、长贵、炳元、昭栋、万和、细高、正文、万兴、善恒、应淇、五淇、助前、锦祥、钧祥。公仝议决：

祭礼照例，设按照例，香烛照例：足百三银箔壹百把、剔破纸八捆。

宗子、三总、管祠，冬至令节。

祭前小菜食粥，祭后，以祭余用灰面自造切面，以上诸人煮之，以碗分食。

本祠后进年久失修，以致梁损栋折，合族会议数次，筹款不易。倘一再迁延，倾圮堪虞。上班管祠仝人提议，守（首）先佃（垫）款，将后进祠堂修好，度收丁口捐，易于着手，合族赞成。待后进修好，派下因故推诿，概不付捐。又遇横大荒的荒年，不独佃（垫）款未还，尤入不敷出。祖先锭帛减少，自宗子、三总老人以下，管祠以上，暂不给胙吃锅。一经丰收之年，仍照荒年之前遵例行之。此时实在不得已也。

民国夏历七月初五、八三号日，亲逊祠会议

兹为民国二十二年公同议决借款修理宗祠，至今本利未付，而前途追讨甚急。为此，敬请宗祠派下宗子、三总暨八班管祠。八班管祠人士于国夏历七月初五、八月三号日，驾临亲逊祠，公同商议筹还，则培遵祖宗祠规，一年交替。否则，遵不清不交、不清不接之宗旨，希诸君幸勿吝玉，是所至祷。

亲逊祠代理人执年昭培启。

出席：金顺、义泰、家祺、匡时代昭度、灶寿、观志、炳祺、玉辉、三太、观杰、正益、自辉、华清、连元、寿如、兆甲、练珍、品祥代晚芳、定奎、效华、兆禧、文浩、顺铎、双二、品辉、笃生、发昌、成德。

主席：家祺、昭培（字子萍）

纪录：炳祺

开会如仪

主席报告(略)

讨论事项：

一、廿二年度修理祠堂借款,至今本利未付,前途追讨甚急,应如何归还案。

议决：保留

主席：胡子萍

萍向来在外经商,民廿一年回里修养。民廿二年,宗祠派列入四班主席昭万助理管祠。第一次会议议决：大众筹款修理祠堂后进,八月定办材料,九月廿二日开工,十月终告成,计修后进及钟鼓楼添换栅拾壹根、梁两根,全进翻盖。又中进、西进以上一间,中进两廊翻盖,全祠修漏,所有款项,由萍挪移来者。原议修好再收丁口捐,后因故及年关关系,丁口捐未收。自廿三年至廿四年春,连荒三季,数十年未见遇之大荒年。廿四年八月,开宗祠会议,提议种种条程,无赞成者。又届一年交替之期,收租在即。萍经手所佃之款归如数,萍个人捐入宗祠,尽派下子孙一点义务。世次后进之丁口捐不收者,所有修祠未用完余存之材料,查点计数交下班。此廿四年九月十日。子萍启。

修祠会议

时期：民国廿五年九月廿八日

地点：祠内

到会者：振铎、文浩、细高、昌开、兆章、万和、观榜、家祺、炳智母代、荣祥、定奎、淦如、宣教、长贵、正益、杏前、兆甲、苑甲、景全、旺华、连元、兆禧、赞如、永谊、成德、振祺、玉辉、灶祥、礼达、焕如、根茂、清配、灶寿、善恒、文明、旺万。

主席：文浩

纪录：昭万

开会如仪

报告从略

讨论事项：

一、修理费用应如何筹措案。

议决：由炳智下担任肆百元，不敷时，再行追缴存款，征收人丁，以毕全功。

二、修理之砖木工，或包工，或点工，应如何决定案。

议决：砖工归灶祥下估计包工，木工临时雇用。

三、修理时照料人员应如何推定案。

议决：主管财政一人，司账一人，督工十人，另推总督工一人。文牍一人，庶务两人计。推定文浩主管财政，旺华司账，玉辉总督工，永谊、定奎、正祺、连元、赞如、淦如、家祺、苑甲、双二、杏钧等十人为督工。振铎文牍，兆甲、文明为庶务。

四、修理时间应如何规定案。

议决：修理时间，规定来春。至开工日期，待来年元宵后开会议定，择吉开工。

经灶祥同荣司雇计修祠工程大略：

钟鼓楼约六十工，五屏风约二工，中进翻盖约专工，三屏风约壹工。中进修葺约五十工。

修祠会议

时间：民国廿十六年新正月二十日下午

地点：祠内

到会者：振铎、文浩、家祺、连元、灶祥、淦如、金顺、连顺、永祥、灶苟、定奎、钧祥、练珍、永谊、景泉、振祺、成大、文炳、万和、宣教、正一、观杰、根茂、达生、文明、长贵、福淦、杏乾、细高、礼兴、顺铎、炯祺、细成、旺华、文杰、秀如、松漾。

主席：振铎、文浩

讨论事项：略

（一）预备材料：石灰、架树、瓦、柏油、花砖、篾缆。

（二）雇砖工包办。

(三)经理人,根据民国廿五年九月廿八日推定。

第二次祠中全体大会议,廿六年正月二十五日上午九时,次备午餐

出席人员录后:

振铎、文浩、旺华、文杰、鉴如、灶彰、易开、自辉、灶祥、荣祥、连毛、文明、炯祺、家祺、善恒、玉辉、正益、杏前、观榜、钧祥、苏二、昭度、润祺、宣教、根茂、赞如、金顺、正祺、定奎、礼兴、连生、礼达、永谊、细高、灶寿、万和、茂祥、谦泰、福淦、秀如、观杰、笃生、华茂、兆甲、长桂、连元、练珍。

主席:振铎、文浩

纪录:文杰

报告事项:略

讨论事项:

一、派下润祺祇因修葺宗祠资费不足,自愿出席,乐输国币洋伍拾元正。

议决:通过。

二、修祠砖工,经已拍定,估计伍佰壹拾工,每工资洋四角五分,立有招揽拍约。择于二月十三日兴工,限于本年白露前完竣。起工、完工,另给神福二个。

如议,通过。

三、我祠之规模制度,于今窳败不堪,应如例改革案。

议决:举行改革,立提要于下。

第三次本祠全体大会议员录

时间:民国廿六年国历八月一日下午二时

地址:祠内

到会者:振铎、文浩、家祺、连元、鉴如、永祥、灶苟、定奎、永谊、文炳、万和、根茂、文明、细高、礼兴、炯祺、旺华、松漾、自辉、兆甲、锦祥、兆彰、观榜、笃生、金顺、礼达、杏钧、正益、华茂、茂祥、兆禧、文杰。

主席：振铎、文浩

报告事项，另有条议。

讨论事项：

(一)管祠人选应如何规定案。

(议决)逐年于六月二十日族众推选。

只因本年修祠尚未完全，无可结束，仍由第七班司事继续管理一年，俾资熟手完成职务。其中有不在家、不得力者，酌量改选数人，兼任土地陈报事项。

(二)担任土地陈报人选应如何决定案。

(议决)选定四人：昭祥(文杰)、华茂、兆甲、昭万。

(三)本班司事应如何确定职务。

议决：管理钱粮：文浩；管理账务：旺华；管理器物：连元；管理土地陈报：文杰、华茂、昭万、兆甲；管理杂务：赞如、秀如、正益、嗣辉。

民国二十六年国历九月八日

议决：派定森罗山插签四人：正益、助安、正辉、成景。

临时会议

时间：二十六年十二月十四日下午三时

地点：宗祠中进

出席者：蕴玉、文浩、淦如、家祺、笃生、兆甲、苑甲、弁甲、赞如、旺华、兆熙、景祥、种前、华茂、灶祥、正益、嗣辉、秋前、昭万、国璜、品祥、连元、棣辉。

临时主席：蕴玉

纪录：昭万

报告事项：从略

讨论事项：

(一)冬至期届，对于祠中祭祀应如何办理案。

议决:当此国难时期,理宜节衣缩食,祠中公款,亦宜假公济公。对于祀典,当不可废,不过聊表而已。决议在国难时期,对于派下胙肉,统行蠲免,胙食除粥面外,夜饭免。对祖先祭仪,除正案外,以简为是。纸帛规定:纸四块,锡箔二十把,祠谷即粜百元应用。

第三次祠务会议

时间:民国二十七年农历六月十六日

地址:宗祠中进

出席者:蕴玉、文浩、旺华、兆禧、淦如、细高、永祥、连元、玉辉、灶苟、赞如、正益、匡时、景全、运太、宝根、家元、道辉、文炳、华元、加顺、炳祺、品祥、定安、文杰、永义、兆甲。

主席:蕴玉

纪录:品祥

报告事项:(从略)

讨论事项:

(一)接管人选应如何规定案。

议决:依照二十六年,正、副管仍旧,散管人员并酌量变通之。只因修祠尚未完成,依照二十六年决议,仍由第七班正管文浩,副管连元、旺华、□□继续。协管人员,另行检选年资熟手推定。

(二)本年散管应如何推定案。

议决:上门:杏前;中门:文浩;下门:德生;前门:连元、旺华、炳祺、兆甲、加元、道辉、品璿;后门:细成。共十二人,为本年司事。

第二次祠务会议

时间:农历十月十六日下午一时

地址:亲逊祠中进

出席者:文浩、旺华、连元、兆禧、细高、兆章、永祥、宗汉、茂纯、文明、振祺、赞如、炯祺、宣教、杏前、正之、细成、成沛、德生、家源、梦秋、品瑺、琴教、连顺、恒兴、助前、品瑜、文炳、宏骥、兆甲、上禄、家顺、谦泰、昭万、效骧、华茂、玉辉、福淦、长贵、三太、有余、文杰、细桃。

临时主席：文浩

纪录：

报告事项：从略

讨论事项：

（一）冬至期届，对于祠中祀典及老人、礼生胙食应如何办理案。

议决：值此国难方殷，而加祠漏未整，故对于老人、礼生胙食，一律豁免，以冀修理而存家庙。

（二）第二次破坏公路，由公众暂借款柒拾伍元应如何归还案。

议决：由亲逊祠拨付（为待联保清单露布后）。

（三）对于春分、冬至祭祀，除正祭外，尚有百世不迁像、能干、配享、酬劳、土地、忠孝节义等，应如何改革祭祀案。

议决：百世不迁、能干等归并为一特祭，于正祭后继续举行（祭祠时，内设九案，第一案百世不迁，第二案能干，第三案酬劳，第四案配享，第五案忠孝节义，外四案像，另加附位两案）。祭毕后，发胙包，每人半斤，老人、礼生一律照发。

民国二十八年第一次临时会议

时间：阴历正月二十六日下午二时

地址：亲逊祠内

出席者：胡蕴玉、胡文浩、胡华茂、胡永义、胡兆章、胡镜清、胡玉辉、胡文杰、胡细高、胡万和、胡振祺、胡文炳、胡品辉、胡种前、胡庭浩、胡炯祺、胡正文、胡助前、胡家元、胡兆甲、胡昭栋、胡赞如、胡鸿启、胡旺华、胡鉴如、胡华元、胡灶苟、胡帝元、胡观志、胡松漾、胡观泽、胡苑甲、胡咏琴、胡文铎、胡运泰、胡细成、胡上乐、胡棣生。

主席：胡蕴玉

纪录：

开会如仪

报告从略

讨论事项：

1.本年收入方面，逐年有定。旧岁值非常日期，支出比往年见巨。上年移交所存，大数办作材料，春分、清明，若照旧办，预算惧有不符，未悉如何办理？请公决案。

决议：春分祭祀照常，参祭者祠内仅供一粥一面，春分酒及春分包从省，老人胙亦停发，清明节一概照常办理。

2.中进花脊，吹倒两年，亟待修理，材料已经办齐，所欠工资无着。预算修好，差欠在壹百数十元，或是议决收丁口捐，或是劝某捐配享，或是省祠用，以成其事，请公决案。

决议：后筹相当办法。

主席：胡蕴玉。

民国二十八年国历八月阖族大会

地点：亲逊祠

时间：五日下午一时

出席：振铎、运泰、细高、炳坤、文杰、家源、嗣辉、赞如、永谊、旺华、兆禧、宗汉、仲辉、文炳、细成、正祺、炯祺、匡时、万和、淦如、汉昌、文明、文浩、正益、观志、华茂、兆甲、上禄。

主席：蕴玉

纪录：炳祺

开会如仪

主席报告（从略）

讨论事项：七月初一，移交在即，公推接管人选案。

决议:总管推文浩担任,兼管理财政,炳祺助理。司账员旺华,兆甲、匡时助理。正祺改汉昌、文杰、福淦、正益、赞如、观顺共拾人为本班司事。

主席:蕴玉。

民国二十九年古历八月廿六日经常会

地点:亲逊祠

时间:六月廿六日下午二时

出席者:蕴玉、旺华、华茂、兆甲、兆章、赞如、鉴如、文炳、文明、正全、笃生、杏前、昭明。

主席:蕴玉

纪录:昭明

开会如仪

报告(从略)

讨论事项:

(一)接管人选应如何规定案。

决议:本届出席人数太少,改择于六月廿七日下午八时于前门厅,再行召集会议议决。

民国二十九年古历六月廿七日重开祠务大会

日期:古历六月廿七日

地点:假前厅

出席者:蕴玉、旺华、淦如、笃生、子彬、兆甲、昭度、玉辉、正文、定奎、效驹、运太、振祺、正全、景全、兆章、匡时、观志、万和、秀如、赞如、永义、炯祺、文明、品瑞、九老、杏前、正益、连顺、宗汉、细成、金托、生淦、炯辉、清沛。

主席:胡蕴玉

纪录:胡品瑞

开会如仪

主席报告,旺华等经修祠堂,现告完竣,并宣告目下经济状况。

讨论事项:

1.关于本届经管祠堂期满,对民国二十九年度应届管祠人选应举何人接充案。

决议:本届总管兼事务,公推胡昭华;副管兼会计,公推胡昭度;财政,公推胡雨农;物件管理员,公推胡汉昌;办事员,公推胡杏前、胡文明、胡笃生、胡清沛、胡九尧、胡子彬等拾人负责之。

民国三十年闰六月廿八日临时会议

时间:下午二时

地点:亲逊祠

出席者:蕴玉、嗣辉、顺铎、文明、寿如、赞如、昭度、匡时、兆章、正益、文杰、宣教、淦如、笃生。

开会如仪

报告事项

讨论事项:

(一)移交下手问题案。

决议:照原班斟酌更动,通过。

主席:蕴玉

纪录:匡时

决定:管理,玉辉;司账,昭度;司库,润祺;协理,赞如、正益、文明、寿如、嗣辉、文杰、善恒、汉昌、振铎。

民国卅一年七月初一日临时会

特邀请各位芳名列后:

蕴玉、润祺、赞如、文明、兆璋、棣生、细成、文杰、华光、寿如、鈇兴、棣辉、宣太、宣教、合昌、正益、福淦、荣生、运太、昭度、善恒、品珊、汉昌、苑甲、乾昌、观顺、云家、宏骥、兆甲、礼兴、匡时。

三、亲逊祠会议录,民国三十三年十月廿日制,附三十四、三十五年

祠务会议

日期:十二月五日下午一时

地点:本祠大厅

出席者:胡昭万、胡学校、胡成经、胡文淦、胡仰庆、胡静富、胡均祥、胡万和、胡质彬、胡子珮、胡节斋、胡正文、胡棣辉、胡子彬、胡三泰、胡鸿轩、胡祥生、胡苑甲。

主席:胡冠英

纪录:胡子珮

(甲)开会如仪

(乙)主席报告(从略)

(丙)讨论事项:

1.关于两保不通过本祠、擅行砍伐墓段荫木暨种植树木及坟屋修理应如何处理案。

决议:对墓段荫木时日已经砍伐五株,尽行拨缴,供给驻军。本村两保应滩(摊)之柴额,擅行砍伐者不得剥取分毫。本日继砍之树,拟议处罚该各砍伐诸人,以儆将来。处罚办法,由祠首事派人会同两保前往墓段点收汇缴不论,对停止砍伐,不邀回砍付者之材,工资充当罚金。

2.冬至祭祀是否照旧举行案。

决议:祭祀从简,老人胙照发。

3.减轻人民负担及培育儿童教育应如何设法案。

决议:待下次议决。

4.神主满座,是否设法升主。

决议:待下次议决(并须另行召集专案会议)。

5.关于深塘水利应如何修理保管案。

决议：推选下门胡效贤、上门胡进益、中门胡立恒、后门胡福淦、前门胡度祥为水利管理员，并定于即日施行之。每年经管议定由祠堂首事兼理之。

胡冠英

祠务会议

日期：三十四年三月十日下午二时

地点：中门厅

出席者：胡道辉、华光、源聚、胡汉臣、胡细富、胡宝生、胡华茂、胡质彬、胡越兴政代、胡节斋政代、胡苑甲、胡静富、胡正乙、胡文杰、胡品珩、胡家源、胡文淦、胡学校。

主席：胡文淦

纪录：胡自辉

开会如仪

主席报告（从略）

讨论事项：

（一）为抚恤胡乾健出征家属应如何处理案。

决议：每年秋收时，本祠津贴谷四秤，此谷直至该壮丁之母逝世为止。如该壮丁回家后，即行停止。

（二）春风（分）将届，祭祀须是否照例？请议决案。

决议：春风（分）祭祀从简，老人胙照发。

散会

胡文淦

祠务会议

地点：假中门厅

时间：三十四年七月十九日

出席者：胡应祺、胡观燮、胡正益、胡如松、胡品璋、胡苑甲、胡细河、胡文炳、胡梦华、胡效贤、胡汉臣、胡执之、胡宝生、胡善君、胡门宇、胡定君、胡昭仰、胡文淦、胡鸿轩、胡正文、胡国臣、胡善炯、胡宣泰、胡荣生、胡九老、胡洪骥、胡国春、胡季生、胡铼珍、胡诞兴、胡玉辉。

列席：左文澜、胡棣辉、胡启开、胡正金、胡前玉、胡玉兆、胡洪应、胡子彬、胡炳祺、胡文杰、胡美章、胡应华、胡越兴。

开会如仪

主席：胡宝生

纪录：胡炳祺

主席报告：祠堂向例平粜米给大众，本年是否如期平粜？请公决。

祠事主管人梦秋报告：祠谷系应急，由本人借来付与代征。一麟所办之粮食，另有三百斤，系赔军粮亏耗，可说亦有多数人受益。石井保选举保长之日，本人已向石井保民宣布。人数虽然不齐，但此次人数亦不是齐到。此事可说本人系代人受过，并非本人从中有所舞弊。诸公对于此次之事不能原谅，要如何办理，就如何办理，本人亦无异议。如果应该救急，本人亦可卸去责任。

石井保保长胡棣辉报告：祠谷被绥靖团借去四千余斤，应该设法索回，而本村所借之千余斤尚属少数，于秋收时归还，可说毫无问题。现在各位不信，可以请各借户打凭证，加一偿还。

讨论事项：

（一）祠堂余米应出仓平粜案。

决议：祠堂所余之谷，已由总管负责借出，该谷系救济性质，待秋收后可以收回，总管负完全责任。至平粜事，意义亦重大，应选出代表，向余粮之家借出若干，办理平粜。如有亏血，可以将祠谷弥补之。

（二）办理平粜人员应如何选定案。

决议：推选梦秋、文淦、子彬、正文、宝生、昭仰、越兴、兆甲、炳祺、家源、文杰、华茂、品珩十三人，负责劝借平粜。

主席：胡宝生

平粜会议

地点：中门厅

时间：三十四年七月廿一日

出席：胡炳祺、胡宝生、胡兆甲、胡子彬、胡文杰、胡家源、胡文淦。

列席：胡执之、胡汉臣

主席：胡文淦

纪录：胡炳祺

（甲）开会如仪

主席报告：

（乙）讨论事项

（一）平粜谷应如何征集案。

决议：祠堂拨给桂枝小学之学谷全部征集，再向季春、兆甲、正文、品瑜、越兴等户征借一部。

（二）平粜价格及征借价格应如何规定案。

决议：平粜每升价卅元，征借价格每升定四拾元，相差之数，由祠总管出具兑票，准于六月廿九日以祠堂确租收入兑讫。

（三）平粜米数量应如何决定案。

决议：平粜米预定六石，以一次办理之。

（四）平粜日期应如何决定案。

决议：定本月廿四日办理之。

主席：胡文淦

七月初一日交班会议

地点：亲逊祠

时间：国历八月八日下午一时

出席：胡铢珍、胡生淦、胡棣辉、胡家源、胡越兴、炳祺、胡汉臣、胡苑甲、胡冠英、胡旭祁、胡节斋、胡汉昌、胡梦秋、胡高辉、胡华光、胡效兴、胡荣生、胡子彬、胡荣加、胡正益、胡应华、胡贵荣、胡秀如、胡观志、胡润祺、胡正文、胡细富、胡兆甲、胡宝生、胡昭仰、胡文淦、胡宝闳、胡品恒。

主席：胡炳祺

纪录：胡铼珍

开会如仪

主席报告：向例七月初一日移交下首，今日照例履行。对于下班接管人员，请派下推定，其余各项应该讨论的事，另行提案公决。

总管报告：前蒙诸位斯文老成推定本人为总管，但本人乃系派下子孙，应该为祖效劳，所以应尽义务，义所不辞。而本人任内擅借祠谷，甘受处分，以符祠规。至于账目，请推定人员审核。

讨论事项：

（一）第二班总管人选应如何推定案。

决议：公推华茂为总管、观志为副总管。

（二）第一班账目收支报告应如何稽核监交案。

决议：由新任总管盘查，提交大会报告。

（三）祠内公有财物以后动，用应提交祠众大会通过，以昭慎重而重民意案。

决议：通过。

（四）祠碓牌照税是否应由使用人员负担案。

决议：由使用人员负担。

主席：胡炳祺

纪录：胡铼珍

三十五年六月廿日筹备升主会议

日期：六月廿日下午二时

地点：本祠

出席者：胡华茂、胡顺茂、胡宗汉、胡满昌、胡文明、胡效贤、胡咏琴、胡叙登、胡文杰、胡鸿轩、胡秀臣、胡正益、胡兆甲、胡冠英、胡越兴、胡正之、胡定安、胡德生、胡棣辉、胡秀民、胡建泰、胡嘉安、胡节斋、胡华光、胡品璋、胡云峰。

主席：胡华茂

纪录：胡子珮

开会如仪

主席报告：本祠合廪所余租谷仅六百斤，欲粜不能，所存现币有六万余元。上项款谷暂留拟作升主理牌之需，是否有当？故今日召集诸位抵祠，会议商讨，祈各位多加贡献意见，策划进行。

讨论事项：

1.本祠龛做已满，应如何设法升主？关于整牌入圹事宜，应如何组？及公推何人分别担任以专责成案。

决议：组织升主筹备委员会，内设"总务室""经济股""文书校对股""监察股""庶务股"，并公推胡华茂为总务室主任，胡冠英、胡隽臣二人为副主任，胡秀臣、胡兆甲、胡顺茂、胡兆西、胡杏均五人负责经济股一切事宜。胡越兴、胡节斋、胡子珮、胡冠英、胡隽臣、胡正之、胡德生、胡定安、胡品璋、胡秋朗、胡启开、胡子彬、胡前兴、胡荣生十四人负责文书及核对股。胡厚彝、胡宗汉二人为监察股。胡文明、胡棣辉、胡汉昌、胡华光、胡效贤五人负责庶务股。本会即日成立。

2.关于升主整牌入圹应是何日举行开始工作案。

决议：由上会主管即日公告通知派下，于明日即（古六月廿一日）开始工作。致升主日期，待后择吉日举行。

胡华茂

修理后进带梁会议

时间：农历七月十三日下午二时

地点：本祠会议厅

出席者：胡越兴、胡正之、胡冠英、胡定安、胡美章、胡兆南、胡汉昌、胡节斋、胡子彬、胡效驹、胡秀臣、胡生淦、胡育生、胡乾兴、胡家安、胡灶兴、胡杏钧、胡加太、胡文杰、胡绍贤、胡棣辉、胡元靖、胡顺茂、胡文明、胡正全、胡华光、胡汝舟、胡根竹、胡兆禧、胡华茂、胡祥富、胡正益、胡云峰、胡为上、胡子玑。

主席：胡节斋

纪录：胡越兴

(1)开会如仪

(2)主席报告(从略)

(3)讨论事项：

1.本祠后进带梁坏坍，应如何修理案。

决议：修理经费每丁口征收四百元，先收半数。

2.关于人事方面应如何负责担任案。

决议：办事人员分为五股，总务股由管祠首事负责，征募股由正之、洪宜、华光、文明、元绪、文杰负责，事务股由华茂、冠英、文杰、正益、效贤、杏钧、汉昌负责，工程股由洪宜、华光、生淦、若生负责，经济出纳股由顺茂负责。

3.征收丁口日期应如何规定案。

决议：由祠首出帖之日开始征收。

(4)散会

胡节斋

第二次修理后进带梁会议

时间：农历七月廿九日下午二时

地点：假中、石两保办公处会议厅

出席者：胡节斋、胡棣辉、胡生淦、胡文明、胡有喜、胡校贤、胡助君、胡运泰、胡嘉安、胡灶茂、胡正全、胡礼祥、胡梦熊、胡叙登、胡鸿轩、胡秀如、胡福淦、胡立恒、胡家田、胡正之、胡朝履、胡文杰、胡长如、胡兆禧、胡美章、胡华茂、胡越兴、胡洪谊、胡定安、胡国臣、胡文炳、胡子彬、胡嘉太。

主席：胡节斋

纪录：胡越兴

甲、主席报告（从略）

乙、讨论事项

1. 后屋培、杨桃坑各有大树一株，应决定砍伐何处之树为宜案。

议决：砍伐杨桃坑之树。

2. 开工日期应如何决定案。

议决：农历八月一日开工。

3. 砍伐该树应归何人负责案。

议决：归胡效贤负责。

4. 木匠归胡洪宜负责，砖匠归胡华光负责，粗工归胡生淦、胡育生负责。

胡节斋

祠务会议

时间：十二月十五日下午三时

地点：本祠会议厅

出席者：胡华茂、胡棣辉、胡正益、胡礼兴、胡文明、胡秀如、胡玉春、胡继安、胡秋前、胡若生、胡生淦、胡吉庵、胡福淦、胡福闳、胡鸿轩、胡学如、胡士敬、胡顺茂、胡礼安、胡继春、胡正金、胡桂荣、胡效贤、胡元渚、胡品珩、胡渡祥、胡金铎、胡洪谊、胡焕如、胡华光、胡诞兴、胡志均、胡国平、胡健健、胡长如、胡文杰、胡正文、胡子珮、胡定兴、胡中德、胡茂兴、胡越兴。

主席：胡华茂

纪录：胡越兴

主席报告（每门推举一人，开出生肖，以便选择升主日期）

讨论事项：

1. 关于升主日期应请何人择定案。

决议:开出宗子生肖,请曹立益先生择定。

2.本祠向例,对于义子,毋许入祠。兹以潮流改变,纷纷建议,请求本祠开恩容纳,应如何决定案。

决议:组织亲逊祠承祀委员会,公推委员担任起草章程事宜,再行开会议决通过。兹推定胡隽臣、胡节斋、胡子珮、胡品璋、胡越兴、胡华茂、胡正文七人为委员。

胡华茂

本祠升主筹备会议

时间:农历正月初十日下午一时

地点:假中门保公所会议厅

出席者:胡冠英、胡华茂、胡应祺、胡生淦、胡元绪、胡华光、胡品璋、胡昭燮、胡兆西、胡叙登、胡宗汉、胡礼兴、胡顺茂、胡正益、胡长如、胡焕如、胡观燮、胡福淦、胡朝谊、胡家沅、胡乾健、胡善启、胡润祥、胡南辉、胡越兴、胡乾昌、胡鸿轩。

主席:胡华茂

纪录:胡越兴

一、开会如仪

二、主席报告(略)

三、讨论事项

(1)关于升主各项事宜应如何筹备案。

决议:组织筹备委员会。

(2)筹备委员会应如何组织案。

决议:筹备委员会内设总务、经济、文书、庶务、交际五股。

总务股:规定五人,内设正、副主任各一人,公推胡华茂、胡冠英、胡节斋、胡杏钧、胡品璋为委员,并推胡华茂为正主任委员,胡冠英为副主任委员。

经济股:规定三人,内设主任一人,公推胡顺茂、胡正文、胡文杰为委员,并推定胡顺茂为主任委员。

文书股：规定十七人，内设主任一人，公推胡越兴、胡子珮、胡冠英、胡节斋、胡品璋、胡应祺、胡文杰、胡梦华、胡鸾笙、胡梦秋、胡昭仰、胡贴功、胡昭呈、胡昭圣、胡品璜、胡炳祺、胡昭及为委员，并推定胡越兴为主任委员。

庶务股：规定十九人，内设正主任一人、副主任二人，公推胡生淦、胡育生、胡南辉、胡元绪、胡福闵、胡三泰、胡志均、胡启开、胡乾昌、胡定兴、胡继顺、胡观燮、胡福淦、胡焕如、胡秋前、胡诗孝、胡华光、胡效贤、胡茂才为委员，并推定胡生淦为正主任委员，胡华光、胡效贤为副主任委员。

交际股：规定二十五人，内设正、副主任各一人，公推胡兆甲、胡华茂、胡家元、胡棣辉、胡子珮、户杏钧、胡华光、胡杏清、胡家顺、胡观金、胡冬玉、胡善学、胡助前、胡达生、胡观福、胡品瑜、胡裕辉、胡炳祺、胡品珈、胡品琭、胡宝生、胡松漾、胡叙登、胡杏甲、胡运泰为委员，并推定胡兆甲为正主任委员，胡家元为副主任委员。

外埠如有遗漏，俟将来发觉，再由本会聘请。

胡华茂

本祠升主讨论会

时间：农历七月十二日下午二时

地点：桂枝文社

出席者：胡华光、胡正文、胡匡先、胡校贤、胡中兴、胡顺茂、胡兆禧、胡顺铎、胡正益、胡嘉安、胡文杰、胡秋前、胡生淦、胡耀明、胡乾兴、胡友前、胡乾昌、胡三泰、胡灶兴、胡昭栋、胡家太、胡叙登、胡品璋、胡国臣、胡越兴、胡运泰。

主席：胡华茂

纪录：胡越兴

（1）开会如仪

（2）主席报告（略）

(3)讨论事项

关于胡子珮赴沪捐赏办法,查与原议决案相差太远,请公决案。

决议:仍应依照原议决案,酌量执行,并由总务部函知旅沪同乡。

(4)散会

胡华茂

本祠升主讨论会

时间:农历九月六日下午三时

地点:桂枝小学

出席者:胡越兴、胡子彬、胡华茂、胡生淦、胡三泰、胡吉安、胡子珮、胡美章、胡品璋、胡顺茂、胡效贤、胡华光、胡洪谊、胡汝舟、胡闰常、胡国平、胡生茂。

主席:胡华茂

纪录:胡越兴

一、开会如仪

二、主席报告(略)

三、讨论事项

1.关于升主日期应否依照原议实行案。

决议:依照原议实行。时间限定五日。

2.关于升主经费应如何筹措案。

决议:除向旅外族人筹募外,并向各佃户摊派筹集之。

3.螟蛉子应如何折币案。

决议:甲等一百万元。

乙等五十万元。

丙等二十万元。

参考文献

一、史料文献

[1] (唐)姚思廉撰.陈书.北京:中华书局,1972.

[2] (宋)苏辙著,曾枣庄、马德富校点.栾城集.上海:上海古籍出版社,1987.

[3] (明)王世贞撰.弇州山人四部稿.明万历五年(1577年)世经堂刊本.

[4] (清)张廷玉等撰.明史.北京:中华书局,1974.

[5] (淳熙)新安志.清光绪十年(1884年)刻本.

[6] (弘治)徽州府志.明弘治十五年(1502年)刻本.

[7] (嘉靖)徽州府志.明嘉靖四十五年(1566年)刻本.

[8] (康熙)徽州府志.清康熙三十八年(1699年)万青阁刻本.

[9] (道光)徽州府志.清道光十年(1830年)刻本.

[10] (嘉靖)婺源县志.明嘉靖十九年(1540年)刻本.

[11] (康熙)婺源县志.清康熙八年(1669年)刻本.

[12] (万历)绩溪县志.明万历九年(1581年)刻本.

[13] (乾隆)绩溪县志.清乾隆二十一年(1756年)刻本.

[14] (嘉庆)绩溪县志.清嘉庆十五年(1810年)刻本.

[15] 绩溪县地方志编纂委员会编.绩溪县志.合肥:黄山书社,1998.

[16] 绩溪县地方志编纂委员会编.绩溪县志.北京:方志出版社,2011.

[17] 佚名.绩溪县村都.绩溪县图书馆藏.

[18] 佚名.绩溪县城市坊村经理风俗.清抄本.藏绩溪县上庄镇旺川村.

[19] 佚名.绩溪县志馆第一次报告书.民国铅印本.

[20] 绩溪县地名办公室编.绩溪县地名录.1988年铅印本.

[21] (乾隆)橙阳散志.藏安徽省图书馆.

[22] (民国)歙县志.民国二十六年(1937年)铅印本.

[23] (清)程庭.春帆纪程.见王锡祺辑.小方壶斋舆地丛钞(第五帙).杭州:杭州古籍书店,1985年影印本.

[24] (清)曹应星.应星日记.清抄本.藏绩溪县上庄镇旺川村.

[25] (清)沈复.浮生六记.南京:江苏古籍出版社,2000.

[26] (民国)许承尧.歙事闲谭.合肥:黄山书社,2001.

[27] (民国)吴日法.徽商便览.民国铅印本.藏安徽省图书馆.

[28] (民国)胡在渭.徽难哀音.清抄本.藏绩溪县图书馆.

[29] (清)刘汝骥.陶甓公牍.见刘俊文主编.官箴书集成(第10册).合肥:黄山书社,1997.

[30] 欧阳发、洪钢编著.安徽竹枝词.合肥:黄山书社,1993.

[31] (嘉靖)龙井胡氏族谱.明嘉靖三十五年(1556年)刻本.藏绩溪县上庄镇宅坦村村委会.

[32] (康熙)周氏族谱正宗.清康熙五十五年(1716年)刻本.藏绩溪县家朋乡竹里村.

[33] (乾隆)考川明经胡氏统宗谱.清乾隆二十四年(1759年)刻本.藏绩溪县上庄镇宅坦村村委会.

[34] (嘉庆)桂溪项氏族谱.清嘉庆刻本.藏安徽省图书馆.

[35] (咸丰)曹显承堂支谱.清咸丰钞本.复制本由南开大学历史学院卞利藏.

[36]（光绪）梁安高氏宗谱.清光绪三年（1877年）活字本.复制本藏安徽大学徽学研究中心.

[37]（光绪）绩邑北门张氏宗谱.清光绪刻本.复制本藏安徽大学徽学研究中心.

[38]（宣统）华阳邵氏宗谱.清宣统二年（1910年）活字本.复制本藏安徽大学徽学研究中心.

[39]（宣统）泉塘葛氏宗谱.清宣统三年（1911年）石印本.复制本藏安徽大学徽学研究中心.

[40]（宣统）仙石周氏宗谱.清宣统三年（1911年）刻本.复制本藏安徽大学徽学研究中心.

[41]（民国）涧洲许氏宗谱.民国三年（1914年）刻本.复制本藏安徽大学徽学研究中心.

[42]（民国）绩溪西关章氏族谱.民国五年（1916年）活字本.藏绩溪县档案馆.

[43]（民国）余川越国汪氏族谱.民国五年（1916年）刻本.复制本藏安徽大学徽学研究中心.

[44]（民国）鱼川耿氏宗谱.民国八年（1919年）刻本.复制本藏安徽大学徽学研究中心.

[45]（民国）明经胡氏龙井派宗谱.民国十年（1921年）刻本.藏绩溪县上庄镇宅坦村村委会.

[46]（民国）明经胡氏龙井派族谱便览.民国刻本.藏绩溪县上庄镇宅坦村村委会.

[47]（民国）旺川曹氏族谱.民国十六年（1927年）刻本.藏绩溪县上庄镇旺川村.

[48]（民国）坦川洪氏宗谱.民国十六年（1927年）刻本.复制本藏安徽大学徽学研究中心.

[49]（民国）绩溪庙子山王氏谱.民国二十四年（1935年）排印本.藏安徽

省图书馆.

[50]（民国）周氏重修族谱正宗.民国刻本.复制本藏安徽大学徽学研究中心.

[51]（光绪）亲逊堂聚神谱.清光绪抄本.藏绩溪县上庄镇宅坦村村委会.

[52]（民国）亲逊堂聚神谱.民国十一年（1922年）秋月立.民国抄本.

[53]（民国）亲逊堂聚神谱.记事至民国三十七年（1948年）.民国抄本.

[54]佚名.亲逊堂奉先录.清末至民国抄本.

[55]佚名.像牌谱.民国抄本.

[56]佚名.殊荣谱.民国抄本.

[57]佚名.（龙井胡氏亲逊堂）会议录（全2册）.民国抄本.

[58]佚名.收支流水.胡亲逊堂民国二十四年（1935年）八月立.民国抄本.

[59]佚名.收支誊清.胡亲逊堂民国二十五年（1936年）七月立.民国抄本.

[60]佚名.收支总录.胡亲逊堂民国三十一年（1942年）七月立.民国抄本.

[61]佚名.收租支用.胡亲逊堂民国三十三年（1944年）八月立.民国抄本.

[62]佚名.粜谷簿.胡亲逊堂民国三十二年（1943年）三月立.民国抄本.

[63]佚名.平粜米总.胡亲逊堂民国三十二年（1943年）三月立.民国抄本.

[64]佚名.收支总录.胡亲逊堂民国三十三年（1944年）七月立.民国抄本.

[65]佚名.收租支用.胡亲逊堂民国三十三年（1944年）八月立.民国抄本.

[66]佚名.粜谷簿.胡亲逊堂民国三十二年（1943年）三月立.民国抄本.

[67] 佚名.平粜米总.胡亲逊堂民国三十二年(1943年)七月立.民国抄本.

[68] 佚名.收支总录.胡亲逊堂民国三十三年(1944年)七月立.民国抄本.

[69] 佚名.收支总登.胡亲逊堂民国三十三年(1944年)七月立.民国抄本.

[70] 佚名.收支杂登.胡亲逊堂民国三十二年(1944年)八月立.民国抄本.

[71] 佚名.器具簿.胡亲逊堂民国二十六年(1937年)冬月立.民国抄本.

二、论著编著

[1] 赵华富编.首届国际徽学学术讨论会论文集.合肥:黄山书社,1996.

[2] 胡家禔.灯檠夜话.绩溪:皖南海峰印刷包装有限公司,1997.

[3] 胡成业主编.名城遗韵.绩溪:皖南海峰印刷包装有限公司,1999.

[4] 曹健主编.旺川古今.绩溪:皖南海峰印刷包装有限公司,1999.

[5] 宅坦村民委员会编.龙井春秋.绩溪:皖南海峰印刷包装有限公司,2000.

[6] 涧洲人士编.墈头志(上中下卷).绩溪:皖南海峰印刷包装有限公司,2000.

[7] 王振忠.徽州社会文化史探微:新发现的16—20世纪民间档案文书研究.上海:上海社会科学院出版社,2002。

[8] 章亚光主编.徽州古村落——瀛洲.2003.

[9] 卞利.明清徽州社会研究.合肥:安徽大学出版社,2004.

[10] 卞利.徽州民俗.合肥:安徽人民出版社,2005.

[11] 常建华.明代宗族研究.上海:上海人民出版社,2005.

[12] 安徽省绩溪县长安镇冯村党支部、冯村村委会编.冯村志.屯溪:黄山地质印刷厂,2007.

[13] 曹健主编. 旺川古今续集. 屯溪：黄山市委机关印刷厂, 2007.

[14] 汪汉水. 荆州遗韵. 屯溪：黄山地质印刷厂, 2009.

[15] 王振忠. 明清以来徽州村落社会史研究——以新发现的民间珍稀文献为中心. 上海：上海人民出版社, 2011.

[16] 吴正芳. 徽州传统村落社会——白杨源. 上海：复旦大学出版社, 2011.

[17] 耿培炳. 绩溪古城. 北京：现代出版社, 2015.

后　记

在《明清以来的绩溪社会》即将出版之际,有必要对本书的编纂缘起作一简单说明。

十年前,著名学者、台湾东吴大学历史系王秋桂教授主持蒋经国基金会项目《中国地域社会研究》时,我曾有幸被王教授邀请加入该项目的研究团队,并主持《徽州地域社会》的子课题。在该项目行将完成之际,鉴于徽州传统经济和社会具有鲜明而独特的地域性等特征,王秋桂教授遂提议我参加著名汉学家、法国远东学院劳格文教授主持的《徽州的宗教、社会与经济》项目。自2007年8月起,我多次陪同劳格文教授前往歙县、徽州区和绩溪县进行实地调研,并多次组织召开由当地徽学研究爱好者及农民参加的座谈会,时间持续达三年之久。经过讨论和分工,我具体负责《绩溪传统村落经济、社会和民俗》子课题的研究。2009—2010年期间,在我和劳格文教授的督促下,绩溪县近十位徽学爱好者相继提交了自己撰写的稿件十余篇。但自2011年9月之后,因作为客座教授赴台湾东吴大学历史系讲学,我便同劳格文教授失去了联系,课题研究几陷中断。

从那以后,每次到绩溪出差,作者们都会向我问及所撰稿件处理的进展情况,有的作者还专门打来电话询问。无论是当面询问还是电话咨询出版问题,我都答应想方设法予以协调,并答应决不会辜负他们的劳动。这样,一拖再拖,直到2014年,适逢安徽大学出版社以《徽文化与徽学研究丛书》(后正式更名为《徽学文库》)为题申报国家出版基金项目,我遂在征求安徽大学出版社领导同意的情况下,将本书列入项目之中。值得欣慰的是,该出版基金项目于次年初获准立项。

在获知立项的消息后,我即着手与绩溪的作者们联系,请求他们对原来提交的稿件进行修改定稿。但由于时间拖得太久,一些作者已联络不上,实在不得已,只有自己对其进行修改和加工,然后再通过黄来生先生联系作者进行修改定稿,个别作者的稿件因与本书主题无关,未能收入。在此,谨向他们致以歉意!

现将本书各章稿件的作者及其分工情况作一说明:第一章和第六章由绩溪县医院主治医生耿培炳先生撰写;第三章由绩溪县旺川村老年人协会曹健先生撰写;第四章、第五章和第九章由绩溪县人民政府原接待办黄来生先生撰写;第七章由绩溪县法院原干事章亚光撰写;第八章由安徽大学徽学研究中心副研究员张小坡撰写;第十章第一、二、三部分由绩溪县政协汪福琪先生撰写,第四部分由绩溪县档案局汪汉水局长撰写;前言、第二章、附录一、附录二由南开大学历史学院卞利教授撰写。本书中除部分图片由黄来生等先生提供外,其余绝大多数图片由卞利负责拍摄。

在本书录入、编辑和联系校对过程中,张小坡先生做了大量的工作,打印了大部分书稿,并负责部分清样稿联系校对工作。2016级硕士研究生程石磊同学录入了部分稿件。在此,谨向他们表示衷心的感谢!

作为《绩溪传统村落经济、社会和民俗》项目调查的召集人,绩溪中学徐子超先生在组织绩溪县学人座谈、调查和撰写稿件的过程中,付出了大量心血。在此,谨向他致以最诚挚的感谢!

全书稿件录入完毕后,由我进行了认真统稿和编排,并根据稿件内容按逻辑顺序,拟订了相关章节,个别稿件的标题也根据本书内容需要作了适当的调整。

还需特别说明的是，2017年3月初，我已由安徽大学徽学研究中心调至南开大学历史学院工作，本书系正式调入南开大学历史学院后，协调各位作者集中整理并最终完成全部书稿的修改与定稿工作的。

由于本书成于众人之手，难免存在这样那样的不足甚至讹误。对此，我们真诚地希望读者在阅读中给予批评指正。

卞　利

2017年5月28日于南开大学历史学院